U0665340

第二部分
分析数字劳动：案例研究

第三部分　结　　论

译者序

克里斯蒂安·福克斯（Christian Fuchs）现为英国威斯敏斯特大学传播学教授、传媒研究所所长。世界著名青年马克思主义学者，是具有马克思主义学术研究传统的威斯敏斯特学派的后起之秀。其 2016 年出版的专著《在信息时代读马克思：传媒研究视角的〈资本论〉第 1 卷》（英文版）被西方学界誉为"传媒版的《资本论》"。此前两年，福克斯还出版了《数字劳动与卡尔·马克思》一书，在西方学界引起了广泛而强烈的反响。该书为当今数字媒体时代国外学界马克思主义数字劳动批判理论研究的集大成者。

如福克斯所言，关于信息经济或者说文化产业的研究，西方学者主要关注对资本方面的分析，而对劳动方面的研究极为欠缺。1977 年，传播学政治经济批判学派创始人达拉斯·史麦兹发表了一篇影响深远的文章《传播：西方马克思主义的盲点》。他认为，西方马克思主义对于资本主义社会中传播的复杂作用没有给予充分的重视。新自由主义的兴起导致了人们对劳动、阶级、资本主义不再感兴趣，马克思主义被边缘化，似乎成为所有社会科学的盲点。1999 年，尼古拉斯·加纳姆（Nicholas Garnham）断言，"文化生产者的文献学令人愕然地空缺"（Garnham，1990，12），

1

人们只关注媒体大亨和对他们公司的分析。十年后，他认为这一问题持续存在，"在最近的媒体和文化研究中——甚至在整个社会理论中——媒体生产者的问题一直被忽视，这是因为语言学的普遍转向以及伴随而来的所谓作者的死亡。如果作者不存在或者没有策划力，为什么要研究她或他呢？"（Garnham，2000a，84）对此，文森特·莫斯可（Vincent Mosco，2011，230）再次指出，"劳动是传播和文化研究的盲点"，为了文化研究的复苏，"劳动需要高高地置于议事日程或项目研究之中。"可见，当代传媒研究的一个突出问题是大力关注创意经济和文化经济的资本方面，而忽视劳动方面。2008年全球金融危机爆发以来，西方学术界对马克思的政治经济学批判理论及其相关著作表现出了极大的研究兴趣。在此背景下，福克斯为克服当今西方传媒学界的"劳动盲点"作出了不懈地努力和贡献。具有代表性的学术活动是作为3C编辑（英国开源学术期刊《传播、资本主义和批判》，简称3C）的福克斯在2012年联手文森特·莫斯可主持召开了一次题为"马克思归来：马克思主义理论和研究对当今传播学批判研究的重要性"的学术研讨会。为克服当今数字媒体时代马克思主义"劳动盲点"的第一部传播学专著是《数字劳动与卡尔·马克思》。尽管西方学者早在2000年时就提出数字劳动这一范畴，之后，风起云涌般地研究了数字劳动，该问题也成了数字化时代一个新兴的学术研究领域；同时，也有不少学者用马克思的范畴和理论研究数字劳动，但从理论的系统完整性和深刻性来看，福克斯在《数字劳动与卡尔·马克思》一书中作出了最为突出的贡献。

《数字劳动与卡尔·马克思》一书从总体结构上看分为三个部分，分别是：第一部分，研究数字劳动的马克思主义理论基础（第二至第五章）；第二部分，马克思生产方式视域下的数字劳动案例分析——信息和通信技术（ICT）行业全球价值链生产方式所牵涉的各种形式的数字劳动（第六至第十一章）；第三部分，马克思主义数字劳动批评理论体系建构——分析各种形式数字劳动的理论工具箱（第十二章）。

第一部分福克斯研究数字劳动的马克思主义理论基础包括：他反对德国政治经济学家迈克尔·海因里希的价值生成的"流通中心论"，坚持马克思主义的价值生成的"生产领域中心论"，并基于黑格尔辩证法基础上重构了马克思劳动价值论；英国文化研究中的马克思主义传统分析——重视经济因素的研究，提倡文化研究的政治经济学批判方法；传播政治经济学批判学派（马克思主义政治经济学传播学派）的受众劳动和受众商品理论——福克斯对此进行了继承，并在此基础上提出了社交媒体时代的"互联网产消者商品"概念；数字劳动研究的社会背景理论——福克斯反对把生产力和生产关系绝对对立的观点，主张生产力和生产关系辩证统一的马克思主义观点，提出数字劳动置身于资本主义社会发展的当今阶段，即"跨国信息资本主义社会"。

如福克斯在《数字劳动与卡尔·马克思》一书绪论中所言，他的数字劳动概念不是一个狭义的职业概念，而是基于行业的广义数字劳动概念。这样做的目的在于强调剥削的共性、突出资本是广大数字工人阶级的敌人以及为了战胜资本主义的统治必须进行全球化和网络化的斗争。第二部分在数字劳动案例分析方面，福克斯运用马克思的生产方式理论，并借用了经济学的"价值链"和数字劳动国际分工概念，分别从生产力和生产关系两个方面考察了信息和通信技术（ICT）行业全球价值链上所牵涉的各种形式的数字劳动，这包括：数字奴隶制——信息和通信技术（ICT）所需矿产采掘的奴隶劳动；原始积累和绝对剩余价值的生产——中国富士康的信息和通信技术（ICT）制造和装配的工人劳动；新帝国主义的劳动分工——印度软件工程师的劳动；硅谷谷歌硬件装配工的劳动和谷歌软件工程师——工人贵族的劳动；泰勒制、家庭主妇式的劳动——呼叫中心工

3

人的劳动；互联网产消合一者或互联网用户的劳动；处理电子废弃物的劳动——运输工人将这些报废的设备运往废品处理地点，回收工人拆卸并部分地组装它们。所有这些形式的劳动对象化于一个单一的 ICT 产品中，这表明 ICT 产品有一个涉及数字劳动国际分工的复杂的时空生产历史。在其中，不同形式的数字劳动生产一个计算机或者移动电话所需组件的使用价值，这些不同的使用价值在不同的时空条件下通过不同的工人来生产、创造，最终全部聚集并对象化于一个单一的 ICT 设备或产品中。

第三部分的简要内容是数字劳动理论工具箱的组建，以及在此基础上所建构的数字劳动批评理论体系。此外，还有面对 ICT 跨国资本的剥削，全世界数字工人阶级应该怎么办的问题——抵制剥削，进行新工人阶级的占领运动以及这一运动对互联网和社交媒体的使用问题。这一多层面概念化的数字劳动理论工具箱所包括的工具要素为：绝对剩余价值和相对剩余价值的生产、商品拜物教、资本对劳动的形式吸纳和实质吸纳、生产方式、生产力、生产关系、玩劳动、原始积累、资本积累、新帝国主义、奴隶制、家庭主妇化、工人贵族、互联网产消者（商品），等等。运用工具箱里的这些工具分析第二部分的各种典型的数字劳动的剥削方式和生产方式，福克斯所建构的数字劳动批评理论体系具体包括：非洲采矿业的工人劳动及其批判——ICT 行业全球价值链最低端的被高度剥削的非洲采矿业的奴隶劳动；ICT 硬件装配工的劳动及其批判——以绝对剩余价值的生产方式剥削富士康的硬件装配工人的劳动；印度软件工程师的工作及其批判——高度种族歧视性的剥削作为"猎身"和虚拟移民的印度软件工程师的工作；硅谷装配工的劳动及其批判——基于性别和种族主义的剥削谷歌硬件装配工的劳动；硅谷工程师的工作及其批判——ICT 资本以绝对和相对剩余价值生产并用的方法来剥削谷歌的工人贵族；呼叫中心服务性工作及其批判——具有泰勒制、家庭主妇式特征的呼叫中心服务性工作；

互联网产消者的劳动及其批判——以剥削率为无穷大的极端剥削方式去剥削社交媒体用户的无酬数字劳动；处理电子废弃物的劳动及其批判——产于富裕国家的电子垃圾却倾倒于贫穷国家，损害贫穷国家人民的健康并污染其生活的地理环境。之后，福克斯还进一步研究了当今占领运动的工人阶级性质以及如何创建工人阶级的社交媒体问题。面对跨国数字资本的剥削，新工人阶级即马克思所言的直接或间接服务于资本的总体工人掀起了99%反对1%的占领运动：在当今数字媒体时代，他们利用非商业、非营利的替代性另类媒体和资本控制的各类社交媒体为占领运动服务，并为克服异化的数字劳动、使其转变为体现人类类本质的数字工作以及未来能够实现共享公有的互联网、实现共产主义而战。

福克斯的《数字劳动与卡尔·马克思》一书让我们在数字信息时代再次领略了马克思理论的诱人魅力和不朽价值。劳动价值论、剩余价值论、唯物史观的劳动理论、生产方式理论、阶级理论、科学社会主义理论依然闪烁着人类智慧的万丈光芒，照耀着人类命运共同体前进的道路。同时，我们也希望本书能为中国学者重建互联网社交媒体时代马克思的劳动价值论、发展新时代中国的马克思主义传播学提供一定的理论参考和指导。此外，福克斯对社交媒体用户即互联网产消者（商品）、无酬数码劳工所处的异化和隐性剥削状态的揭秘值得我们每一个人扼腕深思：社交媒体时代的我们在网络"社会工厂"中应该如何理性地生活，如何自觉摆脱无处不在的数字资本的控制、防止社会化生存的隔离、发挥个体自由全面的创造性潜能。

周延云

2019 年 4 月

第一章 引 言

第一节 研究数字劳动的必要性

穆汉加·卡瓦亚（Muhanga Kawaya），一个在北基伍省（刚果民主共和国）被奴役的矿工，他是一个采集制造电脑顶部和移动电话所需矿物质的矿工。关于自己的劳动状况他作了这样的描述："当你通过极小的洞穴爬行的时候，你的手臂和手指都被划伤，你就没有足够大的空间站起来去挖掘矿物，以至于你的全身都被严重擦伤。而且，当你最后拿着锡石从洞口出来的时候，持枪荷弹的士兵正在等着你要把锡石抢走。这意味着你没有东西去买食物。所以，我们总是挨饿"（Finnwatch，2007，20）。深圳富士康是一家装配西方公司销售的计算机和移动电话的工厂。那里的一位中国工程师说道："我们生产了第一代的 iPad，忙了整整六个月，星期天也得工作，每 13 天我们才能休息 1 天。周末也没有加班费，每天 12 个小时的劳动真的使我们筋疲力尽了"（SACOM，2010，7）。在硅谷，一个柬埔寨的信息和通信技术（ICT）装配工人披露了有毒物质的传闻："我和我的同事们有同样的感受，但害怕失去工作却从来不敢说出此事"（Pellow and Park，2002，139）。莫汉（Mohan），一位 30 多岁的印度软件行业的项目经理解释说："工作要优先考虑……家庭和其他事情考虑地越来越少"（D'Mello and Sahay，2007，179）。另一位软件工程师说道："有时你早上 8 点开始上班，干完活下班时已经是晚上 10—11 点了，每星期五天都是如此。你随时有可能被叫去加班……你不能发展自己的任何业余爱好"（同上）。一位谷歌的软件工程师描述了他们那里的工作情况，"骗局——由于大量的福利（例如免费的食物），似乎有一条默认的规矩：员工们希望工作时间更长。许多人每天工作超过 8 小时，然后会在 E-mail 上或者家里再工作几个小时，晚上（或在周末）也是这样的。良好的工作和生活平衡要做的很好的话估计是比较难的。劝告那些高管们——给工程师们更多的自由吧，在没有不得不做的 120% 的工作压力下，用 20% 的时间做出一个很酷的项目（www.glassdoor.com）。亚马逊的土耳其机器人是一个给企业、开发商提供市场需求和弹性劳动力的"工作市场"。无论何时，只要方便，工人们可以从成千上万个任务和工作中进行选择（www.mturk.com）。客户可以在平台上做广告，说他们以一定的工资寻找特定的服务，那些想要做这些服务的人可以在网上做出回应。如果生意来了的时候，工人就执行这一任务，并提交结果给在线客户。工作任务几乎只涉及信息工作。一个语音转录任务的搜索（2012 年 11 月 20 日录制）产生了三个任务（如果人们假设它耗费平均 6 小时的工作时间来转录 1 小时的采访时间），每小时工资为（a）4 美元、（b）4 美元和（c）3 美元。相反，典型的专业转录服务（例如：www.fingertipstyping.co.uk/prices_and_turnaround.htm,www.franklin-square.com/transcription_per_line.htm）每小时收费大约为15—25 美元。

2013 年 2 月，德国公共服务广播联盟 ARD 播出了一个纪录片 Ausgeliefert！Leiharbeiter bei Amazon（《可怜！① 亚马逊的合同工们》）。调查记者戴安娜·洛布尔（Diana Löbl）和彼得·奥尼肯（Peter Onneken）证明，德国亚马逊雇用了来自波兰、罗马、西班牙、匈牙利和其他国家的 5000 名移民作为其仓库的合同工人。他们表明，这些工人的工资极低，六七个彼此不认识的人为一组生活在小农舍里，两个人共用一个很小的卧室。他们被临时机构雇佣，因此也只有临时合同。虽然许多工人不懂德语，但合同却是用德语签订的。在一天的时间里，仓库工人常常要跑 17 公里，而这可能对他们的脚和皮肤特别不好。在他们来到德国之前，工人们没有看到合同，也没有签署合同。然后他们往往会发现其收入少于最初的承诺。纪录片中显示的一份合同规定每小时 8.52 磅，可是最初给工人承诺的是 9.68 磅，多出了 12%。这些工人被雇佣和解聘完全依据亚马逊的愿望。工会秘书海纳·莱曼（Heiner Reimann）把这些亚马逊工人描述为"无权利工人"（10：41–10：46）。一位司机说道："临时工作……我不赞成这种奴隶交易……他们挣的钱太少了，有时不得不在食堂用咖啡充饥"（14：20–14：35）。西班牙合同工塞尔维纳（Selvina）说："这就像一台机器。我们都是这台机器上的一个齿轮"（17：12—17：16），这部纪录片展示了这样一幅画面——亚马逊不应该逃避为其雇员支付社会保障税。工人们不得不在亚马逊提供的拥挤的公交车上长距离的通勤到他们的工厂上班，他们常常等候和通勤数小时。如果车晚到的话，就得扣他们的工资。即使在工厂外面，他们在任何时候都会受到控制，因为有保安人员巡逻住宅区、餐厅和工厂厂房。ARD 的调查记者表明，H.E.S.S. 公司有保安部队，保安人员表现得也看起来就像一支准军事化部队。当他们不在那里通过拍照控制工人的时候，就进入工人家中。一位工人说道："我们吃饭的时候，他们总在那里……当人们不在家的时候，他们破门而入，甚至睡觉或洗澡的时候，他们还是如此"（19：09–19：25）。另一记者报道，保安争辩说:"这是我们的房子⋯⋯你必需按我们说的做,我们就像这里的警察。"(19:25—19:38)记者们透露,一些保安穿着新纳粹品牌托尔·施泰纳(Thor Steinar)的衣服。H.E.S.S.代表了亨瑟尔欧洲安全服务公司(Hensel European Security Services)。鲁道夫·赫斯(Rudolf Hess)是希特勒的副手。据 ARD 纪录片反映,H.E.S.S.在德国出售被认为是右翼极端分子品牌的衣服(突击队行业)。纪录片表明,H.E.S.S.的一些雇员和管理人员是流氓场景的一个组成部分,或者有右翼极端分子的朋友圈。在 ARD 播出纪录片(2 月 13 日)之后,几乎每分钟都有人在亚马逊的"脸书"(facebook)页面上发布抗议消息。有一些评论说,"纳粹,条件像现代的劳改营,无止境地贪婪利润。无耻!"②"现代奴隶制,但对你来说最主要的是你的利润很好!"③"你们真丢脸,该死的混蛋! 你们永远拿不到我和我朋友的钱,我希望你们会很快倒闭滚蛋。基于新的奴役形式而获得的利润应该被没收,就像非法交易的毒贩获得的利润一样。"④

Work.Shop.Play 是一个由 CBS 户外广告有限公司所拥有的在线平台。以如下方式描述了它的意图:

> 我们所感兴趣的是你的思想、观点、行为和关于各种主题的普遍回馈。第一周我们可能会寄给您调查表,问您对那一刻新闻主题的感受如何。接下来,我们可能会问您多久喝一次咖啡? 你买什么牌子的咖啡以及您更喜欢的咖啡厅。之后的一周,可能会是一个关于新技术的调查,您有哪些小玩意以及您为什么要买它们⋯⋯CBS 户外工作与许多大品牌合作,告诉他们如何最好地做广告,向消费者推销他们的产品以及为其服务⋯⋯有时,CBS 户外研究团队会运用调查结果创建我们营销团队的题材以展示给这些品牌。其他时间,我们会在国内使用调查结果,让我们的公司更好地了解城市受众。偶尔,我们也会在"推特"(twitter)或"脸书"(facebook)上发布调查结果⋯⋯

我们正在创建 work.shop.play. 关于如何回报我们的会员，我们思虑了很久并很努力地思考。我们起草了一个我们认为会吸引每个人的礼品清单——诸如电影院和戏院的票、购物凭证、杂志的订阅和去英国城市的指南。时不时地会有更大的奖品作为诱饵，诸如在顶级酒店过夜——有时可能是一个奖，而其他奖可能是 10 个或者更多（work-shopplay.co.uk，2013 年 2 月 17 日访问）。

"脸书"（facebook）要求用户免费将其网站翻译成其他语言，翻译是众包给用户的。"脸书"（facebook）网成长、参与和移动应用经理哈维尔·奥利文（Javier Olivan）认为，用户生成的翻译平台很"酷"，因为"脸书"（facebook）的目标是"让每一天每一个人都在'脸书'（facebook）星球上"（MSNBC，2008）。

29 岁的瓦伦丁·马西亚斯（Valentin Macias）是一名在韩国首尔教英语的加利福尼亚人。过去他曾自愿为非营利网络百科全书维基百科（Wikipedia）做翻译工作，但他表示不会为"脸书"（facebook）这么做。"维基百科是一个利他、慈善的、信息共享和由捐助支持的事业。"马西亚斯在"脸书"（facebook）留言中告诉美联社记者，"'脸书'（facebook）不是。因此，人们不应该被欺骗而捐出他们的时间和精力给一个价值数百万美元的公司，这样公司就能多赚几百万美元——至少没有某种补偿是不行的。"（同上）

这些案例列举了与信息和通信技术（ICT）行业相关的各种形式的劳动。至于报酬；健康风险；身体、意识形态和社会暴力；压力；空闲时间；加班时间以及工人正在遭受的压迫和管制形式的程度在量上是不同的。但其共同点在于人类的劳动力受到某种方式的剥削，即以信息和通信技术（ICT）企业在金钱上受益，而工人的生活、身心受到负面影响的方式剥削劳动力。本书所描述的劳动形式是所有类型的数字劳动，因为它们是数字媒体存在、使用和应用所必需的总体劳动力的一个组成部分。定义它们的不是一种常见的职业类型，而是它们为其作出贡献的行业以及在这一行业中资本剥削了它们。人们选择的诸如数字劳动或虚拟工作范畴的这类定义，其包容性或排他性程度是首要的政治选择。本书采用的方法提倡一种广义的数字劳动理解，这种理解以行业而不是以职业定义为基础，其目的在于强调剥削的共性、资本是广大工人的敌人以及为了战胜资本主义的统治必须进行全球化和网络化的斗争。本书中所描述的一些工人不仅被数字媒体资本剥削，而且有时还同时被其他形式的资本剥削。因此，这些形式的劳动在多大程度上是数字劳动，同时在多大程度上也就是其他形式的劳动。我们设想一家公司岗位轮换，每个工人平均装配便携式电脑的工作占据他或她工作时间的50%，另外一半的时间装配汽车；这个工厂的工人就是50%的数字工人，然而他或她是一名100%的行业工人。因为，这两项生产活动的内容都是将零部件装配成商品。不同形式的数字劳动在数字劳动国际分工（IDDL）中联系了起来，在这种分工中，数字媒体的存在、使用和应用所需的所有劳动都是"分离开来的，孤立起来……并列在一起"，并"渐渐地固定为系统的分工"（Marx，1867c，456；译者注：《资本论》第1卷，人民出版社2004年版，第392页）。关于信息经济的研究，或者所谓的创意或文化产业的研究，人们主要关注资本方面的分析，而对劳动方面的研究相当缺乏。对此，尼古拉斯·加纳姆（Nicholas Garnham）在1999年断言，"文化生产者的文献学令人愕然地空缺"（Garnham，1990，12），人们只关注媒体大亨和对他们公司的分析。十年后，他认为这一问题持续存在，"在最近的媒体和文化研究中——甚至在整个社会理论中——媒体生产者的问题一直被忽视，这是因为语言学的普遍转向以及伴随而来的所谓作者的死亡。如果作者不存在或者没有策划力，为什么要研究他或她呢？"（Garnham，2000a，84）。又过了十年，文森特·莫斯可（Vincent Mosco，2011，230）再次指出，"劳动是传播和文化研究的盲点"，所以，为了文化研究的重生，"劳动需要高高地置于议事日程或项目研究之中"。当代传媒研究的一个突出问题是大力关注创意经济和文化经济的资本方面，而忽视劳动方面。理查德·麦克斯韦（Richard Maxwell）和托比·米勒（Toby Miller）也做了一个类似的评价："大多数媒体研究的著作限制了媒体劳动的范围，以至于行业专家……定义生产。这反映了在大多数行业出版物、娱乐新闻机构和粉丝文化中存在着的媒体技术发展的意识形态和媒体技术的非政治魅力"（Maxwell and Miller，2012，16）。他们主张对"媒体劳动的批判性研究"，即"工作的客观特征以及它对人类和环境的影响。"（同上）维基·迈尔（Vicki Mayer）、米兰达·J.班克斯（Miranda J. Banks）和约翰·桑顿·考德威尔（John Thornton Caldwell，2009，4）在这一背景下谈到了媒体生产的必要性，"把媒体生产中涉及的人们的真实生活视为理论化文化生产的主题"。朱丽叶·韦伯斯特（Juliet Webster，2011，2）观察到，信息和通信技术（ICT）在社会中作用的研究常常受到实用主义观点的引导而不是社会批判理论的指引。在许多国家有而且已经大约有20年或20多年了，他们主要把技术创新解释为社会中立的进程或信息和通信技术（ICT）实施的实用性。特别是在经济危机和结构调整的背景下，研究人员面临着巨大压力，要求他们退回到这类工作中去。在这样的情况下，批判性社会研究往往被那些过于乐观的技术议程所驱动的研究搞得流离失所。研究人员发现，他们不得不在一个这样的世界里求生存——经济增长和恒久创新是根本的主题，不仅仅是经济政策，还有社会政策都是如此。

她呼吁抵制这些倾向，从事信息和通信技术（ICT）和社会关系的研究，这种研究正在做，并且是政治研究和一种形式的行动主义。本书的任务是对资本主义 ICT 产业中的一些劳动进行批判地理论化，其总问题是：什么是数字劳动，如何透彻地理解它的工作条件？为了提供总问题的答案，需要提出更为基本的问题：什么是劳动？什么是经济价值？劳动如何创造价值？计算机、互联网和诸如"脸书"（facebook）、谷歌、YouTube 和"推特"（twitter）这样的社交媒体时代劳动正在经历着怎样的变化？劳动和经济价值有着内在的联系，劳动在特定的空间内进行，并花费一定的时期，时间和空间是劳动的关键维度。关于劳动的空间变化和劳动的空间分离的讨论已经用诸如全球化（详见 Fuchs，2003；Ritzer and Atalay，2010）、外包、离岸外包以及劳动的全球或国际分工的概念去探索了（Grossman，1980；Mies，1986）。全球化已经被理论化为时间—空间—压缩（Harvey，1989），永恒时间和无限空间（Castells，1996）和时空孤立（time—space distanciation；Giddens，1990）。这表明时空是社会变革的重要维度。劳动是经济的核心，时空对于理解劳动至关重要。在许多情况下生产某一商品所需劳动并不局限于单一地点，而是发生在许多相互关联的空间中，这些空间分布在全球各地，以便资本尽量减少劳动力和资源的投资成本，并实现利润的最大化。但是，劳动不仅有空间方面，而且也发生于一定的时间内。当谈到工作时间、空闲时间、业余时间、工作小时、生产时间、流通时间、分配时间、资本周转时间、生产加速或强化劳动的时候，这一点是显而易见的。

劳动时间对于资本主义来讲至关重要，因为劳动力是商品，所以每秒的劳动都要花钱。这就是为什么资本有兴趣使工人工作时间越长越好，工资越低越好，让工人们的劳动尽可能地强度高，这样就能获得尽可能多的利润（这是无酬劳动时间的结果）。马克思主义方法的价值（马克思劳动价值论）是生产某种商品所需的劳动时数。每个单一商品的生产都有一个个别劳动时间，这是很难衡量的。因此，在经济上重要的是指在某一时期（例如一年）生产一种商品所耗费的平均劳动时间。一个国家或国际上的一个公司、公司集团、整个行业的平均劳动价值是可以计算的。资本为了增加利润而努力降低商品的价值。商品价值的降低意味着生产速度的提高（也就是说，在花费一定量货币的同样劳动时间里，会产生更多的相同商品，虽然劳动力成本没有增加，但单位时间内却积累了更多的利润）。

以上列举的案例表明，劳动时间对于信息和通信技术（ICT）行业的重要性。像穆汉加·卡瓦亚，在枪口下工作并受到被杀害威胁的奴隶矿工工人，他们长时间的工作换来的却是低工资或没有工资，因此，劳动时间的最大化是无偿的。富士康工人的工资相对较低，工作时间很长。富士康试图延长工作日，以提高无偿劳动的总时数。硅谷信息和通信技术（ICT）的装配工主要是女性移民，工作条件非常相似，其中许多人在工作期间接触有毒物质。在印度的软件业和谷歌公司中，软件工程师超负荷工作。他们的工作时间很长，也没有更多的时间从事业余爱好、休闲或与朋友和家人在一起。谷歌、印度和其他国家的软件开发人员压力很大，因为他们在基于项目的软件工程中工作，时间压力很大。他们的一生往往都变成了劳动时间。亚马逊的土耳其机器人是一种以廉价的非正规劳动形式同时在正规就业的情况下完成工作的一种方法。它有助于企业找到这样的工人：工作时间规律的雇员会完成一定的任务，但工资却较低。为了降低成本，这个方法就是互联网上的众包工作，即减少与正常工作条件下相同的劳动时间的费用。德国亚马逊的临时工持有临时有限合同，这些合同迫使他们接受、而不是抵制恶劣的工作条件，因为他们害怕失业。他们中的许多人来自遭受经济危机重创的国家，在其国家他们正面临着失业问题。危机迫使他们接受早期工业条件下的工作，准军事化的控制应该使得雇员在工作时间内工作的更多更快，其目的是高强度的工作。与有着集体谈判、工资集体协议和工会的雇员关系相比，那些止面临经济困难的低工资临时工意味着亚马逊会赚得更多的利润。时间，在不安全临时就业、工作时间拓展以及小时工资降低这些形式的案例中起着重要的作用。

作为他们努力参与调查的回报，Work.Shop.Play 的用户可以赢得诸如照相机、戏票、代金券和特殊优惠这些奖项，但调查结果却被作为商品出售。当然，只有少数人能获奖，大部分人的工作是完全无偿的。Work.Shop.Play 平台的理念是，用户在他们空闲时间里工作，从而有机会赢得购物、娱乐和游戏的代金券和商品。社交媒体上的玩乐变成了实际工作，而承诺的回报是用户有机会购物和更多的娱乐。Work.Shop.Play 把商品和消费的资本主义逻辑扩展到家庭时间和娱乐时间。工作和娱乐以及工作时间和娱乐时间两者之间的界限在 Work. Shop.Play 是动态的。"脸书"（facebook）翻译是外包给用户的工作，并希望用户无酬完成翻译工作。这种想法把用户的生活习惯时间转化成了工作时间。延长工作日和无偿工作时间、通过法西斯保安部队提高工作强度、工作过度、休闲时间即劳动时间、加班——这些案例表明，劳动时间是资本主义信息和通信技术（ICT）行业的一个重要方面。

本书的任务是要更好地理解在数字媒体背景下劳动和价值的生成问题。第三、四章把数字劳动置于学术视野之下。第三章表明，当代文化研究领域是如何把自身置于接近卡尔·马克思的工作以及如何研究劳动和资本主义的；第四章论述了达拉斯·史麦兹（Dallas Smythe）的作品对于理解数字劳动的意义。史麦兹是传媒政治经济学批判领域的奠基性人物，他详尽阐述了媒介的劳动理论，认为商业媒体上的观看、阅读、聆听时间是创造价值的受众劳动时间。在此意义上，他创造了受众商品概念。这一方法在数字劳动辩论的背景下获得了新的意义。第五章把数字劳动置于信息社会概念的辩论之中，它问我们是生活在资本主义社会、还是信息社会。第六至十一章分析了数字劳动国际分工中各种形式的劳动，以引进数字劳动理论工具箱概念，并举例说明了如何应用这些理论范畴。第六章讨论了非洲奴隶制工人，他们开采的矿物质构成了笔记本电脑、移动电话和其他信息和通信技术（ICT）的物质基础。第七章考察了中国硬件装配的工作条件，尤其是富士康工厂的状况。第八章讨论了印度软件工程师的劳动条件。第九章分析了硅谷的工作，特别是谷歌的软件工程。第十章以呼叫中心工作为例研究了不稳定的服务工作。第十一章以"脸书"（facebook）为例，重点研究了互联网产消者的无酬数字劳动。为了避免误解，我想说清楚，第六至十一章各章节并没有定义只有一种形式的数字劳动的特殊概念。本书的任务是宁愿提出一种多层面概念化的数字劳动理论工具箱，具有这样特征的理论概念，例如：绝对和相对剩余价值的生产、商品拜物教、形式吸纳和实质吸纳、家庭主妇化、工人贵族、生产方式、玩劳动、生产力、产消者商品化、奴隶制、新帝国主义、原始积累等。第六至十一章举例说明如何应用这些范畴。这些章节并没有断言，一个特定概念只适用于具体讨论的劳动形式之一。我举例说明了如何运用这些概念的案例研究。我的观点是，马克思的著作和马克思主义理论提供了一个丰富的范畴体系，可用于批判地理解数字劳动和其他形式的劳动。特定类型数字劳动的具体工作条件是历史和动态的，不是固定不变的，而是随着资本主义发展和资本主义危机而变化的。本书的首要任务是提出一个数字劳动理论的工具箱；需要运用这一工具箱并为本书作出贡献。为了这一任务因此要引进一些概念，并展示了如何运用这些概念的案例。第十二章从前面的分析中得出结论，并指出了抵制数字劳动剥削的各个方面，在这一背景下尤其讨论了作为新工人阶级运动的占领运动，以及这一运动对互联网和社交媒体的使用情况。本书所采用的批判理论和解释社交媒体与数字劳动的方法是以卡尔·马克思的著作为基础的。第二章列举了作为理论框架的马克思理论的一些重要概念。但是，为什么马克思的理论是一个合适的框架呢？这个问题需要进一步讨论。

第二节　卡尔·马克思的消失与复归

"马克思东山再起"（Svenska Dagbladet，October17，2008）。

"危机让马克思复活"（The Independent，October17，2008）。

"危机让我们重新思考左翼思想"（The Irish Times，October 18，2008）。

"马克思被发掘出来，资本主义被埋葬了"（Sydney Morning Herald，October 23，2008）。

"马克思再生"（Korea Times，January1，2009）。

"马克思一直都是对的吗？"（The Evening Standard，March 30，2009）。

"马克思又流行了"，出版马克思和他的合作者恩格斯作品的柏林迪茨（Dietz）出版公司董事长舒特朗夫（Jorn Schutrumpf）断言。从 2005 年以来，马克思恩格斯著作的销售额在之前低迷的水平上增长了两倍，并且自今年夏天以来一直在飙升。……上个月坎特伯雷大主教罗恩·威廉姆斯（Rowan Williams）对马克思做出了一个恰当的评价："马克思很早以前就观察到这种方式——把现实、权力和政府机构归于其自身无生命的事物，运用这种方式肆无忌惮的资本主义成为一种神话。甚至连教皇也开始赞美这个老牌的无神论者——赞美他'卓越的分析技巧'"（*The Times*，"Financial

Crisis Gives Added Capital to Marx's Writings", October 20，2008）。

"现在，没有一个人声称我们都是马克思主义者了。但我真的认为这个老男孩值得称赞，因为他注意到'这是经济，傻瓜！'许多表面上无所不知、占领经济制高点的巨人们当然不愚蠢，他们被疯狂的剥削贪欲驱动着，威胁着我们所有的人。马克思的作品不是圣经，尽管他的一些信徒们努力把它塑造成这样。"（*The Evening Standard*，"Was Marx Right All Along?"，March 30，2009）。

"卡尔·马克思归来了。至少这是德国出版商和书店的观点，他们说马克思的书正在飞离书架。"（*The Guardian*，"Booklovers Turn to Karl Marx as Financial Crisis Bites in Germany"，October 15，2008）。

"政策制定者在绞尽脑汁地思考接二连三的金融恐慌、抗议和其他困扰世界的疾病时，最好去研究一位早已过世的经济学家卡尔·马克思的著作。他们越早意识到我们正面临着一场百年一遇的资本主义危机，他们就会更好地武装自己找寻一条走出危机的道路。"（*Bloomberg Business Week*，"Give Karl Marx a Chance to Save the World Economy"，August 28，2011）。

2009 年 2 月 2 日的《时代》杂志以马克思为封面，并问道，关于当前的危机"马克思会怎么想呢?"在封面故事里，马克思被描绘成资本主义的救世主，他的思想也因而被肢解地面目全非："重新思考马克思吧'，若想寻找拯救资本主义之道，那就去研究这个制度最伟大的批判者吧。"（*Time Magazine Europe*，February 2，2009）。

这些新闻剪报表明，随着新一轮全球资本主义危机的爆发，我们似乎已经步入了马克思主义的新时代。突然间，人们对卡尔·马克思的著作产生了浓厚的兴趣，这表明资本主义、阶级冲突和危机的持续存在。同时，资产阶级报刊企图通过将马克思诠释为资本主义新的救世主来限制和扼杀他的理论。人们应该记住，马克思不仅是一位杰出的资本主义分析大师，也是他那个时代对资本主义最强硬的批判者：

> 总之，共产党人到处都支持一切反对现存的社会制度和政治制度的革命运动。在所有这些运动中，他们都强调所有制问题是运动的基本问题，不管这个问题的发展程度怎样。最后，共产党人到处都努力争取全世界民主政党之间的团结和协调。共产党人不屑于隐瞒自己的观点和意图。他们公开宣布：他们的目的只有用暴力推翻全部现存的社会制度才能达到。让统治阶级在共产主义革命面前发抖吧。无产者在这个革命中失去的只是锁链。他们获得的将是整个世界。全世界无产者，联合起来！（Marx and Engels，1848/2004，94；译者注：《马克思恩格斯选集》第1卷，人民出版社2012年版，第435页）。

1977年，史麦兹发表了其影响深远的文章《传播：西方马克思主义的盲点》（Smythe，1977a）。他在文章指出，西方马克思主义没有足够重视传播在资本主义社会中的复杂作用。35年过去了，新自由主义的兴起导致学者们对社会阶级和资本主义不再感兴趣；相反，谈论全球化、后现代主义反倒成为时尚。随着共产主义的衰落，甚至断言历史的终结，都成了时尚。马克思主义实质上成了所有社会科学的盲点。马克思主义学者被边缘化，而采用明确的马克思主义社会科学研究方法的青年学者们则面临着日益严峻的职业威胁。

图1.1和1.2显示了社会科学引文索引里标题中含有关键词"马克思"、"马克思主义者"或"马克思主义"的文章数目，直观地展现了对马克思和马克思主义研究兴趣的下降趋势。搜索的文章皆发表于如下5个时间段：1968—1977年、1978—1987年、1988—1997年、1998—2007年、2008—2012年。选择这些时期可以让人们确定是否自从2008年新一轮的资本主义危机开始文章数量有新的变化，这也是有意义的。因为1968年的社会动荡标志着一场也改变学术界的转向。

社会科学文献索引中关于马克思和马克思主义所发表文章的数目
（2013年1月22日检索）

文章数目	1968—1977年	1978—1987年	1988—1997年	1998—2007年	2008—2012年
	1537	2574	1713	1127	931

图1.1　每隔十年在社会科学文献索引中关于马克思和马克思主义所发表文章的数目

图 1.1 显示，在 1978—1987 年期间（2574），关于马克思的学术论文产出相对较大。鉴于文章发表的数量历史性地逐渐增多，1968—1977 年期间的研究兴趣似乎也很高。人们能够观察到，1988—1997 年期间（1713）、1998—2007 年期间（1127）聚焦马克思的文章产出明显萎缩，这种收缩甚至更加明显。这一时期也正是新自由主义激化、一切事物都商品化（包括许多国家的公共传播服务）、社会科学转向后现代主义和文化主义的时期。

马克思消失的原因有很多：

上述新自由主义阶级斗争的兴起。

一切事物都商品化，包括公共服务和公立大学。

后现代主义的兴起。

对替代方案缺乏信任。

斗争少、强度低。

在社会科学文献索引中列出的关于马克思和马克思主义每隔十年发表文章的平均数
（2013年1月22日检索）

文章数目	1968—1977年	1978—1987年	1988—1997年	1998—2007年	2008—2012年
	154	257	171	113	186

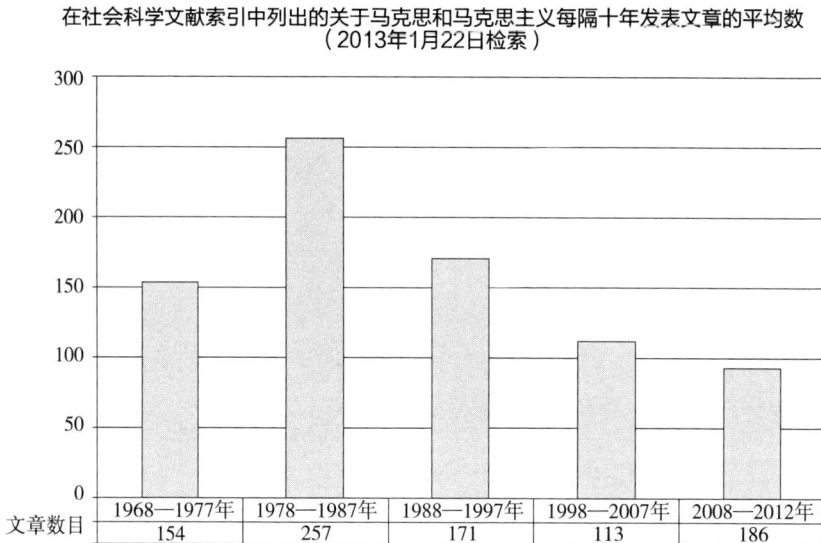

图1.2 每隔十年 在社会科学文献索引中列出的关于马克思和马克思主义发表文章的平均数

在学术界保守派反弹以及学术商品化的氛围下，开展马克思主义研究对学术生涯和学术声誉都是不合适与无益的。

在图1.2中人们能够看到，2008—2012年（186）期间关于马克思主义发表文章的年平均数，其与1998—2007年（每年113）、1988—1997年（每年171）相比有所增加。这种情况是社会科学对马克思和马克思主义重新产生兴趣的一个经验性指标，很可能是新一轮资本主义危机的影响。问题是在制度转型的过程中这种兴趣是否及如何能得以维持并成为现实。

由于贫富间收入差距的持续扩大、普遍的不稳定劳动力和新的全球资本主义危机，新自由主义不再被视为常识。全世界都认识到了资本主义的阴暗面以及程度不断升级的阶级冲突。伊格尔顿（Eagleton，2011）指出，从来没有一位思想家像马克思一样被曲解。他证明了马克思作品的核心思想与人们对他作品的共同偏见是背道而驰的。但自2008年全球资本主义危机爆发以来，学术界对马克思著作的浓厚兴趣已经生根。齐泽克

（Žižek）认为，为了"放弃有问题且过于简单的自由民主替代方案"——这种方案是新形式的资本主义提出的，承诺但未能实现的参与、自我组织和合作等理想（Žižek，2008，6）；此外，齐泽克（2010b）认为，最近的世界经济危机导致了人们对马克思主义政治经济学批判理论兴趣的复燃。霍布斯鲍姆（Hobsbawm，2011，12—13）认为，为了理解全球维度的当代资本主义、资本主义的矛盾、危机以及社会经济不平等的本质，"我们必须向马克思请教"（13）。"单独或组合起来运用经济自由主义和政治自由主义，都不能为二十一世纪的问题提供解决方案。再次认真对待马克思主义的时刻到来了"（同上，419）。詹姆逊（Jameson）认为，"全球资本主义及其危机和灾祸与当前状况相匹配"，还有全球性失业都表明，"马克思和资本本身一样是取之不尽的。"（Jameson，2011），并使得《资本论》第 1 卷（Marx，1867c）成为一本最适时的著作。

"货币危机——与现实危机相独立的货币危机，或作为现实危机尖锐化表现的货币危机"，在资本主义社会中"是不可避免的。"（Marx，1894,649；译者注：《资本论》第 3 卷，人民出版社 2004 年版，第 585 页）。对于马克思来说，通过监管金融市场或限制贪婪的道德准则是无法避免金融危机的。因为对他来说，危机是资本主义一种必要性的结构性特征，贪婪源自资本家更多地积累资本、提高利润率或灭亡的必然性。资本之间的竞争和扩大积累的需求引致了发明"金融创新"的尝试，这些"金融创新"具有很高风险，但却带来短期的高收益率。商业票据的虚拟价值与公司（以虚拟价值为特征的公司）创造的实际价值没有直接的关系。金融泡沫是这样一种状况：股票价格并不能反映实际的盈利能力，一旦金融泡沫由某些毁坏投资者未来高回报率的预期事件引发而破裂，股价就会大幅下跌。2008 年新的世界经济危机是马克思兴趣复燃的最为明显的原因。

然而，这种转变是多方面的，并有着多种原因的：

·新的世界经济危机导致了人们日益关注资本主义发展的动力、矛盾以及危机概念。

·新自由主义、工作和生活的不稳定（precarization）可能是对阶级、剥削和商品化现象的最好解释。

·新社会运动（反公司运动，全球正义运动，占领运动）使得人们对阶级问题产生了兴趣。

·经济金融化可以用诸如新帝国主义或虚拟资本的范畴进行分析。

·新的全球战争引起了人们对帝国主义范畴的兴趣。

·当代革命和诸如阿拉伯之春的叛乱让人们开始关注革命、解放和自由的重要性。

·全球化的讨论伴随着对全球资本主义的讨论。

·马克思对一般智力的关注，预见了媒介化、信息和通信技术（ICT）和知识工作在当代资本主义社会中的作用。

·整整一代具有不稳定工作的大学学者和学生们。

下列情况表现出对资本主义社会传媒研究对象日益增长的兴趣：有几个特刊关注资本主义危机中传播、媒介和文化的作用：

3C：传播、资本主义和批判（communication, capitalism & critique）（www.triple—c.at）——一个全球可持续性信息社会期刊。

《3C——全球可持续性信息社会期刊》："资本主义危机、传播和文化"2009，8（2）：193–309，编辑：克里斯蒂安·福克斯（Christian Fuchs）、马蒂亚斯·S.（Matthias Schafranek）、大卫·哈肯（David Hakken）和马库斯·布林（Marcus Breen）。

《国际传播杂志》："全球金融危机"2010，（4），编辑：保拉·查克拉瓦蒂（Paula Chakravartty）和约翰·唐宁（John D.H.Downing）。

《文化研究》："经济危机及其后"2010，24（3）：244—283。

伊尔凡·埃尔多安（Irfan Erdogan，2012）分析了 2007 年 1 月至
2011 年 6 月之间在 77 个所选媒体和传播期刊上提及马克思并发表的 210
篇文章。他发现"主流研究无视马克思，而自由民主党通常欣赏马克思"，
但对马克思的主要批评来自"所谓的'批判'或'替代'方法"。其"替代"
是"对马克思的替代"，批判的意义是"直接针对马克思的批判主义"（382）。
与此同时，人们不断试图淡化马克思对社会、媒体和传播研究的重要性，
但还有一些迹象表明存在着一定程度的对马克思的新研究。其中之一就
是 3C 特刊"马克思归来——马克思主义理论和研究对于当今的批判传播
研究的重要性"（Fuchs and Mosco，2012），其中包括 29 篇文章、500 多
页。另外一个是会议，即"21 世纪的信息社会：批判、民主和哲学——面
向社交媒体的批判理论"。在会议上，特别是具有博士学位的学者以及他
们之间，不断地从事着对马克思和当今传播的研究（详见 Fuchs，2012a，
2012d）。

虽然和马克思总是相关的，但这种相关性在近年来的传媒研究中并没
有得到充分地认可。如埃尔多安（Erdogan，2012）所指出的，对马克思
的曲解和误读是相当普遍的。部分地原因在于对他著作的误读，或是对他
著作的彻底无知。特里·伊格尔顿（2011）讨论了十种反对马克思和马克
思主义常见的偏见，并说明了为什么马克思是对的，而这些偏见为什么是
错的。我们给每个偏见增加了如下一个传媒维度的概览。这些传播维度指
向传媒研究领域反对马克思的共同偏见。我想用相反的论断反驳各种反马
克思的偏见，这些相反的论断是建立在本书所做分析的基础之上的，这些
分析表明马克思对于批判地理解社会和媒介的重要性。

（1a）马克思主义过时了！

马克思主义过时了，不适合后工业社会了。

（1b）**马克思主义具有时事性！**

为了充分而批判地理解社会传播，我们需要马克思。

（2a）**马克思主义的压制性！**

在理论上马克思主义可能听起来不错，但在实践中只能导致恐怖、暴政和大屠杀。社会主义社会和社会主义媒体的可行性是虚幻的。

（2b）**资本主义的压制性！**

资本主义听起来既不是一个好的思想或理论，在实践上也是不可行的。如同大规模的不平等、全球战争和环境破坏所表现的那样。社会主义和社会主义媒体的可行性源自于资本主义危机。

（3a）**马克思主义＝宿命论！**

马克思坚信历史规律和资本主义必然终结的规律，这也意味着资本主义媒体的必然终结。

（3b）**马克思主义＝辩证法和复杂性！**

马克思主义和黑格尔的辩证法让我们看到，社会和媒体的历史是由结构性条件、开放终结的斗争以及结构和功能的辩证法所塑造的。

（4a）**马克思主义是不切实际的社会改良主义！**

马克思描绘了一幅人性善良的天真图画，他无视人类天生的自私、贪婪、侵略性和竞争性。媒介行业因此必然以利润和竞争为基础，否则不可运行。

（4b）**资本主义的邪恶！**

新自由主义资本主义对个人主义、利己主义、利润最大化和竞争的逻辑进行了尝试和检验，改变了媒体格局，使媒体更加不平等。

（5a）**马克思主义是还原论！**

马克思和马克思主义把一切文化和政治现象都归结于经济问题，

他们不了解媒介和传播的非经济方面。

（5b）**马克思主义的复杂性！**

当代的发展表明，资本主义经济并不是决定性的，而是一个产生所有资本主义现象的特殊制度，这些现象包括所有媒体现象，都具有阶级方面的性质，并与阶级有着辩证地联系。阶级是解释当今社会现象的必要条件，虽然不是充分条件。

（6a）**马克思主义是反人道主义的！**

马克思对宗教和伦理不感兴趣，并把意识降低到了物质。因此，他为斯大林和其他人的反人道主义铺平了道路。马克思主义不能植根于媒体伦理。

（6b）**马克思主义是人道主义！**

马克思主义是一位深厚的人道主义者，共产主义是他的实践的人道主义、阶级斗争的实践伦理。他的理论具有深深的伦理性和规范性。媒体的政治经济批判必然包括一个媒体的批判伦理。

（7a）**阶级理论过时了！**

马克思主义对阶级的痴迷已经过时。今天，知识工作的拓展正在消除一切阶级障碍。

（7b）**阶级理论具有重要性！**

社会组织各层次的高度社会经济不平等表明当代社会首先是而且最重要的是一个多层次的阶级社会。知识工作不是一个同质的范畴，而是一个非常结构化的阶级空间，其包括内在阶级关系和分层模式——既有管理者，还有一个被雇佣的不稳定的呼叫中心代理或数据录入人员都是知识工人。

（8a）**马克思主义者反对民主！**

马克思主义者喜好暴力革命，反对和平改良与民主。他们否认媒介对民主的重要作用。

(8b) 社会主义 = 民主！

资本主义的历史是一个侵犯人权、结构性暴力和战争的历史。在媒介领域中，资本主义媒体的历史是一个支持反民主目标的历史。马克思主义需要和平、民主以及民主媒介。马克思在他自己的新闻著作和实践中为言论自由、民主新闻学和民主媒体以及审查制度的终结而斗争。

(9a) 马克思主义者的独裁！

马克思主义的逻辑是党的逻辑，而党的逻辑产生了国家的逻辑以及可怕独裁者的逻辑——统治、监控、操控和媒体审查。

(9b) 资本主义者的独裁！

资本主义建立了一个庞大的经济独裁，这种独裁通过经济和意识形态手段控制、监督、操纵和审查媒介。马克思主义的逻辑是一种培养全面发展的人的条件，这种条件使人们能够积极地从事多种活动，包括人人都可以成为新闻记者的想法。

(10a) 非阶级导向的新社会运动！

新社会运动（女权主义、环保主义、同性恋权利、和平运动，青年运动，等等）已经把阶级和马克思主义抛在后面。为另类媒体而斗争是与新社会运动相关的，与阶级斗争无关。

(10b) 阶级导向的新社会运动！

当前危机引发的新运动（如"占领运动"）以及最近的民主全球化运动，都是与对不平等及阶级的深切关注联系在一起的运动。当代斗争是运用多种另类媒体的阶级斗争。

马克思主义传播理论应该"说明传播和文化是怎样的物质实践，劳动和语言是如何相互构成的，传播和信息如何是同一社会行为以及社会建设意义的辩证实例。把这些任务置于一个更大的理解权力和反抗的框架之内，这样就会把传播直接融入马克思主义的传统涌流之中，而这一传统至今依然存在并具有现实意义。"（Mosco，2009，44）马克思主义传播学把传播与资本主义联系起来，"把对资本主义的分析置于最为显著位置，这包括生产力和生产关系的发展、商品化和剩余价值的生产、社会阶级划分和阶级斗争、矛盾和矛盾运动。"（同上，94）马克思主义传播研究不仅今天是重要的，而且在很长一段时间里也是如此。因为传播总是被嵌入阶级社会的不平等结构之中。随着新自由主义的兴起，马克思主义传播理论也因此受到挫折，边缘化和歧视马克思主义学者司空见惯（详见 Erdogan，2012），以后现代主义取代马克思主义也已成为共识。所以，马克思总是重要的，但是做一个马克思主义者和实践马克思主义总是很难的。部分原因在于马克思主义研究缺乏坚实的制度基础。今天我们可以看到的是人们对马克思著作产生了兴趣，问题在于是否有可能将这种兴趣转化为制度，而这种转型将挑战占统治地位的媒体机构的行政性质，并强化批判性传媒研究的制度化。

有些学者认为，"马克思从来没有评论过网络媒介"（McLuhan，2001，41）。这一观点是站不住脚的。马克思不仅仅讨论了电报，而且他还描述了使用电报的人们构成的全球信息网络，在这个网络之中，"每个人试图把自身告知他人"，并且会"带来一些联系"（Marx，1857/1858b，161；译者注：《马克思恩格斯全集》第 30 卷，人民出版社 1995 年版，第111 页）。这种描述不仅听起来像对互联网概念的预期，而且还表明马克思的思想总是和传媒研究以及互联网研究相关的。《大纲》（译者注：马克思的《经济学手稿（1857—1858 年）》在西方学界被通称为《大纲》）中的这一段表示，尽管作为技术的互联网是冷战和加州反对主流文化的产物，但是马克思在 19 世纪就已经预期到了互联网概念——**卡尔·马克**

思预见了互联网。克里斯蒂安·福克斯和尼克·迪尔－维斯福特（Nick Dyer-Witheford，2013）认为，对于理解互联网和社交媒体，如下十个概念尤其彰显了马克思著作的重要性：

 （1）辩证法

 （2）资本主义

 （3）商品或商品化

 （4）剩余价值、剥削、异化、阶级

 （5）全球化

 （6）意识形态或意识形态批判

 （7）阶级斗争

 （8）共享（commons）

 （9）公共领域

 （10）共产主义

对于包括如下问题的批判性互联网研究，上述列举的概念让我们构想了一个不完整的研究议程：

 （1）如何从辩证历史的视角来理解互联网的创建、发展和矛盾？

 （2）资本主义互联网的作用到底是什么？如何从理论和实践上衡量其作用？有哪些基于互联网的资本积累模式？

 （3）我们在互联网上发现了哪些形式的商品化？它们是如何运作的呢？

 （4）在互联网上有哪些不同形式的剩余价值的创造呢？它们如何运作的呢？用户对此有什么看法呢？

 （5）互联网如何与全球化进程互动呢？

 （6）互联网有哪些神话和意识形态呢？如何揭露、分析和批判它们呢？

（7）互联网在阶级斗争中的作用是什么？为另类互联网而斗争的潜力、现实和局限是什么？

（8）什么是互联网共享？互联网共享商品化是如何运作的呢？有哪些加强互联网共享的模式呢？

（9）互联网带给公共领域的潜力和局限是什么？

（10）在一个共享的社会中什么是互联网共享？共享互联网有哪些萌芽和哪种形式？如何能建设一个共享的互联网以及相应的斗争何以能加强？

许多学者为克服传媒研究中的劳动盲点做了重要的工作。文森特·莫斯可（Vincent Mosco）和凯瑟琳·麦克切尔（Catherine McKercher）编辑了一系列关于传播劳动的丛书（McKercher and Mosco，2006，2007；Mosco，McKercher and Huws，2010），还有一本专著（Mosco and McKercher，2008）。乌苏拉·胡斯（Ursula Huws）编辑的《劳工组织的劳动和全球化》（www.analyticapbcllications.co.uk）期刊，这一刊物为在知识、信息和通信技术（ICT）和媒体背景下的批判性劳动研究成果的发表创建了一个重要的平台。一些会议促成了关于数字劳动的讨论："数字劳动者们：工人、作者和公民们"（Western University，London，Ontario，Canada，October 16—18，2009； 见 ir.lib.uwo.ca/digitallabour，Burston，Dyer—Witheford and Hearn，2010）；"既是游乐场又是工厂的互联网"（New York，New School，November 12—14，2009； 见 digitallabor.org，Scholz，2013）以及"第四届 ICT 与社会论坛：二十一世纪信息社会的批判、民主和哲学——面向社交媒体批判理论"（Uppsala University，Uppsala，Sweden，May 2—4，2012；见 Fuchs and Sandoval，2014，Fuchs，2012a，2012d）。"3C"越来越倾向于出版马克思主义关于数字媒体和信息资本主义的著作，如同特刊"马克思归来—马克思主义理论和研究对于当今批判性传播研究的重要性。"（Fuchs and Mosco，2012）。欧盟成本行动 IS1202"虚拟工作动力学"（2012—2016，dynamicsofvirtualwork.com）指出，有必要再次关注创意和文化经济研究问题，诸如：该行业劳动的全球分工、数字劳动国际分工（IDDL）中所涉及的工作条件、不稳定文化劳动、"免费"数字劳动问题，以及理论化数字劳动价值创造的挑战、产消挑战（生产性消费）、知识工作的玩劳动（玩和劳动）挑战，还有虚拟工作政策视角（工会的作用、监督机构和公民社会项目的作用，诸如"让 IT 公平"、政策问题和管理虚拟工作的挑战等等。）以及知识工作的职业身份。尽管主流一直是官方研究统治着，但马克思、资本主义、劳动和数字劳动已经在传媒研究中变得越来越重要了。我们的任务是进一步把这些研究制度化，使新一代的马克思主义传媒学者能够涌现、繁荣和崛起成为主流。

注释：

①"Ausgeliefert！"是一部关于文字的戏剧。一方面是指着某物（如亚马逊包裹）被递送，另一方面是指某些人受摆布。

②"纳粹，条件就如现代集中营，无节制的利润追求。为你们感到耻辱！"

③"现代的奴役制度，但是利润由要素决定。"

④"由奴隶制的新变种产生的利润，就如毒品交易的利润一样被充公。"

（所有评论都来自亚马逊的"脸书"（facebook）网页，2013 年 2 月 16—17 日访问。）

第一部分

研究数字劳动的理论基础

第二章　卡尔·马克思的理论介绍

　　本章介绍了用于全书的基本理论范畴。由于基本的理论框架是马克思的，所以本章阐释了马克思所使用的一些范畴。在导论（第一节）之后讨论了"劳动"和"工作"这两个术语，并解释了马克思是如何使用这些术语的（第二节）。紧接着阐明了马克思劳动价值论的基本概念（第三节）：使用价值、价值、交换价值、货币、价格、劳动力的价值和价格、剩余价值。本章中提出的这些范畴将有助于读者理解后面章节中关于数字劳动的具体案例——诸如"脸书"（facebook）的使用、奴隶制矿工、硬件装配、软件工程以及呼叫中心工作——如何用一种批判性的方式在理论上能够得以解释。

　　为了理解数字劳动，人们首先需要理解什么是劳动和工作。卡尔·马克思创建了最具影响力的现代劳动理论，因此，运用他的理论是说得通的。如果我们想回答"什么是数字劳动"这个问题，那么阅读马克思的著作可能是非常有益的。在本章中，我提出了我们需要询问的一些相关问题：什么是工作？什么是劳动？什么是数字工作？什么是数字劳动？

第一节　导论

在数字劳动的辩论中仍然有一个问题仍然没有得到足够多的重视，那就是如何最恰当地定义数字劳动。本章为寻找这一答案作出了贡献。为此，有必要解决两个相关的问题：什么是劳动？什么是工作？如果这些问题能够给出答案的话，那么我们就可以在此基础上思考如何定义数字劳动、数字工作。本章的结构是，首先系统概述马克思关于"劳动"和"工作"这两个术语的讨论（第二节），然后解释劳动价值论（第三节）。先是采取了一种更基于代理或更具有主体性的方法，然后将其与一种更为结构化的观点联系起来，而这种观点在劳动价值论的形式中把劳动与价值生成联系了起来。本书运用了马克思主义政治经济学，并将其作为一个理论方法，这意味着在系统阅读卡尔·马克思的著作时要以工作和劳动概念为基础。但是，为什么人们应该运用马克思的理论可以更好地理解什么是劳动和工作、而不是运用其他的任何理论呢？亚里士多德区分了 poíesis（制作活动）和 praxis（实践行动）（译者注：详见朱清华：《海德格尔对亚里士多德实践智慧（Phronesis）的存在论诠释》，《现代哲学》2009 年第 6 期）。这种哲学上的区分肯定反映了古希腊社会亚里士多德时代的阶级结构。在那时的社会中，奴隶的工作（制作）使古希腊公民的休闲活动、政治和哲学思维（实践、理论行动）成为可能。在基督教哲学中，工作被视为一种美德，因为在保卢斯（Paulus）的劳动伦理学中是这样表达的："不愿意工作的人不得食"（2 Thessalonians 3：10，NIV）。托马斯·阿奎那（Thomas Aquinas）在他的积极生活（vita activa）概念中采用了这些劳动伦理，但却添加了作为宗教元素的沉思生活（vita contemplativa）的一极，于是成了双极。

在新教伦理中，积极生活（vita activa）和沉思生活（vita contemplativa）之间的二元论受到马丁·路德（Martin Luther）和其他人的挑战。他们认为，劳动本身是一种宗教实践，而沉思生活（vita contemplativa）并非一种脱离劳动的更高级的宗教存在形式。约翰·洛克（John Locke）认为劳动是一种与艺术和思想背道而驰的令人不快的必需品，他认为穷人应该被迫工作。对于亚当·斯密（Adam Smith）而言，劳动的贫穷和资本的富有是相互关联的。在他看来，这不是早期基督教哲学所假定的上帝赋予的，而是一种社会关系，这种关系是进步的必要条件。黑格尔（Hegel）描述了一个以财产为基础的社会中的工作，在这种社会中，农民、公民和公务员有着不同形式的工作，其结构形式是承认等级和劳动分工的。与这个概念相反，近现代资本家和工人之间的阶级关系是无形的。黑格尔还描述了反映资产阶级关系轮廓的主奴辩证法。在基督教哲学中，异化劳动和阶级关系的存在一直被认为是上帝赐予的。在古典政治经济学中，上帝赐予天生劳苦和贫穷的思想被抛弃，阶级关系被视为社会关系。然而，这种关系被认为是进步所必需的；其潜在的扬弃不被视为通过生产力的发展使其成为一个历史的潜力。古典政治经济学拒绝澄清其主张——资本主义生产方式的现状是永恒的。因此，古典政治经济学认为，存在于资本主义社会的劳动方式是永恒的，通过劳动分工、私有财产和阶级关系来定义劳动方式也是永恒的，并因此使其自然化。相反，马克思对这种观点持批判态度。因此，他的研究方法是对政治经济学的批判，而不仅仅是对政治经济学的贡献。马克思是第一位把工作的历史性特征描述为理解政治经济学关键所在（Marx，1867c，131—132；译者注：《资本论》第1卷，人民出版社2004年版，第54—55页）的作者。当讨论什么是工作、什么是劳动的时候，马克思提供了有效的最为全面的分析。在经济学百科全书和词典中，劳动、劳动力、劳动过程或劳动理论等条目往往主要与马克思和马克思主义理论联系在一起（详见 Eatwell、Milgate 和 Newman 1987 的相应条目）。

第二节 马克思论工作与劳动

我们能够从三个层面上区分马克思的著作，在这三个层次上，我们分析了他是如何构思工作和劳动概念的：一般社会（第二节的"一"部分）、阶级社会和资本主义社会（第二节的"二"部分）以及共产主义社会（第二节的"三"部分）。

一、一般社会中的工作与劳动

马克思提出了人类学特征的工作。在《德意志意识形态》中，马克思和恩格斯（Marx and Engels，1845/1846，37；译者注：《马克思恩格斯选集》第 1 卷，人民出版社 2012 年版，第 133 页）认为，工作是一种有意识的生产活动，它改变和组织自然，使人类为了满足自身的需求"生产自己的生活资料"，这构成了"生产着自己的物质生活本身。"（同上，47；译者注：《马克思恩格斯选集》第 1 卷，人民出版社 2012 年版，第 147 页）。"劳动过程……是创造使用价值的有目的的活动"，是"以与一定的需要相应的方式占有自然物质的活动。"（Marx，1861—1863；译者注：《马克思恩格斯全集》第 23 卷，人民出版社 1972 年版，第 208 页）。人类是既生产物质资源又生产思想的正在生产中的人。为了组织生产和社会，人类步入"一定的社会关系和政治关系"（Marx and Engels，1845/1846，41；译者注：《马克思恩格斯选集》第 1 卷，人民出版社 2012 年版，第 151 页）。

在《大纲》导言中（同上，1—23；《马克思恩格斯全集》第30卷，人民出版社1995年版，第21—53页），马克思解释了经济包括所有社会的生产、分配和消费过程，而工作是嵌入该系统中的一种活动。在《资本论》第1卷中，马克思以商品形式的阐述开启了对资本主义的讨论。在定义了商品的二重性即使用价值和交换价值之后，他从第1.1节对客观结构的分析转向第1.2节对主体性的分析（即工作世界），即"体现在商品中的劳动的二重性"（译者注：《资本论》第1卷，人民出版社2004年版，第54页）。在本章中马克思认为，工作既具人类学特征又具历史性特征。在所有社会形态中，工作是一种生产满足人类需求的商品的活动。在具体社会形态中，工作具有特定的历史特征，诸如，奴隶劳动、家务劳动和雇佣劳动等。在《政治经济学批判》中，马克思说道："劳动作为以某种形式占有自然物的有目的活动，是人类生存的自然条件，是同一切社会形式无关的，人和自然之间的物质变换的条件。生产交换价值的劳动则相反，它是劳动的一种特殊的社会形式。"（Marx，1859；译者注：《马克思恩格斯全集》第13卷，人民出版社1962年版，第24页。）

在讨论工作和劳动的概念时，我们必须提出的一个基本问题是，工作或劳动是人类社会的本质，还是经济支配的具体表现。为此，让我们比较一下马克思的两段引文，在引文中他谈到了工作，并表明清晰定义工作的人类学和历史性特征的重要性。

（1）劳动作为使用价值的创造者，作为有用劳动，是不以一切社会形式为转移的人类生存条件，是人和自然之间的物质变换即人类生活得以实现的永恒的自然必然性。（Marx，1867c，133；译者注：《资本论》第1卷，人民出版社2004年版，第56页）①

（2）自由王国只是在必要性和外在目的规定要做的劳动终止的地方才开始；因而按照事物的本性来说，它存在于真正的物质生产领域

的彼岸。(Marx，1894，958—959；译者注：《资本论》第3卷，人民出版社2004年版，第928页）②

在第一段引文中，马克思认为工作是所有社会的必要因素。但在第二段引文中比较模糊：一方面，它可能意味着在共产主义社会中异化将不复存在，因此工作不再存在，因为工作总是被异化。或者可能是指劳动作为工作的异化形式终结了，工作表现了人类的本质特征。在《德意志意识形态》中，马克思和恩格斯（1845/1846；译者注：《马克思恩格斯全集》第3卷，人民出版社1960年版）认为，共产主义废除了劳动分工，使得"劳动转化为自主活动"（同上，97；译者注：《马克思恩格斯全集》第3卷，人民出版社1960年版，第77页），并提出"共产主义革命……消灭了劳动"（同上，60；译者注：《马克思恩格斯全集》第3卷，人民出版社1960年版，第78页）。"劳动"（德文原著中的 Arbeit）一词的后面，马克思删去了以下内容，即"活动的现代形式，在这种形式下统治……"（同上；译者注：《马克思恩格斯全集》第3卷，人民出版社1960年版，第78页）。这表明他不太确定是否应该使用共产主义废除**劳动**（Arbeit）或废除现代形式的**劳动**（Arbeit）组织的提法。因此，鉴于不同著作中的不同段落，马克思是否认为工作或劳动存在于共产主义社会是不明确的。由于他用德语书写，所以问题就更为复杂化，德语的工作和劳动通用一个词——Arbeit。尽管还有一个词 Werktätigkeit（创造作品的活动），但是这个词是一个比较笼统的概念，而且在德语中很少使用。**Arbeit** 一词有时翻译成工作，有时翻译成劳动。恩格斯在马克思《资本论》里面的一个脚注中指出，英语允许人们做出一个语义的分化："英语有一个优点，它有两个不同的词来表达劳动的这两个不同的方面。创造使用价值的并且在质上得到规定的劳动叫作 work，以与 labour 相对；创造价值的并且只在量上被计算的劳动叫作 labour，以与 work 相对。"（Marx，1867c，138；译者注：《资本论》

第 1 卷，人民出版社 2004 年版，第 61 页）。在本书中，为了把数字劳动从数字工作中辨别出来，我将会使用这种区分。

采用这种术语学可以避免混乱。劳动是一种必然异化的工作形式，在其中，人类无法控制和拥有自己的生产资料及生产结果。在阶级社会中，劳动是工作的历史组织形式。相比之下，工作是一个所有社会更为普遍的一般概念。工作是一个过程，在这个过程中，人类利用技术改造自然和社会，从而创造出满足人类需要的商品和服务。鉴于这种区分，在《德意志意识形态》中翻译这一段，马克思和恩格斯认为共产主义将废除劳动——这是可行的。而另一段引用的段落则更应该被翻译成：共产主义使得组织为劳动的工作转变为自主活动的工作。在《资本论》第三卷中的段落尤为模糊（无论德语原文还是英语翻译），这种歧义最好通过以下方式翻译来解决：真正的自由王国只有在劳动结束时才开始，劳动，作为工作的一种形式是由必要和外在私利的终结所决定的。

雷蒙德·威廉姆斯（Raymond Williams，1983，176—179）认为，"劳动"一词源自法语单词"labor"和拉丁语的"laborem"，大约在 1300 年首次出现在英语中。这个词与艰苦的工作、痛苦和麻烦相联系。18 世纪，在代表资本的阶级关系的资本主义条件之下，此词拥有了工作的含义。"工作"一词源自老式英语单词"weorc"，它是"做某事的最常用的词"（同上，334）。依据威廉姆斯的观点，一方面，在资本主义社会中这个词获得了和"劳动"相同的含义———一份有报酬的工作，但与之形成鲜明对比的是，这个词也保留了它最初更为宽泛的含义。为了能够区分工作的历史和本质的双重特征，对劳动和工作进行语义上的区分是可行的。

赫伯特·马尔库塞（Herbert Marcuse，1933，123）认为，作为现代经济学的雇佣劳动概念已经影响了人们对工作的普遍理解，并导致了"这一概念的缩小"。马尔库塞对劳动的一般形式和作为现代社会典型的经济学概念的劳动进行了区分，前者是一个描述所有社会生产性人类活动的本质和基础的范畴。对于马尔库塞而言，工作有三个维度：Arbeiten——工作过程；das Gearbeitete——工作对象以及 daszu—Arbeitende——工作目标。他认为，工作有三个重要的特征：时间的持续性、永恒性、责任。工作的持续性本质意味着它从来不会结束；工作是一个"在工作中和正在工作的持久存在"（enduring being—at and being—in—work)"（同上，129）。工作是永恒的，因为作为生产结果的对象又被"嵌入到'世界'中"（同上，130）。对于马尔库塞来说，涉及责任的工作不一定意味着它是一种劳累，而是对个人快乐的节制。也就是说，在工作中，"人往往是去除他的自我存在，而转向其他的某些东西：他总是和另一个人在一起，并且为了另一个人"（同上）。马尔库塞强调，工作不仅仅是生产一个商品的世界，而且是组织"生活的经济学"（同上，134）。工作的"首要和最终目的"是，"为了'确保'其时间的持续性和永恒性创造此在自身的存在（being of Dasein itself；译者注：海德格尔 Dasein 的含义为'人'）"（同上，135）。工作包括生产满足人类生活的物质性使用价值（诸如食物、住房和衣服）和非物质性使用价值（诸如社会关系、交往和幸福。）在《政治经济学批判（1861—1863 年手稿）》中，马克思（1861—1863）认为，劳动工具包括劳动资料和劳动手段。这一提法仍然有些不妥，因为它使用了术语"劳动手段"（means of labour）两次。在《大纲》（1857/1858b，300；译者注：《马克思恩格斯全集》第 30 卷，人民出版社 1995 年版，第258 页）中马克思清楚地表明，劳动活动、劳动资料、劳动工具和劳动产品与生产各方面的固有联系。劳动是"否定的否定"（Marx，1857/1858a，222；译者注：德语原著）③：劳动是一种"创造形式的活动"（Marx，1857/1858b，301；译者注：《马克思恩格斯全集》第 30 卷，人民出版社1995 年版，第 259 页），它在生产过程中否定了自身和劳动资料。所以，劳动创造了"一种新的对象形式"（同上；译者注：《马克思恩格斯全集》第 30 卷，人民出版社 1995 年版，第 259 页），即一个新的产品。这意味着劳动是一个生产性消费过程：它消耗了自然产品和劳动力，在这个过程中创造了一个新的产品。"劳动消费它自己的物质要素，即劳动对象和劳动资料，把它们吞食掉，因而是消费过程。……因此，个人消费的产物是消费者本身，生产消费的结果是与消费者不同的产品。"（Marx，1867c，290；译者注：《资本论》第 1 卷，人民出版社 2004 年版，第 214 页）。这一过程的结果就是使用价值（Marx，1857/1858b，301；译者注：《马克思恩格斯全集》第 30 卷，人民出版社 1995 年版，第 259 页）。这表明，在这里马克思在一般人类学意义上使用了"使用价值"这一术语。在《资本论》中，马克思（1867c）对劳动力、劳动对象和劳动工具进行了三重区分："劳动过程的简单要素是：有目的的活动或劳动本身，劳动对象和劳动资料。"（284，译者注：《资本论》第 1 卷，人民出版社 2004 年版，第 208 页）。马克思运用了黑格尔主客体辩证法的概念以系统的方式展示了生产过程的讨论。黑格尔（1991）提出了主客体之间的辩证关系：生产主体的存在是建立在一种外部客观环境的基础之上的，这种客观环境拓展和约束（即条

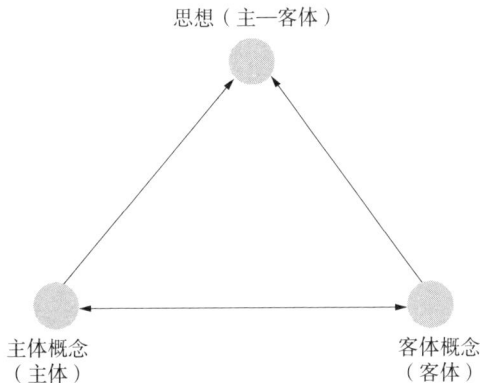

图2.1 主体—客体—主/客体的辩证三角形

件）人类的生存。人类活动可以改变外部（社会、文化、经济、政治和自然）环境。作为主客体相互作用的结果，产生了新的现实——黑格尔把这种互动的结果称为"主—客体"。图 2.1 显示了黑格尔关于主体、客体以及主—客体概念形成的一个辩证三角形。

黑格尔（1991）把"主体概念"定义为形式概念（§162），即一个有限的确定性理解的一般概念（§162），也就是"完全具体"（§164）。他把主体定义为"在其差异中所假定的不可分离的状态"（§164）。黑格尔把客体定义为整体、"外部客观性"、"另一个外部"（§193）以及"总体上的客观世界"，这个客观世界"向内分崩离析为一个未定的多样性"（§193）、"直接存在"（§194）、"漠视直接（vis-à-vis）的区别"（§194）、"目的的实现"、"目的性的活动"和"手段"。"主体—客体"（§162）的思想是指"绝对真理"（§162）、主客体的统一（§212）、概念和客体的绝对统一（§213）。"主—客体"被理解为思想和现实的统一、有限和无限的统一、灵与肉的统一（§214）。黑格尔还说，思想本质上就是个过程（§215）。马克思把黑格尔的主客体辩证法更具体地运用到经济上来、以解释经济生产过程是如何运作的。劳动力即人类主体有目的的活动："我们把劳动力或劳动能力，理解为一个人的身体即活的人体中存在的、每当人生产某种使用价值时就运用的体力和智力的总和。"（Marx，1867c，270；译者注：《资本论》第 1 卷，人民出版社 2004 年，第 195 页）。劳动是劳动力的使用："劳动力的使用就是劳动本身。……劳动首先是人和自然之间的过程，是人以自身的活动来中介、调整和控制人和自然之间的物质变换的过程。"（同上，283；译者注：《资本论》第 1 卷，人民出版社 2004 年版，第 207—208 页）。劳动力作用于客体—劳动对象（*Arbeitsgegenstand*）：土地是"人类劳动的一般对象"（同上，284；译者注：第207—208 页），"劳动对象只有在它已经通过劳动而发生变化的情况下，

才是原料。"（同上，284—285；译者注：《资本论》第 1 卷，人民出版社
2004 年版，第 209 页）。为了通过劳动改变自然，劳动工具（技术）是必
不可少的："劳动资料是劳动者置于自己和劳动对象之间、用来把自己的
活动传导到劳动对象上去的物或物的综合体。劳动者利用物的机械的、物
理的和化学的属性，以便把这些物当作发挥力量的手段，依照自己的目
的作用于其他物。"（同上，285；译者注：《资本论》第 1 卷，人民出版社
2004 年版，第 209 页）。劳动过程的结果是劳动产品："可见，在劳动过程
中，人的活动借助劳动资料使劳动对象发生预定的变化。过程消失在产品
里中。它的产品是使用价值，是经过形式变化而适合人的需要的自然物
质。劳动与劳动对象结合在一起。劳动对象化了，而对象被加工了。"（同
上，287；译者注：《资本论》第 1 卷，人民出版社 2004 年版，第 211 页）
"过程的所有这三个要素：过程的主体即劳动，劳动的因素即作为劳动作
用对象的劳动作用材料和劳动借以作用的劳动资料，共同组成一个中性结
果——**产品**"（Marx，1861—1863；译者注：《马克思恩格斯全集》第 32
卷，人民出版社 1998 年版，第 65 页）。在《1844 年经济学哲学手稿》中，
马克思认为，主客体的关系导致了劳动对象化而成为一个新的产品："劳
动的产品就是固定在某个对象中、物化为对象的劳动：这就是劳动的对象
化。"（Marx，1844，71；译者注：《马克思恩格斯全集》第 42 卷，人民出
版社 1979 年版，第 91 页）马克思把整个系统称之为生产力（见图 2.2 我
称之为"工作过程的辩证三角形"）：人类主体拥有劳动力，在劳动过程中
与生产资料（对象）相互作用。生产资料由劳动对象（自然资源、原材料）
和劳动工具（技术）构成。在劳动过程中，人类在劳动工具的帮助下通过
利用劳动力改变劳动对象（自然），其结果是劳动产品，这就是黑格尔的
主—客体，或如马克思所说一个产品——在产品中，劳动绑定在劳动对象
里：劳动对象化于产品之中，对象最终转化为满足人类需要的使用价值。

下图总结了经济系统中的主—客体辩证进程。生产力是一个系统，在该系统中，主体生产力（人的劳动力）利用技术生产力（客体生产力的一部分）以改造自然生产力部分（也是客体生产力的一部分），最终产生劳动产品。生产力系统发展的目标之一就是提高劳动生产率，也就是产出（产量）即单位时间的劳动产出。因此，马克思定义生产力发展的概念（＝劳动生产率的提高）为"劳动生产力的提高，在这一般是指劳动过程中的这样一种变化，这种变化能缩短生产某种商品的社会必要劳动时间，从而使较小量的劳动获得生产较大量使用价值的能力。"（Marx，1867c，431；译者注：《资本论》第 1 卷，人民出版社 2004 年版，第 366 页）。发展生产力的另一个目标是通过减少必要劳动时间和辛苦劳动（苦工）来促进人的自我发展。

二、资本主义社会和其他阶级社会的劳动

阶级社会中的工作（＝劳动）的组织方式是，劳动产品和剩余劳动（即超出满足人类基本需要的必要劳动时间的劳动）被剥削生产者剩余的统治阶级所占有并拥有："资本并没有发明剩余劳动。凡是社会上一部分人享有生产资料垄断权的地方，劳动者，无论是自由的或不自由的，都必须在维持自身生活所必需的劳动时间以外，追加超额的劳动时间来为生产资料的所有者生产生活资料，不论这些所有者是雅典的贵族，伊特鲁里亚的神权政治首领，罗马的市民，诺曼的男爵，美国的奴隶主，瓦拉几亚的领主，现代的地主，还是资本家。"（Marx，1867c，334—335；译者注：《资本论》第 1 卷，人民出版社 2004 年版，第 272 页）。马克思认为（1857/1858b，238；译者注：《马克思恩格斯全集》第 30 卷，人民出版社 1995 年版，第 192 页），在阶级社会中，"劳动创造他人的所有权，所有权将支配他人的劳动"。

马克思把他的大部分精力都集中在对资本主义的分析和劳动所扮演的角色上。而在《大纲》的第一部分"货币一章"，对劳动没有什么特别的关注。这一术语到处使用，但不是以一种系统的方式使用的，而主要是把它归到"货币"和"商品"术语中使用的。劳动的第一次真正出现是在《大纲》的第二部分"资本一章"，这一部分的标题为"来自流通的交换价值是流通的前提，在流通中保存自己并通过劳动使自己倍增。"（同上，264—265，译者注：《马克思恩格斯全集》第30卷，人民出版社1995年版，第220页）。马克思在这里清楚地表明，在资本主义社会中，资本和劳动处于一种矛盾的辩证关系之中，即阶级关系之中："与资本对立的是他人的劳动，与劳动对立的资本是**他人的资本**。"（同上，266；译者注：《马克思恩格斯全集》第30卷，人民出版社1995年版，第223页）。资本的存在依赖于**非资本**的存在，且资本"只有同资本的否定发生关系才是资本"，也就是劳动。因此，"实际的**非资本**就是**劳动**。"（同上，274；译者注：《马克思恩格斯全集》第30卷，人民出版社1995年版，第232页）。这种阶级关系的影响是，劳动面临着贫穷和财富的辩证法：劳动"作为对象是绝对的贫穷"（劳动不拥有他生产的东西），同时"是财富的一般可能性"（只有劳动、而不是资本才能生产财富且是财富的一个必要条件）（同上296；译者注：《马克思恩格斯全集》第30卷，人民出版社1995年版，第254页）。劳动创造的财富是资本的财富，因此，越劳动就会越贫穷。马克思指出，在资本主义社会工人把他或她的劳动力作为商品出卖给资本家，所以，为了创造"自己劳动力的价值，就是说，只是生产他的必要生活资料的价值。"（Marx，1867c，324；译者注：《资本论》第1卷，人民出版社2004年版，第249页），在工作日的一部分时间内（必要劳动时间）工作，工作日的另一部分不是"为工人"而是为资本家工作。在这期间，"形成剩余价值"（同上325；译者注：《资本论》第1卷，人民出版社2004年版，第 251 页）。马克思把工作日的这部分时间称为"剩余劳动时间，把这段时间内耗费的劳动称为剩余劳动。"（同上 325；译者注：《资本论》第 1 卷，人民出版社 2004 年版，第 251 页）资本主义的特质是劳动力成为商品，劳动者不拥有生产资料和生产结果，被迫在一定份额的工作日无偿地进行劳动（即从事剩余劳动），从而创造出剩余价值。劳动对象化为商品并在市场上销售时，剩余价值就转化为资本和货币利润。所以，劳动以多种方式被异化。

马克思（1844，69—84）首次详细地使用异化概念是在《1844 年经济学哲学手稿》中关于"异化劳动"（estranged labour）一节。在那里他定义了异化的四种形式：（a）与劳动产品的异化；（b）以强迫劳动的形式与劳动过程相异化（同上，74）；（c）与他或她自身的异化——"这样一来，异化劳动导致：（3）人的类本质，无论是自然界，还是人的精神的类能力，都变成了对人来说是异己的本质，变成了维持他的个人生存的手段。异化劳动使人自己的身体同人相异化，同样也使在人之外的自然界同人相异化，使他的精神本质、他的人的本质同人相异化。"（同上，77—78；译者注：《马克思恩格斯选集》第 1 卷，人民出版社 2012 年版，第 57—58 页）——以及（d）与他人和社会的异化。一方面，《经济学哲学手稿》中对异化概念的阐述不像《大纲》和《资本论》那样具有系统性；另一方面，马克思更多地关注异化对人类的人类学后果，从而在他的早期著作中运用了物种—存在概念。在《1844 年经济学哲学手稿》中，他阐述了异化概念的基础，之后系统和更为细致地阐明了异化的经济基础。对于阿尔都塞（Althusser，1969，249）而言，马克思的异化概念是"他早期作品"所使用的"意识形态概念"，"然而，在他的晚期作品中这一术语很少出现。"（Althusser，1969，249）。阿尔都塞谈到了"认识论的断裂"，即"把马克思的思想分为两个长的基本时期：1845 年以前的'意识形态'

时期和 1845 年以后的科学时期。这一断裂发生于 1845 年。"（同上，34）
这意味着阿尔都塞认为，异化概念和诸如《1844 年经济学哲学手稿》这
样的著作是深奥难懂的。相反，我们将证明，马克思的确没有放弃异化概
念，而是在他的早期作品中首次创建了异化概念，在他的主要作品中也有
这一概念。

　　在《大纲》的一段中，马克思明确指出异化要素存在于资本主义社会
之中：由于劳动被资本控制，所以，（a）工人异化于他或她自身，（b）异
化于劳动资料，（c）异化于劳动对象，（d）异化于劳动产品。"劳动能力
加工的材料是他人的材料；同样，工具是他人的工具，工人的劳动只表现
为材料和工具这些实体的附属品，因而对象化在不属于他的东西中。甚至
活劳动本身也表现为他人的东西而与活劳动能力相对立——而活劳动就是
活劳动能力的劳动，就是活劳动能力自己的什么表现——，因为活劳动为
换取对象化劳动，为换取劳动自身的产品已经出让给资本了。……劳动能
力自身的劳动对劳动能力来说，就像材料和工具一样是他人的——从对劳
动的管理等方面来看，劳动对劳动能力来说也是他人的。因此，对劳动能
力来说，产品也表现为他人的材料、他人的工具和他人的劳动的结合，即
表现为他人的财产。"（Marx，1857/1858b，462；译者注：《马克思恩格斯
全集》第 30 卷，人民出版社 1995 年版，第 454—455 页）。这四个异化因
素可能与劳动过程相关联，而劳动过程由黑格尔式的主体、客体和主—体
客体构成，如图 2.2 所示。异化是主体与其自身的异化（劳动力为资本所
用且被资本控制），与客体的异化（劳动对象和劳动工具）以及与主—客
体关系（劳动产品）的异化。异化过程如表 2.3 所示。资本主义社会的异
化意味着工人不能控制自己的劳动力、生产资料和生产结果，为了生存，
他们不得不在工作日的部分时间里为资本工作。异化的四种形式一起构成
了剥削劳动的系统：劳动力由于其多重异化而被迫无偿为资本劳动，这就

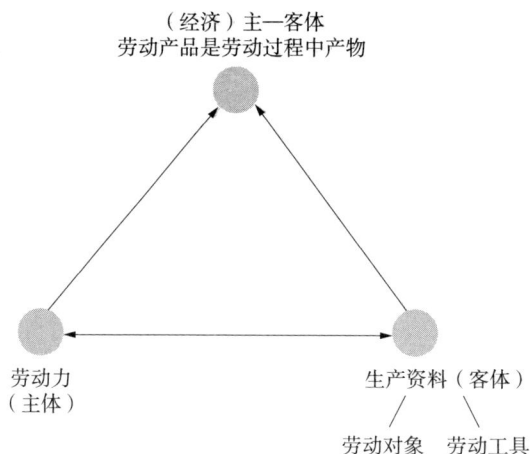

图2.2　工作过程的辩证三角形：生产力系统—劳动过程与辩证主体—客体的相互作用

产生了剩余价值和货币利润。剥削发生于特定的生产关系——阶级关系之中。

　　生产和生产力的发展并非形成一个抽象的过程。虽然生产是所有社会经济中一个共同的过程，但在现实中它只能在具体的历史条件下进行。在这种条件之下，人们彼此步入一定的社会关系之中，马克思就是在这一背景下谈生产关系的。他认为，以劳动分工为基础的社会中，生产关系发展成了阶级关系：一个占统治地位的阶级剥削被统治阶级的劳动力，被统治阶级的工作在一定程度上是免费的，为他人生产剩余价值，而他们自己并不拥有自己的劳动成果。这个制度在如下条件下得以运行：统治阶级私人拥有生产资料和信手拈来的暴力工具（物质性暴力；国家和法律；迫使工人为他人工作以换取使其能够消费和生存的产品或金钱的阴暗的经济压迫）迫使被统治阶级处于被剥削的状态。

　　资本主义的异化使得工人获得了"双重自由"——被迫在劳动力市场上出卖他或她的劳动力，而且无财产："两种极不相同的商品所有者必须互相对立和发生接触，一方面是货币，生产资料生活资料的所有者，他们

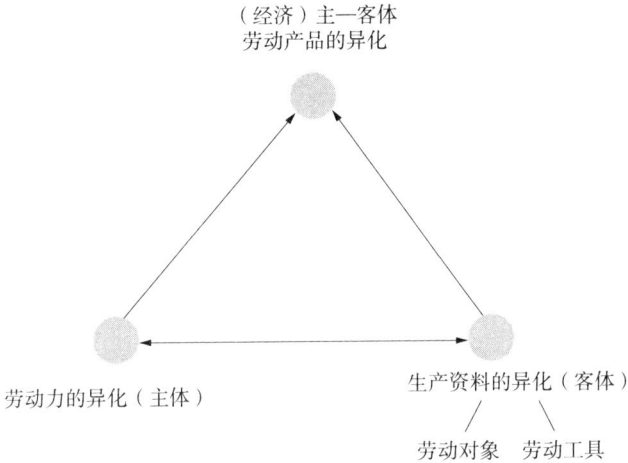

图2.3 资本主义的异化过程

要购买别人的劳动来增值自己所占有的价值总额，另一方面是自由劳动者，自己劳动力的出卖者，也就是劳动的出卖者。自由劳动者，有双重意义，他们本身既不像奴隶，农奴等等那样，直接属于生产资料之列，也不像自耕农那样，有生产资料属于他们。……因此，创造资本主义关系的过程，只能是劳动者和他的劳动条件分离的过程，这个过程一方面使社会的生活资料和生产资料转化为资本，另一方面使直接生产者转化为雇佣工人"（Marx，1867c，874，译者注：《资本论》第 1 卷，人民出版社 2004 年版，第 821—822 页）。在资本主义社会中，资产阶级拥有生产资料，掌握着剥削无产阶级劳动的权力，后者被迫把自己的劳动力作为商品出卖给资本家。无产阶级如果不向资本家出售其劳动力以获得工资，就无法生存。资本家需要无产阶级的劳动力，以生产在市场上出售的商品，而且商品中包含着无酬剩余价值（无酬劳动时间），这些剩余价值转化成利润，从而积累资本。马克思把资本主义的阶级生产关系定义为："资本主义积累的对抗性特征"，即阶级关系"只有不断消灭无产阶级的财富，才能产生有产者的财富，即资产阶级的财富。"（同上，799，译者注：《资本论》第 1 卷，人民出版社 2004 年版，第 744 页）。无产阶级和资本家辩证地相联系。对无产阶级的相对剥夺和资本的富裕"是互相对应、齐头并进的"（同上，1062；译者注：[德] 马克思：《直接生产过程的结果》，田光译，人民出版社 1964 年版，第 130 页）。无产者是"生产剩余价值的机器"，而资本家是"把这剩余价值转化为追加资本的机器"（同上，742；译者注：[德] 马克思：《直接生产过程的结果》，田光译，人民出版社 1964 年版，第 687 页）。对于马克思来说，资本主义是建立在资本家恒久窃取工人无酬劳动的基础之上的，这就是为什么他把资本定性为吸血鬼和狼人的原因。"资本是死劳动，它像吸血鬼一样，只有吮吸活劳动才有生命，吮吸的活劳动越多，它的生命就越旺盛"（同上，342；译者注：《资本论》第 1 卷，人民出版社 2004 年版，第 269 页）。生产剩余价值"是资本主义生产的特定的内容和目的"（同上，411；译者注：《资本论》第 1 卷，人民出版社 2004 年版，第 344 页）；它是"资本主义生产的**特效药**"，是"资本主义生产方式的绝对规律"（同上，769；译者注：《资本论》第 1 卷，人民出版社 2004 年版，第 714 页），"资本主义生产过程的推动性的利益和最终的结果"（同上，976；译者注：[德] 马克思：《直接生产过程的结果》，田光译，人民出版社 1964 年版，第 38 页）。在资本主义社会中，劳动归结为资本的力量："劳动的这种自然能力表现为合并劳动的资本所固有的自我保护能力，正像劳动的社会生产力表现为资本的属性，资本家对剩余劳动的不断占有表现为资本的不断自我增值一样。劳动的一切力量都显现为资本的力量，正像商品价值的一切形式都显现为货币的形式一样"（同上，755—756；译者注：[德] 马克思：《直接生产过程的结果》，田光译，人民出版社 1964 年版，第 700—701 页）。马克思在这一背景下还谈到了资本对劳动的形式吸纳，即"劳动过程变为价值增值过程的工具"，以至于"作为劳动过程的指挥者和管理者的资本家干预这一过程"，并从事对"他人劳动的直接剥削过程"（同上，1019；译者注：[德] 马克思：《直接生产过程的结果》，田光译，人民出版社 1964 年版，第 84 页）。在形式吸纳的基础上，还有资本对劳动的实质吸纳。在实质吸纳中，命令和胁迫建立在机器和科学应用的基础上（同上，1023—1015），从而使生产率的提高和劳动间接由资本控制，并直接面临机器所造成的生产速度和生产速度的提高。

在资本主义生产关系中，生产力不仅是生产人类财富和使用价值的手段，而且是剥削无产阶级劳动和加强剥削的手段。所以，每单位时间被剥削的劳动越多，同时就会有更多的商品生产，以及更多的剩余价值和更多的利润的创造。因此，马克思谈到了生产力和生产关系之间的资本主义拮抗。"在资本主义制度内部，一切提高社会劳动生产力的方法都是靠牺牲工人个人来实现的；一切发展生产的手段都转变为统治和剥削生产者的手段"（同上，799；译者注：《资本论》第 1 卷，人民出版社 2004 年版，第 743 页）。

在资本主义社会中，死劳动（资本）统治着活劳动："唯一与对象化劳动相对立的是非对象化劳动，**活劳动**。前者是存在于空间的劳动，后者是存在于时间中的劳动；前者是过去的劳动，后者是现在的劳动；前者体现在使用价值中，后者作为人的活动处于过程之中，因而还只处于自行对象化的过程中；前者是价值，后者创造价值"（Marx，1861—1863；译者注：《马克思恩格斯全集》第 32 卷，人民出版社 1998 年版，第 39 页）。

在《资本论》第 1 卷第 1.2 节中，马克思提出了抽象劳动和具体劳动之间的差异。这种区分反映的事实是：在同一本书中，马克思既写了对资本主义的批判，又写了经济理论；这两个层面的劳动产生了两个系列的范畴，它们都是资本主义的组成部分。但它们一方面代表了资本主义特有的东西，另一方面又代表了构成所有经济的本质，因而也存在于资本主义之中，且与资本主义的历史现实辩证地相互作用。这些范畴在表格 2.1 中表现出来，构成了马克思所说的资本主义的双重特征。

表 2.1　马克思对资本主义双重特征的描述

本质范畴	历史范畴
工作	劳动
使用价值	交换价值
具体劳动	抽象劳动
工作过程	价值增殖过程
必要劳动	剩余劳动

马克思解释道，具体劳动是产生使用价值的劳动（工作）方面，抽象劳动创造价值。"因此，就使用价值说，有意义的只是商品中包含的质，就价值说，有意义的只是商品中包含的劳动的量，不过这种劳动已经化为没有进一步质的人类劳动。在前一种情况下，是怎样劳动，什么劳动的问题；在后一种情况下，是劳动多少，劳动时间多长的问题。既然商品的价值量只是表示商品中包含的劳动量，那么，在一定的比例上，各种商品应该总是等量的价值。"（Marx，1867c，136；译者注：《资本论》第 1 卷，人民出版社 2004 年版，第 59 页）

抽象劳动是这样的劳动，即个人耗费在生产使用价值上的可比较性的工作。抽象劳动描述了资本主义生产方式特定的质。马克思说："完全不同的劳动所以能够相等，只是因为它们的实际差别已被抽去，它们已被化成它们作为人类劳动力的耗费、作为抽象的人类劳动所具有的共同性质"（同上，166；译者注：《资本论》第 1 卷，人民出版社 2004 年版，第 91 页）。在抽象劳动概念中，涉及几个具体的抽象形式。这些抽象反映了资本主义商品交换所建构的真实的社会关系。通过商品交换，生产者将其活动从生产一种商品的特定质的工作中抽象出来，这包括（a）对商品的物理特性

（其使用价值）进行抽象；(b) 从单一产品中抽象出来，以便建立商品之间的社会关；(c) 从简单的劳动活动中抽象出更为复杂的任务，以及 (d) 抽象特定劳动过程所发生的特定条件（例如，糟糕的工作条件、低报酬，等等），从而使商品的共同属性以价值概念凸显出来。

　　抽象的人类劳动是价值的实质，它是商品的共同特征。抽象的人类劳动创造了商品的价值，也就是生产商品所需要的（平均）劳动在一定时间内的表现。"使用价值或财物具有价值，只是因为有抽象人类劳动**对象化**或物化在里面"（同上，129；译者注：《资本论》第 1 卷，人民出版社 2004 年版，第 51 页）。商品的价值"决定于它们的生产费用，换句话说，决定于制造它们所需要的劳动时间"（译者注：《马克思恩格斯全集》第 30 卷，人民出版社 1995 年版，第 84—85 页）。价值量"是用它所包含的'形成价值的实体'即劳动的量来计量。劳动本身的量是用劳动的持续时间来计量，而劳动时间又是用一定的时间单位如小时、日等作尺度"（同上，129；译者注：同上，第 51 页）。"被劳动时间所决定的商品价值仅仅是它们的**平均价值**"（Marx，1857/1858b，137；译者注：《马克思恩格斯全集》第 30 卷，人民出版社 1995 年版，第 85 页）。"如果我们把**商品看作是价值**，我们是只想把它们看作**体现了的、凝固了**的或所谓**结晶了的社会劳动**"（Marx，1865；译者注：《马克思恩格斯选集》第 2 卷，人民出版社 2012 年版，第 38 页）。

　　马克思区分了生产性和非生产性劳动："**生产劳动**只是生产**资本**的劳动……**劳动只有在它生产了自己的对立面时才是生产劳动**"（Marx，1857/1858b，305；译者注：《马克思恩格斯全集》第 30 卷，人民出版社 1995 年版，第 264 页）。"工人单是进行生产已经不够了。他必须生产剩余价值。只有为资本家生产剩余价值或者为资本的自行增殖服务的工人，他才是生产工人"（Marx，1867c，644；译者注：《资本论》第 1 卷，人民出版社 2004 年版，第 582 页）。在这样的背景下，问题就会产生，是否只有雇佣劳动才是生产性的，或者非雇佣劳动也可能是生产性的。在《大纲》中马克思给出了一个回答，具体在《资本章》的一节："来自流通的交换价值是交换的前提，在流通中保存自己并通过劳动使自己倍增"（Marx，1857/1858b，264ff；译者注：《马克思恩格斯全集》第 30 卷，人民出版社1995 年版，第 220 页）。马克思认为，资本和劳动在交换关系中相互对抗，在这种关系中，劳动—劳动力的使用价值是用货币进行交换的。所以很明显，马克思在《大纲》中主要关注的是**雇佣**劳动。安东尼奥·奈格里（Antonio Negri，1979/1988，165）对此认为，在《大纲》中"劳动只能根据交换关系和资本主义生产结构来界定。我们在马克思那里发现的唯一劳动概念是雇佣劳动"。因此，劳动没有什么"需要改革、恢复、解放或升华的；它只是作为一个概念和一个有待废除的现实而存在"（同上）。奈格里并没有区分工作和劳动，认为两者必定是疏离的。奈格里也看到，马克思在《大纲》中关注的是雇佣劳动，但并没有进一步对这种情况提出问题，尽管《大纲》是奈格里最珍视的马克思的著作。德语就像英语一样，原则上允许人们区分所谓的 Werktätigkeit（工作是产生作品的活动）和Arbeit（劳动）。

在《大纲》中马克思还有一个构想，他把劳动视为共同或结合劳动（Marx，1857/1858b，470；译者注：《马克思恩格斯全集》第 30 卷，人民出版社 1995 年版，第 464 页），如同总体工人（Gesamtarbeiter）。这一思想在《资本论》第 1 卷中也被采用，在那里，他定义了总体工人："总体工人即结合劳动人员"（Marx，1867c，644；《资本论》第 1 卷，人民出版社 2004 年版，第 582 页）。马克思认为，如果劳动是结合劳动力的一个组成部分，那么劳动就是生产性的劳动："为了从事生产劳动，现在不一定要亲自动手；只要成为总体工人的一个器官，完成他所属的某一种职能就够了"（同上；译者者：《资本论》第 1 卷，人民出版社 2004 年版，第 582 页）。结合工人是"总**劳动者**"（aggregate worker），他们的"**结合起来的劳动**在物质上就直接实现为同时就是商品总量的**全部**（aggregate）产品"（同上，1040；译者注：[德] 马克思：《直接生产过程的结果》，田光译，人民出版社 1964 年版，第 106 页）。这种"总劳动能力的活动"是"剩余价值的直接生产，**从而由剩余价值到资本的直接转化**"（同上；译者注：[德] 马克思：《直接生产过程的结果》，田光译，人民出版社 1964 年版，第 106 页）。这意味着，在资本主义社会中，总体工人是创造价值、剩余价值和资本的生产性工人。总体工人的概念允许对马克思有这样一个解读：总体工人的劳动不是以雇佣劳动为核心的，因为总体工人作为结合劳动力包含所有那些活动——无酬但是直接或间接地服务于资本需求的活动。劳动力需要再生产，换言之，在一天中的某一段时间内，有某些活动帮助工人重新创造和维持其劳动能力。"同其他任何商品的价值一样，劳动力的价值也是由生产从而再生产这种独特物品所必要的劳动时间决定的"（同上，274；译者注：《资本论》第 1 卷，人民出版社 2004 年版，第 198 页）。这包括工人及其家庭的生存资料、工人的培训和教育等等（Marx，1861—1863）。这就意味着，有些活动需要由某人来完成，而且再生产劳动力，在这样一个背景下，人们可以说是生殖劳动，这主要是一种无报酬的劳动形式。非雇佣劳动"确保劳动力和生活条件的再生产"（Mies，Bennholdt—Thomsen and Werlhof，1988，18），这是用于"生活生产或维持生计的生产"（同上，70）。

三、共产主义社会的工作

基于工作和劳动的区别，可以说马克思的共产主义是一个没有劳动的社会，因为异化不再存在。在其他著作中的一些段落他指出，非异化的工作条件看起来是怎样的呢？共产主义的主要条件是生产资料为集体所有："最后，让我们换一个方面，设想一个自由人联合体，他们用公共的生产资料进行劳动，并且自觉地把他们许多个人劳动力当作一个社会劳动力来使用"（Marx，1867c，171—172；译者注：《资本论》第 1 卷，人民出版社 2004 年版，第 96 页）。

在《大纲》"机器论片段"（Marx，1857/1858b，690—712，译者注：《马克思恩格斯全集》第 31 卷，人民出版社 1995 年版，第 88—109 页）中马克思认为，资本主义生产力的发展导致了技术（固定不变资本）作用的不断提高，从而在历史上增强了科学和知识劳动在经济和社会中的重要性。人们可以将《大纲》的这一节解读为对当今所谓的信息社会的出现的早期预测。马克思还指出，共产主义社会中工作的变化：它将不再是"盗窃他人的劳动时间"（同上，705，译者注：《马克思恩格斯全集》第 31 卷，人民出版社 1995 年版，第 101 页），而是以"个性得到自由发展"为基础。通过"把社会必要劳动时间缩减到最低限度，那时，与之相适应，由于给所有人腾出了时间和创造了手段，个人在艺术、科学等等方面得到发展"（同上，706；译者注：《马克思恩格斯全集》第 31 卷，人民出版社 1995 年版）。如果技术降低必要劳动时间至最小化，阶级关系就会终结，一种新的财富资源会产生："财富的尺度决不再是劳动时间，而是可以自由支配的时间"（同上，708；译者注：《马克思恩格斯全集》第 31 卷，人民出版社 1995 年版，第 104 页）。

《大纲》中明确指出了技术和科学对于将生产力提高到能够实现共产主义水平的重要性。在《德意志意识形态》中马克思强调，高水平的生产力可以克服劳动分工并使工作以全面发展的多种多样的活动的方式发生转变："在共产主义社会中，任何人都没有特殊的活动范围，而是可以在任何部门内发展，社会调节整个生产，因而我有可能随自己的兴趣今天干这事，明天干那事，上午打猎，下午捕鱼，傍晚从事畜牧，晚饭后从事批判，这样就不会使我老是一个猎人、渔夫、牧人或批判者"（Marx and Engels，1845/1846，53；译者注：《马克思恩格斯选集》第1卷，人民出版社1995年版，第85页）。"在随着个人的全面发展，他们的生产力增长起来，而集体财富的一切源泉充分涌流之后"，立足于"各尽所能、按需分配"原则上的共产主义社会才能实现。"一旦生产力随着个体的全面发展而提高，所有合作财富的泉水将会涌流"（Marx，1875；译者注：《马克思恩格斯文集》第3卷，人民出版社2009年版，第435—436页）。立足于"各尽所能，按需分配"（同上）的共产主义社会就建立了。

在《大纲》中的另一段，马克思提出了这样的思想：工作在共产主义社会中变得普遍了，并谈到了一般工作。这包括，"单个人参与共同的产品界"（Marx，1857/1858b，171；译者注：《马克思恩格斯全集》第30卷，人民出版社1995年版，第122页）；"共同生产"（172；译者注：《马克思恩格斯全集》第30卷，人民出版社1995年版，第122页），"是某种以单个人参与与共同消费为结果的劳动的组织"（172；译者注：《马克思恩格斯全集》第30卷，人民出版社1995年版，第122页）。这意味着在共产主义社会中，工人共同控制生产过程，共同拥有劳动工具和劳动产品。在共产主义社会中，工作是全体和普遍的，因为对工作的条件、工具、对象和产品的所有权和控制权已经得到了推广，从而实现了对生产的普遍控制和所有权。在《德意志意识形态》中，马克思运用了全面发展的概念（Marx，1857/1858a，105；Marx，1857/1858b，172④；译者注：《马克思恩格斯全集》第30卷，人民出版社1995年版，第123页），而全面发展"取决于时间的节约"，所以，"一切节约归根到底都归结为时间的节约"（Marx，1857/1858a，173；《马克思恩格斯全集》第30卷，人民出版社

1995 年版，第 123 页）。共产主义需要借助高生产率的技术来实现劳动节约型经济，一般劳动是在这样的经济背景下进行的。公有制和高水平的生产力赋予了共产主义社会的工作具有一种新的特征。工作不再是劳动，不再被异化，劳动过程和所有的构成要素都是共同控制的（消除了外国所有权），自我决定的时间可以最大化，工作可以是多样的，且成为多种创造性活动的表现，这些活动主要不是满足人类必要需求，而是人类的乐趣，它们超越了需要，不知稀缺为何物。劳动转化成了工作。

赫伯特·马尔都塞（1955）认为，操作原则（performance principle）意味着"桑纳托斯"（Thanatos，译者注：希腊死亡之神）控制着人类和社会，而异化释放了人类的侵略性冲动（去崇高化 repressive desublimation），从而导致了一个全面的暴力和侵略性的社会。由于晚期现代社会实现了高生产率，一个历史的选择将会成为可能：消除压抑的现实原则，将必要的工作时间减少到最低限度，最大限度地利用自由时间，人类社会和身体的"色情化"，通过希腊爱神塑造社会和人类，爱欲的社会关系得以产生。如此一种发展将会是这样的一种历史可能性——但这种可能性不符合资本主义和父权社会。在共产主义社会中，工作（和整个社会）可能成为"好色"和快乐的；劳动不会支配快乐原则，而快乐原则将塑造工作、经济和整个社会。在共产主义社会，工作不再需要组织生活必需品，而是生产力如此之高，几乎没有必要的工作来保证人类的生存，从而使创造性活动有最大限度的自由时间。必然王国步入了自由王国："在这个必然王国的彼岸，作为目的本身的人类能力的发挥，真正的自由王国就开始了"（Marx，1894，958—959；译者注：《资本论》第 3 卷，人民出版社 2004 年版，第 929 页）。自由王国是"超越物质生产和再生产的此在的实践（Dasein's praxis）的特定模式"（Marcuse，1933，144）。摆脱了生产的必然性，劳动的性质发生了变化："它不再服务于仅仅使存在者存在的目的，不再是为了建构和保护生活空间的不懈努力。它当然有它的改变。劳动的目的不再是作为有些东西的存在者的形成和实现，相反，劳动产生于存在者实现的形式和充分性"（Marcuse，1933，144）。自由王国废除了劳动的分工，这种劳动分工服务于自由和必然的本质性联盟（同上，149）。纵观工作和劳动概念，我们下一步可以考察马克思的劳动价值论了。

第三节　马克思的劳动价值论

在本节"一"中我将提出关于劳动价值论辩论的切入点，即关于这一方法在当代德国辩论的一个综述。在本节"二"中，我会以黑格尔主义对马克思著作的辩证解释［二、（一）：使用价值和价值；二、（二）：交换价值；二（三）：货币和价格；二、（四）：劳动力的价值和价格；二、（五）：剩余价值］为基础，提出我自己的价值概念的概念化。

一、马克思劳动价值论的德国辩论

在讲德语的世界里，人们对马克思的价值观进行了深刻而有争议的辩论。我之所以选择这场辩论作为讨论马克思价值概念的切入点，不仅是因为有关学者对马克思的著作有着深刻的认识，而且大部分的贡献都是德语的，这样的讨论使这场辩论可以向国际读者开放。德国政治经济学家迈克尔·海因里希（Michael Heinrich，2012，55）认为，"只有通过交换行为，价值才能获得客观的价值形式"。他是德国形成的马克思主义学派"马克思的新解读"（Neue Marx—Lektüre）的代表人物。这一学派以汉斯—格奥尔格·巴克豪斯（Hans—Georg Backhaus，2011）和海尔穆特·莱希尔特（Helmut Reichelt，2001，2008）的著作为基础，他们以逻辑的方式解释马克思的价值形式分析，反对历史的解释，主张货币价值理论。他们的主要著作尚未翻译成英文。作者们更喜欢用德语出版其著作，一直保持着极为日耳曼式的特征。这种**德国沙文主义**也与这样一种情况有关：这些作者认为，以1872年马克思第二版德文和恩格斯第三、第四版为基础的《资本论》第1卷（Marx，1867a，c）的广泛阅读版本，是非辩证地、是对第一德文版本地位的倒退，其中包含了一种流行的、错误的价值形式分析版本。他们因此认为，马克思的政治经济学批判的研究应该限于《资本论》德语版第一版（Marx，1867b）。而《大纲》和一个片段被公认为是德语的原始文本——马克思在1858年写的，并和1858年的《政治经济学批判》合在了一起。巴克豪斯和赖歇尔特（Reichelt）提出了一种货币价值论，海因里希对此理论加以运用并做了进一步的详尽阐述："马克思的价值理论实际上是一种**货币价值理论**，因为，没有价值形式，商品不能与另一个价值相联系，只要有了货币形式，才能存在一种适当的价值形式。价值概念的'实体论者'试图在个体对象中确立价值的存在，这是价值的**前货币价值理论**（pre—monetary value theory）……通常的'马克思主义'价值理论宣称，价值完全是由社会必要劳动时间决定的也是一个前货币价值理论。"（Heinrich 2012，63—64）。海因里希（1999）主要的著作是首版于1991年、再版于1999年的《价值科学》（Die Wissenschaft vom Wert），毫无疑问该书是用德语写的。他认为，把马克思劳动价值论解释为"一定量的劳动量理论"是把马克思降低到了"社会主义的李嘉图"层面上（Heinrich，1999，208；译自德语）了。海因里希的基本观点是，价值不存在于个体商品之中，而只存在于交换中，因此有赖于货币形式。劳动产品的"价值客观形式只存在于交换中**共同**的价值客观性之中。**商品交**

换的所有方面（相对于孤立产品的交换）以商品对**货币**的参照而存在"（同上，250，译自德语⑥）。在它们交换之前，商品是不具有价值的（同上，216）。货币"不简单是固有价值量大小的规范说明，而固有价值的大小衡量了价值的量。这是必要的，且最重要的是商品价值的**唯一可能**形式，不可能有独立于交换的价值表现形式"（242，翻译自德语⑦）。海因里希（1999，280）认为，在他的方法中，价格如何与价值相关联的转型问题是不存在的。

齐泽克（Slavoj Žižek）也传播了一个与海因里希相似的价值概念。他认为，抽象劳动"是一种价值关系，只在交换中构成自身的价值关系，它不是一个商品独立于其他商品关系的实质性属性"（Žižek，2010b，213）价值在本质上是不存在的，仅仅是"交换的外在表现"（同上，214）。

海因里希（1999）认为，这种交换——和货币——价值概念恰当地把价值概念化为一种社会关系。"私有劳动只有在交换的过程中才能把自身转换为社会劳动，交换成为创造价值的劳动。但是，私有劳动如上所提及也如下，只有在交换**中**商品才获得价值和价值的大小"（同上，232，译自德语）。⑧ 在《资本论》第1卷德语首版中，货币不是价值形式分析的组成部分；而在《资本论》第1卷德语第二版中，马克思介绍了货币形式，并将其作为价值形式分析的组成部分。海因里希（1999，228）同意格哈德·格勒（Gerhard Göhler，1980）的观点，认为这导致了"减少的辩证法"。巴克豪斯和赖歇尔特（Reichelt，1995）写了一篇关于海因里希《价值科学》一书的讨论，他们认为，海因里希假设了价值和价格的逻辑差异性与分期特征（Backhaus and Reichelt，1995，68），并重申了他们的观点——广泛地阅读《资本论》第1卷包含了一个对价值形式分析的推广和简化。

海因里希、雷查特、巴克豪斯及追随者强调的《资本论》首版中，马克思（1867b，15—44）最初的价值形式分析有四种，具体如下：

（1）简单价值形式：x 量商品 A=y 量商品 B。

（2）扩大价值形式：z 量商品 A ＝ u 量商品 B ＝ v 量商品 C ＝ w 量商品 D ＝ x 量商品 E ＝ y 量商品 F= 其他。

（3）反向或反身价值形式：u 量商品 B ＝ z 量商品 A，v 量商品 C ＝ z 量商品 A，w 量商品 D ＝ z 量商品 A，x 量商品 E ＝ z 量商品 A，y 量商品 F ＝ z 量商品 A= 其他。

（4）价值的一般等价形式：

z 量商品 A ＝ u 量商品 B=v 量商品 C ＝ w 量商品 D ＝ x 量商品 E ＝ y 量商品 F ＝ 其他。

u 量商品 B ＝ z 量商品 A ＝ v 量商品 C ＝ w 量商品 D ＝ x 量商品 E ＝ y 量商品 F ＝ 其他。

v 量商品 C ＝ z 量商品 A ＝ u 量商品 B ＝ w 量商品 D ＝ x 量商品 E ＝ y 量商品 F ＝ 其他。

w 量商品 D ＝ z 量商品 A ＝ u 量商品 B=v 量商品 C=x 量商品 E ＝ y 量商品 F ＝ 其他。

x 量商品 E ＝ z 量商品 A ＝ u 量商品 B ＝ v 量商品 C ＝ w 量商品 D ＝ y 量商品 F ＝ 其他。

y 量商品 F ＝ z 量商品 A ＝ u 量商品 B ＝ V 量商品 C ＝ w 量商品 D ＝ x 量商品 E，或 ＝ 其他。

从《资本论》第二版（Marx，1872）开始，在以后的版本中，价值形式分析的第一版被以下版本所取代（Marx，1867a，62—85，德语；Marx，1867c，138—163。译者注：《资本论》第 1 卷，人民出版社 2004 年版，第 62—87；Marx，1872，81—113，德语）：

1.简单、个别的或偶然的价值形式：x 量商品 A ＝ y 量商品 B。

2.总的或扩大的价值形式：z 量商品 A ＝ u 量商品 B ＝ v 量商品 C= w

量商品 D= x 量商品 E= 其他。

　　3. 一般价值形式：u 量商品 B = z 量商品 A，v 量商品 C = z 量商品 A，w 量商品 D = z 量商品 A，x 量商品 E = z 量商品 A，等等。

　　4. 货币形式：1 盎司黄金 = z 量商品 A，1 盎司黄金 = u 量商品 B，

　　1 盎司黄金 = v 量商品 C，1 盎司黄金 = w 量商品 D，

　　1 盎司黄金 = x 量商品 E，等等。

　　沃尔夫（Dieter Wolf，2008，94）认为，海因里希关于《资本论》第 1 卷第一版和第二版之间价值形式的表述出现了断裂的论点是不正确的。因为，一般等价形式几乎与货币形式（尽管也不同，因为货币是一般等价物的垄断形式）相同（同上，98）。在第一版价值形式的分析中，马克思也包括了一般等价形式。可以附带说一下，最初的德文版包含了价值形式的矛盾表述，因为马克思添加了一个被称之为"Die Werthform"（价值形式，Marx，1867b，764—784）的附件，其中货币形式被表示为第四种价值形式（1. 简单价值形式、2. 扩大的价值形式、3. 一般价值形式和 4. 货币形式四种），之后马克思的选择是把其从附件放进了第 1.1 章中，并搬进了第二版，从而成为价值的表现形式了。

　　沃尔夫（Dieter Wolf，2004，46）认为，赖歇尔特和巴克豪斯只选择了《大纲》中和德文原始版本中的具体段落，基于此他们断言，后来马克思的《资本论》退步了。他们无视这两部作品中的不足，从而建构了一个新的教条主义——将自己表现为对《资本论》的一个非教条主义的批判。

　　马克思的价值形式分析能够用黑格尔一个和多个、吸引和排斥的辩证法得以解释（见图 2.4 和图 2.5）。排斥意味着"一的差异源自于自身，是一的排斥"，它"产生多个一"（Hegel，1830，§97）。"一表现出与自身的完全不兼容性，一个自我排斥：以及它本身明确地是多。"（同上）但是，排斥变成了吸引："一，已经被再造，那就是自我排斥，以及明确把自身

吸引与排斥的辩证法

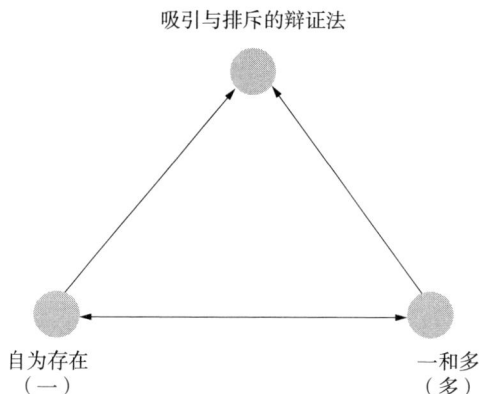

自为存在　　　　　　　　　　　　一和多
（一）　　　　　　　　　　　　　（多）

图2.4　一和多、吸引和排斥的辩证法

价值的一般形式货币形式：商品多样性的统一：x量商品A=a单位的货币，
y量商品B=b单位的货币，……z量商品Z=c单位货币

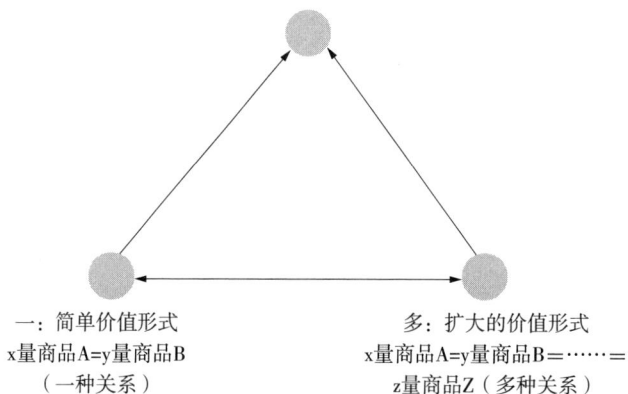

一：简单价值形式　　　　　　　多：扩大的价值形式
x量商品A=y量商品B　　　　　　x量商品A=y量商品B＝……＝
（一种关系）　　　　　　　　　z量商品Z（多种关系）

图2.5　价值形式的辩证法是一和多的辩证法

当作多。然而，多中的一自身是一个一，凭借如此机制，这种所有的斥力通过被击中的一转化为它的反面——吸引"（同上）。但是，"多是相同的另一个一，即每个多是一，或者是多的一；因此它们是一和同一；或者，当我们研究排斥所涉及的一切时，我们视其为多个一对另一个一的一个否定；从本质上说，是它们相互联系的参照物。那些一是和排斥相关联的行

为，是多个一；被扔进了自身的关系之中。因此，排斥具有被称为吸引的平等权利；排斥一，或为自我存在而压制自身"（同上，§98）。

马克思在价值形式的分析中表明，商品之间相互吸引和排斥——因为它们有不同的自然形态、品质、材料和使用价值，所以它们之间相互排斥，它们是许多不同的商品。但在劳动过程中，它们的抽象劳动是相等的。货币（或者另一个一般等价物）在交换过程中和它们相等，即它们都包含着人类劳动的量，因此是价值的对象化，即在交换过程中被评估为代表等量的人类劳动。在交换过程中，质不同的商品通过一般等价物相互排斥、相互吸引。一般价值形式构成了商品多样性的一个统一整体。马克思把其描述为"它们的价值形式是简单和共同的，因而是一般的"（Marx，1867c，157；译者注：《资本论》第 1 卷，人民出版社 2004 年版，第 81 页）。

沃尔夫冈·弗里茨·豪格（Wolfgang Fritz Haug，2003b，2007）认为，《资本论》新读学派假设——马克思由于劳工运动对其思想的政治影响，而导致价值分析的"大众化"，并由此导致了一种非科学的分析——产生了这样一种马克思的解释：远离政治实践以及没有现实根基；而马克思自己把后来的《资本论》版本描述为具有"科学价值"的认识论进步。海因里希、巴克豪斯、赖歇尔特以及豪格（Haug）的追随者们的问题是，他们假设存在着一种"售卖时刻商品特征的偶然性"（Haug，2007，562，译自德语⑨），而"马克思的价值形式分析货币理论变成了一种非历史的空想的货币理论（'货币的'）价值"（同上，563，译自德语⑩）。

海因里希的交换理论和货币价值理论是流通导向的，并且是去生产领域的价值中心概念。它不能解释资本家由于市场问题而不能销售商品这一事实，因此不能实现利润，但在生产过程中却剥削了员工的劳动。海因里希的公式：商品只能在交换**中**获得价值和价值量，没有成功地与货币（出售）交换的商品没有价值，因此，也没有剩余价值，其逻辑性地表明，生产商品的劳动者没有受到剥削。合乎逻辑的结果是，海因里希认为，只有在以下情况下，劳动才会受到剥削：(a) 劳动是有报酬的，以及 (b) 生产的商品在市场上成功卖掉。相比之下，这样的假设是可行的：为了积累资本和实现利润，人们对一种商品的生产作出了贡献，这种商品将会被出售；如果他们的报酬低于市场上生产商品**可能**的平均价格，他们创造了价值并被剥削；这并不是以商品实际出售为前提，而是假定生产商品的目的是为了积累资本。价值是在生产过程中创造出来的，如果商品被出售，其在流通过程中的价值就会从商品形式转变为货币形式。但是，这一转变的实现存在问题，例如，工资下降导致需求减少，不同的生产条件使一家公司能够以比同行业其他公司更便宜的价格出售其商品，等等。因此，永远无法保证价值从商品形式转变为货币形式。海因里希忽视了资本主义的动态性和危机倾向性特征，低估了生产过程中的劳动剥削和阶级关系。罗伯特·库尔兹（Robert Kurz，2012）对海因里希的方法提出了迄今为止最广泛的批评。他认为，海因里希和《资本论》的新读方法，通过否认价值是生产过程中的实质性组成部分，提出了一种既符合新古典经济学又符合后现代思想（155—156、171、185）的"流通意识形态和交换意识形态"（同上，9）方法。作为其方法的一个结果，海因里希会设想一个危机中资本主义的自我再生能力，并假设有一台自动化的资本洗衣机（同上，306）。

基于这一讨论，接下来我想对马克思的劳动价值论提出自己的看法，这将进一步与媒体领域相联系。

二、马克思劳动价值论的重建

迪特尔·沃尔夫（Dieter Wolf，2008，70）认为，马克思在《资本论》第 1 卷第 1.1 章着重分析了从人类实践抽象出来的商品结构，并在 1.2 章

结构和代理的辩证法：1.3价值形式或交换价值
（代表一定量的人类劳动的交换对象的分析）

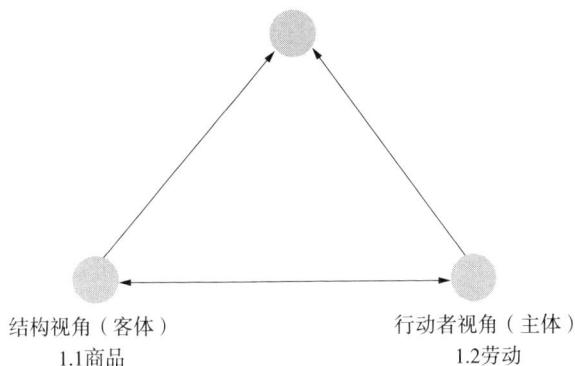

结构视角（客体）　　　　　　　　　行动者视角（主体）
1.1商品　　　　　　　　　　　　　　1.2劳动

图2.6　马克思《资本论》第1卷第一章结构和代理的辩证法

介绍了与商品结构层面相适应的实际劳动过程。可以说，第一章遵循了一个辩证结构（见图2.6）：首先是一个客体的视角（商品），然后是一个主体（劳动者）视角，进而主体与价值形式的分析相结合，从而表明主体如何交换代表对象化主体性（人类劳动）的客体。

（一）使用价值和价值

马克思在《资本论》第1卷（Marx，1867c，125—131；译者注：《资本论》第1卷，人民出版社2004年版，第47—54页）第1.1章中指出，商品，作为资本主义的"元素形式"（同上，125；译者注：《资本论》第1卷，人民出版社2004年版，第47页），具有两个因素：使用价值和价值。"物的有用性使物成为使用价值。"（同上，126；译者注：《资本论》第1卷，人民出版社2004年版，第48页）。

而抽象的人类劳动是价值的本质，它是不同商品的共同特征。商品价值是由生产商品所需的平均劳动时间决定的，劳动时间是价值的衡量，价值是质和量的统一，与人类劳动及劳动时间相联系。**价值的本质**："在商品的交换关系或交换价值中表现出来的共同东西，也就是商品的价值"（同上，128；译者注：《资本论》第 1 卷，人民出版社 2004 年版，第 51 页）。"使用价值或财物具有价值，只是因为有抽象人类劳动**对象化**或物化在里面"（同上，129；译者注：《资本论》第 1 卷，人民出版社 2004 年版）。商品的价值"决定于它们的生产费用，换句话说，决定于制造它们所需要的劳动时间"（同上，137；译者注：《马克思恩格斯全集》第 30 卷，人民出版社 1995 年版，第 84—85 页）。**价值的计量或大小**：价值量是"用它所包含的'形成价值的实体'即劳动的量来计量的。劳动本身的量是用劳动的持续时间来计量的，而劳动时间又是用一定的时间单位如小时、日等作尺度"（同上，129；译者注：《资本论》第 1 卷，人民出版社 2004 年版，第51 页）。确切地说，社会必要劳动是价值的本质："社会必要劳动时间是在现有的社会正常的生产条件下，在社会平均的劳动熟练程度和劳动强度下制造某种使用价值所需要的劳动时间。……只是社会必要劳动量，或生产使用价值的社会必要劳动时间，决定该使用价值的价值量"（同上；译者注：《资本论》第 1 卷，人民出版社 2004 年版，第 52 页）。"由劳动时间决定的商品的价值，只是商品的**平均价值**"（Marx，1857/1858b，137；《马克思恩格斯全集》第 30 卷，人民出版社 1995 年版，第 52 页）。"当我们把**商品看作价值**时，我们是只把它们看作**体现了的、凝固了的**或所谓**结晶了的社会劳动**"（Marx，1865；译者注：《马克思恩格斯全集》第 16 卷，人民出版社 1964 年版，第 136 页）。社会必要劳动决定了商品的平均价值，"一方面，应看作一个部门所生产的商品的平均价值"（Marx，1894，279；译者注：《资本论》第 3 卷，人民出版社 2004 年版，第 199 页）。每个商品都有自己的个别价值（生产时间）。然而，在市场和行业中计算的是平均生产时间。在一个行业的市场上，生产同类商品所需的平均劳动时间互相竞争。社会必要劳动时间是指整个经济中根据平均技能和平均生产力水平生产一种商品所需的平均劳动时间。个别资本有它自己的生产力，其劳动力有一个具体的技能水平，等等。因此，其生产商品的均值可能偏离整个行业平均生产该商品所需的社会必要劳动。价值规律与生产速度和生产力水平有关：用于制造商品的生产力水平越高，其价值越低："总之，劳动生产力越高，生产一种物品所需要的劳动时间就越少，凝结在该商品中的劳动量就越小。相反地，劳动生产力越低，生产一种物品的必要劳动时间就越多，该商品的价值就越大。可见，商品的价值量与实现在商品中的劳动的量成正比地变动，与这一劳动的生产力成反比地变动"（Marx，1867c，131；译者注：《资本论》第1卷，人民出版社2004年版，第53—54页）。价值是商品的本质，用另一种方式来表达，可以说抽象劳动是价值的本质（Harry Cleaver，2000，111）。交换价值是价值的表现形式（Dieter Wolf，2002，157；Harry Cleaver，2000，111），"换句话说，当劳动嵌入用于交换的产品中的时候（并最终获得了剩余价值），为资本而进行的劳动才有意义，而且只表现为社会关系"（Cleaver 2000，111）。货币是一种特殊的价值表现形式，是最高级的表现形式。克里斯托弗·J.亚瑟（Christopher J.Arthur，2004，108—109）将黑格尔的辩证逻辑运用到马克思的《资本论》中，认为价值是商品的本质（价值在自身），价值形式形成了价值的外在表现（价值为自身），货币是价值的实现（价值在自身和为自身。）

哈里·克利弗（Harry Cleaver，2000）认为，在马克思《资本论》第1.1章中商品使用价值和价值这二因素的区分应该理解为与资本和劳动之间的阶级关系有关。"商品作为使用价值的观点是工人阶级的观点。其认为商品（食物和能源）最初作为占有和消费的对象，这些东西都是用于满足工人阶级的需要的东西。资本把这些同样的商品最初视为交换价值——纯粹的手段——通过剩余价值和利润的实现最终强化自身和资本对社会控制"

（99）。但是，为了在资本主义社会中生存，人类必须出卖他们自己的劳动力，从而对交换价值产生兴趣；而资本家为了获得利润则需要劳动力的使用价值。劳动者首先对商品的质的方面以及商品中资本的量的方面感兴趣，为了实现这些目标双方必须相互转化。马克思以如下方式描述了价值的这种联系和资本与劳动之间的阶级关系："所有权同劳动相分离"（Marx，1857/1858b，295；译者注：《马克思恩格斯全集》第30卷，人民出版社1995年版，第253页），还包括与价值所有权的分离。劳动时间不是工人的时间，而是资本支配下的时间。因此，劳动是"非价值"、"非资本"、"非原材料"、"非劳动工具"、"非原始产品"（同上；译者注：《马克思恩格斯全集》第30卷，人民出版社1995年版）：劳动是"绝对的贫穷"，意味着"完全被排除在对象的财富之外"（同上，296；译者注：《马克思恩格斯全集》第30卷，人民出版社1995年版，第253页）。但同时，私人所有者需要劳动力才能拥有资本、价值、原材料和财富：他们需要劳动力作为生产资本和价值的主体。所以，劳动既是非价值同时是价值；是非资本，同时，是资本；劳动是"价值的活的源泉"，"财富的一般可能性"（同上；译者注：《马克思恩格斯全集》第30卷，人民出版社1995年版，第253—254页）。"一方面，劳动作为对象是绝对的贫穷，另一方面，劳动作为主体，作为活动是财富的一般可能性"（同上；译者注：《马克思恩格斯全集》第30卷，人民出版社1995年版）。劳动和价值之间存在着相互矛盾的关系。沃尔夫（Dieter Wolf，2008，106）反对海因里希的观点，他认为，在商品交换之前，所有商品及其价值都具有社会和社交的特征，因为它们都具有共同的一般特征，即它们都是人类劳动的产品且是在社会中组织起来的人类劳动的产品。马克思把价值和劳动看作是三重意义上的社会范畴：（1）个人劳动生产社会上所有经济生产者所创造的价值："在商品价值形式中，一切劳动都表现为等同的人类劳动"（Marx，1867c，152；译者注：《资本论》

第 1 卷，人民出版社 2004 年版，第 75 页）。因此，"不同个人的劳动是相等的"（Marx，1859；译者注：《马克思恩格斯全集》第 13 卷，人民出版社 1962 年版，第 20 页）。（2）劳动时间是社会所有生产过程的一个特征："个别劳动时间直接表示为**一般的劳动时间**"，"个人的劳动时间直接表现为一般劳动时间"（同上；译者注：《马克思恩格斯全集》第 13 卷，人民出版社 1962 年版，第 20 页）。（3）在社会中进行的产生价值的劳动之结果是一种基于普遍等价的交换（在资本主义生产及交换中表现出来珠形式为货币）上进行交易的产品，所有这些都在交换过程中使用："作为一般劳动时间，它在一个一般产品、**一般等价物**、一定量的物化劳动时间中表现出来；这个一定量的物化劳动时间同它直接表现为某一个人的产品时所具有的一定的使用价值形式无关"（同上；译者注：《马克思恩格斯全集》第 13 卷，人民出版社 1962 年版，第 20 页）。在现代社会中，人的劳动在大多数情况下不是个人的过程，而是社会的过程——作为一个"结合工人"许多工人一起工作，这也是现代劳动和价值生产始终是一个社会过程的另一个原因。沃尔夫（Dieter Wolf，2002，151—165）批判了巴克豪斯构想的价格和货币是商品的第三个共同要素。相反，他强调价格和货币是价值的表现形式，而价值自身是两个不同商品所共有的第三个概念。

（二）交换价值

在交换中，人类将商品的价值设置为相等的东西，而不同的使用价值在货币形式（交换的另一个一般等价物）中获得了一个共同的分母：许多事物正在变得统一——因为商品多样性的统一是由一般价值形式所创造的。"交换价值首先表现为一种使用价值同另一种使用价值相交换的关系或比例"（Marx，1867c，126；译者注：《资本论》第 1 卷，人民出版社 2004 年版，第 49 页）。交换价值是"价值的必然的表现方式或表现形式"

（同上，128；译者注：同上，第 51 页）。在交换中，假设满足人类需求的特定的使用价值相等，在满足人类不同的需求方面它们都是不同的；但假设从差异中抽象出它们相等（x 量商品 A ＝ y 量商品 B；或，x 量 A 商品 ＝一个货币单位；y 量商品 B ＝一个货币单位），通过在两个不同的商品之间建立交换关系来设置一个等式。相等的商品代表了相同的价值量。资本主义的交换关系是在货币的帮助下组织起来的，货币充当交换的一般等价物，建构了多样的统一，不同使用价值的商品统一了起来。在交换过程中，商品减少其特性直至它们具有的共性——价值。价值是商品的第三个共性（Dieter Wolf，2008，104）。"商品只有作为同一的社会单位即人类劳动的表现才具有价值对象性，因而它们的价值对象性纯粹是社会的"（Marx，1867c，138—139；译者注：《资本论》第 1 卷，人民出版社 2004 年版，第 61 页）。

在某种程度上价值具有客观形式，即一定量的人类抽象劳动平均对象化于客体中。因为所有商品都是在社会中组织的人类劳动的产物，生产过程本身就是一个社会过程。所以，这种客观性具有社交和社会性。但是，价值不仅仅具有客观性并体现在社会性的客体之中，而且也是社会的交换关系自身。在交换中，x 量商品 A=y 量商品 B，商品 A 的价值是用商品 B 的使用价值来表示的（或者说，商品 A 的价值是以商品 B 的使用价值作为其表现形式），并且商品 B 的价值用商品 A 的使用价值表示（Dieter Wolf，2002，131）。"可见，通过价值关系，商品 B 的自然形式成了商品 A 的价值形式，或者说，商品 B 的物体成了反映商品 A 的价值的镜子。商品 A 作为价值体，作为人类劳动的化身的商品 B 发生关系，就使 B 的使用价值成为表现 A 自己的价值的材料。在商品 B 的使用价值上这样表现出来的商品 A 的价值，具有相对价值形式"（Marx，1867c，144；译者注：《资本论》第 1 卷，人民出版社 2004 年版，第 67 页）。"譬如我说 1 磅麻

度：一定质的量

交换价值

质 量

使用价值 价值

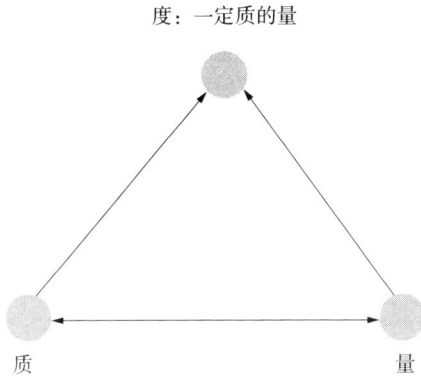

图2.7 质、量和度的辩证法 图2.8 使用价值、价值和交换价值的辩证法

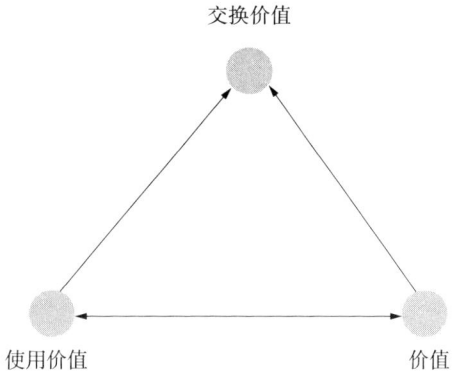

布值 2 磅咖啡，麻布的交换价值就在咖啡的使用价值上表现出来，而且是在这种使用价值的一定量上表现出来"（Marx，1859；译者注：《马克思恩格斯全集》第 13 卷，人民出版社 1962 年版，第 27 页）。商品的使用价值和价值之间的矛盾关系（商品具有使用价值和价值且是由具体劳动和抽象劳动创造的）是以交换价值的形式扬弃的，即一种商品的价值通过交换关系用另一种商品的使用价值来表达。价值同时有客观形式和社会形式。因此，海因里希试图嘲笑那些人——他们认为价值存在于生产中，在交换和货币形式之前。作为否认价值社会形式的实体论者和李嘉图学派只看到价值的一个方面，而没有看到其双重特征。对于黑格尔（Hegel,1830,§90）而言，质意味着有特征的存在或存在模式，就好像在其特征和模式中反映的自身那样，确定性的存在在某种程度上是存在的。量是"排他性单位，以及这些单位的识别或均等"（同上，§100）。"量本身具有排外的特征，它涉及的是定量（或多少）：即有限的量"（同上，§101）。质和量的辩证统一就是所谓的度。"度是质的定量，首先作为直接的一个定量，一种确定性的存在或一种特质就附属于上了。"（同上，§107）。"例如，我们测量处于震动状态的不同和弦的长度，考虑到音调质的差异性是由它们的震

动引起的，与不同的长度相一致。同样地，在化学中，我们试图确定结合在一起的物质的数量，以找出影响这种组合的尺度或比例，即那些产生一定性质的量。而且在统计学里，研究中所运用的数字非常重要，只有从这些数字所限定的质量结果来看才是重要的"（同上，§106）。在 1 台计算机 = 500 的方程中，我们有了经济上的质（计算机、货币），且是以一定的量来表现的（一台计算机，500 个货币单位）。在它们的交换中，我们度量了两种商品之间的关系：一个数量的一种商品是用另一种商品的使用价值来表示的。下图展示了黑格尔关于质、量和度量的辩证法，并把这一辩证法应用到马克思的使用价值、价值和交换价值的概念中去。

（三）货币和价格

"价格是对象化在商品内的劳动的货币名称"（Marx，1867c，195—196；译者注：《资本论》第 1 卷，人民出版社 2004 年版，第 122 页）。商品以货币价格表示其价值。货币是商品价值的计量，它是最高级的价值表现形式。货币价格是价值形态的一种特定的垄断形式，它在资本主义社会中充当（几乎）所有商品交换市场关系中的广义交换媒介而形成交换。货币具有"在商品世界中起着一般等价物作用……的社会垄断"（同上，162；译者注：《资本论》第 1 卷，人民出版社 2004 年版，第 86 页）。货币与劳动和资本之间的阶级冲突相关联（Harry Cleaver，2000，156—158）：为了提高利润，资本旨在降低雇佣劳动（工资）价格和提高商品价格。工人可以以罢工的形式拒绝工作，从而抨击工资调节和货币利润。他们试图通过低于市场价格或免费获得使用价值（例如，拒绝购买一定产品并和其他工人一起生产它们），这样他们就可以拒绝或清除价格。所以，货币不仅仅是流通的媒介，而且是"阶级之间的调节者"（同上，158）和阶级斗争的目标。

两个商品具有相同的价格并不意味着它们必然具有相同的价值，只不过它们被评估为具有相同的价值。

马克思认为，价值和价格并不一定是一致的，它们可能不一致和上下浮动："商品的价值量表现出一种必然的、商品形成过程内在的同社会劳动的联系。随着价值量转化为价格，这种必然的关系就表现为商品同在它之外存在的货币商品的交换比例。这种交换比例既可以表现为商品的价值量，也可以表现比它大或小的量，在一定条件下，商品就是按这种较大或较小的量来让渡的。可见，价格和价值量之间的量的不一致的可能性，或者价格偏离价值量的可能性，已经包含在价格形式本身中"（Marx，1867c，196；译者注：《资本论》第 1 卷，人民出版社 2004 年版，第 122—123 页）。

社会必要劳动时间是"价格围绕着运动的重心"（Marx，1894，279；译者注：《资本论》第 3 卷，人民出版社 2004 年版，第 199 页）。价值是"市场价格的'中心'，是市场价格波动的轴心"（Bidet，2009，81）。"其个别价值低于市场价值的商品，就会实现一个额外剩余价值或超额利润，而其个别价值高于市场价值的商品，即不能实现它们所包含的剩余价值的一部分"（Marx，1894，279；译者注：《资本论》第 3 卷，人民出版社 2004 年版，第 199 页）。"市场价值总是不同于商品的这个平均价值，总是或者高于或者低于它"（Marx，1857/1858，137；译者注：《马克思恩格斯全集》第 30 卷，人民出版社 1995 年版，第 85 页）。在黑格尔辩证法的话语中，我们可以说，价格是一个否定的否定，也即是对自身实际价值的否定。

罗伯特·库尔茨（Robert Kurz，2012，184）认为，价格不能从商品价值中读出，但是价值和价格也不是独立的。牙刷的价格总是比汽车的价格低得多，因为生产牙刷所需的社会必要劳动必定会比汽车所需的低得多。同时，由于激烈的竞争可能迫使资本家出售低于商品价值的商品（同上，185），因此无法保证市场上能够达到预期的价格（同上，185）。

转型问题涉及如何将价值转化为价格的问题。基于穆伊什·普斯通（Moishe Postone，1993）的观点，人们可以说，与这个问题的接触是基于这样一个假设，即马克思的理论可以用来推导价格理论，并且假设这也是马克思的意图。相反，普斯通（Moishe Postone，1993，134）认为，"价格对价值的背离"是"马克思分析不可或缺的一部分"。马克思的"意图不是提出一个价格理论，而是展示价值如何诱导一种伪装它的外表"（同上）。价格形式掩盖了价值的特性。

（四）劳动力的价值和价格

想象一下两种情形：

（1）在这个世界上只有一家生产电脑的公司，对这类商品有很大的需求。劳动力的供给几乎是无限的，通过军事化手段管理工作：拒绝工作的工人会被枪杀。没有劳动法，即计算机公司的所有者可以自由选择标准工作时间、工资、休息时间等。组装一台计算机平均花费 15 分钟，其价格为 500 欧元，固定不变资本的成本为 100 欧元。价格取决于投资成本。在劳工供应有限的情况下，资本家会尽量减低劳工成本，以达至利润最大化。在这个例子中，由于法西斯的生产条件，他们可以奴役工人，不支付工资，从而使利润最大化，最高可达 400 欧元。

（2）改变了制度，制定了劳工法。现在最低工资要求资本家在第一个例子中支付 200 欧元的工资成本来生产一台计算机。生产条件不变，不变的资本成本仍为 100 欧元。资本家习惯于每台电脑赚取 400 欧元的利润；根据计算，他每台电脑的利润是 400%，他已经获得了一种他不想放弃的奢侈生活方式。如果他对每台电脑要求相同的价格，那么每台商品的利润将减半，从 400 欧元降至 200 欧元。由于没有竞争，对电脑的需求很大，他决定将一台电脑的价格从 500 欧元提高到 700 欧元，这样他就可以继续获得 400 欧元的利润。

这些例子旨在说明，价格不能简单地根据劳动价值得出和计算，而是取决于阶级斗争的政治。因此，雅克·比岱（Jacques Bidet，2009）谈到了价值的社会政治概念，这一概念与价值的政治经济概念相联系。在资本主义社会中，劳动作为价值的实质，与"资本家阶级对工人行使的劳动支出"的"社会强制"相结合（同上，51）。因此，劳动是一个阶级概念，价值与劳动资本的阶级关系相关联，资本必须确保对劳动的指挥，这是一项政治任务。劳动者可能试图抵抗控制，这或许是对这一控制的政治回应。"如果价值的本质是抽象劳动和支出，价值在资本主义生产方式中与它的相关物、支出的社会强迫（资本家阶级对工人实施的市场强迫）相联系的，与其在概念的统一中形成了一种社会和阶级关系"（同上）。因此，价值和抽象劳动的概念同时也是政治经济学和社会政治阶级斗争的表现。所以，马克思还强调了与劳动价值和价格有关的这种联系："在反雅各宾战争时期——正如那位不可救药的吞噬赋税、尸位素餐的老乔治·罗斯经常说的那样，发动这场战争是为了挽救我们神圣宗教的福利免遭亵渎的法国人的侵犯——，我们在前次会议上曾谨慎地谈到的那些仁慈的英国农场主，竟把农业工人的工资降到这种**纯粹生理上的**最低界限以下，而维持生命和延续种族所需的不足之数却由济贫法来填补。这是把雇佣工人变成奴隶，把莎士比亚笔下的骄傲的自耕农变成贫民的一种高明手法"（Marx，1865；译者注：《马克思恩格斯选集》第 2 卷，人民出版社 2012 年版，第65 页）。

阶级的社会政治概念促使比岱（Jacques Bidet，2007）强调资本主义"真正拥有市场**和政府**，两种调节者、社会范围上的两种形式的合理—理性调节，这是其逻辑前提。资本主义把市场和政府转化为现代**阶级关系**中的两个**阶级因素**的同时以它们的形态出现"。哈里·克利弗（Harry Cleaver，

2000）虽然来自另一个背景，即自治主义的马克思主义，但他却像比岱一样为马克思的《资本论》进行政治辩护。如比岱一般，克利弗也认为阶级关系是价值的一个重要方面。"正如我们所见，劳动力的交换价值是工人阶级出售其劳动力而获得的货币，但对于工人阶级来说，这种交换价值既是收入也是与资本斗争的力量来源，而对后者来说，这是一种成本，是对生产总值的一种扣减，是对剩余价值的威胁，也是对资本力量的威胁。由于这些差异，工人阶级为获得劳动力交换价值的形式经常会发生斗争：货币工资、实物工资、社会服务、福利、失业救济金、养老金等等"（Harry Cleaver，2000，101）。

什么是劳动力价值？"同任何其他商品的价值一样，劳动力的价值也是由生产从而再生产这种独特物品所必要的劳动时间决定的。……劳动力的价值，就是维持劳动力占有者所必要的生活资料的价值"（Marx，1867c，274；译者注：《资本论》第1卷，人民出版社2004年版，第198—199页）。一个工人再生产的手段包括他或她本人以及他或她的家庭维持生计的费用，获得技能的教育以及保持能够继续工作的身体和精神状态的健康福利。哈里·克利弗在他的自治主义马克思主义的社会工人和社会工场的概念中强调："家务劳动和课业劳动试图为保持低价值的劳动力而作出了贡献"（Harry Cleaver，2000，123）。劳动力再生产中可用的无酬劳动时间越多，"工人阶级再生产所需的可变资本的量"就越少，所以，社会工场的社会劳动者为"扩大剩余价值"作出了贡献（同上）。正如马里奥·特隆蒂（Mario Tronti，1962）所述，资本主义的技术变革（即生产力的技术增长或马克思所说的相对剩余价值生产）导致了社会工厂的出现。工厂把它的界限扩展到社会的各个领域："资本主义越是向前发展，就会主张更多的相对剩余价值的生产并拓展自身，生产—分配—交换—消费的周期自身不可避免地越短，资本主义生产和无产阶级社会之间的、工

场和社会之间的、社会和国家之间的社会关系就变得越来越根本。在资本
主义发展的最高水平上，社会关系变成生产关系的时刻，整个社会变成生
产的原因和表现，也就是说，整个社会作为工厂的一个功能而存在，而工
厂将其排他性统治扩展到整个社会。……当工场把自身发展成为整个社会
主人的时候，全部社会化的生产就成了工业生产——而后，工场的特征
在社会的一般特征中迷失了自己"（Mario Tronti，1962，30—31，从德语
翻译而来）。该例所示，劳动力价格（工资）取决于政治上规定的劳动条
件，这是资本和劳工之间阶级斗争的实际、时间和动态变化的结果。工人
阶级的组织，诸如工会，"目的不过是抵制**工资**的水平**降低**到各种营业部
门中传统的高度以下，无非是阻止劳动能力的**价格**降低到劳动能力**价值**以
下"（Marx，1867c，1069；译者注：[德] 马克思：《直接生产过程的结果》，
田光译，人民出版社 1964 年版，第 139 页）。在第一个例子中，工资由阶
级斗争中的资本力量驱动，达到绝对最低水平，低于雇佣劳动的生存水平
（即低于劳动力的价值）。在第二个例子中，阶级斗争使工人组织得到了授
权，并使他们能够提高劳动力的价格。这个案例表明，"价值是在由劳动
力价格问题定义的阶级斗争中确立的"（Jacques Bidet，2009，101）。"如
果你们把各个不同的国家中或同一国家不同历史时代的工资水平或劳动的
价值水平比较一下，你们就会发现，**劳动的价值**本身不是一个固定的量，
而是一个变化的量，即使假定其他一切商品的价值不变，它也是变化的"
（Marx，1865；译者注：《马克思恩格斯选集》第 2 卷，人民出版社 2012
年版，第 65 页）。

（五）剩余价值

工人被迫进入阶级关系，为了生存而生产利润，这使资本能够适当地
获得额外的利润。被剥削的剩余价值概念是马克思理论的主要概念，他以

此来表明资本主义是一个阶级社会。"剩余价值理论立即成为剥削理论"（Negri，1991，74）。可以补充的是，阶级理论，因此也就是对一个没有阶级社会的政治需求。

恩里克·杜塞尔（Enrique Dussel）认为，马克思于 1857 年 12 月在关于《大纲》的研究中，"第一次在他的著作中发现了剩余价值范畴"（Dussel，2008，77）。"如果工人只需花费半个工作日就能生活一整天，那么，他要维持他作为工人的生存，就只需要劳动半天。后半个工作日是强迫劳动，剩余劳动"（Marx，1857/1858b，324；译者注：《马克思恩格斯全集》第 30 卷，人民出版社 1995 年版，第 285—286 页）。剩余价值是指工人为了满足其必要的直接需要而被迫从事超出其需要的工作；他们生产了一个免费的被资本家占用的超量："在资本方面表现为剩余价值的东西，正好在工人方面表现为超过他作为工人的需要，即超过他维持生命力的直接需要的剩余劳动"（同上，324—325；译者注：《马克思恩格斯全集》第 30 卷，人民出版社 1995 年版，第 285 页）。"因为资本通过生产过程获得的资本的剩余价值，只不过是超过必要劳动的剩余劳动部分。生产力的提高所以能增加剩余劳动，——即对象化在作为产品的资本中的劳动超过对象化在工作日的交换价值中的劳动所形成的余额，——只是因为它缩小了必要劳动对剩余劳动的比例，而且只是按照缩小这个比例的比例来增加剩余劳动。剩余价值恰好等于剩余劳动；剩余价值的增加可以用必要劳动的减少来准确地计量"（同上，339；译者注：《马克思恩格斯全集》第 30 卷，人民出版社 1995 年版，第 303 页）。

在《资本论》第 1 卷中，马克思以如下方式定义了剩余价值：资本家"要使生产出来的商品的价值，大于生产该商品所需要的各种商品即生产资料和劳动力——为了购买它们，他已在商品市场上预付了宝贵的货币——的价值总和。他不仅要生产使用价值，而且要生产商品，不仅要生产使用价值，而且要生产价值，不仅要生产价值，而且要生产剩余价值。……例如，用 100 镑买的卖 100+10 镑，即 110 镑。因此，这个过程的完整形式是 G—W—G'。其中 G' = G + ΔG，即等于原预付货币额增加上一个增值额。我们把这个增值额或超过原价值的余额叫作剩余价值"（Marx，1867c，293，251；译者注：《资本论》第 1 卷，人民出版社 2004 年版，第 217—218 页，第 176 页）。资本不是货币，但它是通过积累而增加的货币。"生出货币的货币"，钱能生钱（同上，256；译者注：《资本论》第 1 卷，人民出版社 2004 年版，第 181 页）。马克思认为，劳动力的价值是生产其赖以生存所必需的商品所需的平均时间（必要的劳动时间），在资本主义社会中就是支付给工人的工资。剩余劳动时间是超过必要劳动时间的所有劳动时间，是无偿的、被资本家免费占用的，并最终转化为货币利润。"剩余价值，无论它后来在利润、利息、地租等等哪种形态上结晶起来，实质上都是无酬劳动时间的化身。资本自行增值的秘密归结为资本对别人的一定数量的无酬劳动的支配权"（同上，672；译者注：《资本论》第 1 卷，人民出版社 2004 年版，第 611 页）。剩余价值"要工人耗费劳动，而不要资本家耗费任何东西，但它却成为资本家的合法财产"（同上，731；译者注：《资本论》第 1 卷，人民出版社 2004 年版，第 675 页）。"资本发展成为一种强制关系，迫使工人阶级超出自身生活需要的狭隘范围而从事更多的劳动。作为他人辛勤劳动制造者，作为剩余劳动的榨取者和劳动力的剥削者，资本在精力、贪婪和效率方面，远远超过了以往一切以直接强制劳动为基础的生产制度"（同上，425；译者注：《资本论》第 1 卷，人民出版社 2004 年版，第 359 页）。

马克思认为，资本主义是建立在资本家永久窃取工人无酬劳动的基础之上的，这就是为什么他把资本定性为吸血鬼和狼人的原因（同上，342，411；译者注：《资本论》第 1 卷，人民出版社 2004 年版，第 270、344 页）。

第四节   结论

为了理论化数字劳动，我们需要马克思的劳动价值论。立足于马克思的理论，我们能够区分作为人类学的工作和作为人类行为历史形式的劳动。这种区分反映在资本主义社会商品的二重性上：商品具有使用价值和（交换）价值。异化劳动的概念是基于经济主客体辩证法而被概念化的劳动过程的一般模型，即马克思主义的黑格尔式的劳动过程的辩证三角形。马克思主义关于工作和劳动理论的各个方面诸如抽象和具体劳动概念、双重自由劳动、生产性劳动，总体工人和一般性工作我们都已讨论了。工作是人类主体（劳动力）运用工具作用于劳动对象生产产品以满足人类需求的辩证相互作用过程。劳动包括四个方面的异化：人与劳动力、劳动对象、劳动工具以及劳动产品的异化。资本主义社会的异化是工人与上述所有四个方面的辩证异化，它是工人与构成阶级关系和剥削的整个过程自身的异化。本章通过介绍当代德国关于马克思劳动价值论的辩论（Michael Heinrich，Hans—Georg Backhaus，Helmut Reichelt，Wolfgang Fritz Haug，Dieter Wolf，Robert Kurz），探讨了马克思的价值概念。在马克思劳动价值论的重建过程中，我们还给出了一个关于使用价值、价值、交换价值、货币、价格、劳动力的价值和价格以及剩余价值的黑格尔式阐释。另外，我强调了政治的作用，以及阶级斗争在与薪水和价格关系问题上所起的作用，就如同哈里·克利弗和雅克·比岱一般，对价值概念做了一个政治性释义。价值是一个客观概念，即由工作小时的计量来决定的生产一个商品所需要的劳动时间的均值。从价值层面到商品价格层面的转型以及利润的度量建立在阶级斗争基础之上，并通过阶级斗争而实现。这一斗争聚焦于资本家阶级试图降低工资成本，也就是使无产阶级无酬工作一个更长的工作日，以及潜在地反对工资降低和工作强度强化及工作时间的延长。劳动力的价格有赖于政治地建构工作条件，也就是劳资之间阶级斗争实际的、暂期的和动态变化的结果。第二章的目的在于阐明马克思劳动价值论这一理论基础，并将其作为讨论数字劳动的铺垫。接下来的两章将聚焦于学术语境，即媒体和传播学研究如何定位于马克思与马克思研究的主题：首先考察了文化研究领域的马克思，然后在当代探讨达拉斯·史麦兹著作的相关性和重要性。

注释：

①"Als Bildnerin von Gebrauchswerten, als nützliche Arbeit, ist die Arbeit daher eine von allen Gesellschaftsformen unabhängige Existenzbedingung des Menschen, ewige Naturnotwendigkeit, um den Stoffwechsel zwischen Mensch und Natur, also das menschliche Leben zu vermitteln"（MEW, 23, 192）.

②"Das Reich der Freiheit beginnt in der Tat erst da, wo das Arbeiten, das durch Not und äußere Zweckmäßigkeit bestimmt ist, aufhört; es liegt also der Natur der Sache nach jenseits der Sphäre der eigentlichen materiellen Produktion"（MEW, 25, 828）.

③在这里，我提出了自己的翻译，因为英语把"Aufheben dieses Aufhebens"（Marx, 1857/1858a, 222）翻译为"suspension of this suspension"（Marx, 1857/1858b, 301），这样做没有抓住黑格尔辩证法术语"Aufhebung"的含义，其正确的翻译应该用"sublation"词。

④"Allseitigkeit ihrer Entwicklung"在这里翻译成了"其发展的多样性"，但是，为了和《德意志意识形态》的术语相一致，更为合适的翻译应该为"全面的社会发展"。

⑤"Das Reich der Freiheit beginnt in der Tat erst da, wo das Arbeiten, das durch Not und äußere Zweckmäßigkeit bestimmt ist, aufhört; es liegt also der Natur der Sache nach jenseits der Sphäre der eigentlichen materiellen Produktion" (MEW 25, 828).

⑥ "Ihre Wertgegenständlichkeit existiert nur als gemeinsame Wertgegenständlichkeit im Austausch, und der allseitige Austausch von Waren (im Unterschied zum Tausch vereinzelter Produkte) existiert nur als Bezug der Waren auf Geld".

⑦ "[…] ist Geld als Wertmaß nicht einfach eine formale Übersetzung eines immanenten Wertmaßes, welches die Wertgröße bereits gemessen hat. Es ist vielmehr die notwendige und vor allem einzig mögliche Erscheinungsform des Warenwerts, eine vom Tausch unabhängige Erscheinungsform des Werts kann es nicht geben".

⑧ "Erst innerhalb des Austausches verwandelt sich die Privatarbeit wirklich in gesellschaftliche Arbeit, wird sie zu wertbildender Arbeit. Dann folgt aber auch, wovon bereits oben die Rede war, daß den Waren erst innerhalb des Austausches Wert undWertgröße zukommt".

⑨ "Es ist, als fände eine Urzeugung der Warencharaktere im Moment des Verkaufs statt".

⑩ "Die wertformanalytische Geldtheorie von Marx, wird in eine geldtheoretische ('monetäre') Werttheorie verkehrt; dem dialektischen Totalitätsdenken wird die Geschichte ausgetrieben".

第三章　当代文化研究和卡尔·马克思

在诸如理查德·霍伽特（Richard Hoggart）、雷蒙·威廉斯（Raymond Williams）和爱德华·帕尔默·P. 汤普森（Edward P. Thompson）这些深受马克思主义思维影响的思想家的作品中，文化研究被定义为分析文化及其来源的领域。本章考察了马克思在当代文化研究中扮演了什么角色，即资本主义、阶级、劳动和价值在特定方法中所起的作用。

本章导论（第一节）讨论了英国早期文化研究中马克思的作用、斯图亚特·霍尔（Stuart Hall）的理论，以及尼古拉斯·加汉姆（Nicholas Garnham）和劳伦斯·格罗斯伯格（Lawrence Grossberg）在 20 世纪 90 年代中期的争论。随后的章节讨论了当代文化研究的基本书籍，分别是劳伦斯·格罗斯伯格的《文化研究的未来时》（第二节）、约翰·哈特利（John Hartley）的《文化和媒体研究的数字未来》（第三节）以及由保罗·史密斯（Paul Smith）编辑的论文集《文化研究的重生》（第三节）。这三种研究方法都认为文化研究中要充分重视经济的作用，但与马克思强调经济的观点大相径庭。

第一节　导论

马克思的作品对于早期文化研究有着重大的影响。例如，雷蒙·威廉斯在其早期著作之一《文化与社会：1870—1950》中表明，他对马克思主义的理论颇感兴趣，因为社会主义和共产主义如今举足轻重（Williams，1958，284）。威廉斯致力于"马克思主义文化理论"研究，他认为这一理论具有多样性、复杂性和变化着的连续性，承认"偶然性和某些有限自治"。但是，它把"经济结构和随之而来的社会关系理解为导航线，文化编织于其上，并且人们也是遵循这一导航线来理解文化的"（同上，269）。

爱德华·帕尔默·P. 汤普森认为，马克思主义强调人类经验和文化。他捍卫这样一种马克思主义：政治上反对斯大林主义（Thompson，1957），理论上极"左"地反对阿尔都塞的结构主义（Thompson，1978），并反对右翼反马克思的保守态度——譬如，由科拉科夫斯基（Leszek Kolakowski）引领的思想家对马克思的反对（Thompson，1973）。汤普森认为，马克思的这种思维形式首先出现在马克思关于"异化、商品、拜物教、物化的著作中，其次出现在关于人的概念，即在历史中不断地改变自身的天性"的著作中（Thompson，1978a，165）。汤普森的政治和理论干预背后的政治视角是社会主义的人道主义，这种立场是"人文主义的，因为它再次把真正的男人和女人置于社会主义理论与愿望的核心，而不是那种响亮的抽象概念中——政党、马克思主义、列宁主义、斯大林主义、两个阵营、工人阶级的先锋队——斯大林主义的至爱。它是社会主义立场，因为它重申共产主义的革命观点，不仅坚信人类种族的革命潜力或无产阶级专政的革命潜力，而且坚信真正男人和女人的革命潜力"（Thompson，1957，109）。

20 世纪 90 年代，学术界展开了文化研究和政治经济学批判之间的辩论：尼古拉斯·加汉姆和劳伦斯·格罗斯伯格之间的交锋达到了极点（1995）。批判主义的基本观点总结为表格 3.1。加汉姆（1995a，64）总结了文化研究的批判主义，认为劳伦斯·格罗斯伯格拒绝通过文化研究自身论断的含义去思考，即从属形式及其伴随的文化习俗——对文化研究给予分析的优先权——这是建立在资本主义生产方式的基础上的。加汉姆和格罗斯伯格之间的讨论表明了，自从加汉姆和格罗斯伯格完成他们的主要著作之后，在文化研究领域发生了根本性的变化——即对马克思、马克思主义以及在阶级与资本主义背景下的文化分析的严重抛弃。

表 3.1　尼古拉斯·加汉姆和劳伦斯·格罗斯伯格之间的辩论

主题	尼古拉斯·加汉姆	劳伦斯·格罗斯伯格
文化研究和政治经济学批判之间的基本差异	政治经济学把阶级视为统治结构的关键：在资本主义社会中，非阶级统治总是和阶级统治相关联。文化研究认为，阶级、种族、性别等是独立的，它无视经济和阶级。	政治经济学是阶级或经济还原论和决定论的一种形式。文化研究承认差异的多元性。
经典文化研究著作评价	威廉斯、霍加特和汤普森强调工人阶级文化和反对资本主义的斗争。	威廉斯、霍加特和汤普森关注人民代表他们自己和世界的实践。
分析生产	文化研究以文化实践为主，无视文化实践是以资本主义生产方式为基础的。	政治经济学相当于文化行业的生产。
分析消费	文化研究的重点在于文化消费或休闲而不是生产、工作或社会机构。文化研究对文化的诠释是专断的、总是抵抗的、真实的和进步的。	政治经济学无视消费和日常生活的研究。有些但不是全部文化研究颂扬流行文化为防腐剂。政治经济学被动地把人们视为被操纵的文化陷阱和作为商品以及意识形态工具的文化。文化研究认为，社会机构不能控制人们如何理解文化，消费者是积极的。

续表

主题	尼古拉斯·加汉姆	劳伦斯·格罗斯伯格
真理与伦理	文化研究拒绝真理概念，因此拒绝伦理以及对正义社会的追求。	真理和谬误的概念是精英主义的。

马克思在当代的回归先于马克思的消失。20 世纪 90 年代，斯图尔特·霍尔在"文化研究：现在和未来"的会议上发言，题为"文化研究中的马克思主义元素"（Sparks，1996，72）。该方案最后声称它是一个讨论"文化研究及其理论遗产"的论题，也是公开出版的报告版本的标题（Hall，1992/1996）。霍尔描述了他的文化研究版本与马克思之间的复杂关系。他认为"文化研究和马克思主义之间从未出现过完美的理论契合"，因为马克思的研究有"很大缺陷"：依据霍尔的观点，马克思"的确不讨论文化、意识形态、语言、符号学"。某些"还原论和经济主义"和"欧洲中心主义"会是"马克思主义固有的"（同上，265）。因此，英国文化研究和马克思主义之间的碰撞首先必须理解为这一问题的碰撞（同上）。大体上说来，20 世纪 90 年代到 2000 年是马克思在人文社会科学中消失的十年，霍尔归纳并建构了一种从未存在过的英国文化研究的同质性。虽然他自己和马克思的相遇总令人头疼，同时，当他被马克思的作品进一步吸引的时候，他主要接触的是阿尔都塞的结构主义。其他文化研究的代表，即汤普森和雷蒙·威廉姆斯是被人道主义的马克思主义所深深吸引。然而，霍尔接手了阿尔都塞的工作，汤普森同时利用他的理论和文字技能，从人道主义马克思主义的视角撰写了对阿尔都塞的辛辣评判批判，运用了他的理论和文学性技巧去写作一个基于马克思主义人道主义立场的苦涩的阿尔都塞的讽刺性批判，一个捍卫马克思和马克思主义、而反对莱谢克·科拉科夫斯基（Leszek kolakowski）的作品。莱谢克·科拉科夫斯基，一个前人道主义

的马克思主义者——出版了一本反对马克思和马克思主义的著作（Leszek Kolakowski，2005）。因此，在不同的文化研究领域中，从事马克思主义研究的标识和深度肯定具有差异性。霍尔提出了（与他自己的认识论相反的）相当不复杂、非情景化、还原性解读的文化研究和马克思主义，这充分概括了他自身的经历和世界观。

文森特·莫斯可（Vincent Mosco，2009）认为，霍加特、威廉斯、汤普森、威利斯（Willis）和霍尔"坚决承诺致力于阶级分析"（Vincent Mosco，2009，233），但之后的文化研究变得"对政治计划和政治目的的承诺不那么清晰"（229），文化研究更多地关注劳动，即占据绝大多数人的清醒时刻的活动，这是很难做到的（214）。科林·斯帕克斯（Colin Sparks）描述了斯图亚特·霍尔的文化研究版本和"迈向马克思主义"的马克思主义与"远离马克思主义"的马克思主义之间的关系（Colin Sparks，1996，71）。他认为，霍尔在20世纪70年代从事的结构主义的马克思主义研究，在《控制危机》（*Policing the Crisis*）一书中达到高潮。之后，在20世纪80年代受到埃内斯托·拉克劳（Ernesto Laclau）方法的影响，出现了一个"对任何自我定义的马克思主义的缓慢偏离"（Colin Sparks，1996，88）。由此产生的文化研究和马克思主义两者之间的距离对于斯帕克斯而言是一个"倒退"（同上，98）。嫁接马克思主义和文化研究将会是"一个重要而多产的项目"（同上，99）。埃内斯托·拉克劳、朱迪丝·巴特勒（Judith Butler）和斯拉沃热·齐泽克（Slavoj Zizek）之间有一个三方对话，他们认为在后现代方法中，存在着一个共同的语言把戏，"把'阶级'转换成为一个点数链中的更多链接……种族、性别、族裔等等——和阶级"（Butler，Laclau and Zizek，2000，297），为了弱化阶级，拉克劳谈到了"解构阶级"，蓄意地把阶级作为这一链条上的最后一个元素（同上，296）。齐泽克在此背景下表示，通过假定一种"不可还原的多元斗争"，后现代主义、文化研究和后马克思主义已经接受了"资本主义'仅仅是城里的游戏'"，并放弃了"任何真正的试图克服现存资本主义自由制度的企图"（同上，95）。科林·斯帕克斯认为，文化研究中的拉克劳式的举动必定会"给予种族、阶级和性别'神圣的三位一体'每个元素以同等的分量"。据克拉劳自己说，其方法的任务是要蓄意忽视和降低阶级的重要性而支持其他形式的力量。今天，我们生活在这样一个时代：经济处于总体复苏，人们再次开始对马克思的作品产生兴趣，由此这激发了如下问题即马克思应该在传媒和文化中起什么作用，以及他的作品在这一研究中真正担当何种角色的问题。为了对这一问题的讨论作出贡献，本章论述了马克思在文化研究代表作品中的作用，主张在研究媒介、传播和文化的背景下，重新阅读和解读马克思的著作。

我讨论了马克思理论在这三本书中的作用，而这三本出版的书是文化研究的杰出代表：劳伦斯·格罗斯伯格的《文化研究的未来时》（第二节）；约翰·哈特利的《文化和媒体研究的数字未来》（第三节）以及论文集《文化研究的复苏》，该文集收录了 27 篇文章并且是由保罗·史密斯编辑的（第三节）。当代文化研究中的许多方法一致认为：必须更多地考虑经济要素（尽管在应该看起来如何与经济相联系的问题上还没有一致的意见）。但本章的立场是：媒体、传播和文化分析需要对马克思的著作进行一个深刻的接触、讨论和解读。

我考察了所选的这三本书是如何讨论文化研究和马克思以及马克思主义理论的关系。这些书是在过去的三年里出版的，所以都是比较新的，并为它们自己设定了反思文化研究未来的任务。这一点在三部著作的标题中得以说明：《文化研究的未来时》（Grossberg，2010）；《文化和媒体研究的数字未来》（Hartley，2012）以及《文化研究的复苏》（Smith，2011b）。格罗斯伯格的书名选择表明，这本书为未来文化的研究奠定了基础。哈特利更进了一步，包括关于文化研究的未来应该是什么样子的一个具体声明（这已经反映在标题中了）：他希望这一领域关注数字媒体的分析。保罗·史密斯的题目也是文化研究的未来定向，但不像格罗斯伯格和哈特利，他作了一个相当规范的阐述，即文化研究有问题，因此需要发展。

我对大英图书馆目录中的关键词"文化研究"（2013 年 2 月 2 日）进行了一次涵盖 2010—2013 年的书名搜索，得到了 47 个结果（其结果不但标题中有这两个词，而且学术领域标明为"文化研究"）。这些书有很多是介绍性的，诸如《文化研究介绍》、《认知文化研究导论》、《文化研究：一个实用介绍》，或《美国文化研究：美国文化导论》等。所以，这些书中的大多数都是记录特定的文化研究历史的各个方面，只有少数的几个方面涉及评价文化研究的现状和潜在未来。与此相反的是，我所选择的上述三本书有着明确的目的：批判性地评价现在，并有助于建构文化研究的未来，因此合适于进一步的分析研究。

这三本书的共同点是，他们看到了当今文化研究中的一个问题和未来文化研究的任务。对于格罗斯伯格而言，当前的问题是"在文化研究的标志之下进行的工作太多，简直变得太懒"（Grossberg，2010，2）。对于哈特利来说，问题在于媒体和文化研究是建立在（并坚持）媒体的传播模式的基础上，这种模式可以看到"日常的文化实践。……四面八方都笼罩着黑暗势力，似乎在利用寻求快乐的消费者来达到完全不同的目的，无论是政治目的还是企业目的"（Hartley，2012，1）。对于史密斯而言，问题是一方面，文化研究总是有这种"某些形式政治功能的残余愿望"（Ross and Smith，2011，245）；但在另一方面，通过它的制度化，这种愿望将会"转向类似于幻肢的某些东西"（246）。所以，这三本书有共同之处：作者们感知到了文化研究的危机，并且在这一研究领域中需要改变一些东西。

当今社会的深刻危机伴随着文化研究在学术层面上的深刻危机，这至少是读这些作者的书给人们留下的印象，他们每人都可以被认为是当代文化研究中最有影响力的人物之一。

三本书都指明了文化研究未来的任务。对于格罗斯伯格而言，这一任务是"从自己的思想史和政治史中构建文化研究的蓝图"（Grossberg，2010，3）。他的书"试图为当今和未来的文化研究工作制定一个议程"，以及"产生一个能够应对当今世界和构成其斗争的文化研究"（同上）。对于哈特利来讲，任务是改革文化研究，使其考虑数字媒体和"传播的对话模式"（Hartley，2012，2）。史密斯论文集的任务是，"有助于界定文化研究的一种新类型的身份"（Smith，2011a，2），并给出这一问题的答案。"文化研究现在能够和应该做的是什么？"（同上，3）这些任务在它们想要改变文化研究的方式上各不相同，但在文化研究危机的共同情况下，它们想要为文化研究的重建作出贡献。

我对这些著作的讨论以其出版时间的先后为顺序，因此首先是劳伦斯·格罗斯伯格。

第二节　劳伦斯·格罗斯伯格：《文化研究的未来时》

格罗斯伯格认为（2010，16），文化研究的重点是复杂性问题，拒绝"将现实的复杂性归纳到任何单一层面或存在领域"。这种文化研究是语境主义的，反对普遍主义和对文化研究的终结（同上），并坚决反对还原论（同上，17）。激进的语境主义是文化研究的核心（同上，20）。这种语境表现在对霍尔接合概念的（concept of articulation）使用中，即"建立、打破和重建关系及语境的变革性实践或工作，从旧关系或不愉快的关系中建立新关系"（同上，21）。它关注"发现整体的异质性、差异性以及裂缝"（同上，22）。权力有"多轴和多维，不能相互归纳"（同上，29）。"一种语境总是和其他语境相联系的，产生了复杂的多层面关系和联系"（同上，31）。"致力于复杂性、偶然性、竞争性和多样性的研究"是"文化研究的一个标志"（同上，54）

格罗斯伯格认为，经济学在当今文化研究中扮演着重要的角色。在他看来，文化研究应该"承担和接受经济问题而不至于落入还原主义和本质主义"（同上，101）从逻辑上讲，这意味着从前的研究对经济问题的忽视和无知。格罗斯伯格认为文化研究"确实需要更认真地对待经济问题"（同上，105），应该以这样的方式去做，就"不会重现诸多形式的政治经济还原论"（同上）。回首文化研究和马克思主义媒体或媒体的政治经济学批判两者之间的争论，他说，文化研究必须反对"经济和阶级还原论"，拒绝"坚信经济能够精确地解释社会现实的每个原因的底线"（同上）。在这样的背景下，文化研究领域内某些学者断言，马克思主义是"还原论"和"经济决定论"。保罗·史密斯认为，这是一种"回避经济"问题的说辞，其结果会是对待经济问题的一种无政府主义或虚无主义的态度。文化研究将会产生"大量死角和危机"，"实现其最好的知识和政治愿望"将会受到阻碍（同上，339）。

格罗斯伯格自己对经济和文化研究的方法是协调性方法，这种方法始于一个对马克思劳动价值论的讨论（Grossberg，2010，151-165）。他主张"价值的激进语境理论，因此，要从激进语境角度来解读马克思的劳动价值论"（同上，156）。格罗斯伯格旨在将价值概念从劳动概念中分离出来，因此在更为广泛的意义上解释它：将其解释为表现、愿望、某种奇异程度的度量以及什么是好的、可取的（同上，158—159）。他提出了一个一般价值理论（同上，159），其基础是"价值的多样性、离散性和偶然性"假设（同上，122）。价值涉及所有类型的盈余生产，所以，"事实""总是更大，超过实际"（同上，160）。当代危机将会由以下要素构成：多种多样的"通约危机"（crises of commensuration）（同上），以及无法衡量或评估的各种差异性，从而导致其他要素的灭绝（168）的宗教、政治、经济、知识和金融原教旨主义（同上，167—168）。金融危机可能是由于"存在一套庞大的金融（'有毒的'）资产造成的，这些资产是无法通约计算的——也就是说，它们的价值无法推算"（同上，167）。但是，它会形成许多同时发生的通约危机之一。英国高等教育科研评估（RAE）是一个致力于英联邦的评估研究机构，其目的在于为"每一次提交的研究活动提供质量简介"（见 http://www.rae.ac.uk）。它试图衡量研究的质量，从而对高等教育机构和部门进行比较和排名，其结果影响预算拨款。2008 年的 RAE 表明，密德萨斯大学哲学领域"评估单元"中 45% 的稿件是三类（国际优秀）、20% 为四类（世界领先），占据优秀研究总量的 65%。7 个单位获得较好，8 个相同（包括剑桥和牛津大学），还有 26 个更糟的结果。根据这一评估，密德萨斯大学的哲学专业很棒。2010 年 4 月，密德萨斯大学宣布将停掉所有哲学课程并终止在这一领域的进一步征聘，"纯粹是财务"原因，并基于以下的事实："该校认为，如果把资源转到其他学科，可能会产生更多的收入。"① 消息宣布后立刻遭到了教职员和学生的抗议、占领运动和罢课，许多抗议信件送到了学校的管理部门——诸多著名的知识分子都签了名，分别有埃蒂安·巴利巴尔（Étienne Balibar）、朱迪斯·巴特勒（Judith Butler）、戴维·哈维（David Harvey）、玛莎·娜斯鲍姆（Martha Nussbaum）以及雅克·朗西埃（Jacques Rancière）——并且，现代欧洲哲学研究中心从密德萨斯大学迁到了金斯顿大学。2012 年，密德萨斯大学的网站，没有提到哲学领域的课程和研究——哲学在该校已经不复存在了。2011 年，伦敦大都会大学和格林尼治大学的哲学面临着与密德萨斯大学类似的争论。现代大学是立足于启蒙理想的——它们积累了系统化的知识，目的在于推进人类关于世界和社会知识的地位。在这种积累中，大学之间互相竞争。资本主义工业和政府运用积累的科学知识，而现代经济中的劳动力和管理部门也运用高等教育创造、积累的教育技能。建立于 1895 年的诺贝尔奖，它的特点是对化学、经济、文学、医学、和平和物理学领域的知识以及大学进行现代竞争性评估。现代大学本质上是由积累、竞争和排名的经济逻辑构成的。同时，大学也是形成反文化、批判思想和政治抗议的场所和空间，质疑积累的逻辑以及由此造成的整个社会的不平等。质量评估制度化的一个重要步骤是 1960 年建立了科学引文指数，该指数今天由商业出版公司汤森路透拥有。该索引起源于自然科学，但后来扩大到包括人文（艺术和人文指数）和社会科学（社会科学引文索引）。全国性的研究评估（如 RAE）和全球大学排名是最近的发展。第一次 RAE 是在 1986 年撒切尔政府领导下进行的，第一次《时代周刊》的高等教育世界大学排名于 2004 公布，世界大学学术排名自 2003 年开始进行。

这些现象表明，经济逻辑是现代高等教育体制和新自由主义时代的一个内在特征，高等教育和研究的经济化已经成为一个大学更有力的特征。密德萨斯大学哲学系的关闭表明，从事难以归入创收和工业逻辑的领域、项目和人员很容易被抛弃掉。在这一案例中，经济化的矛盾充分表现出来了：虽然在一种经济方式（研究评估）中取得了非常好的结果，但密德萨斯大学的哲学系却因为另一种经济形式（货币收入）而被关闭：大学管理层认为这个部门没有产生足够的货币收入。我之所以选择这个例子，是因为它显示了现代文化，特别是当代文化是如何由经济逻辑所塑造的。这表明现代社会的核心（道德）价值就是（经济）价值。劳伦斯·格罗斯伯格所宣扬的"激进的语境主义"（radical contextuality）反对仅仅着眼于现代社会中资本积累和金钱的经济逻辑所起的特殊作用，它提出了一种特殊的相对主义，其隐藏在诸如语境性、多维性、异质性和差异性的标题之下。现代社会无疑是复杂的，因为它由许多相互作用和相互依存的领域（经济、政治、日常生活、私人生活、公共领域、媒体、高等教育、健康和保健、自然、艺术、娱乐、体育等）组成。但是，有必要建立一个概念化的机构，使人们能够分析这些领域之间的权力关系。在一个国家、阶段或社会的"结合点"，所有领域和行为人都不可能拥有相同的权力。有迹象表明，在资本主义中，经济领域一直是占主导地位的（虽然不是决定性的）领域。"激进的语境主义"导致二元相对主义，无法充分分析权力**关系**和权力**分配**（以及由此导致的权力斗争），并将权力视为多个领域中的独立构成。拒绝这种立场并不意味着反对资本主义和统治的斗争是不可能的，而是意味着在现代社会中，所有的斗争都必然有一个特别重要的经济层面。重要的是，不仅有多个权力领域，而且这些领域在不同的维度上相互关联，而这些维度是在斗争中决定的。"激进的语境主义"冒着体验和分析权力作为一个相互依赖的容器而不是权力关系的风险。格罗斯伯格宣扬所有社会领域同等重要的思想，这就形成了一种多元价值观的概念，把马克思主义理论消解为"一般价值论"，并将强调经济的特殊重要性和塑造作用的所有企图——在媒体和文化研究中特别受到马克思主义政治经济学的强调——归类为"经济与阶级还原论"、"经济主义"、"资本中心主义"（capitalocentrism）、"本质主义"等。格罗斯伯格呼吁"作为盟友的各个领域"要相互尊重（Grossberg，2010，201），但同时，继续坚持反马克思主义政治经济学旧的偏见，最激烈的辩论表现在他和尼古拉斯·加汉姆之间，在其中他断定他"必须谢绝协调的邀请"，即协调文化研究和文化及传媒的政治经济学，并声明"我们不需要离婚，因为我们从没有结婚"

（Grossberg，1995，80；也见 Garnham，1995a，b）。

格罗斯伯格呼吁在文化研究中更多地关注经济问题。他自己就是这样做的，他参与经济学、包括马克思的劳动价值论的研究，他提出并驳斥了一种论点：为了避免经济还原论、并在马克思辩证法的基础上把经济视为矛盾系统，价值概念需要拓宽。所以，为了抛弃马克思和劳动价值论，而采用相对主义的文化经济方法，他建立了马克思主义的伪装论（矛盾的重要性）。在这种背景下，托比·米勒（Toby Miller）认为，格罗斯伯格讽刺政治经济学的方法，并要求他"重新思考反马克思主义"，因为它是"错误的目标"（Miller，2011，322）。

约翰·哈特利最近出版的一本书代表了另一种重要的方法，他提出了将文化研究与经济学相联系的观点。

第三节　约翰·哈特利：《文化和媒体研究的数字未来》

哈特利（2012）描述了"对话式传播模式"的产生（2），在其中，每个人都是制片人（3），并讨论了媒介和文化研究模式的含义。他的总体观点是，随着支撑社交网络和用户生成内容的在线平台的兴起，生产和传播、新闻、公共领域、大学、大众媒体、公民身份、档案和其他机构变得更加民主，因为"人们在生产和消费方面有更多的发言权"（同上，14）。这些发展是通过"消费者企业家身份"（同上，25）、社交网络市场（48）以及微观生产力（52）的产生而发展的。哈特利同意格罗斯伯格文化研究正处于危机之中的评价。文化研究将会失去动力和冒险精神，也会迷失在"无限可扩展的微观层面"的分析中，而这些分析没有"足够关注宏观层面"

（同上，28）。与格罗斯伯格一样，哈特利断定文化研究"没有与经济学进行持续对话"，并"一直远离经济学**内部**湍急的变化"（同上，35）。哈特利认为，马克思主义政治经济学对于文化经济给予了足够的重视（他提到了乔姆斯基、加纳姆、米勒和席勒；同上），但他声称这种做法"太具挑战性，预先知道什么是错误的"（46），并假定"整个系统的单一原因决定论"（55）。

哈特利把经济学引入文化研究的版本被称之为"文化科学2.0"，并希望通过运用演化经济学而达到这一目的。该方法强调当今文化业的价值由社交网络中公民和用户共同动态地创造。哈特利隐喻地运用了演化系统理论、复杂性理论和自组织理论的语言，它没有系统地运用这一理论方法的概念（如控制参数、临界值、波动、反馈回路、循环因果关系、非线性、分岔、自动产生、有序走出混沌、涌现、开放、对称制动、协同作用、不可预测性等）于互联网（至关重要的一种不同的方法，见 Fuchs 2008）。哈特利也没有认真地接受这样一个事实：像哈耶克（Hayek）（自发秩序概念）和尼克拉斯·罗曼（Niklas Luhmann）（功能分化和自我参照的概念）这些思想家都使用了意识形态合法化的新自由主义的自组织和复杂性语言（见 Fuchs，2008，第二、三章）。哈特利（Hartley，2012，57）只简单地问道，是否他的方法是对"新自由主义的盯梢"。他对这一问题的回答是否定的，其回答基于这样的事实——，《广告克星》（*Adbusters*）杂志也曾积极地提到了演化经济学。就如同哈特利（2005）早期的一部作品一样，人们对《文化和媒体研究的数字未来》的印象是，企业管理顾问的PPT展示，其目标是"培养企业家的自我意识"（McGuigan，2006，373）。哈特利提出，一方面，文化分析是由威廉斯的"批判"方法或霍尔的传统方法所塑造的；另一方面是由以"费斯克（Fiske）或哈特利"传统为代表的浪漫主义方法所塑造的，这种方法"尽可能广泛地宣传参与式媒介的解放潜能"。批判与浪漫的对立逻辑意味着哈特利认为自己的方法是非批判性的，因此，他坚持浪漫主义传统和文化研究从"批判"的方法转向以演化为方法论目标的思想（同上，183）。依据哈特利的观点，理论重点将会从批评研究向演化转向。他主张可以称之为非批判性的演化文化研究。

　　哈特利的底线是，互联网是一个自组织网络，"每个人都与其他人联网"（同上，196），这一系统构成了民主和对话交流的新来源。他没有考虑到并非每个人都能进入这个"民主自治组织网络"的简单反驳：2012 年 8 月，世界人口的 32.7% 和非洲所有人中只有 13.5% 可以上网。他也没有考虑到"推特"（twitter）、"脸书"（facebook）、YouTube 等网站上的一些人——尤其是大公司、老牌政治人物和名人的观点——和其他人相比他们"更平等"、有更多的观点、点击、朋友和联系，这反映了社会实际不平等的权力（这一论点的详表见 Fuchs，2011a，第七章；Fuchs，2013）。哈特利（2012，56）提到，社交网络市场可能会有中枢，并由精英主导着。但是，这种分析没有和社会权力的不平等系统地相联系。相反，哈特利似乎认为，尽管如此，这些市场仍是一个民主的领域，因为许多国家都有可用的交流工具。如果幸运的话，努力工作，让他们成为精英的一分子，这些工具就可以使用，至少在短期内是如此。新自由主义强调表现、个人主义和个人对其成败的责任，哈特利的这种逻辑是其核心。哈特利没有表现出对社交媒体时代的放逐者和剥削的同情，像田雨，一个富士康的工人，因为他不堪忍受工厂（工厂生产 iPod 和 iPad 需要的小配件）恶劣的工作条件，在 2010 年他 17 岁时试图跳楼自杀，结果腰部以下瘫痪。或者，儿童们作为奴隶在一些国家（像刚果民主共和国把锡用于信息通信技术行业生产中的原材料）提取"冲突矿产"（诸如黑钨矿、钶、钽、铁矿石、黄金、钨、钽或锡）。在哈特利对当代数字媒体的描述中，不仅缺少了这样的故事，而且在社会经济不平等和青年失业率居高不下时，总是谈到和传达与商业宣言一样的信息，即我们看到了"一种新经济民主"（Tapscott and Williams，2007，15）的产生。哈特利代表了"脸书"（facebook）和谷歌等公司所有者的利益。

保罗·史密斯编辑了一本论文集，除了别的之外，其中还讨论了文化研究和经济的关系。

第四节　保罗·史密斯：《文化研究的复苏》

《文化研究的复苏》是由保罗·史密斯编辑的一个包括 27 篇文章的论文集，大多数的作者与格罗斯伯格和哈特利一样认为，文化需要严肃地对待经济问题，但是，这在过去往往被忽视。但这本书与格罗斯伯格和哈特利的著作有很大的区别，即马克思与政治经济学批判的关系。史密斯认为，"英国文化研究是对马克思主义思想越来越怀疑的叙述"（Smith，2011a，5），文化研究具有"不被视为马克思主义者的极端愿望"（Ross and Smith，2011，252），其结果将是"文化研究的实践越来越无关紧要"（Couldry，2011，10）。保罗·史密斯认为，文化研究在政治上已经变得无关紧要，因此就像一个"幻肢"（Ross and Smith，2011，246）。在引言中，史密斯（2011 a）提出了文化研究现在应该做什么的问题。他提出的一个答案和该书中许多撰稿人的意见是一致的，"对政治经济的更多关注是复兴文化的必要条件"（同上，6）。

史密斯论文集中几乎所有的作者都认为，文化研究忽视了劳动和经济，不得不认真考虑它们了。举个例子，安德鲁·罗斯（Andrew Ross）

认为，在文化研究中，"不管这是不是一个还原性的叙述，很明显，劳动、工作和工作场所的政治一直被忽视"（Ross and Smith，2011，252）。尼克·库尔德里（Nick Couldry）支持这一观点："经历了三十年的新自由主义言论，基于不平等、排斥和市场原教旨主义的全球化的特定版本，罗斯提出的劳工问题显然是核心的问题。在政治上和社会上具有意义的文化研究项目，势必涉及更广泛的问题，即人们在经济和社会系统中如何工作（找工作）、投票、消费"（Couldry，2011，10–11）。文森特·莫斯可（Vincent Mosco，2011，230）认为，"劳动仍然是传播和文化研究的盲点"，因此"需要把劳动放在文化复兴研究的议程或项目的优先位置上"。沙鲁希拉（S.Charusheela，2011，177）说，"文化研究对经济的关注不够，这是一个常年的说法"。鉴于这一分析，史密斯（2011）论文集中的许多撰稿人认为，文化研究应明确地重新定位为基于马克思主义理论、劳动和阶级分析以及政治经济学批判的马克思主义文化研究。所以，如马克斯·古利亚斯（Max Gulias，2011）认为，文化研究需要一个马克思主义的方法论，这就要求人们"重新审视马克思主义的劳动理论"，但许多"非马克思主义文化研究"都会专注于消费者—旁观者构成的符号系统，而忽视了资本主义社会中人类的劳动（同上，149）。兰迪·马丁（Randy Martin，2011）认为，金融化是文化研究复苏的一个关键主题，并根植于马克思主义。马库斯·布林（Marcus Breen）说，在新自由主义和资本主义危机时代，文化研究"是重新阐明经济与文化的政治经济学的首要地位的时候了，而不是假装某种不确定性将神奇地赋予文化研究的可信性"（Breen，2011，208）。

格罗斯伯格、哈特利和史密斯的著作给人的印象是，资本主义的危机伴随着文化研究的危机。同时，也有迹象表明，马克思主义有复兴的迹象。这意味着，认真对待马克思、阅读马克思、用马克思思考媒介、传播和文化问题、向学生介绍马克思和马克思主义。特别是将马克思和马克思制度化的时机已经成熟。是时候在有关媒体、传播和文化的大学课程中，在申请的课题和项目中研究马克思主义，不是再向学生们只介绍一些关于马克思恩格斯的小的摘录作为经济还原论的例子，而是与他们一起阅读马克思和恩格斯的全部著作，例如，《资本论》、《1844年经济学哲学手稿》、《政治经济学批判大纲》、《德意志意识形态》、《共产党宣言》、《英国工人阶级的状况》、《哲学的贫困》、《神圣家族》、《法兰西内战》、《路易·波拿巴的雾月十八日》、《自然辩证法》以及发表在《莱茵报》上的论战性文章等。马克思常常被看作是媒介、传播和文化研究的局外人，现在正是时候了，它需要资源、机构、职位的中心舞台，因此，需要进行改变学术界的斗争。史密斯（2011b）的书表明，除了阶级或劳动——格罗斯伯格的相对主义方法论，以及哈特利的快乐方法（celebratory approach），还有一个关于马克思和文化研究中阶级与劳动概念的真正兴趣。托比·米勒（2010，99）指出，尽管劳动"对人类至关重要"，但总体上"我们的领域基本上没有劳动"。他认为，在文化产业中，出现了一个"教育程度高、文化技术和流派很好"的知产阶级（Cognitariat）或知识阶层，并面临着"灵活生产和'自由'意识形态"的条件（同上，98）。因此他提出这一等式："文化＋劳动＝不稳定的人（precariat）"。安德鲁·罗斯（2008，2009）强调了文化产业中不稳定劳动力的作用。对许多人来说，创造力将要求"人们付出沉重的代价——花费更长的时间追求令人满意的结果，以价格折扣换取审美认可，以自我挖掘回应自主天性，以自由支配换取灵活性"（Ross，2008，34）。IT行业的员工通常会把自己的工作场所描述为"高科技的血汗工厂"（同上，43）。例如，麦克斯韦（Maxwell，2001a）与米勒（Miller，2005/2006）在文化研究领域中有所贡献（2005/2006）；赫斯蒙德霍（Hesmondhalgh）和贝克（Baker，2011）揭示了许多创意产业工作的矛盾心理，这些工作存在风险，但由于其可能包含的乐趣、触点、声誉、创造力和自主性而备受重视。在许多学者受到卡尔·马克思作品的强烈启发（见 Burston、Dyer—Witheford and Hne 2010；Fuchs and Mosco，2012；Huws，2003；McKercher and Mosco；2006，2007；Mosco and McKercher，2008；Mosco，McKercher and Huws，2010）下，运用劳动和阶级范畴进行文化研究，补充了与阶级、剥削、价值、劳动相关联的传媒政治经济学。文化研究的问题正如罗伯特·贝比（Robert Babe）所言，它的"后结构主义转向……煽动与经济学的分离"（Babe，2009，9）。重新整合文化研究首先需要"搁置后结构主义文化研究"（同上，196），认真地与马克思和马克思主义打交道。如今我们可以从各种角度切入对马克思的讨论，其中之一是通过价值的概念。我们同样可以选择其他概念，如劳动、商品或资本作为切入点，因为所有这些概念都是辩证联系在一起的：商品是有价值的，价值是由劳动生产的，为了生产资本从而要生产更多的商品。

第五节　结论

格雷姆·特纳（Graeme Turner，2012，158）在回答"文化研究的现状"中指出，这一领域已经失去了作为一个政治项目的权力，并转变为一种"学术表现类型"，即"仅仅是为自己服务"。我在这一章中的论点是，造成这种情况的原因之一是文化研究与卡尔·马克思的著作有着错综复杂的关系。早期的代表如雷蒙德·威廉姆斯和爱德华·帕尔默·P.汤普森受到了马克思主义的强烈影响，对马克思主义作出了很大的贡献；而斯图亚特·霍尔有时受到结构性马克思主义的影响，有时又偏离了马克思主义。对马克思的背离是在后现代思想的影响下发生的，尤其是在过去的三十年中。关于三部当代文化研究作品的分析表明，文化研究需要更多地参与当今的经济活动，这是一种广泛的共识。这种参与的状况以及与卡尔·马克思作品的关系是有争议的。约翰·哈特利主张用演化经济学取代文化研究中批判的和马克思主义的方法。劳伦斯·格罗斯伯格利用马克思反对马克思，主张对价值概念进行激进的语境主义解释，并以一般的价值理论为基础建立危机理论。保罗·史密斯和其他人指出，要复苏真正的马克思主义文化研究。我自己的立场是，我们今天不仅需要认真对待经济如何与文化和媒体相互作用，而且我们可以从阅读、讨论和解读卡尔·马克思的大量原创作品中获益良多。我主张进行一场体制革命，埋葬对卡尔·马克思的偏见（见伊格尔顿2011年对马克思最常见的十种偏见的出色驳斥），并开始在媒体和文化研究中认真对待马克思。今天，有一代学生和年轻学者在后福利主义的条件下长大，他们了解不稳定的劳动和不稳定的生活现实。与此同时，我们生活在一个多层面全球不平等的世界，解释和改变这个世界需要我们思考阶级、危机、批判和资本主义。如果我们在这种背景下有兴趣批判地研究传播在危机、阶级和资本主义背景下的作用，那么，与思想家的接触是绝对必要的，他们对这些现象的研究有着深刻的认识和实际的影响。在当前全球危机和批判复苏的时代，只有从事对马克思的研究才能创造出一种具有时代性、政治相关性、实用性和批判性的文化和媒体研究。这种参与不仅需要有兴趣的学者和学生（无论如何已经存在），而且还需要大学、资助机构、期刊、会议、学术协会和整个研究领域的体制变革。学术界经历了行政和新自由主义的转变。马克思主义不仅是对这些变化的最终答案，也是对由此产生的问题的解决办法。重新严肃对待马克思的一个进步是，从事对传媒政治经济学批判的关键创始人达拉斯·史麦兹

（Dallas Smythe）著作的研究，最近他的作品在数字劳动辩论的背景下再现活力。

注释：

①　http://savemdxphil.com/2010/04/28/middlesex—university—announces—the—closure of—its—top—rated—department—philosophy/（2013 年 8 月 8 日访问）。

第四章　达拉斯·史麦兹和当今受众劳动

　　达拉斯·史麦兹是传媒政治经济学批判方法的创始人，他赞同马克思主义传播学理论，并提出了受众劳动和受众商品化概念，这些概念表明了利用广告的商业大众媒体是如何运作的。近年来，由于诸如"脸书"（facebook）、谷歌等企业互联网平台都在利用用户的无酬劳动，从而使得史麦兹的研究再次变得颇具影响力。本章首先是导论部分（第一节），然后论证为什么史麦兹在当今极为重要（第二节），进而讨论受众商品范畴的复苏（第三节），阐明互联网产消合一者商品是社交媒体受众商品的一种新形式（第四节），点明"玩"（Play）是一种具体的社交媒体意识形态形式（第五节）。本章还呈现把史麦兹著作应用于数字劳动的评论家的意见（第六节），最后得出了一些结论（第七节）。本章总体上要说明史麦兹的研究与马克思理论的融合有益于批判地理解数字劳动。

第一节　导论

　　1977 年，达拉斯·史麦兹发表了其开创性的论文《传播：西方马克思主义的盲点》。在文章中他谈到，西方马克思主义对资本主义传播的复杂作用未能给予足够的重视。文章一问世便引发传媒社会学界名为"盲点之争"的一场重要争论，同时也致使史麦兹另一篇相同话题名为《受众商品及其工作》的文章的诞生。从那时至今 30 多年过去了，新自由主义的兴起使得人们不再关注阶级和资本主义，而开始关注后现代主义和事物商品化背后的逻辑：马克思主义成为社会科学的盲点。

本章的任务是探索当今马克思主义媒体和传播研究的视角问题。第一，讨论了运用马克思主义方法研究传媒的重要性（第二节）。第二，对受众商品、受众商品的受众劳动争论及其受众商品概念的复苏进行了简要综述（第三节）。史麦兹对于受众劳动理论作出了重要贡献，为今天数字劳动价值理论的研究奠定了基础。第四节中，我借助网络产消合一者商品化概念，分析了社交媒体的资本积累。第五节概述了当代资本主义社会中与数字媒体相关的意识形态变化，并感知变化与"玩"和劳动之间的关系。第六节聚焦数字劳动争论的批判观点。最后是结论部分。

第二节 政治经济学批判的重要性：批判理论和 达拉斯·史麦兹

达拉斯·史麦兹是批判的或马克思主义传播政治经济学的奠基人，也是从事该领域授课的第一人（Mosco，2009，82）。他强调以批判和非行政方式研究媒体和传播的重要性："我们的本意是通过'批判的'可研究问题如何重塑或创建制度以满足相关社会团体的集体需要。……我们运用'批判性'工具，指对现实世界中矛盾进程的历史唯物主义分析。所谓'行政'的思想，是指将行政类型的问题和工具与支持或不严重扰乱现状的结果的解释联系起来。所谓'批判的'思想，我们指的是'批判性'可研究问题和批判工具与涉及既定秩序的根本变化的解释之间的联系"（Smythe and Dinh，1983，118）。

在《论传播政治经济学》一文中，史麦兹将"传播政治经济学研究的核心目的"定义为"传播机构在其组织和经营政策方面的效果的评估"，以及对"这些传播机构在其社会环境中的结构和政策"的分析（Smythe，1960，564）。在这篇文章中他界定了各种传播政策领域。虽然本章节里有一般政治经济学基础，但却没有马克思的痕迹。珍妮特·瓦斯科（Janet Wasko）认为，"虽然史麦兹在这一点的讨论中没有使用激进的或者马克思主义的术语，但他的讨论与那时大众传媒研究的主流研究是背离的"。瓦斯科还指出，"在20世纪70年代，再次明确界定了媒体和传播的政治经济学（PE/C），这次明显是在马克思主义框架下定义的。"（同上，312）。在这方面，她还提到了尼古拉斯·加汉姆、彼得·戈尔丁（Peter Golding）、阿尔芒·马泰拉特（Armand Mattelart）、格雷厄姆·默多克（Graham Murdock）和史麦兹的著作以及盲点辩论。

后来，史麦兹（1981）明确阐述了建立马克思主义传播政治经济学的必要性，他还谈到了"马克思主义传播理论"（Smythe，1994，258）。这种批判理论意味着"马克思主义或准马克思主义"的理论（同上，256）。他确认了马克思主义传播政治经济学的八个核心方面（Smythe，1981，XVI—xviii）：

（1）物质性

（2）垄断资本主义

（3）受众商品化和广告

（4）传媒是资本主义（经济）基础的组成部分

（5）劳动力

（6）对技术决定论的批判

（7）一方面是意识、意识形态和霸权的辩证法，另一方面是物质实践的辩证法，以及

（8）艺术和科学的辩证法

史麦兹提醒我们，运用马克思著作来批判地研究资本主义传媒非常重要。他认为葛兰西（Gramsci）和法兰克福学派的意识、意识形态和霸权的概念"充斥着主观主义和实证主义"（同上，xvii）。这些马克思主义思想家会提出"传播商品的唯心主义理论"（Smythe，1994，268），这一理论只把媒体置于资本主义上层建筑领域，而忘记探询媒体服务于资本主义还有什么样的经济功能。

在对汉斯·马格努斯·安森博格（Hans Magnus Enzensberger）的著作《意识产业》的书评中，史麦兹一方面同意安森博格的观点，即"精神产业"想要出售"现有的秩序"，但另一方面他不同意"主要业务和关注点不是销售其产品"的假设（Enzensberger，1974，10）。"安森博格的理论认为，每个社会系统的传播政策都是为统治阶级的利益服务的，使该制度永久化，这个制度当然是正确的"，但说"大众传媒和意识产业没有产品"意味着将商品生产等同于"粗劣的物质生产"（Smythe，1977b，200）。史麦兹（1977b）把安森博格的观点描述为资产阶级、唯心主义和无政府主义—自由主义。对史麦兹而言，传媒的物质性在于受众的劳动被剥削并且作为商品出售给了广告商。比起媒体思想意识形态方面的影响，他更关心媒体制造剩余价值方面。因此，史麦兹呼吁大家更多地从剩余价值和剥削角度分析媒体，而不是从操纵的角度来分析。尼古拉斯·加汉姆和史麦兹都认为，传播政治经济学应该"将注意力从大众媒体作为意识形态工具的概念转移开来"，并着重分析它们在剩余价值产生和广告中的"经

济作用"。对于加汉姆（2004，94）而言，作为"意识形态统治工具"的媒体分析就像是"明日黄花"，对于解释"资本主义再生产的相对平稳"是无益的。

通过对加汉姆和史麦兹的分析，可以得出这样的结论：法兰克福学派批判理论关注意识形态批判理论，还聚焦于借助媒体分析资本积累的传播政治经济学，然而这是一种误解。虽然法兰克福学派广泛阅读的著作侧重于意识形态，如阿多尔诺（Adorno）、弗伦克尔 – 布伦斯维克（Frenkel-Brunswik）、莱文森和桑福德（Levinson and Sanford，1950）、霍克海默和阿多尔诺（Horkheimer and Adorno，2002）以及马尔库塞（Marcuse，1964），但其系列丛书《法兰克福汇报》中的其他书籍论述了在所谓的晚期资本主义或垄断资本主义中积累的变化（Pollock，1956；Friedmann，1959）。马克思主义政治经济学家亨利克·格罗斯曼（Henryk Grossmann）是 20 世纪 20 年代法兰克福社会学研究所最重要的成员之一，还在研究所撰写了他的代表作（Grossmann，1929）。虽然今天只有少数人赞同他的资本主义崩溃理论，但马克思主义政治经济学从一开始就是该研究所的一个组成部分，并且，波洛克（Pollock）和格罗斯曼是该学派的两位重要的代表人物。20 世纪 30 年代，马克斯·霍克海默（Max Horkheimer）担任该研究所所长之后，他制定了一个跨学科研究计划，旨在将包括经济学在内的广泛学科的哲学家和学者聚集在一起（Horkheimer，1931）。霍克海默（2002，244）和马尔库塞（1941 年）在阐述批判理论的一般概念时，都把哲学和马克思对政治经济学的批判结合在一起。他明确地提出跨学科研究，目的是将包括经济学在内的更广泛的学科中的学者与哲学家们结合起来。他们提出批判理论一般概念时，霍克海默和马尔库塞就在心里把哲学与马克思的政治经济学批判结合了起来。

正如政治经济学批判对法兰克福学派来说并不陌生，意识形态批判对于传媒的政治经济学批判方法也不陌生。对格雷厄姆·默多克（Graham Murdock）和彼得·戈尔丁（Peter Golding，1974，4）来说，媒体是"生产和分销商品"的组织，是传播广告的手段，也是传播"经济和政治结构思想"的"意识形态层面"。默多克（1978,469）在"盲点辩论"中强调，有一些非广告型文化产业（如大众文化）出售"社会秩序和结构性不平等解释"，并且"通过意识形态工作—推销制度"（另见 Artz，2008，64）。默多克（1978）在"盲点辩论"中认为，史麦兹对欧洲的西方马克思主义认识不足，需要在意识形态批判和政治经济学之间取得平衡，才能分析资本主义社会中的媒体。

史麦兹本人在谈到"意识产业"（Smythe，1981，4—9，270—299）时认识到了意识形态的重要性。史麦兹虽然对汉斯·马格努斯·安森博格的作品进行了批判，但他以自己的方式对恩岑斯贝格尔的"意识产业"概念进行了解读。与法兰克福学派不同，史麦兹并不把意识形态理解为虚假意识，而是把意识形态理解为"信仰、态度和思想体系"（Smythe，1981，171）。对于史麦兹来说，"意识产业"的首要任务就是让人们购买商品并纳税（Smythe，1994，250）。此外，它还要促进有利于资本主义和私有财产制度的价值观（同上，251—253）。资本主义媒体的作用之一是"普遍地强化资本主义制度的思想基础"，假设"人性必然是自私和拥有占有欲的"。例如，我们可以常常见到这样的表述：你不能改变人类的本性（Smythe，1994，251）。因此，在史麦兹批判法兰克福学派的同时，他提出并肯定了意识形态批判自身的重要性。在这一方面，罗伯特·巴布（Robert Babe，2000）认为，尽管史麦兹强调需要一种唯物主义的文化理论，将受众权力视为"媒体的主要产出"，但他关于意识产业的概念"在史麦兹的术语意义上是'唯心主义的'"（133—134）。史麦兹采用安森博格的术语，为媒体试图从意识形态上歪曲现实提供了空间，这表明他虽然使用了激烈的言辞反对一些法兰克福学派的代表（唯心主义者、资产阶级等），但他并没有完全否定意识形态批判；相反，他想公开辩论，因为他也关注媒体的资本积累策略，这些策略与媒体作为心理管理者的角色相结合。

　　媒介与传播的政治经济学批判和批判理论的差异性在于，前者植根于经济理论而后者立足于哲学和社会理论。达拉斯·史麦兹认可这一差异："批判理论的前沿在于政治经济学，而传播学的批判理论则具有社会科学、人文和艺术的跨学科范围"（Smythe，1984，211）。史麦兹从广义上把批判理论定义为"对其系统语境中现象的矛盾方面的批判"（Smythe and Dinh，1983，123），从而得出批判理论不一定必然是马克思主义的结论。法兰克福学派的历史批判理论根植于马克思主义政治哲学，因此问题在于，人们是否真的应该对"批判"一词有一个宽泛的定义，而不把重点放在系统的批判上。

　　法兰克福学派与批判的或马克思主义的媒介与传播政治经济学的研究方法应该被理解为是相辅相成的。由于历史原因，法兰克福学派的研究方法更加注重意识形态批判。对霍克海默和西奥多·阿多尔诺来说，德国法西斯主义的兴起、斯大林主义的实践和美国的消费资本主义都显示出工人阶级革命潜力的挫败（Habermas，1984，366—367）。他们想解释为什么革命的德国工人阶级跟随希特勒，这引起了分析威权人格和媒体宣传的兴趣。霍克海默和阿多尔诺作为共产主义者都来自犹太家庭，他们（以及他们的同事）直接受到国家社会主义暴力的威胁，因此不得不逃离德国。纳粹意识形态的暴力后果可能部分地解释了意识形态概念在他们的作品中贯穿一生的现实意义。英美媒体与传播的政治经济学方法是由达拉斯·史麦兹和赫伯特·席勒（Herbert Schiller）等人在第二次世界大战期间与法西斯作斗争的国家发展起来的。1945 年以后，北美资本主义是建立在自由主义意识形态、反对共产主义和强大的消费文化基础之上的，这种文化当然也有法西斯主义的潜力，而德国战后资本主义则建立在国家社会主义的遗产之上，在日常生活和政治上有强烈的法西斯主义思想成分。

史麦兹和赫伯特·席勒的生活没有像霍克海默和阿多尔诺那样直接受到法西斯政体的威胁，但两人都对法西斯主义表现出了极大的关注，法西斯主义塑造了他们的思想。文森特·莫斯可（2009，83）在这一背景下写道："与在西班牙内战中作战的反法西斯主义者的接触对史麦兹的思想产生了深远的政治影响。"第二次世界大战期间在美国陆军服役，战后在德国为美国政府工作的经历，对赫伯特·席勒（Herbert Schiller）有着"巨大的形成性影响"（同上，85）。美国经济学家罗伯特·A.布雷迪（Robert A. Brady）的著作影响了史麦兹和席勒的思想（Schiller，1999）。布雷迪与法兰克福学派的代表人物弗兰兹·诺依曼（Franz Neumann）有过接触，他曾在美国流亡，就像布雷迪（1937 年）写的《国家社会主义分析》一样（Neumann，1942）。布雷迪特别关注资本主义的法西斯潜力，如媒体宣传和公共关系形式中的这种潜能。诺依曼（Neumann，1942）强调，国家社会主义是一种基于领导崇拜的垄断资本主义形式。赫伯特·席勒（1999，100）认为布雷迪赋予了传播政治经济学研究一种批判的精神特质。法西斯主义威胁是德国批判理论家和北美批判政治经济学家共同关注的问题。

霍克海默（1947）的工具理性概念和马尔库塞（1964）的技术理性概念开辟了这两种方法之间的联系。霍克海默和马尔库塞强调，在资本主义社会中，行动自由被资本和国家方面的工具决策所取代，因此只期望个体做出反应，而不是采取行动。这两个概念都植根于格奥尔格·卢卡奇（Georg Lukács，1923/1972）的物化概念，物化概念是对马克思（1867c）拜物教概念的重构。他的物化概念是指"人与人之间的关系表现为物的特征，这样就获得了'虚幻的客观性'，还指一种既完全理性又包罗万象的自治，以至于掩盖了人与人之间关系的基本性质"（Lukács，1923/1972，83）。

资本主义媒介的物化模式多种多样：

第一，商业媒介把人们的地位降低到广告的消费者。

第二，资本主义文化在很大程度上与商品形式相关联，有消费者购买的文化商品、媒介消费者与互联网产消者自己成为受众商品和用户商品。

第三，为了再现其存在，资本主义必须将自己呈现为最好的（或唯一可能的）制度，并利用媒体设法保持这一使命（以各种不同的形式）的霸权地位。

第一个维度和第二个维度构成工具理性的经济维度，第三个维度构成工具理性的意识形态形式。资本主义媒体必然是广告和商品化的手段，是意识形态的空间。广告和文化商品化使人类成为经济利润积累的工具。意识形态的目的是将对资本和商品体系的信仰灌输到人的主体性中，其目的是人的思想和行为不超越资本主义，不质疑与反抗这个制度，从而为资本主义永存发挥工具的作用。

马克思对资本主义的分析始于商品的分析，"资本主义生产方式占统治地位的社会的财富，表现为'庞大的商品堆积'，单个的商品表现为这种财富的元素形式"（Marx，1867c，125；译者注：《资本论》第 1 卷，人民出版社 2008 年版，第 47 页）。所以，马克思从商品的分析开始对资本主义的分析：使用价值、交换价值、价值和其中包含的劳动、商品的价值形式，包括货币形式（x 量的商品 A=Y 量的货币）。之后，马克思在《资本论》第 1 卷 1.4 章节（商品的拜物教性质及其秘密）中把意识形态作为商品的内在特征进行了分析。"商品形式的奥妙不过在于"创造商品的并在商品中的看不见的人类社会关系，但表现为"物的天然的社会属性""人们自己一定的社会关系……采取了物与物关系的虚幻形式。"（Marx，

1867c，165；译者注：《资本论》第 1 卷，人民出版社 2004 年版，第 89—
90 页）。通过创造一种物与物的关系总是存在、本来就存在的印象，意识
形态使各种现象合法化而无视事物之间的历史和社会特征。因此，对马克
思来说，意识形态和商品化是资本主义相互关联的方面。所以马克思主义
传播理论除了要注重斗争和可替代性之外，还应该在意识形态和商品化的
背景下关注媒介与传播的双重作用。

　　史麦兹认为，"一般马克思主义传播理论的出发点是……商品交换理
论"（Smythe，1994，259）。阿多尔诺认为，"交换概念是……把社会批判
理论的概念与作为一个整体的社会概念的建构联系起来的枢纽"（Adorno，
2000，32）。商品和商品交换是政治经济学批判和批判理论的重要概念。
由于商品概念与资本积累和意识形态联系在一起，这两种方法都应该从媒
介商品的价值方面和意识形态方面同时展开。

　　积累和意识形态是相辅相成的。举一个"社交媒体"的例子：例如，
2000 年的网络危机之后，为了发展资本主义互联网经济，有必要建立一
种新的资本积累策略。危机过后，投资者不愿将金融资本作为风险资本投
资于数字媒体公司。于是，关于"社交媒体"的讨论开始关注网络经济新
的资本积累模式。没有人知道用户是否对微博等社交网站感兴趣，"社交
媒体"作为一种新的资本积累模式的兴起伴随着一种社交媒体意识形态的
产生："社交媒体"是新的（Web 2.0），提供了新的参与机会，将带来"经
济民主"，并促成新形式的政治斗争［"推特"（twitter）革命］，以及更多
的民主（参与性文化）。新媒体的兴起伴随着一种技术决定论和技术乐观
的意识形态，这一思想对于说服投资者和用户支持社交媒体资本积累模式
是必要的。"社交媒体"上的剩余价值产生的政治经济学与意识形态在这
里发生了激烈的互动，从而促成了"社交媒体"经济和话语的兴起。

　　一些学者认为法兰克福学派和传播的政治经济学批判学派是悲观主

义、精英主义，忽视了受众（详见例子 Hall，1986，1988；Grossberg，1995）。他们说，意识形态概念是虚假意识，使"群众和资本家看起来都像是审判狂"（Hall，1986，33）。霍尔（1988，44）批判了卢卡奇（他的作品一直对法兰克福学派有着重要影响），他认为虚假意识定理过于简单化（它假设"大量的普通人，在精神上和你或我一样，可以被彻底和完全地欺骗，完全误解他们真正的利益所在"）和精英主义（"更不能接受的立场是，他们，'大众'——是历史的傻瓜，'我们'——特权者……可以通过逼近一种情况的真相、本质而看到真理"）。

在其他作品中，霍尔提出了一种与法兰克福学派不同的意识形态概念。在他的著作《控制危机》（*Policing the Crisis*）中，霍尔等人（1978）展示了国家和媒体如何利用对犯罪的道德恐慌作为"最重要的意识形态的意识，通过这种方式赢得'多数的沉默'以支持日益强制的措施"（221）和建立一个法治社会。在道德恐慌的情况下，如果主流媒体和警方都主张在道德恐慌的过程中加强法律和秩序政策，那么他们都使控制过程合法化，并共同执行"控制文化"和"意义文化"（同上,76），以便"相互阐明"，"在这个问题上创建**有效的意识形态并终结控制**"（同上）。媒体就像警察一样，充当"控制过程本身的一种装置——一种'意识形态的国家机器'"（同上）。

霍尔对法兰克福学派的批评可以被解读为对自己早期作品的自我批评，他曾错误地认为，并非所有的人都受到同等的教育，因为在阶级社会中，基础教育和高等教育在一定程度上也受到阶级差异的影响，因此左翼知识分子往往比白领和蓝领工人拥有更多的时间与资源来研究资本主义的运作方式。认识到这种情况意味着在进行某种意识形态批判，提出了有机知识分子在斗争中的作用，因为他们有潜力"提供统治结构蓝图和斗争领域"（Garnham，1995a，68）。对霍尔来说，认为普通人是积极和批判的这一假设源于对操纵理论的反对："因为普通民众不是文化的傻子，通过他们在科罗内申大街的代表方式，他们完全能够很好地认识到工人阶级重组、重构和重塑生活现实的方法"。（Hall，1981/1998，447）劳伦斯·格罗斯伯格（1995）认为，法兰克福学派和政治经济学有一种简单的"控制模式，把民众视为顺从地被操纵的'文化笨蛋'"（75）。对他们来说，"文化只作为一种商品和操纵意识形态的工具"（76）。

与这种说法相反，达拉斯·史麦兹对于受众有比较平衡的看法：资本会试图控制受众，但他们有可能抵制："人们受到意识产业无情的压力；他们被大量的消费品和服务所包围；他们把自己作为（受众）商品生产出来；他们以商品的形式复制自己受损的生活和精力。但人们绝不是被动或无能为力的，人们确实尽可能地抵制资本的强大和多重压力"（Smythe，1981，270）。

阿多尔诺被许多学者污蔑为典型的文化悲观主义者和精英主义者，他对电视这样的媒介有着积极的看法。对于电视（德语看电视字面意思是"向远方看"）来说，"信守诺言仍在这个词中产生共鸣。它必须把自身从鲁莽满足人们愿望的每件事情上解放出来—实现—反驳自身的原则，并背叛了为百货公司的小财富而创造好运的想法"（Adorno，2005，57）。阿多尔诺往往承认解放的必要性和潜能。以电视为例，他指出让自己置身于资本主义之外的远处是一种幸运，这间接地要求建立质疑现状的替代媒体。阿多尔诺也没有像许多人错误宣称的那样，鄙视大众文化。他是查理·卓别林（Charlie Chaplin）的粉丝，指出小丑在大众文化中的关键作用（Adorno，1996）。即使在《启蒙辩证法》的"文化工业"一章中，大众文化的积极因素也是可见的：例如，阿多尔诺写道，"文化产业的那些特征中仍然存在着更好的东西的痕迹，正是这些特征它看起来就像马戏团"（Horkheimer and Adorno，2002，114）。阿多尔诺（1977，680）在他的《奥斯威辛集中营的教育》一书中陈述了在奥斯威辛之后，电视在德国反法西斯教育中可以发挥积极的作用。如果一个人超越了对阿多尔诺的肤浅与选择性的解读，那么就会发现后者对解放的可能性和文化在其中发挥的作用有着深刻的信念。霍克海默和阿多尔诺的著作英译不准确，因为两位哲学家的语言复杂，不易翻译。但是，除了非德语人士在阅读霍克海默和阿多尔诺时面临的问题外，似乎有些人不愿意彻底接触法兰克福学派和政治经济学批判的起源从而捆扎一个稻草人。

卡尔·马克思（1867c）把他的巨著没有命名为:《资本：一个政治经济学》，而是《资本：一个政治经济学批判》。政治经济学是一个广阔的领域，它吸收了根植于古典自由主义经济思想流派的传统思想以及马克思在其著作中研究、扬弃和高度批判的诸如马尔萨斯（Malthus）、穆勒（Mill）、配第（Petty）、李嘉图（Ricardo）、萨伊（Say）、史密斯（Smith）和尤尔（Ure）等思想家的思想。马克思对政治经济学批判的主要之处在于古典自由主义的思想家对资本主义的盲目崇拜，他们"只限于把资产阶级生产当事人关于他们自己的最美好世界陈腐而自负的看法加以系统化，赋予学究气味，并且宣布为永恒真理"（Marx，1867c，175；译者注:《资本论》第1卷，人民出版社2004年版，第99页）。他们假设商品、货币、交换价值、资本、市场或竞争等范畴是整个社会的人类学特征，从而忽视了这些范畴类别的历史特征，并未将其纳入阶级斗争之中。马克思揭示了政治经济学思想的矛盾，以古典政治经济学为出发点批判了资本主义，并认为，"每一种既成的形式都是不断运动的"，并分析了如何"资本主义社会充满矛盾的运动"（同上，103；译者注:《资本论》第1卷，人民出版社2004年版，第22—23页），通过政治实践呼吁"一种历史生产形式的矛盾的发展"（同上，619；译者注:《资本论》第1卷，人民出版社2004年版，第562页），并意味着马克思的方法"按其本质来说，它是批判的、革命的"

（同上，103；译者注：《资本论》第 1 卷，人民出版社 2004 年版，第 22 页）。

马克思提出了资本主义政治经济学的批判理论，认为这种批判包括三个过程：

（a）对资本主义的分析和批判

（b）对自由主义意识形态、思想和学术界的批判

（c）变革性实践

准确地讲，我们不该说媒体或传播的政治经济学，而应说传播、文化、信息和媒体的政治经济学批判。一些学者意识到这一点，强调我们需要的是"马克思主义传播理论"（Smythe，1994，258），批判理论指的是"马克思主义的或准马克思主义理论"（同上，256），而"传播的政治经济学批判"在"广义的马克思主义"意义上是至关重要的（Murdock and Golding，2005，61）。

罗宾·曼塞尔（Robin Mansell）认为，史麦兹致力于建立批判的媒体和传播研究，"其核心是有必要询问资本主义的系统性特征，而这是通过传播的结构性手段表现出来的"（Mansell，1995）。他的重点是"通过批判性研究揭示政治和经济权力关系接合的表现方式，这些表现方式体现在嵌入技术中的制度关系以及所有形式的传播内容之中"（同上，47）。罗宾·曼塞尔还指出史麦兹方法中批判方法的重要性。如上所述，史麦兹对发展马克思主义传播理论（Smythe，1994，258）很感兴趣，并认为批判理论是马克思主义理论（256）。因此，必须将史麦兹的方法描述为不仅是批判的传播研究——这当然也是，但也不完全是——而是马克思主义传播研究，这意味着理论或哲学的统一。对媒体和传播的经验、伦理研究，应重点分析与媒体和传播有关的统治以及剥削、斗争、意识形态和资本主义替代物的矛盾、结构和实践。我们不应该把马克思和马克思主义的重要性从史麦兹的方法中分离出来，而把马克思和马克思主义的重要性归结为建

立了一种批判的实证研究方法。珍妮特·瓦斯科在这样的背景下强调，马克思第十一条关于费尔巴哈的论点（"哲学家们只是以不同的方式解释世界，而问题在于改变世界"）适用于达拉斯·史麦兹的工作和生活："也许多数传播学者满足于在现代世界里分析和理解传播的角色，但达拉斯·史麦兹力图改变世界，不仅通过大量的学术和教学研究，而且还通过以一个社会积极分子身份参与社会公共活动"（Wasko，1993，1）。

在德国关于媒体政治经济学批判的讨论中，霍斯特·霍尔泽（Horst Holzer 1973，131；1994，202ff）和曼弗雷德（Manfred Knoche，2005）对资本主义媒体的四种功能进行了区分，这些功能与马克思主义对媒体与传播政治经济学的批判有关：（1）传媒产业的资本积累；（2）其他行业的广告、公共关系和促销；（3）统治和意识形态操纵合法化；（4）劳动力的再生产、恢复和授权。

霍尔泽（Holzer）和诺奇（Knoche）提供了一个很好的框架，但这一框架有些太讲究结构性，未涉及斗争和替代方面。建立在他们的基础上并超越他们，我们认为批判理论和社交、文化、信息、媒体的政治经济学批判的任务是在资本主义背景下批判地分析社交、文化、信息、媒体的作用：

（a）资本积累过程（包括资本、市场、商品逻辑、竞争、交换价值、对抗性生产方式、生产力、危机和广告等的分析）

（b）阶级关系（重点是工作、劳动、剩余价值的剥削方式等）

（c）一般统治和统治形式与剥削的关系

（d）意识形态（包括学术界和日常生活）以及分析和参与

（e）反对统治秩序的斗争，包括分析和支持

（f）社会运动斗争以及

（g）社会运动媒体，即

（h）旨在建立一种传播公域（communication commons）为基础的民主—社会主义社会，作为共同拥有生产资料结构的一个组成部分（Fuchs 2011a）。

这种方法认为资本主义的所有统治方式都与各种形式的剥削相联系（Fuchs，2008，2011a）。因此，我主张把批判理论与政治经济学批判相结合。然而，这种方法在理论联系方面不必保持纯粹性；这种联系是开放的，正如我自己在西格蒙德·弗洛伊德（Sigmund Freud）、皮埃尔·布尔迪厄（Pierre Bourdieu）或吉勒·德勒泽（Gilles Deleuze）等作者的一些概念上所描绘的那样。我的基本论点是，在建立这种联系时，必须保持一个强调资本主义和阶级重要性的分析框架（即以马克思主义理论为指导）。

在下一部分中，我会简要介绍批判的传媒研究中的一场基础性争论，其在今天又重获新的重要性："盲点之争"，在这场争论中达拉斯·史麦兹提出了受众商品概念。

第三节　受众劳动的复苏和受众商品争论

依据达拉斯·史麦兹的说法，他在 1951 年的《消费者在广播电视中的利益》（Smythe，1951）一文中首次提出了受众成员为广告商工作（Lent 1995，34）的"盲点"讨论。在文章中史麦兹问道，"广播和电视'产品'的实际特征是什么"（同上，109）。首先，会有一个接受者市场。第二，"有一种产品被称为站点时间（Station time），有时也叫'受众忠诚度'（以收视率衡量），即电台向广告商销售。这些东西所出售的是一个节目的受众（在观众的持续忠诚中，电台管理层有着至关重要的利益），以及提高受众对广告商忠诚度的可能性……在商业广播和电视上，这种两面性的产品被销售两次。"如果你愿意的话，作为生产者的商品这是一次支付，赞助商为产品付款；然而，作为消费者的商品又支付了一次。当受众的反应或多或少可预测地导致收银机响时，赞助商的产品就卖给了终端消费者"（同上，119）。因此，会有一个"广播和电视节目是免费的"神话（同上，110）。史麦兹明确关注商业广播和电视的广告作用，以及受众作为商品的作用。受众商品的概念在1951年的文章中以含蓄的方式提了出来，而在20世纪70年代史麦兹则更加明确地提了出来。

1977年，达拉斯·史麦兹提出，"垄断资本主义统治的社会现实是，大多数人的非睡眠时间是工作时间"，在下班的非工作时间中，最大的一块是被卖给了广告商的受众时间。在被卖给了广告商的"他们的"时间里，工人们（a）为消费者商品的生产者履行必要的营销职能，并且（b）为劳动力的生产和再生产工作（Smythe,1977a,3）。大卫·赫斯蒙德夫（David Hesmondhalgh，2010）评论说，睡眠时间也可以被视为再生产的工作时间，因为其间再创造了劳动力。史麦兹在写作的时候（不在"盲点"文章中，而在之后）强调了这种情况，"对于绝大多数人来说，一天24小时都是工作时间"（Smythe，1981，47）。

媒介内容将会是"一种诱惑力（礼物、贿赂或'免费午餐'），以招募潜在的受众成员并保持他们的忠诚关注"（Smythe，1977a，5）。史麦兹（1977a；1981，22—51）为分析媒介广告模式提出了受众商品概念，在这里，受众作为一种商品出售给了广告商："因为受众力被生产、销售、购买并且消费了，于是它要求有一个价格，并且成为了商品。……你们受众成员付出你们的无酬工作时间，作为交换，你们收到了节目素材以及具体的广告宣传"（Smythe,1981,26,233）。受众"给他们自己……销售物品"（同上,4）。"大众媒体……主要功能是生产愿意成为忠实的消费者的受众"

（Smythe，1994，250）。工作不一定是雇佣劳动，而是个一般范畴——"做创造性的工作"（Smythe，1981，26）。

艾琳·米汉（Eileen Meehan，1984）认为，商业媒体不仅拥有商品信息和受众商品，也有商品收视率。她强调了"收视率和行业收视率如何符合商品信息的生产"（同上，217）这个问题的重要性，为此她回答了"大众传播工业生产什么商品？"（216）的问题。米汉（1993）说收视率有助于"确定网络可能要求和广告商为访问受众商品所必须支付的价格"（同上，387）。收视率有赖于所使用的衡量技术评定受众衡量行业如何极端地高估或低估受众规模。行业收视率会高度垄断，并且垄断资本家（如 A.C. Nielsen）将制定衡量标准。行业收视率将倾向于衡量可能购买和消费大量商品的特定受众；因此，"商品受众和商品收视率完全是人为的和捏造的"（同上，389）。在此背景下，陈（Chen，2003）提出了虚拟受众商品概念。米汉（2007，164）强调"不是所有电视观众都是电视的商品受众，有些商品受众与其他相比更有价值"。理查德·麦克斯韦（Richard Maxwell）提出了一个类似于米汉的观点，"生产反映在受众商品形式中的价值的人类劳动在哪里呢？我认为它可能位于行业收视率、广告和广播营销公司以及其他影像和信息产业领域"（Maxwell，1991，32）。史麦兹是正确的，就传播而言，生产性劳动不仅仅存在于生产领域，还存在于流通领域。商品拜物教会产生一种错觉，即受众被出售意味着他们创造了价值。约然·柏林（Göran Bolin）基于米汉的观点得出结论："史麦兹、杰哈利（Jhally）和莱文特（Livant），以及安德烈维奇（Andrejevic）的经验主义谬论认为统计数据代表了现实。"并且说，"不是受众而是统计学家在工作"（Bolin，2009，357；也见 Bolin，2011，37，84）。这种论点可能太过绝对，因为它暗示受众不能被资本剥削。但毫无疑问，受众商品与制定受众价格的评级行业的崛起紧密相连。如果受众生产受众商品价值，评级行业制定这种商品的价格，那么，受众商品价值转换为价格就占据核心地位。随着商业互联网平台产生，受众率不再需要粗略估计，对用户活动和用户内容的长期监视可以定义出具有特定兴趣的精确定义的消费者群体。消费者属于哪个群体，广告就是针对这些群体的。

艾琳·米汉（2002）指出受众商品是按性别划分的：

（a）销售广告的雇员往往是女性和低工资者。

（b）广告商和广告产业多基于某种假设，认为受众商品具有性别歧视价值观，所以"除了那些白人、年龄在18—34岁之间、异性恋、说英语的高端男性受众商品之外都会受到歧视"（Meehan，2002，220）。关注媒体中性别与阶级、父权制与资本主义、性与金钱的联系，是女权主义者和政治经济学家所面临的一项被忽视和共同关心的重要任务（Meehan and Riordan，2002）。瓦莱丽·斯蒂夫斯（Valerie Steeves）和珍妮特·瓦斯科（Janet Wasko，2002）指出，社会主义或马克思主义女权主义与马克思主义政治经济学是天然的盟友，但存在着一个对社会主义的偏离以及女权主义中父权制与资本主义联系兴趣的偏离。他们强调，女权主义和政治经济学的一项重要任务不仅是注重性别和媒体的文字、符号及话语，而且要认识到"文字、符号和话语在塑造不平等结构方面的重要性"（Steeves and Wasko，2002，26）。

苏特·杰哈利（Sut Jhally 1987，第二章）提出，达拉斯·史麦兹的受众商品概念过于含糊不清。杰哈利说广告商把受众的观看时间作为商品购买，他的核心假设是，人们应该把"观看时间视为媒体商品"（同上，73）。"当受众观看商业电视时，这是在为媒体工作，既生产价值，又生产剩余价值"（同上，83）。他认为电视网购买了受众的观看力（同上，75）。杰哈利提出受众的观看时间是节目时间，而广告观看时间是剩余时间（同上，76）。受众的工资就是上演的节目（同上，85）。"上演的节目即观看力的价值是受众的工资，是传播产业的可变资本"（Jhally and Livant，1986/2006，36）。问题是，在一个以货币和资本为主要结构的社会中，观看时间是否可以被视为一种工资的等值。

因此，我不同意杰哈利的观点，电视观众获得的薪水是电视节目，必要劳动时间是观看无广告的节目，而剩余劳动时间是观看广告。你不能靠看电视生活，所以看电视不能等同于工资。在这个问题上，戈兰·柏林（Göran Bolin）认为，"也许可以说受众得到的是电视节目，但如果受众在工作，并且如果他们的工资是娱乐节目，那么他们怎么进一步转换成薪水呢？普通观众无法因为观看娱乐节目或其他电视节目的经历而购买食物"（Bolin，2005，297；Bolin，2011，37）。

不如说，所有观看商业电视的时间都是剩余劳动时间。在"数字劳动"的辩论中，有些人持有的观点与杰哈利的论点相关联。他们认为"脸书"（facebook）并未剥削使用者，因为他们获得了免费访问该平台的权利作为其"工资"。这与杰哈利的观点有差异，因为其坚持剥削和剩余价值的概念。但这两种观点都忽略了货币是资本主义最重要的结构，在赋予所有者的权力方面，货币凌驾于所有其他结构和关系之上。因此，马克思认为在资本主义社会中，货币具有"社会独占权……在商品世界起一般等价物的作用"（Marx，1867c，162；译者注：《资本论》第1卷，人民出版社2004年版，第86页）。

正如马克思（1844）所认识到的，人类是一个需要吃饭和交往才能生存的自然和社会存在物。在资本主义社会中，人类生存的许多手段是通过商品和货币的形式组织起来的：只有在你能够购买商品的情况下，你才能获得许多必要的生存手段。要做到这一点，你需要得到钱。对大多数人来说，这种情况迫使他们把自己的劳动力作为商品出卖，以便赚取可以用来购买生存资料的工资。传播手段是生存资料的组成部分，如果它们被组织成为公共品或共享品，传播手段就可以逃离货币形式，人们不必为了获得它们而付费。有些传播手段，例如大多数电影和流行文化，都是作为商品出售的。人们只能通过为商品付费或试图根除商品形式（例如，在互联网上免费下载）才能获得访问权。像"脸书"（facebook）和"推特"（twitter）这样的互联网平台提供传播手段的访问，但不出售访问权和内容。它们并没有位于商品形式之外，而是将用户的数据商品化。作为对数据商品化的回报，"脸书"（facebook）和"推特"（twitter）为用户提供了一种交流手段。作为对用户的回报、这些手段可以被视为仁慈的商品（in—kind goods），而允许公司获取和商品化用户的个人数据。如果用户和平台之间的关系是以现代雇佣关系的形式组织起来的话，那么用户就会得到工资，作为他们数字劳动力商品化的回报。他们可以用这笔钱购买各种生存资料。与这种货币支付不同的是，"脸书"（facebook）和"推特"（twitter）用户没有获得一种通用的交换媒介，而只是一种特定的传播手段。通过给予用户访问他们平台的权力，"脸书"（facebook）和"推特"（twitter）没有提供一般的生存手段，访问平台只是获得了一种特定的交往手段，但这种手段的使用为平台的利润利益服务。这并不是说我主张向广告资助的企业互联网平台的用户付费，我宁愿主张创造非商业、非盈利的替代方案，完全逃避、扬弃和与商品形式作斗争。

我想指出的是，"脸书"（facebook）和"推特"（twitter）向用户提供的交往手段并不是简单的生存手段（不应该被分析成这样），它们其实是为了价值和利润的创造提供的生产手段。这种情况起因于社交媒体用户同时具有技术服务消费者和数据、商品、价值和利润生产者的特征。"脸书"（facebook）网提供的消费或交往手段并非简单的生存手段，在这一消费过程中，所有用户在其全部消费时间内都为"脸书"（facebook）和"推特"

（twitter）创造了价值，获得服务是一种工资形式这种论点是不恰当的。如果一个人用部分薪水买了一听可乐喝了，他在喝可乐的过程中并没有创造价值（因此也不会给可口可乐带来利润）；相反，要喝可乐，就得付钱，这样可口可乐才能实现其货币利润。消费并不直接为公司创造价值——在"脸书"（facebook）和"推特"（twitter）上，服务的消费过程需要所有的在线交往和使用时间。所有这些时间不仅是再生产时间（即再生产劳动力的时间），同时也是生产由"脸书"（facebook）和"推特"（twitter）提供给广告客户的数据商品的劳动时间。在消费过程中，用户不仅仅再生产了劳动力，而且生产了商品。所以对于"脸书"（facebook），Youtube和"推特"（twitter），所有消费时间都是商品生产时间。

关于电视、电台和报纸的分析性问题，史麦兹和杰哈利必须面对的问题是，消费这些媒介是一种相当被动的活动。因此，他们必须找到一种方法来论证这种行为也会生产剩余价值。杰哈利的分析是，对于电视而言，观看时间作为商品销售等同于说观看者越多，产生的广告利润就越高。这种分析是可行的，但在互联网世界里情况却不同：在这里，用户不是被动的观察者，在一定程度上他们是内容的积极创造者。广告商不仅对用户上网的时间感兴趣，而且对在这段时间内创造的产品——用户生成的数字内容和在线行为感兴趣。用户的数据——关于他们上传的数据、社交网络、他们的兴趣、人口统计数据、他们的浏览和交互行为的信息——被作为商品出售给广告商。与杰哈利分析的电视世界相反，在互联网上，用户的主体创作物被商品化了。因此，史麦兹的原始说法认为，受众本身——其主体性和主体创造性活动的结果——被作为商品出售。互联网是个主动的媒介，在那里，信息的消费者也可能是信息的生产者。因此，就"脸书"（facebook）和其他社交媒介来说，最好称互联网产消者商品化（Fuchs，2010b）。但是，电视现在也变得数字化，且更具交互性，因此受众商品化会实时发生，并且利用消费者档案和新的商业形式（如电视商务、普适商务）更进一步地推进商品化（Andrejevic，2009，McGuigan，2012）。

布雷特·卡拉韦（Brett Caraway，2011）认为受众不是商品，因为"受众的活动不是在资本家的直接控制之下发生的。也不清楚受众劳动的产品是否与受众相异化"（Caraway，2011，697）。资本主义利用市场的力量强迫工人们出售他们的劳动力：如果你不为工资而工作，你就不可能生存下来。雇佣劳动是被物质性身体暴力的威胁所胁迫（这一威胁是死亡，因为无法购买和消费商品），而受众劳动被意识形态暴力所胁迫（这一威胁是减少社会接触，因为缺少维系社会关系必要的媒体信息和传播能力）。受众处于资本家的意识形态控制之下，资本家控制着传播手段。例如，如果人们停止使用"脸书"（facebook）和社交网站，他们可能会错过某些社交机会。他们可以拒绝成为"脸书"（facebook）的员工，就像雇员拒绝为工资而工作一样，但他们可能会因此而在社会上处于社交劣势。商业媒介迫使个体使用它们，它们越具有垄断力，就越容易胁迫媒体消费者和用户。

工作者的受众产品对那些有广告间歇特色节目较为关注。受众关注的焦点是广告商支付给商业媒体经营者的钱。受众自己无法控制其注意力，因为其并未拥有、创造或控制商业媒体；相反，他们的劳动和注意力都被异化了——其他人，也就是企业媒体和他们的广告客户定义与控制的节目时间。这同样适用于"脸书"（facebook）网和其他商业用户生成内容的网站，对用户劳动生成内容和转换数据进行监视并出售给广告客户，从而获得特定目标群体的访问。商业社交媒介平台的用户无法控制和拥有他们的数据，数据被异化了。创造受众商品的劳动被剥削了，因为其创造了价值和被别人拥有的产品，这同时也构成了一种异化过程。数字劳动在意识形态上是被胁迫的。被胁迫、剥削和异化使受众劳动者本身成为一个阶级。

大卫·赫斯蒙德夫（David Hesmondhalgh，2010，280）认为，"史麦兹的说法是不成熟的、还原主义和实用主义的，完全低估了资本主义的矛盾和斗争"，这种说法"完全失去了其与务实的政治斗争的联系"。同样，对于当今史麦兹的受众商品理论和其在数字媒体应用中的批判，卡拉威（Careway，2011）提出，"史麦兹的理论代表了一种片面的阶级分析，这种分析低估了工人阶级的主体性"（696），"不讨论薪金斗争、商品抵制及消费者安全"（700），因此成了"受众商品盲目崇拜"，此时，"我们不过都是资本主义这台机器上的齿轮而已"（700）。卡拉威对政治经济学批判的批判与他所宣扬的"在新媒体环境下创造能量的居住地"相吻合（706）。这使他的分析与亨利·詹金斯（Henry Jenkins）这样的"社交媒体决定论"者不相上下，即"网络已成为消费者参与的网站"（Jenkins，2008，137），而媒体如今已成为"参与性文化"的中心（Jenkins，2008）。这些批评是基于对史麦兹的不知情或故意选择性解读，而忽略了他对替代媒体即受众商品化的对立物的关注。他的分析更多地意味着有必要推翻资本主义以使社会人性化，并推翻资本主义媒体制度以使媒体人性化。

达拉斯·史迈兹并没有忽视人类创造替代性未来的能力，这一点可以从他从事替代性传播制度研究的想法中得以证明。对史麦兹来说，政治主体性是一种革命者的主体性，旨在从根本上改变社会，建立一种替代性媒体制度——像赫斯蒙德夫和卡拉威这样的批评家忽视了史麦兹的这一观点。

20 世纪 70 年代初，达拉斯·史麦兹在他的文章《自行车之后是什么》中谈到了中国的传播问题（Smythe，1994，230—244），他借鉴"大字报"的形式思考如何以民主的方式组织广播系统。他认为"每一个接受者能够提供声音或声音加图像的反应的双向系统……双向电视系统就像是电子的大字报系统"（同上，231—232）。这种想法与汉斯·马格努斯·恩岑斯贝格尔（Hans Magnus Enzensberger，1970）的解放的媒体使用的观点、瓦尔特·本雅明（Walter Benjamin，1934，1936/1939）的读者或作者观点以及贝托尔特·布莱希特（Bertolt Brecht，1932/2000）在他的广播理论中的替代广播概念不谋而合。

毛泽东提出了一个由基层群众控制的媒体系统的思想，史麦兹将这一思想应用于电子媒体，从而形成了替代性电子媒体的概念。赵月枝（Yue-zhi Zhao，2011）指出了史麦兹的文章和他关于中国替代性非资本主义传播体系思想的重要性。她强调，在新自由主义资本主义主导下（无论是在西方还是在中国），建立以非资本主义逻辑为基础的传播和社会的重要性受到了史麦兹的启发。赵月枝（2007a）认为，史麦兹"在中国寻求替代资本主义现代化的社会主义产物的背景下"，提出的"自行车之后是什么"的问题，"希望中国能够避免走资本主义发展的老路。"

赵目枝认为，尽管史麦兹在很多方面都错误的评判了中国 20 世纪 70 年代的政治形式，但他的干预将会继续"为中国提供有用的看法，不仅分析了改革期间中国的发展和 ICT 的部署，还分析了后毛泽东时代中国的发展策略及其可持续性的康庄大道，为此提供了一个出发点"（同上，96）。今天有关达拉斯·史麦兹式的中国的媒体，人们不禁会问：移动电话之后是什么（Zhao，2007a）？对于"自行车之后是什么"的问题，史麦兹的回答是：中国应该建立一个有利于"公共产品和服务……以反对为个人、私人所用的商品和服务"的媒体结构（Smythe，1994，243）。ICT 将不仅为资本主义目的服务，而且"本质上"会是社会化的，且具有"替代性用途"，这包括集体的政治行动（Zhao，2007a，96）。中国 ICT 的现实会显示这些技术既作为控制手段又作为抗议手段的对立性质。

达拉斯·史麦兹从根本上关注商品化和受众劳动的过程，这体现在他对受众商品范畴的创建上。尽管他对于一些文化的马克思主义理论持批判态度，但他对受众商品的关注与意识形态批判和另类媒体的重要因素同在。而且他深切地关心为获得更好的世界和民主传播而进行的社会斗争。史麦兹的工作与政治密切相关：例如，他与工会合作改善工人的工作条件；为支持卫星、公共服务广播和价格实惠普遍的电视访问权的公有而提供证据并进行研究；还公开反对公司媒体控制和垄断（Yao，2010）。同时作为一名公共知识分子，他参与有关新世界信息和通讯秩序的辩论（同上）。因此，在赵月枝看来，认为史麦兹与政治斗争无关的观点，无论是务实的还是不实际的，都是错误的。

珍妮特·瓦斯科（2005，29）声称，"随着广告商支撑的媒体私有化现象越来越广泛，受众商品的概念开始被许多政治经济学家和其他传播理论家所接受"。近年来，这种趋势呈上升趋势，且对达拉斯·史麦兹的著作的兴趣有所复苏，特别是有关商业"社交媒体"用户是否是工人且被剥削的问题。蒂齐亚纳·特拉诺瓦（Tiziana Terranova）通过提出免费互联网劳动概念而对数字劳动的辩论作出了早期贡献，她提出，"自愿和无酬并存、享受和被剥削并存，免费网络劳动包括建立网站、修改软件包、阅读和参与邮件列表以及在 MUDs 和 MOOs 建立虚拟空间"（Terranova，2000，33）。特拉诺瓦把免费劳动的概念和非物质劳动的自治主义的马克思主义概念相联系，但却没有考虑把它与达拉斯·史麦兹的受众商品概念相联系。

我曾在自己的作品中强调，史麦兹的受众商品概念非常适合描述当代互联网上企业平台剥削用户活动的情况，在这方面，我创造了"互联网产–消者商品"的概念（Fuchs，2012a，2011a，2011b，2010b，2009）。文斯·曼泽罗勒（Vince Manzerolle，2010）基于此分析并立足史麦兹的著作，研究了移动互联网的产消者商品化。在分析中，他使用了移动受众商品的概念。玛莉索·桑多瓦尔（Marisol Sandoval，2012）以实证的方法分析了互联网产－消者商品化的现实性，发现所分析的网络平台 90% 以上都使用了定向广告、监控以及用户数据的商品化。一项合法保障互联网产－消者商品化的条款和政策的定性分析表明，它们具有"迷惑性、误导性、是意识形态的甚至是操控的。……它们试图造成一种印象，让人认为这些平台唯一的目的就是给用户提供吸引人的、高质量的服务和经历，使其能产出用户自己的媒体内容并且与朋友交流。这种平台由商业公司所拥有的事实被隐藏了，而那些商业公司的目的是通过销售用户信息和为广告提供空间而提高他们的利润"（Sandoval，2012，164—165）。

文森特·莫斯可（2009）在讨论史麦兹的受众商品概念时提出，"那些准确测量和监控每一笔信息交易的信息数码系统现在被用来提炼将观众、听众、读者、电影迷、电话和电脑用户信息提交给广告商的过程。……这是对以前提供大量受众的系统的受众商品化的一个重大改进，这种重要的改进方式被应用于如今包括互联网的每一种传播媒介，像"脸书"（facebook）这样社交网站提供关于用户的详细信息（同上，137）。格雷厄姆·默多克（2011）指出，由谷歌这样的商业平台组织的互联网礼品"表明礼品关系更普遍地融入了商品经济"，这意味着"剥削的加剧"（同上，30—31）。现在，文化和传播的政治经济批判面临的主要任务之一将会是"为数字时代公共文化共享"而辩护（同上，37）。

尼克·迪尔－维斯福特称史麦兹的分析如今已经获得了可信度，因为"家里监控的程度倾向于工作场所的经历，马克思所描述的自动工厂里被雇佣的'守门人'的活动与他或她在电视机前度过的无酬'观看时间'紧密联系"（Dyer–Witheford 1999，119）。交互系统将能够"汇编消费者行为的综合概况"，有助于"按品味和收入更加准确地定位有差异的消费者"（同上，118）。至关重要的是，史麦兹也会"经常假设资本对受众力的有意剥削是完全成功的"（同上，119），并表示，像网络盗版和另类媒体等活动都试图打破资本的统治地位。

　　总的来说，马克·安德烈维奇（Mark Andrejevic，2002，2004，2009）把苏特·杰哈利（1987）的分析应用于现实的电视、互联网、社交网站和交互媒体。他说那种以剥削为基础的积累策略是，他们不但剥削观看的工作，而且剥削被观看的工作。安德烈维奇（2012）认为，马克思主义的剥削概念需要在网络世界中更新（"剥削2.0"），这种更新是在像谷歌或"脸书"（facebook）这样的平台上实现的，"对于依赖直接收费的网站和依赖间接收费（广告）的用户生成内容网站来说，监控成为在线价值链必不可少的组成部分"，因此，"商业平台上的用户活动就会以用户活动的生产性信息的形式增加一倍"（Andrejevic，2012，84）。"重要的是要了解，TGI（＝交易产生的信息）的捕获和销售产生的危害，这种危害以捕获消费者剩余的方式支持市场歧视"（Gandy，2011，451）。劳尔（Lauer，2008）的分析与马克·安德烈维奇的相关联。

　　科恩（Cohen，2008，8）基于史麦兹的观点提出，"劳动包括Web 2.0内容的生产"，是"信息、社交网络、关系和情感"的生产。科特（Coté）和派伯斯（Pybus，2010）强调，人们不可能在网络上谈及受众劳动，因此，他们使用"非物质劳动2.0"的术语。贝尔梅霍（Bermejo，2009）、库弗林（Couvering，2004，2011）、康（Kang）和麦卡利斯特（McAllister，2011）以及李（Lee，2011）将受众商品化的概念应用于谷歌和搜索引擎。麦克斯泰（McStay，2011）用受众商品概念分析了网络广告。拿波利（Napoli，2010）强调受众商品化在网络上得到更进一步使用，以便用户通过向他们的联系人传播网络广告信息或共同制作广告内容，从事接管广告商的工作。

　　发表在3C特刊上500多页的《马克思归来——马克思理论和研究对

于当今批判性传播研究的重要性》的编辑是克里斯蒂安·福克斯与文森特·莫斯可（2012）。特刊展示了马克思的著作对于批判地理解当今媒体和传播研究的重要意义。同时它指出了对达拉斯·史麦兹的作品，特别是有关数字劳动的辩论的持续性兴趣和相关性。很多人强调史麦兹的受众商品理论对于"脸书"（facebook）或 YouTube 等平台上的数字劳动非常适用（Ekman，2012；Fisher，2012；Hebblewhite，2012；Nixon，2012；Prey，2012；Prodnik，2012）。

这次讨论表明，史麦兹的马克思主义或媒体和传播的政治经济学批判对数字劳动的辩论影响深远。讨论方法的共同点是数字劳动被资本剥削的分析。对数字劳动的剥削涉及三个因素：

（1）胁迫：用户在思想上被胁迫使用商业平台，以便能够进行交流、共享、创造以及社会关系的维系，否则，他们的生活就没有意义。

（2）异化：公司而非用户拥有平台和所创造的利润。

（3）占有：用户在企业网络平台上花费时间，而该平台由定向广告资本积累模式资助。花费在企业平台上的时间是他们的无酬数字劳动所创作的价值。他们的数字劳动创建了社会关系、个人数据、用户生成内容和交易数据（浏览行为）——这是一种由互联网企业提供给广告客户的数据商品，这些广告客户可以选择他们想要的特定用户群体。这种剥削行为是通过用户创造数据商品而造成的，在这种情况下，他们的在线工作时间被对象化，而且他们自己并不拥有这些数据。相反，企业的互联网平台在使用条款和隐私政策的帮助下，获得了这些数据的所有权。企业的互联网平台提供的数据商品是互联网产消者活动销售给广告商所导致的结果。价值实现过程，即价值转变为利润的过程发生于目标用户查看广告(按视图支付)或单击（按点击付费）的时候。并不是所有的数据商品都是随时出售的，而且特定的数据商品组比其他数据商品更受欢迎，但剥削总是发生于商品生产和商品被占有的时候，而这先于商品的销售。

在第四节，我会分析商品化如何发生于企业社交媒体平台。第五节分析与数字媒介相关联的意识形态结构。因此，分析数字媒介既运用了商品化批判分析、又运用了我在第二节所主张的意识形态批判，并把两者统一在一起。

第四节　数字劳动：社交媒体资本积累和商品化

为了更深入地分析受众商品这一概念如何可以被用于分析"社交媒体"的数字劳动，我们需要涉及马克思对资本主义的分析。在《资本论》第3卷中，马克思分析了资本积累过程。图 4.1 表明了马克思所描述的资本积累过程。

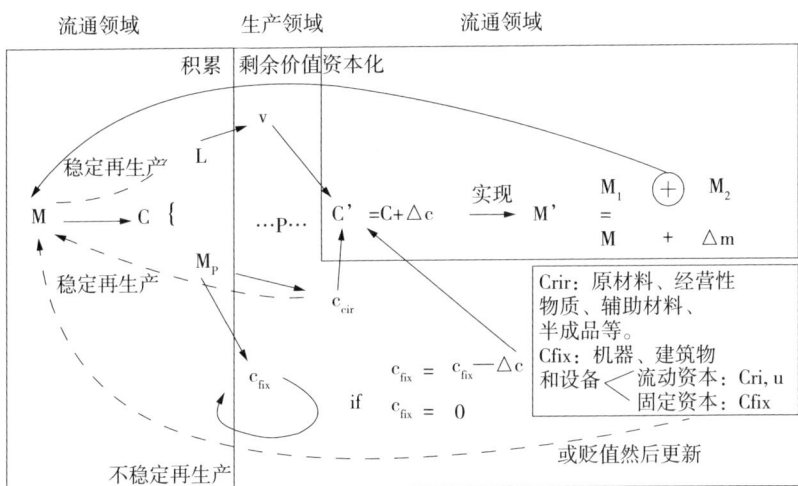

图4.1　资本积累或扩大再生产

在资本积累的过程中，资本家购买劳动力和生产资料（原材料、技术等）以组织新的商品生产，希望通过新商品的销售赚取货币利润并使其中的一部分用于再投资。马克思将资本积累区分为两个领域，即流通领域和生产领域。在流通领域中，资本转化其价值形式。首先，货币 M 转化成了商品（从资本家作为买方的角度看）——资本家购买了劳动力商品 L 和生产资料 Mp。这一 M—C 的过程基于两种购买：M—L 和 M—Mp。这意味着，由于私有财产结构，工人不拥有生产资料、他们生产的产品或他们生产的利润；而资本家拥有这些资源。在生产领域产生了一种新的商品：即劳动力价值和生产资料价值被附加到了产品上。价值表现为生产资本的形式，P；劳动力的价值形式是可变资本，V（可以被视为工资）；生产资料的价值形式是不变资本，C（可以被视为生产资料或生产者商品的总价格）。在生产领域中，资本停止其变形，从而使资本流通停止，商品的新价值 V'产生了。V'包含必要的不变资本值、可变资本值以及盈余产品的剩余价值。剩余价值和利润是由无酬劳动生产的，而剩余价值是工作日中未支付报酬的部分，是工作日（以小时计）中用于生产利润的一部分，但利润不属于工人却属于资本家。资本家不为盈余的生产买单。因此，剩余价值的生产是一个剥削的过程。生产后新商品的价值是 V',V'= c + v + s。之后商品离开生产领域并再次进入流通领域，在流通领域里，资本进行下一次变形：通过在市场上销售，从商品形式转变成货币形式。剩余价值是通过货币形式来实现的。最初的货币资本 M 现在表现为 M'，M'= M+m，M'的增加是因为一个叫作利润的增量 m'。资本积累意味着生产出的剩余价值或利润（部分地）再投资或资本化。一个过程的终点 M'成了一个新的积累过程的起点。M'的一部分 M_1 被用于再投资。资本积累意味着在资本循环过程 M—C···P···C'—M'中通过投资和剥削劳动力来积聚资本，在这一过程中，终端产品 M'成为了一个新的起点 M。

整个过程构成了资本的动态特征。资本是由于剥削剩余价值而永久增加的货币。

以高于投资成本的价格出售，因此便产生货币利润。马克思认为，资本积累的一个决定性特征是：利润是一种由劳动者生产但却归资本家所有的生产的突出特征。没有劳动就没有利润，为了生存，工人被迫步入阶级关系并生产利润，从而使得资本占用剩余价值成为可能。剩余价值的概念是马克思理论的主要概念，他想借此表明资本主义是一个阶级社会。"剩余价值理论因此立刻成了剥削理论"（Negri，1991，74）。可以附带地说一句，剩余价值理论是一个阶级理论，因此它对无阶级社会提出了政治要求。

资本不是货币，但却是通过积累增加的货币，是"生出货币的货币"（Marx，1867c，256；译者注：《资本论》第 1 卷，人民出版社 2004 年版，第 181 页）。马克思认为劳动力的价值是生产生存必需的商品所需的平均时间（必要的劳动时间）。工资是必要劳动时间价值的价格体现。剩余劳动时间是超过必要劳动时间的那部分劳动时间，这部分劳动时间没有报酬，被资本家无偿占有并转化为货币利润。剩余价值"实质上都是无酬劳动时间的化身。资本自行增殖的秘密归结为资本对别人的一定数量的无酬劳动的支配权。"（同上，672；译者注：《资本论》第 1 卷，人民出版社 2004 年版，第 611 页）。剩余价值的生产是"资本主义生产的**绝对规律**"（同上，769；译者注：同上，第 714 页），是"资本主义生产过程的推动性的利益和最终的结果"（976；译者注：[德] 马克思：《直接生产过程的结果》，田光译，人民出版社 1964 年版，第 38 页）。

许多企业社交媒体平台（"脸书"（facebook）、YouTube 等）的资本积累都是借助于定向广告的，这样的广告针对个人用户数据和行为进行量体裁剪。资本主义是建立在积累更多资本的基础之上的，为了实现这一目标，资本家要么必须延长工作日（绝对剩余价值生产），要么必须提高劳动生产率（相对剩余价值生产）（相对剩余价值生产见马克思 1867c，第十二章）。相对剩余价值生产意味着生产力的提高，这样更多的商品和剩余价值就可以像之前一样在同一时间内生产出来。"例如，一个鞋匠使用一定的劳动资料，在一个十二小时工作日内可以做一双皮靴。如果他要在同样的时间内做两双皮靴，他的劳动生产力就必须要提高一倍。不改变他的劳动资料或他的劳动方法，或不同时改变这二者，就不能把劳动生产力提高一倍。因此，他的劳动生产条件，也就是他的生产方式，从而劳动过程本身，就必须发生革命。劳动生产力的提高，我们在这里一般是指劳动过程中的这样一种变化，这种变化能缩短生产某种商品的社会必要劳动时间，从而使较小量的劳动获得生产较大量使用价值的能力。……我把通过延长工作日而生产的剩余价值，叫做**绝对剩余价值**；相反，我把通过缩短必要劳动时间、相应地改变工作日的两个组成部分的量的比例而生产的剩余价值，叫做**相对剩余价值**。"（Marx，1867c，431—432；译者注：《资本论》第 1 卷，人民出版社 2004 年版，第 366 页）。

苏特·杰哈利（1987，78）认为，"从人口统计学方面重新组织观众"是相对剩余价值生产的一种形式。人们可以把网络定向广告解释为一种相对剩余价值生产形式：在某一时刻，广告商就像在非定向广告中那样不仅向受众展示一则广告，而且他们还根据监测、评估和比较用户的兴趣和在线行为将不同的广告展现给不同的用户组。在传统的电视形式下，所有的观众同时看到的都是相同的广告。但在网络定向广告的条件下，广告公司可以在同一时间发送不同的广告。广告的效率就提高了：广告商可以在非定向广告的同时，展示更多符合消费者利益的广告。这些广告产生的利润部分来自广告公司的雇佣劳动者，部分来自互联网用户，这是因为用户生成的数据和交易数据已被利用。广告的针对性越强，用户识别和点击广告的可能性就越大。

用户的"点击—购买"过程是广告公司的剩余价值实现过程。这一过程将剩余价值转化为货币利润。定向广告使得互联网公司可以在同一时间向用户呈现不止一则广告（而是大量的广告），因此向用户介绍商品的总广告时间就增多了。相对剩余价值生产意味着像早些时候一样，在同一时期生成更多的剩余价值。在线定向广告比非在线定向广告更有效率，因为它可以在同一时期内呈现出更多的广告。这些广告比非定向广告包含更多的剩余价值（即更多的广告公司雇员以及用户的无酬劳动时间，这二者产生了用户生成内容和交易数据）。

阿尔文·托夫勒（Alvin Toffler，1980）在20世纪80年代初期提出了"产-消者"概念，指的是"区分生产者和消费者的分界线日益模糊"（Toffle，1980，267）。托夫勒把产消合一时代描述为一种新形式的经济民主和政治民主的到来，即自主工作、劳动自治、当地生产和自主自产。但他忽视了产消合一被用于将工作外包给用户和消费者，而他们的工作是无酬的。企业因此减少了它们的投资和劳动力成本，好多员工没了工作，而无酬工作的消费者也受到了严重的剥削。他们生产的剩余价值被企业占有并转变成利润，而企业并不给他们支付工资。尽管托夫勒表达了没有批判力的乐观思想，但他的"产-消者"概念描述了媒体结构和实践的重要变化，因此也可以用于批判性研究。

里兹（Ritzer）和于尔根松（Jurgenson，2010）认为，Web2.0促进了"产消者资本主义"的形成，资本主义经济"一直受产消合一支配"（14），且产消合一是"麦当劳化"（McDonaldization）的固有特性（译者注：速食餐厅的准则正逐渐支配着美国社会和世界其他地方越来越多的层面，见Ritzer，1993：1。麦当劳化是指一个社会经历快餐餐厅的特色的过程。这个词由社会学家乔治·里兹所发明，他著有《社会的麦当劳化》一书）。

两位作者的分析忽略了产消合一只是许多资本主义倾向的其中之一，但并不是只有它一个，而且它也不是主要特质。资本主义是多维的，它同时也是金融资本主义、帝国主义资本主义、信息资本主义、超工业资本主义（石油、天然气）以及危机资本主义，等等，但并非所有这些维度都是同等重要的（Fuchs，2011a，chapfer 5）。

我们已经看到，达拉斯·史麦兹（77a，1981）受众商品的分析在当今数字劳动的辩论中获得了新的意义。随着用户生成内容、免费访问社交网络平台以及其他的通过在线广告产生利润的免费访问平台——这一发展被归到像 Web 2.0 社交软件和社交网站这样的类别中——网络似乎接近于像电视或广播等传统大众媒体资本所使用的积累策略。上传照片和其他图片的、写帖子和评论的、给联系人发送邮件的、交友或在"脸书"（facebook）上浏览其他个人档案的用户都会被当成受众商品卖给广告商。传统大众媒体受众商品和互联网受众商品的区别在于：在后一种情况下，用户也是内容生产者——有用户生成的内容，而且用户从事永久地创作活动、传播、社区建设和内容制作。用户在接收互联网内容时比接收电视或广播内容时更活跃，这是因为互联网的分散结构允许多对多通信。因为接受者的永久活动和他们的产消者身份，我们可以说在社交媒体企业中，受众商品是一种互联网产消者商品（Fuchs，2010b）。文化研究和媒体的政治经济批判关于受众积极性和创造性问题上的冲突（见 Ferguson and Golding，1997；Garnham，1995a，b；Grossberg，1995）已经在当今的互联网上得以解决：在"脸书"（facebook）、"推特"（twitter）和博客上，用户非常活跃并颇有创造性，这反映了文化研究中有关接受者积极性的思考，但这样的用户积极性和创造性正是剥削的源头，反映出政治经济批判对阶级和剥削的强调。

企业社交媒体的经济监督是对产–消者的监督，因为产–消者动态地、永久地创建并分享用户生成内容；浏览文件和数据；与他人互动；加入、创建和建立社区，并且共同创造信息。企业网络平台运营商和第三方广告客户不断监测和记录个人数据和在线活动。他们存储、合并和分析所收集的数据。这就使他们可以创建详细的用户配置文件并且对用户个人兴趣和网络行为了解很多。监控是企业社交媒体资本积累模式的一个固有特性（Fuchs，2012a，Sandoval，2012）。基于定向广告的社交媒体把产－消者作为商品卖给了广告客户。为了访问用户数据就需要货币交换，这就有了对经济用户的监控。社交媒体产－消者商品的交换价值就是运营商从他们的客户那里获得的货币价值，它的使用价值就是大量的个人数据及使用行为，其受商品和交换价值形式所左右。企业对产－消者永久地生产使用价值（即个人数据和交换行为）的监督使得定向广告可以引诱产－消者去消费和购物，其目的还在于为了企业和他们所提供的商品的利益操纵产消者的欲望和需求。纵然报纸和传统广播的受众商品化总是基于受众率和受众特征的统计评估（Bolin，2011），互联网监督可以让企业社交媒体准确地了解用户的兴趣和活动。因此互联网产－消者商品的特点（兴趣和使用行为）和多寡（一个特定兴趣团体的用户数量）可以准确地确定下来，甚至谁在或不在哪个消费群体继而可以被投放或不投放定向广告，也可以准确确定下来。

基于一种个人信息的政治经济学批判方法，奥斯卡·甘迪（Oscar Gandy）引入了全景分类（panoptic sort）概念："全景分类法是一个差别区分机器，它可以根据常规测量把个人分成不同的属和类。它是一种区分技术，该技术可以基于测量和管理模型分配选择和机会"（Gandy，1993，15）。这是一个可以进行识别、分类和评估的权力和纪律监测系统(同上)。定向广告在社交媒体中的机理就是监督形式，奥斯卡·甘迪认为其有全景分类的特征：它能够通过密切监视用户的个人数据和使用行为**识别**用户的兴趣，它能将这些兴趣**分为**不同的消费者群体并且在与其他的消费者及已有的广告进行比较之后对这些兴趣进行**评估**。

　　社交媒体用户是商品化的双重对象：他们本身就是商品，且通过这种商品化，他们的意识在网上以广告的形式永久暴露于商品逻辑之中；还有，他们大多数在线时间都是广告时间。在企业社交媒体上，定向广告充分利用用户的个人数据、兴趣、互动、信息行为以及与其他网站的互动。因此，当你使用"脸书"（facebook）、"推特"（twitter）和 YouTube 之类时，不光是你在与他人互动和浏览文件，所有这些活动都是通过展示给你的广告而设计的。这些广告的出现是永久地监视你网上活动的结果。这些广告不一定代表消费者的真正需求和愿望，因为广告是经过计算的假设，而需求则要更复杂并且是自发的。广告主要反映营销决策和经济权力关系，它们不仅提供可供购买的产品信息，同时也提供有关大公司产品的信息。

　　图 4.2 显示了由定向广告资助的企业社交媒体平台的资本积累过程。社交媒体企业投资货币（M）购买资本：技术（服务器空间、计算机、组织基础设施等等）和劳动力（有酬雇员）。这些是不变资本（C）和可变资本（V_1）的支出。生产过程的结果 P_1 不是直接出售的商品，而是一种

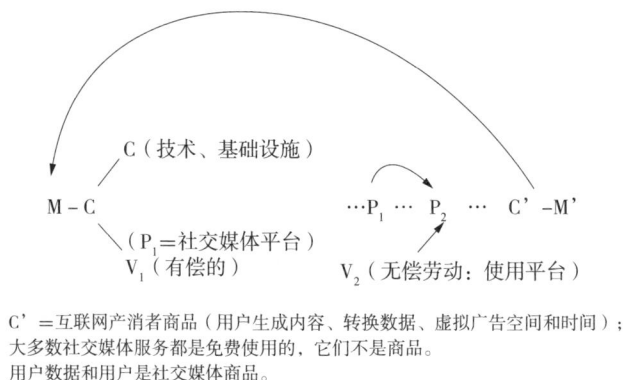

C'＝互联网产消者商品（用户生成内容、转换数据、虚拟广告空间和时间）；
大多数社交媒体服务都是免费使用的，它们不是商品。
用户数据和用户是社交媒体商品。

图4.2　基于定向广告的企业社交媒体平台的资本积累

社交媒体服务（特定平台），这种服务可以获取且不用对用户支付酬劳。在这种情况下，管理文献聚焦确认如何从免费的互联网服务中获取利润。就为了促进其他服务的销售，互联网服务如何提供一项免费服务，或哪里有对一种类型的消费者免费但却对其他类型的消费者收费的互联网服务，克里斯·安德森（2009）确定了 50 个模型。雇佣员工创建了用户来访问的社交媒体网络环境，他们同时也生产了部分的剩余价值。用户使用平台生成他们上传的内容（用户生成的数据）。社交媒体企业投资的不变和可变资本（C，V_1）在网络环境中对象化了，构成了企业生产过程活动的先决条件 P_2。他们的产品是用户生成的数据、个人数据、社交网络以及关于他们在企业社交媒体上的浏览行为和传播行为的交易数据。在这一过程中他们投入了一定的劳动时间 V_2。

企业社交媒体将用户的数据商品出售给广告客户，价格高于他们投资的不变资本和可变资本。这种商品中包含的剩余价值部分是由用户、部分是由企业员工创造的。区别在于，用户都是无酬劳动，因此从货币的角度来讲，用户在被无限地剥削。网络产 – 消者商品包含用户生成内容、交易数据以及访问虚拟广告空间的权利。一旦该商品被卖给广告客户，商品就转化成为货币资本，剩余价值也转化成为货币资本。对商业社交媒体公司剥削互联网产 – 消者也有一种相反的看法，该看法认为后者在交换他们工作的同时也获得了服务。但是，仍然会有异议认为服务的获取不能被视为工资，因为用户无法"进一步转换这种工资。（他们）不能用这种服务去购买食物"（Bolin，2011，37）。

在马克思（1867 c）看来，利润率 rp 是利润和投资成本之间的关系：

rp = p / (c + v) = 利润 / (不变资本（= 固定成本）+ 可变资本（= 工资）

如果互联网用户是生产性的产 – 消者，那么按照马克思的阶级理论，这就意味着他们成了生产剩余价值并被资本剥削的生产性劳动者，因为在马克思看来，生产性劳动者生产剩余价值（Fuchs，2010 b）。因此，被剥削剩余价值的生产者不仅包括那些受雇于互联网公司的负责编程、更新和维护软硬件以及执行营销活动等的员工，而且还包括那些从事用户生成内容生产的用户和产 – 消者。新媒体企业不（或几乎不）向用户支付生产内容的薪酬。积累的策略之一就是给用户提供免费的服务和平台，让他们生产内容并积累大量的产 – 消者，然后将这些作为商品出售给第三方广告商。产品没有卖给用户，但是用户却被作为一种商品出售给了广告商。一个平台拥有的用户越多，广告费率就越高。资本剥削的生产性劳动时间一方面包括有薪酬的员工的劳动时间，另一方面包括用户花费在网上的所有时间。数字媒体企业为第一种类型的知识劳动者支付薪水，但是用户生产的数据却被平台无偿使用和销售。用户免费工作，既没有可变投资成本，也没有不变投资成本。

利润率公式需因这个积累策略转换为：

$$rp = p / (c + V_1 + V_2)$$

此处 p 代表利润，c：不变资本，V_1：支付给固定员工的工资，V_2：支付给用户的工资。

典型的情况是 $V_2 \geq 0$ 和 V_2 代替 V_1（$V_1 \geq V_2 = 0$）。如果内容的生产和在线所花费的时间是有薪酬的员工的，那么可变资本（工资）将会上升而且利润也将因此减少。这表明资本主义社会中互联网产消者的活动可以解读为将生产性劳动外包给了用户（在有关管理的文献中已经创建了术语"众包"，见 Howe，2008），这些工作完全无酬并且他们帮助实现剥削率 e 的最大化：

$$e = s / v = 剩余价值 / 可变资本$$

剥削率（也叫剩余价值率）衡量的是工人无酬工作时间和有酬工作时间之间的关系。剥削率越高，无酬工作时间就越多。商业社交媒体平台的用户是没有工资的（v = 0），他们的使用时间中没有一个是为了维持生计而得到报酬的，因此剩余价值率趋向于无穷大。互联网产－消者劳动受资本无限剥削。这意味着资本主义的产－消合一是一种极端的剥削形式，在这一形式下，产－消者的工作完全是无酬的。无限的剥削意味着所有或几乎所有的网上活动和时间都成为了商品的一部分，而且这些时间都是无酬的。史麦兹（1994，297）将受众商品称为"精神奴隶"，所以我们可以类比将商业社交媒体用户称为"网络奴隶"。马克思（1867 c）区分了必要劳动时间和剩余劳动时间：必要劳动时间是指一个人为了获取能够购买生存所需商品的工资而创造货币等值物所需要的工作时间；剩余劳动时间是所有的额外劳动时间。用户在企业社交媒体上（或者消费其他类型的企业媒体）并未取得薪酬；因此他们不能创造用以购买食物或其他生存所需物品的货币。在这个意义上而言，在企业社交媒体如谷歌、"脸书"（facebook）、"推特"（twitter）和 YouTube 上的所有在线时间都是剩余劳动时间。

因此，有一种观点认为，在货币层面上用户被无限剥削，因为他们没有获得工资，尽管像"脸书"（facebook）这样的平台赚取了货币利润。第二种观点是："脸书"（facebook）平台是用户交往生存的手段，也是资本主义生产价值、商品和利润的手段，同时还是消费手段和生产资料。如果该平台被认为是作为交往生存手段提供给用户的实物商品（in-kind good），那么"脸书"（facebook）为提供平台而付出的所有成本都可以被视为实物商品（in-kind good）的实际价值，并且作为消费手段"支付"给了其价值生产商。根据马克思的观点，商品的价值是不变资本、可变资本和利润的总和：V = c + v + p。若把"脸书"（facebook）平台当作商品，那么是无利润可言的，因为它没有被当作商品来出售。相反，用户数据是作为商品出售的。因此"脸书"（facebook）平台的价值就是投资的不变和可变资本的总和。这意味着一个人可以认为"脸书"（facebook）

的投资成本构成了其用户的"工资"。2011 年，"脸书"（facebook）的总成本和开支是 19.55 亿美元，其收益为 37.11 亿美元（"脸书"（facebook）证券交易委员会备案文件：S—1 登记声明表）。所以"脸书"（facebook）2011 年赚了 17.56 亿美元。如果人们接受"脸书"（facebook）平台是一个提供给用户的实物商品并且"脸书"（facebook）的投资成本是作为消费手段的工资的等价物这一观点，那么由有薪雇员和用户组成的"脸书"（facebook）的总劳动力的剥削率 e = 利润 / 投资成本 = 1.955/1.756 = 1.113 = 111.3％。这意味着"脸书"（facebook）获取的利润是其投资到用户当成工资等价物消费的服务上的货币价值的 111％。

然而，第二种观点有一定的局限性。在资本主义社会中，货币作为一种垄断形式形成了交换手段。在马克思看来，"工资"就是以货币形式表现的雇佣劳动的价格形式，也就是说，货币是普遍的交换等价物。马克思认为雇佣劳动产生是资本主义一个特定的特征。雇佣劳动具有"双重自由"：

（1）工人不像奴隶那样身体归资本家所有；他们为了生存被迫出卖自己的劳动力以换取工资。

（2）这一强迫是建立在"自由的"基础上的，而不受生产资料所有权和资本所有权的控制。

所以资本主义社会中的工资概念假定了一个交换的一般等价物，这一等价物可以用来购买具有不同使用价值的各种各样的商品。因此马克思（1849）说："工资是资产者为了偿付劳动一定的时间或完成一定的工作而支出的一笔货币。……商品通过货币表现出来的交换价值，也就称为商品的价格。所以，工资只是劳动价格的特种名称，是只能存在于人的血肉中的这种特殊商品价格的特种名称"（译者注：《马克思恩格斯全集》第 6 卷，人民出版社 1961 年版，第 475—476 页）。在资本主义社会中，货币是一种垄断的用于交换的一般等价物，它具有特殊的意义，因为它可以用来获取大多数使用价值。因此，将实物商品视为工资的等价物并不是一个直截了当的论点。资本主义的特定结构给了货币特权，使其成为一种特定的、一般的等价交换物。货币逻辑因此具有特殊的重要性。尽管如此，我还是想提供"脸书"（facebook）用户"工资"的两种解释以供大家发表看法和讨论。无论大家选择哪种解释，两个版本都意味着"脸书"（facebook）用户是受剥削的工人。

2011 年 1 月份，用户每天花 105 亿分钟在"脸书"（facebook）上（"脸书"（facebook），证券交易委员会备案文件：对 S-1 登记声明表的第三次修改）。因此，我们可以对"脸书"（facebook）上生成的价值做出以下估算：

2011 年"脸书"（facebook）上生成的价值：105 亿 ×365=3.8325 万亿分钟 = 每年 638.75 亿分钟的工作时间

一个全职工人每年的平均工作时间：1，800 小时

2011 年"脸书"（facebook）上生成的价值：35486111 全职工作的等价物

剥削率可由比率计算出，e = 剩余劳动时间 / 必要劳动时间 = 无酬劳动时间 / 有酬劳动时间。在"脸书"（facebook）案例中，649.9 亿小时的工作时间都是无酬的，所以剩余劳动时间等于所有劳动时间的总数。鉴于"脸书"（facebook）剥削了超过 350 亿免费劳动力的全职等价物或者超过 600 亿小时的无酬工作时间，很明显，"脸书"（facebook）的商业模式是基于把有酬工作时间外包或众包给无酬工作时间。鉴于"脸书"（facebook）2011 年盈利 10 亿美元（"脸书"（facebook），证券交易委员会备案文件：对 S-1 登记声明表的第三次修改），很明显，无酬用户劳动是"脸书"（facebook）商业模式的核心。说剥削率是无限的，这是指没有支付工资，

所有用户的劳动都是没有报酬的，但却创造了价值。无酬用户劳动就是马克思（1867c）称之为的抽象劳动、创造了价值的劳动。

所谓抽象的人类劳动，马克思是指在商品生产的社会中使商品具有可比性和可交换性的劳动方面："不论 20 码麻布 = 1 件上衣，或 = 20 件上衣，或 =x 件上衣，也就是说，无论一定量的麻布值多少件上衣，每一个这样的比例总是包含这样的意思：麻布和上衣作为价值量是同一单位的表现，是同一性质的物。麻布 = 上衣是这一等式的基础。……例如，当上衣作为价值物被看做与麻布相等时，前者包含的劳动就被看做后者包含的劳动相等。固然，缝上衣的劳动是一种与织麻布的劳动不同的具体劳动。但是，把缝看做与织相等，实际上就是把缝化为两种劳动中确实等同的东西，化为它们的人类劳动的共同性质。通过这种间接的办法还说明，织就它织出价值而论，不具有和缝相区别的特征，所以是抽象人类劳动。只有不同种商品的等价表现才使形成价值的劳动的这种特殊性质显示出来，因为这种等价表现实际上是把不同种商品所包含的不同种劳动化为它们的共同东西，化为一般人类劳动"（Marx，1867c，141—142；译者注：《资本论》第 1 卷，人民出版社 2004 年版，第 64—65 页）。

抽象劳动是"抽象的"，因为它是劳动的一个维度，我们必须从商品的质的差异上（它们的使用价值）进行抽象，看看它们有什么共同之处。也就是说，它们都是人类劳动的产物和一定量的劳动的物化，这就使得它们在某些关系中（x 量商品 A= y 量商品 B=……）具有可比性和可交换性："如果把商品体的使用价值撇开，商品体就只剩下一个属性，即劳动产品这个属性。可是劳动产品在我们手里已经起了变化。如果我们把劳动产品的使用价值抽去，那么也就是把那些使劳动产品成为使用价值的物体的组成部分和形式抽去"（同上，128；译者注：同上，第 50—51 页）。"使用价值或财物具有价值，只是因为有抽象人类劳动对象化或物化在里面。那么，它的价值量是怎样计算的呢？是用它所包含的'形成价值的实体'即劳动的量来计量。劳动本身的量是用劳动持续的时间来计量，而劳动时间是用一定的时间单位小时、日等作尺度"（同上，129；译者注：同上，第51页）。

说到价值的水平，我们可以说"脸书"（facebook）总体工人每年工作将近 640 亿小时，每年的剩余时间和剩余工作量为 640 亿小时，个人和社会数据是这一工作时间内所创造的产品。用户在"脸书"（facebook）上工作的时间越长，他们产生的数据就越多；用户在"脸书"（facebook）上花的时间越多，生成和呈现给他们的广告就越多。所以生产时间也是广告时间（尽管只有一部分而不是所有的广告时间都变成了货币利润）。

从"脸书"（facebook）发布在其股市登记的资产负债表上来看，我们知道 2011 年它的利润率 = 利润总额 / 总成本和费用 = 10 亿 /19.55 亿 =51.2%（"脸书"（facebook），证券交易委员会备案文件：S-1 登记声明表）。这是一个非常高的利润率，尤其是在全球经济危机的时期。这样一个高利润率的实现是因为"脸书"（facebook）的员工数量较少，截至 2012、2013 年 6 月底，它只有 3976 名员工 [3]，但更是因为它可以无成本地稳住其用户的整个工作时间来生成商品——数据商品。对用户无穷尽地剥削（不支付工资）使得"脸书"（facebook）可以在 2011 年实现大于 50% 的利润率。"脸书"（facebook）利润的秘诀在于它动用了数十亿小时的用户工作时间，而且是无酬的（从价格水平上讲）。

无酬劳动可以延伸到不同的领域，如谷歌、"推特"（twitter）、YouTube、百度、LinkedIn、知识创造和再生产，再生产劳动诸如家务、护理工作、教育工作、情感和性工作等，因此，在当代资本主义社会中，人类每天花费大量的工作时间，通过无酬的抽象劳动为资本创造价值。因此我们可以说生活已经成为一个工厂，是工厂生活。这家工厂不只局限于雇佣劳动的空间，而且延伸到了日常生活。企业社交媒体资本积累的秘诀在于它调动了大量的无酬工人，这些工人投入了大量的完全无酬的工作时间，生成了被当成定向广告出售的数据商品。这样的资本积累想要实现就需要组织价值生产而且同时要使它成为无酬劳动。

马克思描述了价值和劳动时间之间的矛盾：科技生产力的发展减少了生产商品所需要的劳动时间，但与此同时，劳动时间是资本主义财富的唯一衡量手段和来源："资本本身是处于过程中的矛盾，因为它竭力把劳动时间缩减到最低限度，另一方面又使劳动时间成为财富的唯一尺度和源泉。因此，资本缩减必要劳动时间形式的劳动时间，以便增加剩余劳动时间形式的劳动时间；因此，越来越使剩余劳动时间成为必要劳动时间的条件——生死攸关的问题"（Marx，1857/1858b，706；译者注：《马克思恩格斯全集》第31卷，人民出版社1998年版，第101页）。这种矛盾的结果，如同当代资本主义已展现出的那般，失业和不稳定的劳动力。在当代的资本主义社会中，这种矛盾在企业社交媒体资本积累模式的核心中呈现出第二个意义和现实：企业社交媒体资本试图将必要劳动成本（工资）压到最低限度；但同时增加无酬的剩余劳动为创造剩余价值的生产性劳动。必要劳动和剩余劳动之间的矛盾在企业社交媒体资本中以特定的形式呈现出来：有酬劳动减少，无酬劳动增加。价值创造从有酬到无酬劳动外包，必要劳动和剩余劳动之间的矛盾被消除从而产生一种新质的东西：价值创造转化成无酬劳动；同时，矛盾处于一个新的层面上并加剧：一方面是劳动者的无财产性（property-lessness）、贫穷和不稳定性；另一方面是资本财富的变本加厉。

迈克尔·A. 莱博维奇（Michael A. Lebowitz，1986，165）辩称，史麦兹的方法只是一个"夸大了的马克思主义的传播理论"。马克思主义假定，"资本主义的剩余价值产生于直接的生产过程。在这一过程中（工人劳动力的配置屈从于财产权），与生产工资的必要的等价物相比，工人**被迫**工作更长的劳动时间"。也许正是由于这一原因，"接受受众工作被剥削并生产剩余价值的概念总是犹豫不决——那是一个与马克思范式截然不同的范式"（同上，167）。媒体资本家将会为"竞争中的工业资本家买单"而竞争，并将有助于"提高工业资本家的商品销售"，他们的利润将是"工业资本剩余价值的一部分"（同上，169）。史麦兹的受众商品方法将会推进一个完全非马克思主义结论的非马克思主义辩论（同上，170）。

迈克尔·A.莱博维奇的论点基于三个具体的假设（他声称是马克思作品中所固有的）：

1. 工业资本是资本的核心形式；

2. 只有在工业资本的指挥下进行的劳动才是生产性劳动，并创造了剩余价值；

3. 只有雇佣劳动才能被剥削。

这一辩论逻辑的直接理论和政治后果是：

1. 商业媒体被归入工业资本；

2. 奴隶、家务工人和其他无酬工人是不被剥削的；

3. 在媒介资本掌控下的雇佣和非雇佣工作的实施是非生产性的工作，媒介企业没能剥削工人，因为他们创造的产品和服务是资本主义流通领域的一个组成部分。

迈克尔·A.莱博维奇的论点所提出的政治问题是：如果一个人想赞同雇佣核心的剥削理论的含义，那么无酬工人可能就是不被剥削的。生产性劳动（即生产剩余价值的劳动）在马克思的作品中是一个复杂、矛盾并具有不一致性的主题。在《资本论》第1卷中，马克思区分了生产性劳动的不同概念。从狭义上讲，"只有为在资本家生产剩余价值或者为资本的自行增殖服务的工人，才是生产工人"（Marx，1867c，644；译者注：《资本论》第1卷，人民出版社2004年版，第582页）。这一提法并不意味着只有雇佣工人可能是剩余价值的生产者。因为可以有一些为资本生产但是无酬的工人（剩余劳动时间构成了他们100%的工作时间）。在第二个定义中马克思认为，作为一名生产工人，"为了从事生产劳动，现在不一定要亲自动手；只要成为总体工人的一个器官，完成他所属的某一种职能就够了"（同上，634—644；译者注：同上，第582页）。这意味着以这种方式理解的生产劳动暗示着工人是为被资本家控制的"社会产品"作出贡献的人，而且是为"结合劳动人员的共同产品"作出贡献并被剥削的工人（同上，643；同上，第582页）——不管他或她有工资还是无工资，她或他是总体或社会工人的一分子。在第三种方法中，马克思抽象出了资本主义生产过程，认为在《资本论》第1卷德语版的第五章和英语版的第七章中，所有的工作都是生产性的，因为他们创造了作为工作条件和结果的产品。

给出前面的两种理解，没有必要假定马克思认为非雇佣工人是为资本主义生产过程作出贡献的非生产性工人和没有受剥削的群体。莱博维奇给出了马克思作品的一种解释，并断言只是可能的解释，如果你不认同这种解释你就不是一个马克思主义者。这种逻辑过程的常用名就是教条主义。通过引用《资本论》第3卷关于剩余价值理论的段落，雇佣劳动的教条主义代表当然可以反对我的论据，在《资本论》第3卷"剩余价值理论"那里，马克思认为从事贸易或服务的流通工人、商业工人是非生产性工人。但它仍然是一个事实：与《资本论》第2、3卷（马克思去世后恩格斯编辑的）相比，在他最深思熟虑的《资本论》第1卷和剩余价值理论（未公开出版的笔记），他授权出版并随后修正了几次——马克思写了这些段落：允许对生产性劳动概念有一个非雇佣劳动拜物教的解释。

与工资拜物教相反，马克思认为，剩余劳动——并因此剥削概念——

不是资本主义独有的："资本并没有发明剩余劳动。凡是社会上一部分人享有生产资料垄断权的地方，劳动者，无论是自由的或不自由的，都必须在维持自身生活所必需的劳动时间以外，追加超额的劳动时间来为了生产资料的所有者生产生活资料，不论这些所有者是雅典的贵族，伊特鲁利亚的神权政治领袖，**罗马的市民**，诺曼的男爵，美国的奴隶主，瓦拉几亚的领主，现代的地主，还是资本家。"（Marx, 1867c, 344—345；译者注：《资本论》第 1 卷，人民出版社 2004 年版，第 272 页）。马克思认为，奴隶工作的 100% 都是无酬工作："反之，奴隶的那部分有偿的劳动，却好像是无偿的劳动。奴隶为要工作，自然必须生活，他的工作日的一部分就得用来抵偿他自己维持生活的价值；但是，由于奴隶和奴隶主之间没有订立任何交易合同，由于双方又没有什么买卖行为，所以奴隶的全部劳动似乎都是无报酬的"（Marx, 1865；译者注：《马克思恩格斯全集》第 16 卷，人民出版社 1964 年版，第 149—150 页）。

达拉斯·史麦兹和自治主义马克思主义的著作虽然有着不同的来源、语境和理论含义，但他们都认同对雇佣劳动拜物教的批判，以及总体劳动力概念。总体劳动力有助于剩余价值的生产，它被资本剥削并构成了资本主义各种形式的空间，这包括工厂、家庭、原始积累和休闲的殖民地。

在数字劳动价值论的背景下，要将广告固定在资本流通领域、减少其与产业资本所决定的联系，就不那么容易了。在整个资本主义经济中，商业媒介和广告业肯定担负着帮助其他资本家实现他们利润的角色，也就是说，它们传播为什么商品应该被买的信息。但是，它们本身就形成了一个资本主义行业，其资本积累以劳动剥削为基础。对于马克思来说，生产性劳动概念最初定位于批判剥削过程。鉴于媒介与广告行业以盈利为导向，并利用有酬雇员和无酬用户或媒介消费者的工作，可以得出这样的结论：该行业利用无酬劳动时间创造利润。也就是说，所涉及的工作"为资本家生产剩余价值","为资本的自行增值服务"（Marx，1867c，644；译者注：《资本论》第 1 卷，人民出版社 2004 年版，第 582 页）——这是马克思对生产性劳动的定义。另外，在数字劳动的背景下，要说媒体受众只是媒介消费者，因此只处于消费和流通领域恐怕不是那么容易。因为数字媒体的消费在一定程度上产生了内容、行为数据、社交网络数据和个人数据，所有这些被商品化并出售给了广告客户。

图 4.3 显示了基于定向广告的商业数字媒介的资本积累过程和广告客户的资本积累过程的联系。它们都有其相对独立的资本积累过程，这些过程基于对抽象劳动的剥削，并以交换过程 M—C 的形式相互依存，在其中，广告客户用货币交换以访问用户的数据商品。

杰哈利（1987，83）认为，"看电视是工厂劳动的延伸"，客厅是当今的工厂之一：工厂是雇佣劳动的场所，但它也在客厅里。在雇佣劳动之外的空间，工厂不仅仅在家里，而且到处都是。互联网是无处不在的生产受众商品的工厂和领域。社交媒体和移动互联网使受众商品无处不在，工厂

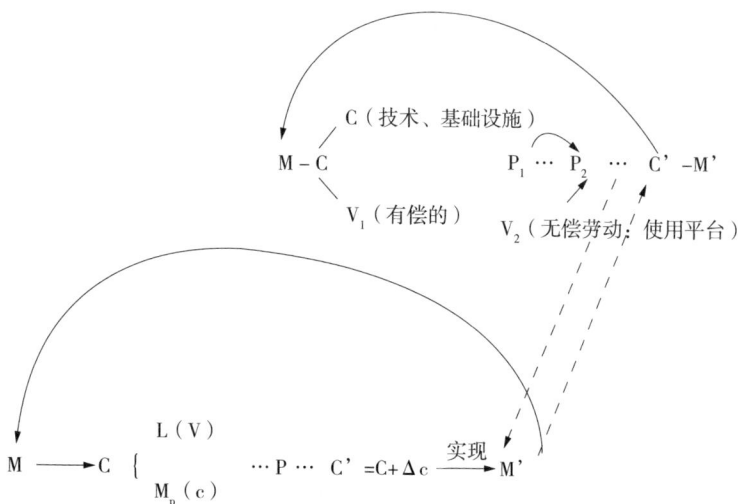

图4.3 社交媒体资本积累和广告客户资本积累的辩证法

不仅局限于你的客厅和你的雇佣劳动场所——工厂也在所有的介于两者之间的空间，当今的整个星球是一座资本家的工厂。

当今资本主义的全球化已经推翻了遍布世界各地的雇佣劳动的围墙：因为资本不能只存在于没有非雇佣劳动的地方，还剥削所有人创造的公地，于是社会就成了一座工厂。为了反映这种发展的情况，马里奥·特隆蒂（Mario Tronti）提出了社会工厂概念。"在资本主义发展的最高水平，社会关系成为生产关系的时刻，整个社会变成变成了生产关系的交汇点。总之，所有的社会生活变成了工厂的功能，而工厂延伸它的专属管辖于整个社会"（Mario Tronti，Cleaver 转引和翻译，1992，137）。"现在，我们拥有一座工厂星球——或者星球工厂，这种社会制度不只是包括生产、消费和社会再生产领域（就像福特制主义那样），还包括生命的遗传和生态层面"（Dyer—Witheford，2010，485）。

社会工人和社会工场允许人们超越雇用核心的价值、劳动和剥削概念。事实上，尤其是妇女、移民工人、非法工人、不稳定工人、家务工人、家庭工人以及发展中国家的工人阶级长期面临着以无工资、低工资以及极低工资为特征的生产方式中的生存斗争。特别是新自由主义产生了不稳定的工作模式，以至于家庭主妇式工作的不安全、工资较低、临时、不稳定和个体化，并缺乏社会安全、工会、获得卫生保健和其他福利都成为许多工作的常态。工作在全球社会工场中的社会工人剥削概念让我们把马克思主义政治经济学概念和女权主义联系在一起，并研究种族和后殖民主义。在知识工作的组织中存在着一个全球分工，这种分工是阶级结构、性别和种族主义的。在资本主义生产方式中，阶级、性别和种族存在着内在联系。史麦兹、马克思主义的女权主义以及自治主义的马克思主义强调剥削发生在超出传统雇佣劳动工厂的限制，开启了这些研究方法之间的联系。

文森特·莫斯可和凯瑟琳·麦克切尔（Catherine McKercher，2008，62）强调，在将人们的注意力贩卖给广告商的过程中，通过描述家庭受众劳动的程度，史麦兹奠定了一个自愿的、低工资和无酬劳动研究的基础。资本主义、父权制和种族主义的联系在近年越来越明显，需要更多地分析，而且可能是在当今资本主义社会中发现的不同受剥削群体之间团结的基础。哈里·克利弗（2000，123）认为，资本主义"试图把所有休闲的、或自由时间的活动改变成为他们自身的利益。因此，与其把无报酬的'非劳动时间'自动地视为自由时间或完全与资本对立的时间，我们还不得不承认资本试图融合这一时间于它的积累过程中……换句话说，资本通过创造社会工场试图将'个体消费'转化为'生产性消费'"。全球生产方式改变了资本主义的媒介和文化，在其中有：家务工人、消费者购买商品、活跃的再生产劳动力、媒介受众工作；互联网用户生产数据商品；贫穷国家的奴隶制工人采掘用于生产硬件的矿物质；低收入的儿童、妇女和其他工人；处于极端恶劣和危险的工作条件下的中国和其他制造公司的装配计算机、电话和打印机的儿童、妇女和工人；高薪和过度工作的企业诸如谷歌和微软的软件工程师；在发展中国家创作、转换或编辑文化内容以及为公司（西方媒介和传播企业的分包公司）编辑软件的收入较低的知识工人；专注传播服务的呼叫中心以及其他服务机构的女性低工资劳动力，等等。在劳动的国际分工中传播工人之间的矛盾关系提出了一个问题："世界上的知识劳动者们将会团结起来吗？"（Mosco and McKercher，2008，13）。

"城市"是当今斗争的关键地点之一（David Harvey Hardt and Negri，2009）。"都市是一种公众的生产工厂……，随着向生态政治生产霸权的迈进，经济生产空间和城市空间趋于重叠。不再有一个工厂的围墙把彼此分开，'外部因素'不再是生产地点的外部因素，而这些因素又使它们得到了价值。工人们的生产遍及整个大都市，无孔不入。事实上，除了城市自身的生活，公众的生产变得什么也没有了"（Hardt and Negri，2009，250—251）。商业社交媒体表明，互联网同时是一个游乐场和工厂（Scholz，2011），它们把"网络公众锁在一个'围墙花园'里，在那里他们可以被征用，他们的联系就是工作，在那里他们的迷恋和愿望被货币化"（同上，246）。互联网用户商品化是每件东西商品化趋势的一个组成部分，而这导致了工厂和剥削的全球化。"商品化假定财产权的存在遍及过程、事物和社会关系，它们都穿上了价格的衣服，它们在法律合同的保护下可以进行贸易……当然，在实践上，每个社会都会设置一些商品化始末的界限"（Harvey，2007，165）。新自由主义资本主义在很大程度上拓宽了被视为商品东西的界限。"性、文化、历史、遗产的商品化，自然景观或天然疗养场所，这些从未被作为商品生产出来的东西都被贴上了价格的标签"（同上，166）。

把工作外包给消费者是当今资本主义的一种普遍趋势，"脸书"（facebook）要求用户把其网站翻译成其他语言而不给用户付费。哈维尔·奥利文（Javier Olivan），"脸书"（facebook）的国际部经理对此评论道，运用群众的智慧是一件很酷的事情④。百事可乐发起了一个竞赛：最好的百事可乐罐设计将会赢得 10000 美元。Idea bounty 是一个为企业组织众包项目的众包平台，例如，红牛、宝马和联合利华。在这些项目中，绝大多数的雇佣是无酬的。即使单个个体获得象征性的奖金，用户和消费者被雇佣的大部分工作时间完全是无酬的，这使得企业外包有酬劳动时间给无酬工作的消费者或粉丝。

价值是一个复杂的概念。约兰·博林（Göran Bolin，2011）定义了经济价值、精神价值、新闻价值、公共价值、文化价值、审美价值、社会价值、教育价值、政治价值和符号价值作为对这一术语的具体解释。马克思赞成亚当·斯密和大卫·李嘉图的客观价值概念。商品的价值是"形成价值的实体"即劳动的量，劳动包含在内，代表了生产商品的"社会必要劳动量"（Marx，1867c，129；译者注：《资本论》第 1 卷，人民出版社 2004 年版，第 51—52 页）。马克思认为，资本主义的商品具有双重特征，它们具有使用价值（它们用于实现某种目的）和价值，存在着具体劳动和抽象劳动。具体劳动生产商品的使用价值（满足人类需要的有用商品质的特征），抽象劳动产生商品的价值（商品的量的方面，可以和其他商品相交换，以 X 量的商品 A=Y 量的商品 B 的关系进行交换）。主观经济价值概念，例如法国古典政治学家诸吉恩—巴普蒂斯·萨伊（Jean-Baptiste Say）和弗雷德里克·巴斯夏（Frederic Bastiat）或者新古典主义奥地利学派的代表们认为，商品的价值由人类的认知评价和道德判断所决定的，他们唯心主义地解释了价值概念。他们认为，商品的价值是通过人类的主观判断而赋予它们的。

价值概念的问题之一是它的主、客观含义往往被混淆。因为资本主义的精神价值（moral value）是经济价值，人们需要一个精准的价值观。将"价值"一词的含义集中在经济价值并不一定意味着主张资本主义和商品化，它只反映了资本主义经济在现代社会中的重要作用，强调了商品逻辑试图殖民非商品化领域的倾向。对社会主义者来说，一个重要的政治目标是一个不受经济价值支配的世界，但要实现这一目标，不一定需要对价值概念进行非经济定义。

马克思对于价值和价格概念做了一个区分。当我们讨论一个商品的价值时，我们谈的是其生产所需的平均小时数，而价格是以货币的数量来表示的。"商品在金上的价值表现——x 量商品 A=y 量商品货币——是商品的货币形式或它的价格"（Marx，1867c，189；译者注：《资本论》第 1 卷，人民出版社 2004 年版，第 115 页）。马克思提出，商品的价值和价格是不一致的："一个商品的生产价格和它的价值绝不是一回事。……我们已经指出，一个商品的生产价格可以高于它的价值，或低于它的价值，只有在例外的情况下才和它的价值相一致"（Marx，1894，892；译者注：《资本论》第3卷，人民出版社2004年版，第858页）在《资本论》第3卷第九章中，他还专门讨论了价值如何转化为价格的问题（同上，254—272；译者注：同上，第173—192页）

信息是一种特殊的商品：

（1）它不会被消耗殆尽。

（2）它们可以被每个个体无限地分享和复制，而不会丧失本身。几个人可以同时拥有它。

（3）它没有物理损耗，其磨损和划伤如马克思所言的"无形损耗"（1867c，528；译者注：《资本论》第1卷，人民出版社2004年版，第465页）。这是由于竞争和公司推动建立新版本的信息商品而引致的。例如iPod或iPad的最新版本、或艺术家为积累更多资本而创作的一首新歌，以及广告和品牌假定的象征性差异的产生，从而使较旧的信息商品出现在消费者面前就"过时"了。

（4）它可以轻易且便宜地被复制，还可以快速传播。

（5）它是一个反映了社会互动历史和知识历史的社会商品。

（6）生产初始形式信息的价值相对较高（包括许多小时的开发成本），而从第二份副本开始，价值相对较低（工作时间主要是复制和分发商品的时间）。

（7）然而信息通常以高于其价值（由其生产所需的小时数来衡量）的价格出售，价值和价格间的差异是信息产业盈利的核心。

高价出售的艺术品利用了价值—价格差异和买家对艺术家优势的信念坚定。同样，品牌也可以构成一个价值—价格差异，它是一种意识形态机制，希望让消费者相信一种商品的象征价值高于其经济价值。消费者对某种商品优势的思想上的信念使公司能够获得超额利润，其利润高于生产同类使用价值的利润。相关现象是指金融资产，即以与根本的商品生产的收益不符合的价格出售的金融资产。马克思（1894）在这方面谈到了虚拟资本，大卫·哈维（2005）谈到了过度积累的时间契合，这导致了"资本价值重新进入未来流通"（同上，109）。所以，利润和资产价格之间的差异会导致金融泡沫；就像商品的价值和价格之间可能存在差异一样，一种金融资产的收益和金融市场价值也可能存在差异。

博林（2011）认为，在广播电台工作的不是受众而是统计学家们。广告商想买的不是受众本身，而是统计人员相对随意地衡量收视率所产生的某一特定受众的信念。受众没有工作，而是统计员和市场主管们在工作（同上，84）。从马克思主义者的视觉来看（也是史麦兹使用的视角），受众的劳动时间是他们消费商业媒体的时间。劳动价值的确切数量永远无法确定，因此马克思说："单个商品是当作该种商品的平均样品"（Marx，1867c，129—130；译者注：《资本论》第1卷，人民出版社2004年版，第52页）。受众创造了商业媒体商品的价值，而受众统计数据则是根据一定规模的样本近似于平均受众数量来决定受众商品的价格。统计工作者在确定价格和将媒体的劳动价值转化为价格方面至关重要。

在企业社交媒体上，用户创建内容并浏览内容，通过传播、更新他们的个人资料与其他人建立并维持联系。他们花费在这些平台上的所有时间都是劳动时间。广告商在"脸书"（facebook）或谷歌上购买的互联网产消者商品是基于特定的人口统计学数据（年龄、地域、教育、性别、工作场所等的）和兴趣的（例如，在谷歌输入某些关键词或者在"脸书"（facebook）上识别了某些兴趣）。所以，一个特定的群体可以被确定为目标群，群成员在特定社交媒体平台上耗费所有时间构成一个特定的互联网产消者商品的价值（工作时间）。此工作时间包含社会关系管理和产生声誉的文化活动。所以，人们需要反映媒体经济价值的生产是如何与布尔迪厄（Bourdieu）所说的社会、文化和符号资本相联系的。用户使用社交媒体因为他们在某种程度上争取获得布尔迪厄所说的社交资本（社会关系的积累）、文化资本（资格、教育、知识的积累）以及符号资本（声誉的积累）。为了生产社交、文化和符号资本，用户耗费在商业社交媒体平台上的时间是产–消者商品化过程转化成为经济资本的过程。商业社交媒体的劳动时间是转化布尔迪厄式的社交、文化以及符号资本为马克思主义的价值和经济资本。

马克思（1894年）强调了商品价值与价格的区别。一种商品的生产价格可能高于或低于其价值，在某些情况下与其价值相吻合。价值水平用工作小时衡量生产商品所需的劳动，价格水平衡量用一个商品售出的货币量。行业收视率把受众商品的价值转换成了价格。广告与特定的节目联系在一起，因为人们期望特定类型的观众观看特定的节目（或阅读报纸的某些部分）。被广告打断的特定节目的价值是所有观众观看节目（包括广告）耗费的时间总和，要精确地测量这个值是不可能的。相反，正如马克思（1894年）所知，只有近似的商品平均值才有可能。因为某个节目流行，更多的观众去观看，它的价值就会增加，这样受众的价格就更高，因为会有更多的广告被观看。然而，受众商品价值与价格之间不是必然联系的。如果一百万城市青年观看一个节目预期购买大量商品，和两百万农村老年人去看相同时间的另一节目相比，后者的受众商品价值会更高。然而，由于预期城市青年比农村老年人更多以消费为导向，那么前者的受众商品价格（取决于为了获取特定范围内的特定受众，广告商需要去支付特定节目时段和穿插广告的金额）可能更高。

一旦在线劳动在"脸书"（facebook）上创造了价值，由此产生的数据商品就会通过按点击付费（CPC）或按每1000印象付费（CPM）的支付方法提供给广告客户。在这一点上，我们离开了价值水平和商品生产领域，进入了价格水平和商品销售领域。社交媒体的产 – 消者价格是如何决定的？价值又是如何转换为货币利润的？广告客户感兴趣的是接触特定的群体，这些群体以符合他们兴趣的个性化广告为目标。向广告商出售对该群体的访问权以及有关其兴趣的数据（关于谁是共有特定兴趣的特定消费者群体成员的信息）。在谷歌和"脸书"（facebook）上，广告商为一次广告活动设定了最高预算，并为点击一次广告或1000印象（1印象＝在个人资料上展示广告）设定了最高预算。一个点击或1000印象的准确价格是在自动竞价过程中确定的，在这个过程中，所有对特定群体感兴趣的广告客户（所有针对该特定群体的广告）都会竞争。在这两种模型中，每个用户都是作为商品或被商品化而呈现出来的，但只有特定的用户组作为商品出售。在按点击付费模式中，当用户点击广告时，价值就转化为货币（利润就实现了）；在印象付费模式中，当广告出现在用户的个人资料上时，价值就转化成了货币（利润就实现了）。价格是由一种算法确定的，并以投标为基础。特定群组用户的在线耗费时间的数量决定了社交媒体产消者商品的价值，其商品价格是由算法决定的。

　　"脸书"（facebook）、谷歌和类似的企业社交媒体用户在网上花费的所有小时数都构成了工作时间，产生了数据商品，也构成了潜在的实现利润的时间。一个具有生产性的用户（即产生了数据商品）的最大化时间是100%的在线耗费时间。同一用户通过点击广告或观看广告来实现利润的最长时间是他或她耗费在特定平台上的时间。在实践中，用户只点击呈现广告的一小部分，所以，在点击付费积累模式中，工作时间往往要远远大于利润实现时间。在线劳动创造了大量可供销售的商品，但只有一定份额的劳动被出售并产生利润。可这一份额依然很大，以至于像谷歌和"脸书"

（facebook）这样的公司能够创造可观的利润。在线劳动时间同时是潜在利润的实现时间。为了积累资本，资本试图增加利润实现时间，即创造更多的生产性劳动时间的份额也就是利润实现时间。

依据"脸书"（facebook）的情况，投标中的广告价格是由一个特定的广告空间或目标受众的竞争的数量以及广告质量和广告表现所决定的。在谷歌的广告语中，广告的价格取决于一个人设定或能负担得起的最高出价和广告质量。广告质量是基于对广告文本的相关性和好的针对性的评估（谷歌视频："广告语：控制您的成本"）：广告的针对性越强，按点击付费的成本就越低。谷歌的广告质量评分是基于过去点击目标关键词的次数、显示 URL 的过去点击次数、广告文本的"目标性"和广告的过去点击次数（谷歌广告语助手：质量得分）。像"脸书"（facebook）一样，谷歌提出了按点击付费（CPC）和按每 1000 印象付费（CPM）支付模式。谷歌和"脸书"（facebook）的定价算法究竟是如何运作的不得而知，因为他们不是开源的。

据统计，谷歌上最昂贵的关键词是：保险、贷款、抵押贷款、律师和信贷 ⑤。"脸书"（facebook）上最受关注的广告是来自零售部门（占所有广告的 23%）、食品和饮料行业（19%）、金融业（14%）、娱乐业（11%）和游戏业（11%）。

康姆斯克（Comscore，2012）对"脸书"（facebook）广告进行了研究，他认为：

（1）用户在"脸书"（facebook）上花费 40% 时间看新闻；因此广告的曝光时间要比品牌页面上的多。

（2）根据"双击"（DoubleClick）公司显示，点击率平均为 0.1%。

（3）许多公司今天错误地把品牌页面粉丝数量视为在线广告的主要成功指标。

（4）接触"脸书"（facebook）广告的人比不接触"脸书"（facebook）广告的人更有可能在网上或商店购买产品，购买率随着广告宣传时间的长度而增加。因此研究表明，在已知的点击率低于许多竞技运动的平均水平的媒介中，浏览广告的效果非常重要。（同上，3）。

时间维度在决定广告价格方面起着至关重要的作用：人们点击广告的次数、广告或目标 URL 已经被查看的次数、输入关键字的次数以及特定用户组在平台上花费的时间。此外，所使用的投标最大值以及竞争广告空间的广告客户数量也会影响广告价格。在按次付费的方法中（payperview method），"脸书"（facebook）和谷歌的广告目标是在"脸书"（facebook）上花费大量时间的目标群体。目标群体的规模越大，"脸书"（facebook）和谷歌的收益也就越大。在按点击付费的方法中，只有用户点击广告，"脸书"（facebook）和谷歌才能赚钱。据研究，平均点击率为 0.1%（Comcore，2012）。这就意味着，如果向更多用户展示广告，"脸书"（facebook）和谷歌往往会获得更多的利润。

一般而论，人们可以说对广告的总关注度越高，谷歌和"脸书"（facebook）的利润就越高。注意力时间取决于目标群体的大小和该群体花费在平台上的平均时间。企业社交媒体上的在线时间既是劳动时间，也是注意力时间（attention time）；所有的活动都被监控，并产生数据商品，因此用户在他们的在线时间内生产了在线商品。在按次付费模式下，特定目标群体的特定在线时间也是为"脸书"（facebook）和谷歌实现利润的关注时间（attention time）；在按点击付费模式下，实现利润的关注时间只是用户用来点击呈现给他们的广告的在线时间的一部分。在这两种情况下，在线时间对于（A）生产数据商品和（B）实现源自数据商品销售的利润至关重要。对在线时间的监控（在生产领域）和对广告的关注时间（在流通领域）都在企业社交媒体的资本积累模式中发挥着重要作用。

根据谷歌趋势，迈克尔·杰克逊是 2012 年 6 月 27 日谷歌最热门的搜索关键词之一。每天用最大的按点击付费 10 和 1000 个预算创建了一个活动，使用谷歌广告词流量估计器（2012 年 6 月 27 日）显示，如果一个目标谷歌用户搜索"迈克尔·杰克逊"，人们能够期望吸引 2，867—3，504 的浏览和 112—137 的点击。作为比较，我使用了同样的设置关键字"电力猫"（美国独立摇滚歌手，远不如迈克尔·杰克逊在谷歌受欢迎和吃香）。在一场针对谷歌"电力猫"用户的广告活动中，人们可以预计将吸引 108—132 次浏览和 3.9—4.7 点击量，每天的总成本为 30.96—37.84。谷歌利用与关键词"迈克尔·杰克逊"相关的数据商品赚取的利润要比利用关键词"电力猫"赚取的利润多得多，因为第一个关键词是一个更受欢迎的关键词。这一关键词的流行意味着跟其他的关键词相比，用户每天要花更多的时间集体使用输入关键字和阅读与其他关键词比较的结果页面。以上例子充分表明跟不太流行的兴趣相比，流行的兴趣产生和导致消费用户花费更多的时间在互联网上，与那些不大受欢迎的关键词相比，往往为谷歌生产更高的利润。

马克思把价值规律表述为，"生产一种物品的必要劳动时间越多，该商品的价值就越大"（Marx，1867c，131：译者注：《资本论》第 1 卷，人民出版社 2004 年版，第 53 页）。价值规律也适用于商业社交媒体案例：用户在商业社交媒体上花费的时间越长，获得的关于她或他的兴趣和活动的数据就越多，向她或他展示的广告也越多。在线用户花费大量的时间在线创造更多数据和更多价值（工作时间）极有可能转化为利润。在谷歌上频繁搜索到的关键词，其广告的价格也很高，这也说明了价值规律适用于商业社交媒体。很多用户把工作时间花在搜索这些关键词上，也就是说，特定关键词的潜在价值（工作时间）很高，这使得相应的用户商品更加珍贵（可能是一个大群体），因此，其价格可以定得很高。

如果没有劳动，生产和积累将会中断，劳动产生剩余价值是一种新质态的资本主义，它是资本主义生产过程的重要组成部分。我们还可以看到从事生产剩余劳动的产消者，想象一下，如果产消者停止使用谷歌或"脸书"(facebook)会发生什么？用户数量将会下降，广告商将会停止投资。因为他们的广告信息没有了目标，因此也就找不到他们产品的潜在消费者了，新媒体企业的利润将会下降，他们将会破产。如果大规模地开展这种活动，就会出现新的经济危机。这一思想实验表明，在新媒体经济中，用户是创造利润的必要条件。此外，他们生产和共同生产了产品的组成部分。因此，一部分使用价值、价值、剩余价值对象化于这些产品之中。

并非所有社交媒体的产消者的工作都被商品化了（就如同并非所有的受众工作都被商品化一样）。将内容、关注或评论贡献给非商业非营利项目（如维基百科；另类在线新闻媒体，如 Indymedia、Alternet、"今日民主！"、开放民主、维基解密；或非政府组织使用社交媒体）的工作，在某种意义上有助于创造使用价值（另类新闻、批判性话语等），但这是一项非商品化的工作，它不能被剥削，没有交换价值因而也不产生利润。非商业、非利润在线项目是为了一个不被商品及交换的逻辑所统治的社会和互联网而斗争的表现。尽管它们常常是不稳定的，但另类的存在表明：社交媒体和媒体通常在资本主义社会形成，通过（a）阶级结构（b）意识形态的"融合与合法化"以及（c）分歧和矛盾得以形成，而这些允许批判主义流行和不同政见运动的裂缝存在（Golding and Murdock，1978，353）。

企业社交媒体与金融资本有着内在的联系。2011 年谷歌利润为 97 亿美元（证券交易委员会提交的表格 10—K 2011），而其金融市场估价（股票市场资本化）在 2012 年 6 月 26 日为 1820 亿美元[6]。2011 年"脸书"(facebook)的利润是 10 亿美元，2012 年 6 月 26 日，它的股票市场资本化为 700 亿美元[7]。这表明在股票市场获取的金融市值和在互联网产消者商品化中获取的利润是不一致的。"脸书"（facebook）和谷歌企业的股票市场被高估，它们的利润与其高市场价值不相符。这种背离现象不在马克思主义的理论逻辑之外，而是相当于马克思在《资本论》第 3 卷中描述的虚拟资本的分析。

对于马克思来说，金融资本是以这个公式（M—M'）为基础的。"在这里，我们看到的是 M—M'，是生产更多货币的货币，是没有在两极间起中介作用的过程而自行增殖的价值。"（同上 515，也见 471：译者注：《资本论》第 3 卷，人民出版社 2004 年版，第 440 页）。消费者信贷、抵押贷款、股票、债券和衍生产品都是基于这种金融积累形式的。金融资本自身并不产生利润，它只是一种对未来支付的授权，并源自利润或工资（例如，后者在消费者信贷的情况下）。因此，马克思把金融资本定义为虚拟资本（同上，596）。"股票不过是对这个资本所实现的剩余价值的一个相应部分的所有权证书。A 可以把这个证书卖给 B，B 可以把这个证书卖给 C。这样的交易并不会改变事物的性质。这时，A 或 B 把他的证书转化为资本，而 C 把他的资本转化为一张对股份资本预期可得的剩余价值的单纯所有权证书。"（同上，597—598：译者注：同上，第 529 页）。对股票和金融衍生产品的金融投资被转化为可运营的资本，但它们本身并不是资本，它们只是未来将产生的一部分剩余价值的所有权："所有这些证券实际上都只是代表已积累的对于未来生产的索取权或权利证书"（同上，599；译者注：同上，第 531 页）。因此，股票价值是投机性的，与公司的实际利润无关，而只是与决定股票投资者买卖决定的未来利润的预期有关："这种证券的市场价值部分地有投机的性质，因为它不是由现实的收入决定的，而是由预期得到的、预先计算的收入决定的"（同上，598，也见 608，641；译者注：同上，第 530 页）。其结果是一个类似赌博的高风险投机系统（同上，609），并且容易发生危机（同上，621）。"货币危机——与现实危机相独立的货币危机，或做为现实危机尖锐化表现的货币危机——就是不可避免的"（同上，649；译者注：同上，第585页）。

金融化是像谷歌、"脸书"（facebook）这样的企业社交媒体平台的一个重要的方面。金融化被马克思描述为资本主义的一个重要元素的机制。用户劳动是这些平台的利润来源。金融资本投资于谷歌、"脸书"（facebook）这样的平台，因为它预期未来会获得高额利润。2000年的新经济危机表明，正如马克思所述，股票市场价值与实际利润之间的差异可能会导致金融泡沫的破灭，进而导致经济危机。危机可能有多种来源，例如：销售不足=生产过剩、消费不足；增加投资并对利润产生负面影响的阶级斗争（利润挤压）；过度积累；引发大规模抛售股票的危机事件和令人失望的投资状况；这些危机来源的组合，等等。像谷歌、"脸书"（facebook）这样企业的股票市值是基于对这些公司未来能够充分剥削用户和员工的劳动并将其转化为利润的预期。实际利润率影响但不决定股票市场投资者的买卖决策，后者由多个因素和预期所决定的，尤其是关于潜在未来的预期，这就是为什么马克思谈虚拟资本的原因。

资本具有实现利润最大化的内在利益，为此，它将采取一切必要的手段。因为，如果由于高投资成本、激烈竞争、缺乏生产力和其他原因，单个资本家无法积累资本，那么他或她就有可能破产。雇佣关系，如同我们早前讨论的，是阶级斗争的一个关键因素。为了最大化利润，资本试图尽可能多地降低工资总额。如果可能的话，资本因此会给劳动力低于其价值的酬劳，也就是低于工人生存所需要的社会必要成本。价值转化为劳动力的价格以及两者之间的差异，就像克利弗（Cleaver，2000）和比岱（Bidet，2009）所强调的，是阶级斗争的结果。劳工法和有组织的劳工运动可以为高于劳动力价值的工资而斗争。然而，如果劳动力薄弱（例如，由于法西斯镇压），资本可能会利用任何机会尽可能减少工资，以增加利润。新自由主义是一种政府治理形式，通过削减国家福利、保健和教育支出以减少工资总额，并将这种服务私有化，创造暂时、不安全和低报酬的不稳定的雇佣关系，削弱劳工组织的权力，从而增加利润；相对地或绝对地减少或不增加工资；将劳动力外包给低收入或无报酬的生产形式；强迫失业者无偿工作或以极低的工资工作，等等。这是一种政治形式，旨在帮助资本尽可能降低劳动力价格，如果可能的话，甚至降低到低于人类生存所需的最低价值。创造多种形式的不稳定、无报酬的工作形式是资本为降低劳动力成本而进行的阶级斗争的一种表现。其结果是劳动力的价值和价格脱节。数字劳动应该处于资本为降低劳动力价格以及工人阶级潜在的反抗的实际斗争的背景下。劳动力价值和价格之间的脱节伴随着商品价值和价格的脱节：经济的金融化建立了股票和衍生产品在股票市场上的虚拟价格，这些股票和衍生产品的价格是基于对未来高额利润和红利的期望，但这些与实际的劳动价值和商品价格脱节。当代资本主义是一个脱节的经济，在这个经济中，价值、利润和价格往往是不相关联，因此危机的倾向性很高。

在我们分析了企业社交媒体的商品和资本方面之后，下一部分我们将讨论"玩"和劳动关系的变化，以及与其相关的数字劳动辩论。

第五节　意识形态、"玩"和数字劳动

从与当代数字媒体的关系来看，意识形态呈现出两种截然不同的形式：

（1）社交媒体的表现形式为参与式文化和新民主形式。

（2）隐藏在"玩"背后的剥削。

意识形态主张并不是特定于某个术语"Web 2.0";相反，早在20世纪90年代关于互联网的主张构成了"加利福尼亚意识形态"（Barbrook and Cameron，2001），这种意识形态强调个人主义、个人责任、竞争、私有财产和消费主义而缺乏不平等与剥削的意识，其符合新自由主义的基本理念（Fisher，2010）。纽鲍尔（Neubauer，2011）强调了信息新自由主义这一特定意识形态的存在，它是一种将信息技术的力量和新自由主义价值观结合在一起的信念。

世纪之交，互联网公司陷入严重金融化的危机。"网络"危机摧毁了人们对"互联网时代"将带来繁荣和不受阻碍的经济增长的新时代的希望。在危机之后的若干年，"脸书"（facebook）（2004）、Flickr（2004）、LinkedIn（2003）、Sina Weibo（2009）、Tumblr（2007）、"推特"（twitter）（2006）、VK（VKontakte，2006）、Wordpress（2003）以及YouTube（2005，2006年被谷歌收购）等公司成立。它们代表了资本家们找到了基于定向广告的新的资本积累模式的美好希望。

这些平台的崛起，伴随着一种意识形态的出现，这种意识形态是对这些全新的服务以及经济民主和参与式文化崛起的庆祝。亨利·詹金斯（Henry Jenkins，2008，275）认为，"网络已经成为消费者参与"的场所，并且支持参与式文化的崛起。阿克塞尔·布鲁斯（Axel Bruns）认为，Flickr、YouTube、MySpace和"脸书"（facebook）是"公众参与"的环境（Bruns，2008，2008 — 227）且引出了"实用生产"的民主模式（372）。约翰·哈特利（2012）描述了"沟通对话模式"的出现（2），在此模式中"每个人都是生产者"（3）。他的基本观点是，随着支持社交网络的在线平台的兴起和用户生成内容的生产及传播，新闻、公共领域、大学、大众媒体、公民身份、档案馆和其他机构变得更加民主，因为"人们在生产以及消费方面有更多的发言权"（同上，14）。克莱·舍基（Clay

Shirky，2008、297）表示，"web 2.0"意味着"民主化的生产"。泰普斯科特（Tapscott）和威廉姆斯（Williams）看到新经济的崛起，他们称之为"维基经济学"，它带来了"新型的经济民主"（Tapscott 和 Williams，2006，267）。

尤其是管理大师和文化理论家们宣称，用户生成的内容平台推动了参与性经济和文化的发展，他们推动了将"Web 2.0"作为风险资本家需要投资的"下一件大事"。事实证明，炒作更多的是资本积累，而不是民主。对于术语，如"社交媒体"和"Web2.0"的讨论始于蒂姆·奥莱利（Tim O'reilly，2005）2005 年提出的"Web 2.0"一词。尽管蒂姆·奥莱利肯定了"Web 2.0"的实际变化，并且他说，至关重要的因素是，用户作为一个集体智慧共同创造平台的价值，就像谷歌、亚马逊、维基百科或"连接用户社区"里的克雷格列表（craigslist）（O'Reilly and Battelle，2009，1）。他承认，这一术语的主要目的是为了在"DOT—COM"危机之后确定互联网公司新的经济战略的需要而创建的。在这种危机中，金融泡沫的破灭导致许多互联网公司的崩溃。因此，他在"Web 2.0"一词创立五年后发表的一篇论文中说，这一范畴是"关于互联网泡沫破灭后网络第二次来临的声明"，旨在"恢复网络泡沫破灭后已经失去的对互联网行业的信心"（同上）。这意味着，创造"Web 2.0"概念的人承认，这是一种旨在吸引投资者的意识形态。

"Web 2.0"狂热爱好者肤浅地使用"参与"这一概念，忘记了它的主要使用来源于参与式民主理论。根据该理论，"参与"代表的其实是对所有权的控制、对决策和集体定义价值的控制（Fuchs，2011a，charpter 7）。统计数据如"Web 2.0"公司的所有权结构、YouTube 上访问量最大的视频、最受欢迎的"脸书"（facebook）群组、谷歌和"推特"（twitter）上最受欢迎的话题以及拥有最多关注者的"推特"（twitter）用户表明，企业"Web

2.0"并不是一个平等参与者的民主空间，而是一个大公司、名人和娱乐占据主导地位的空间。和普通用户相比，他们获得了更多的追随者、读者、观众、听众、喜爱，等等（同上）。如果一个关于现实的主张与现实脱节，那么人们通常把这种主张称为意识形态。"Web 2.0"和"社交媒体"被认为是参与式文化和参与型经济，是服务于统治阶级利益的意识形态范畴。他们忽视了塑造互联网的权力结构。

有学者声称"社交媒体"的力量不仅是为了吸引商业投资，而且在日常用户的生活和思想上也具有霸主的一面。乔迪·迪安（Jodi Dean，2005）在互联网拜物教的前提下说道，假定互联网本身是政治性的，而"Web 2.0"本身就是一种政治形式，这是一种意识形态。"忙碌的人可以认为自己是积极的——技术将为他们服务，减轻他们的负罪感，同时向他们保证什么都不会改变太多。……通过发一封电子邮件，在请愿书上签名，对博客上的一篇文章做出回应，人们都能感受到政治的气息。这种感觉助长了传播资本主义（communicative capitalism）。因为它留下了政治上耗时、渐进和冒险的努力。……这是拒绝采取立场，不冒险进入政治化的危险领域"。

但意识形态的形式不仅仅是对"社交媒体"民主含义的过度宣称，而且还体现在媒体自身生产过程之中。在这一过程中，剥削作为一种社会关系往往隐藏在"玩"（play）的结构之中。社交媒体企业资本积累战略的劳动力方面是数字"玩"工（digital playlabour）。库奇利（Kucklich，2005）第一次引入"玩劳动"这一术语。对"玩劳动"的剥削是基于工作时间与娱乐时间区分的丧失。在福特制的资本主义生产方式模式中，工作时间是痛苦的时间和压抑的时间，而闲暇时间是爱神的时间（Marcuse，1955）。在当代资本主义，娱乐和劳动、爱神和死神、快乐原则和死亡驱动原则部分地聚集在一起：工人期望在工作时间要觉得有意思，而娱乐时

间变为生产性的，类似工作。娱乐时间和工作时间是相交的，人类存在的
所有时间都是为了资本积累而被剥削。

　　资本主义以一种破坏性的辩证法把劳动和"玩"联系在一起。传统意
义上，以享受、性和娱乐的形式进行的"玩"（play）在资本主义社会中
只是业余时间的一部分，这是相当没有生产力的（从生产商品出售的意义
上来说），并且与劳动时间分开。弗洛伊德（1961）认为，驱动结构的特
点是爱神之神（对生命、性、欲望的驱动）和萨纳托斯（对死亡、毁灭、
侵略的驱动）的辩证法。依据弗洛伊德的观点，人们为爱神的永久实现而
奋斗（快乐原则）；而文化只能通过对爱神的暂时否定、悬挂以及色情能
量转换成为文化、劳动的情况下才具有可能。劳动将会是一个去性化的生
产性形式——对性欲的压抑。弗洛伊德在这种背景下讲到了现实的原则或
升华。现实原则是对快乐原则的扬弃。人类文化扬弃了人类天性，而成为
人类的第二性。

　　马尔库塞（1955）把弗洛伊德的驱动力理论与马克思的资本主义理论
联系起来。他认为，异化劳动、统治和资本积累已将现实原则转变为压抑
性现实原则即操作原则（performance principle）：异化劳动构成了对爱神
的过度压抑，对快乐原则的压抑在量上超过了文化必要的压抑。马尔库塞
把马克思关于必要劳动和剩余劳动或价值的概念与弗洛伊德人的驱动结构
联系起来，认为在驱动力水平上的必要劳动相当于必要压抑以及剩余劳动
的剩余压抑。这意味着，为了生存，社会需要一定数量的必要劳动（以工
作时数衡量），因此也需要对快乐原则进行一定程度的压抑（也以小时为
单位）。对剩余价值的剥削（免费而生成利润的劳动）不仅在一定程度上
迫使工人无酬工作，而且还造成了必须进一步压制快乐原则的情况。

　　"现实原则的背后是稀缺这一基本事实（Lebensnot），这就是说在一
个过于贫穷的世界，人们欲望的满足总是不断地被干扰、终止或延迟，人

们需要为了生存而奋斗。换句话说，任何可能的满足都必须通过工作实现，或多或少的令人痛苦的安排和从事获得需求满足的方法。在工作的持续时间中，工作占据整个成熟个体的全部生活，快乐被'中止'，痛苦盛行"（同上，35）。在基于统治原则的社会中，现实原则以操作原则的形式表现出来：统治"由特定群体或个人行使，以维持和加强自己的优越地位"（同上，36页）。操作原则和额外压抑（surplus—repression）原则相联系，这个术语描述了"社会统治所必须的压制"（同上，35）。统治带来的是对不可或缺的人类联系的额外控制（同上，37）。

马尔库塞认为，操作原则是指死神（Thanatos）统治人类和社会，异化释放人类的攻击驱动力（去崇高化）。这种异化驱动力会导致全面暴力和侵略性社会。因为后现代社会的高生产率，可能存在另一种历史的可能性：压抑现实原则的消除，必要的工作时间降到最低和空闲时间的最大化，社会和身体的色情化，爱欲塑造人类和社会，性欲社会关系出现。这样的发展将是一种历史的可能性，但和资本主义及父权制格格不入。

吉尔·德勒兹（Gilles Deleuze，1995）指出，在当代资本主义，规训的力量转化的方式使人类不必经过直接的外部暴力而越来越多地约束自己。他将这种情况称为自控社会。例如，它体现在参与性管理的策略中。这种方法促进了奖励的使用及将享乐融合到劳动中。它主张工作应该是有趣的，工作人员应永久性地发展新思路，实现自己的创意，在工厂内享受自由时间，等等。工作时间和业余时间，劳动和享乐之间的界限变得成为模糊。工作逐渐具有了享乐的特征，而娱乐时间的享乐变得像劳动一般——工作时间和业余时间变得难以区分。与此同时，工作压力加剧，产权关系保持不变（Boltanski and Chiapello，2007）。企业社交媒体对网民的剥削就是这场变革的一个方面。这意味着以享乐、娱乐、快乐为目的的私人使用互联网——爱神的方面已经归入资本，并已成为劳动剥削的一部分。互联网企业通过剥削用户的享乐劳动来积累利润。

吕克·波尔坦斯基（Luc Boltanski）和 埃夫·恰佩罗（Éve Chiapello，2007）认为，参与式管理的兴起意味着资本主义新精神的出现，这种新精神属于 1968 年的政治反抗和随后出现的新左派的反独裁价值观。该运动的主题现在将被用在服务于那些它想要摧毁的力量，其结果就是"构建所谓的'网络'资本主义"（同上，429）。这样，与呼吁平等和克服阶级的社会批判相比，呼吁真实性、创造力、自由和自治的文艺批评（37—38），在当今"间接地为资本主义服务，而且是其承受能力的手段之一"（490）。

同样，有酬创意行业的工作也变得越来越像"玩"（Play）。赫斯蒙德霍（Hesmondhalgh）和贝克（2011）展示了许多创意产业的矛盾心理，这些工作是不稳定的，但却因为乐趣、人脉、声誉和创造力以及它可能涉及的自决权而受到珍视。难点是，劳动变得就像在"玩"一样；剥削和乐趣也因此变得不可分割。在当今，"玩"和劳动在某些情况下是无法区分的：爱神已经完全纳入了压抑的现实原则；"玩"已经被商品化；没有被资本剥削的空间和自由的时间在当今几乎是不存在的，它们是很难创建和为自己辩护的。当今，"玩"是生产性的，是被资本剥削的创造剩余价值的劳动。人类的一切活动，包括所有的玩乐，在当代条件下成为并纳入资本的剥削之下。玩乐、爱神的表达方式，从而被破坏了；人类的自由和能力也被削弱。关于企业社交媒体、"玩"和劳动汇集成为资本积累剥削的"玩"劳动：企业互联网因此代表了时间的总的商品化和被剥削。人类的所有时间趋向于变成受资本剥削而生产剩余价值的时间。表格 4.1 总结了马尔库塞关于"玩"、劳动及快乐的理论在企业社会媒体的应用。一些作者已经批判了数字劳动辩论中一些主要论证，在下节中，我提出并讨论一些批判的观点。

表 4.1 四种社会模式中的快乐：
人类的本质、匮乏社会、经典资本主义、企业社交媒体时代的资本主义

人类欲望的本质	匮乏社会的现实原则	经典资本主义的压抑现实原则	企业社交媒体时代资本主义的压抑现实原则
直接满足快乐	延迟满足；约束快乐	延迟满足 休闲时间：快乐； 工作时间：约束快乐、对快乐的额外压抑	直接在线满足 休闲时间和工作时间的重叠；休闲时间成为工作时间，反之亦然；所有时间都被剥削，在线休闲时间变成了剩余价值的生产，雇佣劳动时间＝额外压抑快乐时间，"玩"劳动时间＝产生剩余价值的快乐时间
快乐（玩）	苦活（工作）	休闲时间：快乐（玩）；工作时间：苦活（工作）	"玩"劳动：享乐和玩也是痛苦和工作；反之亦然
感受性	生产性（效率）	休闲时间：感受 工作时间：效率	休闲时间和工作时间、感受时间和效率时间重叠；人类劳动时间总的商品化
不压抑快乐	压抑快乐	休闲时间：没有对快乐的压抑；工作时间：对快乐的压抑	"玩"劳动时间：剩余价值的生产表现的就像快乐一般，但却服务于压抑逻辑（缺乏对资本的所有权）

来源：依据马尔库塞的一张表格（1955，12）。

第六节　对数字劳动批判的反驳

　　大卫·赫斯蒙德夫（David Hesmondhalgh，2010）争辩说，互联网劳动不受剥削因为社会上有许多文化性工作都是无酬的。"历史上绝大多数文化产品都是无酬的，今天仍然如此。想想世界各地的数百万人，尤其是年轻人，在你读到这篇文章的那天，他们会练习乐器，或者举一个我称之为休闲产业而不是文化产业的例子。想像一下有多少年轻人在练习足球或篮球。现在可以说，所有这一切都代表着劳动（这里的劳动可以定义为在某种强迫之下所付出的努力，意味着能更好的着手于更多其它的休闲活动），这对实现音乐行业和足球产业中的剩余价值是至关重要的。这些行业所吸引的众多人有助于其创建一批工人储备（同上，277）。"赫斯蒙德夫声称："在'脸书'（facebook）上联系朋友和上传照片就代表了某种被剥削的劳动，在我看来，我们应该要求给所有无酬奉献其空闲时间的业余足球教练给予报酬。这种主张并非不可能，但也很难占有优势——并且会伴随着危险，即它可能会变为一种商业化活动以至于我们最终更倾向于离开市场"（278）。

赫斯蒙德夫混淆了两种不同类型的活动：

（1）业余爱好或私人活动，其中劳动力会被再生，但没有商品产出（如踢足球或睡觉）。

（2）业余爱好活动，其中产生的价值直接为资本主义企业所有（如使用商业互联网平台、观看商业节目等）。

赫斯蒙德夫混淆了不同类型的活动——即再创造劳动力但无可售商品产出的再生产活动。另外，再创造劳动力的同时创造了受众或互联网产消合一商品的再生产活动。如果需要为这两种活动中的任何一种或两种活动支付工资（从左翼政治的角度来看，有赞成和反对的论点），则是另一个（政治）问题，但赫斯蒙达格忽略了阶级、商品化和利润在第二类活动中的直接作用。

企业社交媒体受众和劳动被剥削，究其原因有三种被剥削的条件（Wright，1997，10）：

（a）积累的利润剥夺了受众和用户的物质利益（反向的相互依存福利）。

（b）受众和用户被排除在媒体组织的所有权和积累的利润之外（排除）。

（c）资本家占有了创造的利润（占用）。

帕斯奎内利（Pasquenelli，2009，2010）认为，谷歌通过其页面排名算法创造和积累价值。他说，谷歌的利润是一种认知租金。卡拉韦（Caraway，2011，701）赞同这一说法并更广义地认为："史麦兹所描述的经济交易其实就是**租金**。"媒体所有者把媒介租赁给有兴趣获得受众的行业资本家。租金既可以是时间（广播）也可以是空间（印刷）。媒体所有者的工作就是要创造一种有利于形成特定受众的环境。互联网的租金理论以租金的概念代替了阶级、剩余价值和剥削等范畴。

马克思（1867c）表明，技术永远不会创造价值，它只不过是一种创造商品的人类活劳动运用的工具而已。因此，网页排名创造价值是一种技术决定论的假设。马克思认为租金是用土地来交换的，并制定了三位一体的分配公式用来表明商品价值的三个方面（第48章）：利润（包括利息）、租金、工资。利润与资本、土地租金和雇佣劳动的工资相联系。这三种收入与商品、土地和劳动力的销售有关。租金是通过出租土地或房地产来获得的，租金不是剩余价值生产和人类劳动的直接结果，在租赁过程中没有新产品的产生。租金间接源于剩余价值是因为资本家利用剩余价值的一部分来租赁房屋，但这是在第二个过程中产生的，剩余价值在其中用于购买房地产。"首先，我们看到的是没有价值也没有交换地租价值的使用土地"（同上，956；译者注：《资本论》第3卷，人民出版社2004年版，第925页）。"价值是劳动，因此，不可能是土地"（同上，954；同上，第922页）。因此，在商业媒体和互联网中使用租金这一范畴就意味着在企业媒体和互联网上的活动，例如，谷歌的冲浪，以及在YouTube或是"脸书"（facebook）上创建内容，这些活动都没有受到剥削，也不是劳动形式。认知租金范畴对解释媒体和互联网的政治经济批判是无用的，通过剥削知识劳动而创造的互联网产消者商品概念才是更可行的。

亚当·阿维德森（Adam Arvidsson）对数字劳动假说和史麦兹的受众商品方法进行了批判，"因此，只有在劳动具有价格和它已经转化成为以某种方式在市场上买卖的商品的时候，劳动价值论才能成立。显而易见，把劳动价值论运用于生产实践领域是很难的，因为，没有一个给定的价格就很难在雇佣关系外开展"（Arvidsson，2011，265）。如阿维德森（2006）、福克斯（2009a）以及科特和派伯斯（2007）研究表明，"在数字劳动没有价格的情况下就很难区分生产与非生产时间，那么这将难以维持"。马克思主义"剥削"这一概念将被应用于消费者合作生产这一过程中（Arvidsson，2011，266—267）。"但由于自由劳动是免费的，并无价格，因此，不能被视为是价值的来源"（同上）。阿维德森得到的结论是数字劳动不受剥削的原因是因为它没有价格（如，它是无酬的）。

数字劳动并非历史上唯一没有报酬的工作，人们可以想到家务劳动或奴隶劳动。马克思主义的女权主义者认为家务工人是受资本主义父权制剥削的人群，这也是一个"进行原始积累"的据点（Mies，Bennholdt—Thomsen and Werlhof，1988，6）：他们无酬、不自由地为资本主义履行职责。因此，它们是极端剥削的有力据点。马克思主义女权主义的观点是，"生计生产——主要是通过殖民地中的女性无酬劳动和其他诸如奴隶、合同工、农民等的无酬劳动来维持的，以上构成了'资本主义生产力'得以建立和剥削的长久基础"（Mies，1986，48）。

古典奴隶、家务工人以及网络用户的显著区别是，前者受到身体暴力的压制（如果他们停止工作，很可能会被杀害），而家务工人则有时受身体暴力以及爱与情感的胁迫，至于网络用户则在意识形态上受到裹挟（他们被迫使用占主导地位的互联网平台来维持其社会关系及声誉，如果停止使用这一平台，虽然不会殃及生命但很可能会被周围所孤立）。但是所有这三种形式的劳动创造的价值都被他人所无偿占有（奴隶主、资本家、雇佣方以及公司）。以上劳动均无报酬，而他人却剥削了他们所有的工作时间。阿维德森错误的假设是，剥削只有在工资支付的情况才会出现。这一假设淡化了剥削的恐怖，还意味着古典奴隶和家务工人没有受到剥削。因此，在种族主义生产模式和父权制背景下，他的假设是有问题的。更有趣的是，阿维德森在 2006 年发表的一篇文章中还批判了自己赞成免费劳动剥削理论这一论点。

数字媒体的现实情况是，iPhone、诺基亚手机、iPad 和 Mac 电脑其实都是些充斥着"血渍"的"血手机"、"血 iPad"和"血 Mac"。很多智能手机、笔记本电脑、数码相机和 MP3 播放器都是由矿物质构成的（比如，锡石、钨、钶、金、钨、钽、锡），而这些都是在奴隶般的情况下从刚果共民主和国或其他国家的矿物中提取的。互联网目前这种以资本主义占主导地位的形式存在就是基于不同形式的劳动的：网络公司相对高薪的软件工程师、较低薪的无产阶级员工，无酬劳动的用户以及发展中国家生产硬件和提取矿物质的被高度剥削的"血腥泰勒"工作和奴隶工作。阿维德森的理论意味着那些为信息和通信技术（ICT）提取物质基础的刚果无酬奴隶工人是不受剥削的，这种说法显然是有问题的。

阿维德森对劳动价值理论的替换是一种理想化和主观主义的价值观——无形价值观被其理解为"一种创造某种情感上显著关系的能力"（Arvidsson，2011，270）——但它忽视了物质不平等、不稳定的劳动和贫富差距的现实，并假定当代经济中的一切都变得富有感情。

阿维德森（2011，273）认为，"我有一个荒谬的建议就是：由于'脸书'（facebook）使用者劳动的交换价值为零，所以他们才受到了'无限的剥削'"。在对我的一篇数字劳动文章的评论中（Fuchs 2010b），阿维德森和科莱奥尼（Colleoni）说道："如果'脸书'（facebook）在 2010 年赚了 3.55 亿美元，就意味着每个'脸书'（facebook）用户每年要损失受剥削的剩余价值达 0.7 美元"。就如福克斯所言，这种剥削的速度几乎会让其敛财无穷（Arvidsson and Colleoni，2012，138）。福克斯（2012e）对阿维德森的工作进行了更为详尽的批判。阿维德森和其同事混淆了价值和价格的概念。如果 5 亿人使用一公司平台，而这一平台通过每年 90 小时（即平均一天 15 分钟）的定向广告来获取赞助，那么，就等同于创造了 450亿小时的数字劳动。所有这些在线时间都是受监控的，同时还创造了可供出售给广告商的交换商品，而所有这些所需时间都是无酬的。因此，工作的 450 亿小时就是这么被剥削的。剥削就是资本家通过占用这些物化成商品的无酬工作时间而来的。数据商品可以被出售在某种程度上是一个价值转换成利润的问题。如果没有足够的数据商品可供出售，那么利润就会很低；但如果他们所创造的商品没有售出，他们也会受到剥削，因为一种商品的价值和剩余价值是在出售前创造出来的。阿维德森的批判意味着剥削是基于商品流通的环节而非商品生产的环节。这一假设是荒谬的，因为它意味着创造出没能出售的商品（例如，供大于求）的工人是没有受剥削的，可以说，阿维德森的批判缺乏对马克思理论的了解。

马克思强调了商品价值和价格之间的区别。计量一种商品价值的实质是其生产所需要的小时数。"那么，它的价值量是怎样计量呢？是用它所包含的'形成价值的实体'即劳动的量来计量的。劳动本身的量是用劳动时间来计量，而劳动时间又是用一定的时间单位如小时、日等作尺度"（Marx，1867c，129；译者注：《资本论》第 1 卷，人民出版社 2004 年版，第 51 页）。"每一个商品（产品或产品工具）都等于一定劳动时间的对象化"（Marx，1857/1858b,140；译者注：《马克思恩格斯全集》第 30 卷，人民出版社 1995 版，第 89 页）。马克思在他的价值规律中说道："生产一种物品的必要劳动时间越高……该物品的价值就越大。可见，商品的价值量与实现在商品中的劳动量成正比地变动，与这一劳动的生产力成反比地变动"（Marx，1867c，

131；译者注：《资本论》第 1 卷，人民出版社 2004 年版，第 53—54 页）。

价格并不等同与价值。"商品在金上的价值表现——x 量商品 A=y 量货币的商品——是商品的货币形式或它的价格。"（同上，189；译者注：《资本论》第 1 卷，人民出版社 2004 年版，第 115 页）。"价格是对象化在商品内的劳动的货币名称"（同上 195—196；译者注：同上，第 122）。这意味着价值由劳动时间决定，价格由货币水平决定。两者都是量上的计量，但它们使用不同的计量单位。价值是衡量生产过程的尺度，价格是衡量商品流通过程（销售）的尺度。在生产过程中，劳动在时间（和空间）上得以拓展，商品被创造出来，并在流通领域（即商品市场，商品以特定价格出售）转化为利润（以货币价格计量）。

这就意味着对劳动的剥削发生在商品出售之前。即使一种商品没有被卖掉，一旦生产出来，劳动就已经被剥削。在一篇介绍品牌价值概念也提到史麦兹的文章中，亚当·阿维德森（2005，238）立即给出了以美元为单位的品牌价值数字。

这表明，他思考价值是从货币的角度（这只代表商品的价格），而不是劳动时间（这意味着一种商品的价值）的角度。将品牌价值定义为"品牌产生的可预测未来收益的现值"（Arvidsson，2005，238），这不仅是循环的，因此也是荒谬的（价值的定义），而且它也清楚地表明了这一点。阿维德森只在价格水平（"收益"）上定义价值也清楚地表明了这一点。

第七节　结论

全球资本主义危机导致了新自由主义和一切商品化逻辑的破裂、断裂和孔洞，然而，它并没有终结新自由主义，而是使其处于一个不确定性的阶段。人们对马克思的著作、批判理论、政治经济学批判、阶级和资本主义批判产生了新的兴趣。传媒研究要看到时代标志，要对马克思主义、阶级和资本主义高度重视。今天从事对达拉斯·史麦兹著作的研究是为马克思主义传媒研究的复苏在做贡献。

达拉斯·史麦兹谈到受众商品以及杰哈利、莱文特把看电视作为工作分析媒体商品化。互联网和媒体的观看、阅读、倾听是一种创造价值的劳动，受众商品和互联网产–消者商品是由观看、阅读、倾听工作所创造的商品。受众把自身生产为商品，其工作创造了受众和用户商品。在商业、广告资助的媒体中，媒体的使用就是受众的劳动。受众时间是创造价值的劳动时间——资本剥削无酬受众。在"脸书"（facebook）这样的商业社交媒体中，受众的劳动时间是相当活跃、具有社会性和创造性的劳动时间——这不仅仅是受众的劳动时间，而且还是产–消者劳动时间。产–消者劳动的在线特征使平台能够监控用户的所有活动，并将定向广告空间出售给广告客户。而广告客户不仅仅能够依据估计，而且能够对用户使用活动进行精确观察来量身定做广告。

我们可以总结一下本章要点：

（1）达拉斯·史麦兹提醒我们运用马克思的著作批判地研究资本主义媒体非常重要。

（2）批判理论和传媒的政治经济学批判理论由于过于片面而遭受质疑。这种解释主要是基于选择性的阅读。他们忽略了在这两种方法中都有不同的权重——关注媒体商品化、受众、意识形态和替代方案的各个方面。批判理论和政治经济学批判是相辅相成的，应该在当今的批评传媒研究中结合在一起。

（3）达拉斯·史麦兹的受众商品概念在关于企业互联网供应商剥削数

字劳动的辩论中获得了新的意义。数字劳动的剥削包括胁迫、异化和占用过程。

（4）企业社交媒体运用资本积累模式，这种模式的基础是剥削互联网用户的无酬劳动、用户生成数据的商品化以及作为商品出售给广告商的用户行为数据。定向广告和经济监督是这一模式的重要方面。受众商品范畴在社交媒体领域变成了互联网产消者商品范畴。

（5）企业"社交媒体"和"Web 2.0"并不意味着经济和文化的民主化，而是庆祝新的资本积累模式，从而有助于吸引投资者的意识形态。

（6）对互联网产－消者商品的剥削是资本主义发展阶段的一种表现形式，其中玩和劳动之间的界限变得模糊，对玩劳动的剥削已经成为一个新的原则。此种剥削往往会让人感觉很有趣（因而，这种有趣无疑是一种具有意识形态的错觉），并成为自由时间的一个组成部分。

（7）对数字劳动争论的批判与不同类型的工作活动相混淆，这倾向于淡化剥削，并在一定程度上误解了类似剩余价值、价值、价格和租金等概念。

当今资本主义极为矛盾。这场危机是资本主义无法克服的客观内在矛盾的表现。对这场危机的反应是矛盾的：其范围从超新自由主义（通过实施"为富人和银行实行社会主义"且私有化和削减用于福利、教育、卫生等的公共资金来强化新自由主义的政纲）到喧嚣、骚乱、抗议、示威和占领（如占领运动或希腊、西班牙和葡萄牙的抗议）以及革命（如在突尼斯、埃及和利比亚的革命）。这些政治斗争和形式反映了资本主义在危机时期的主观矛盾。现如今批判知识分子的任务是创造一个基于公共物品和服务、包括传播共享的一个正义的世界，并为此从事学术领域的工作以及进行政治斗争。第三章和第四章将数字劳动的讨论置于文化研究与政治经济学批判的学术景观中进行分析。下一个章节我们要解决的更深层次的语境是关于数字劳动如何嵌入到更广泛的社会和经济背景中，并在诸如信息社会、信息经济、创意、文化产业和知识工作等的标题下进行讨论。我们生活在哪一种类型的社会中呢？是一个信息社会，还是资本主义社会呢？下一章我们会解决这些问题。

注释：

① http://newsroom.fb.com/content/default.aspx?NewsAreaId=22（2012 年 9 月 17 日访问）。

② http://www.msnbc.msn.com/id/24205912（2011 年 8 月 20 日访问）。

③ http://techcrunch.com/2011/07/18/most-expensive-google-adwords-keywords（2013 年 7 月 9 日访问）。

④ http://money.cnn.com/data/us_markets/（2013 年 7 月 9 日访问）。

⑤ http://money.cnn.com/data/us_markets/.（2013 年 8 月 8 日访问）。

第五章 是资本主义社会？还是信息社会？

本章主要研究的问题是，我们是否生活在信息社会，或资本主义社会。信息社会概念在近几十年颇为流行，它用于描述变化中的社会正在经历的变迁。与之相反，"资本主义社会"这一"术语"是一个颇为中性或冠冕堂皇的名词。对于信息社会而言，社会批判理论必须询问它自身在与信息社会的关系中是如何定位的。本章首先给出了一个导论（第一节），随后是信息社会理论分类的展示（第二节），并且说明了信息社会理论的可替代性（第三节）以及信息社会的指标（第四节）。知识劳动的概念在信息社会批判性理论的阐释中也被提及。

1968 年，西奥多·W. 阿多尔诺（Theodor W.Adorno）曾经问道，人们生活在后资本主义社会还是工业社会呢？他认为，社会的根本问题是关于替代性的问题：当今社会是晚期资本主义社会，还是工业社会？我认为，当今社会的基本问题是另外一个替代性问题：它究竟是资本主义社会还是信息社会？

第一节　导论

在不同年代社会科学引文索引收录的论文题目中，通过对"信息社会"一词的检索发现，自 20 世纪 80 年代以来，人们对信息社会这一概念的研究兴趣持续不断（表 5.1）。相关论文发表的数量出现了两次急剧增长。第一次论文数量高峰在 1983 年开始出现（1980 年：1 篇论文，1981 年：2 篇，1983 年：22 篇，1984 年：21 篇），也就是在 IBM 个人计算机引进两年之后和第一台具有用户图形界面的苹果电脑在 1984 年上市前后。第二次论文发表数量的高峰大约出现在 1995 年左右，也就是在马赛克万维网的图形浏览器被引进并使得网上"冲浪"在用户中广泛普及两年之后（1994 年：4 篇，1995 年：14 篇，1996 年：24 篇，1997 年：43 篇）。计算机在私人生

社会科学引文索引中标题包含"信息社会"关键词的文章数量（2013年1月26日检索）

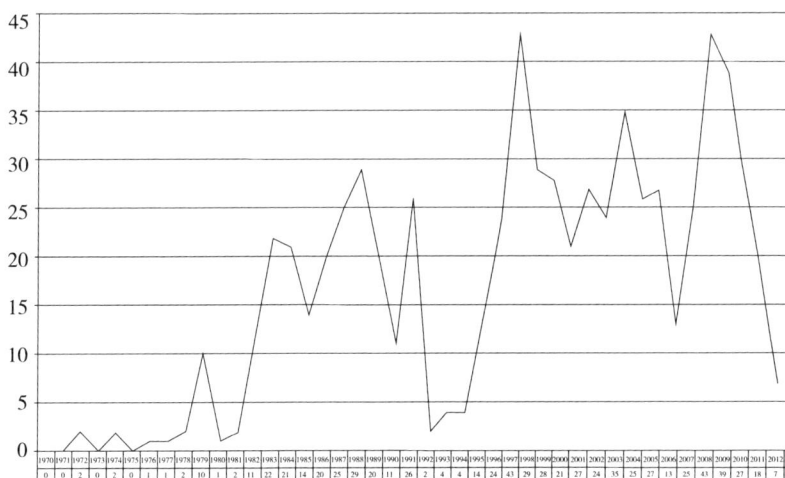

图5.1　信息社会主题每年发表文章数的发展

活、日常生活和经济中的日益普及也导致人们对信息社会概念的兴趣不断增长。

计算机化的社会、数字社会、信息化社会、知识型社会、以知识为基础的社会、网络化社会、信息与通信技术社会、网络社会、信息通信技术社会、互联网社会、传播社会、赛博社会、媒体社会、后工业社会、后现代社会、虚拟社会——人们在政务讨论、媒体、日常生活和学术交流中可以发现许多关于当前西方社会结构的论断。这些概念和主张大多强调了知识的重要性；信息的生产、传播和使用以及计算机与数字网络技术的崛起，例如互联网或移动电话。有两个重要问题与信息社会的讨论密切相关，那就是如何界定社会的信息维度以及如何测量社会的子系统或相关层面的信息化程度。本章主要讨论第一个方面，并就一个社会作为信息社会是否具有理论上的可行性以及在何种情况下可行的问题提出一些思考。

西奥多·W.阿多尔诺（1968/2003）在 1968 年问道，当今社会结构的基本问题是什么？我们生活在后资本主义社会还是工业社会？在当今社会，人们认为知识与创造性工作、媒介、计算机与互联网都很重要，我们可以用以下方式重新表述阿多尔诺的问题：当今社会结构的基本问题是什么？我们生活在资本主义社会还是信息社会？本章主要讨论这些问题。

首先，本章对信息社会理论进行了分类。我要讨论根本的非连续性信息社会理论、怀疑论者的观点和连续性信息社会理论。其次，我引入了一个建立在黑格尔哲学和马克思主义政治经济学基础上的可替代性概念。再次，我就信息社会的衡量提出了方法论说明。最后，得出结论。

第二节　信息社会理论分类

弗兰克·韦伯斯特（Frank Webster，1995，2002）从五个方面对信息社会做了界定：技术创新、职业变化、经济价值、信息流动以及符号扩展和标记。韦伯斯特用来对信息社会理论进行分类的理论标准是他们主要关注社会维度，将新颖程度和社会学理论的类型结合起来作为区别标准，可以实现理论的另一种分类。信息社会理论可以通过两条轴线进行理论分类：第一条轴线是区分社会变化，第二条轴线是区分这些社会变化的信息质量。有些理论认为，过去几十年的变革构成了根本的社会变化，这些是非连续性理论，而其他理论更强调现代社会的延续性。主观社会理论重视人类个体以及个体的思想和行动对社会的作用，而客观社会理论强调的是超越单个个体的社会结构（Giddens，1984）；主观信息社会理论强调人类知识（思想、心理活动）在现代社会中的重要意义，而客观信息社会理论更看重信息技术(如大众媒体、计算机、互联网或手机等）的作用。图5.2展示了信息社会理论的类型学。

非连续性主观理论有知识经济理论（Machlup，1962；Drucker，1969/1992；Porat，1977）、后工业社会理论（Bell，1974；Touraine，1974）、后现代社会理论（Lyotard，1979）、知识型社会理论（Stehr，1994）；强调信息技术重要性的非连续性客观理论有网络社会理论（Castells，1996，2000b；van Dijk，2006）、虚拟社会理论（Bühl，2000；Woolgar，2002）、赛博社会理论（Jones，1998）、互联网社会理论（Bakardjieva，2005）。

非连续性信息社会理论在宏观社会学范畴前加了某些限定词，如"社

非连续性

| 知识经济、后工业社会、后现代社会、知识型社会 | 网络社会、互联网社会、虚拟社会、赛博社会 |

跨国信息资本主义

技术
背景：资本主义
认知、交往

主观的 ——————————————————— 客观的

| 非物质劳动、大众与帝国、认知资本主义、反知性现代化 | MP3资本主义、虚拟资本主义、信息资本主义、高科技资本主义、数字资本主义 |

连续性

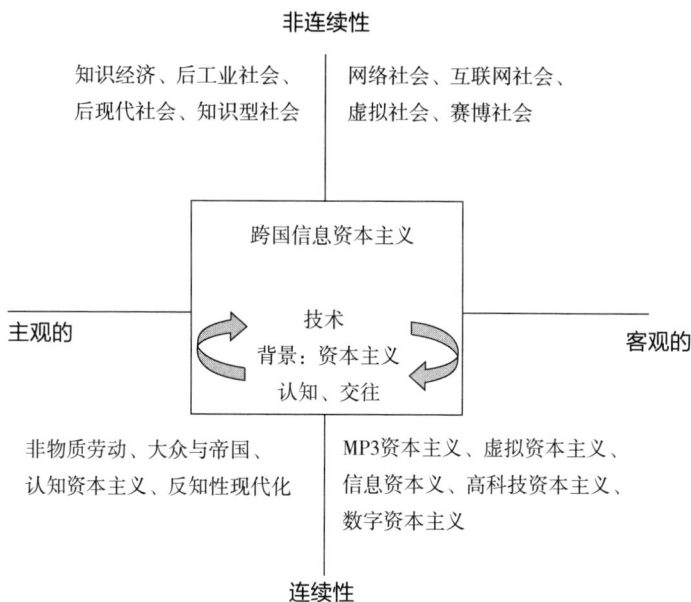

图5.2 信息社会理论分类学

会"或"经济"，以此表明此类理论认为社会或经济在过去几十年间发生了根本性的变化，人们现在生活在一个新的社会或经济环境中。这种理论强调非连续性，换言之，人们现在的新型社会与 100 或 150 年前的社会几乎没有任何共同之处。例如，阿兰·图海纳（Alain Touraine，1974，4）认为，后工业社会（也称程序化社会）是"一种新型社会"。对丹尼尔·贝尔（Daniel Bell，1974）来说，"后工业社会"带来"巨大的历史变化，以财产为纽带的旧式社会关系、以一小撮精英为中心的既有权力结构、主张克制和推迟享受的资产阶级文化等被迅速侵蚀"（37），"崛起的新型社会开始质疑财富、权力和社会地位等这些社会核心资源的分配方式"(43)。阿尔文·托夫勒（Alvin Toffler，1980）称第三次浪潮社会（即"知识时代"）是"一波骇浪，为我们的现代生活提供源动力"(5)，是"巨大的历史变革"(243)，是"惊人的变化"(243)，是"革命性的前进"(168)，带来了"全新的社会"（261）。彼得·德鲁克（Peter Drucker）认为，"知识社会"意味着"世界经济和技术的非连续性时代"（Drucker，1969/1992，10），"20世纪最后十年间的工作和劳动力、社会和政体，在布局分布、经历过程、面临问题、层次结构等方面，都与20世纪初以及人类过去的历史有着质量和数量上的本质区别"（Drucker，2001，227）。对于尼克·斯特尔（Nico Stehr，1994）而言，他所说的知识社会的产生意味着"劳动和财产时代的终结"（viii），"知识社会的崛起标志着**经济结构**经历了一个根本的转变"（10），"一种经济活动的新结构和组织诞生了"（122）。曼努埃尔·卡斯泰尔斯（Manuel Castells）认为，"网络社会的兴起"意味着"新世界在千禧年开始形成"，"信息技术革命成为新社会的物质基础，产生了信息主义"（Castells，2000a，367）。

　　这些例子表明许多（但并非全部）信息社会理论家都认为信息技术、知识、科技和通信给社会带来的影响催生了新型的社会，因此，不足为奇的是，出现了各种研究方法，怀疑社会发生了根本性变革，即怀疑非连续性假设理论。"如果仅仅只是出现了更多的信息，那就很难解释为什么有人认为我们经历了一些全新的东西"（Webster，2002，26）。尼古拉斯·加纳姆（Nicholas Garnham，1998/2004，2000b）甚至指出，信息社会理论是一种意识形态理论。加汉姆（1998/2004，165）说信息社会理论是"受到经济和政治统治者支持的、合法的意识形态"，加汉姆的基本观点是，存在一个新的信息、网络、知识或后工业社会否定了资本家和工人之间持续存在着的剥削阶级关系。"但对于所谓的划时代变革，我们需要弄清楚这些特征是全新的，还是只是创造信息商品价值的附属产品，这些问题促使人们不断寻找新的文化商品消费以及周期，而这些文化商品并没有在使用中遭到破坏"（同上，179）。非连续性假说具有意识形态特征，因为它基于新自由主义的特征，认为人们在变化前束手无策，只能被动地适应现存的政治现实（Webster，1995，267）。彼得·戈尔丁（Peter Golding，2000，170）认为，信息社会理论是一种意识形态，它"欢迎和拥护信息私有化，主张信息通信技术与自由市场扩张相融合"。社会学对新事物迷恋的危险在于，它将不再聚焦对根本潜能的关注和对这些潜能如何被抑制的批判（同上，171）。

有评论认为，知识社会或后工业社会将发生巨大变化的假说没有考虑到现代社会的连续性，斯特尔（Stehr，1994）作了详细阐述，他认为这些评论忽视了社会的动态特征，无法解释变化的发生。

> 对后工业社会理论持激烈批判态度的观点认为，现代社会是连续发展的，而后工业社会理论断言现代社会充满着变化。但是更激进的后工业社会批判理论认为，工业社会的特征（如果不是永久的，或多或少是持久的）是现代社会的属性，也就是说权力精英的存在、社会不平等、失业、贫困、经济的集中控制、社会的对抗矛盾、社会控制和约束。在我看来，这只能分散注意力，使人们不能深入了解现代社会的**动态**特征。换言之，对于现代社会的经济和政治现状，激进评论派长期关注其持续的、静态的、确定的问题，对其动态的、进化的结构却甚少研究（Stehr，1994，55）。

相比之下，卡斯泰尔（Castells，2000a，367）曾问道："如果没有出现新变化，谁会去调查、思索、评论变化呢？"

斯特尔和卡斯泰尔的观点无助于推进这些讨论，因为他们简单地假设有一个激进的突破来反对批判这一观点。斯特尔是巨变假说的强烈拥护者，但他不能回答反对派提出的问题——假设巨变隐藏了资本积累、不平等、剥削、资本主义分层的连续性，因此形成了一种肯定的意识形态。

连续性信息社会理论在一定程度上持怀疑态度，强调人们仍然生活在现代资本主义社会，但资本主义社会的基本结构却发生了某些变化。主观连续性信息社会理论提出了一些概念，例如，自反性现代化（Becketal，1994）、认知资本主义（Negri，2008；Vercellone，2007）、半资本主义（semio-capitalism；Berardi，2009a，b）、一般智力和非物质劳动（Hardt and Negri，2000，2005；Virno，2004）。这些概念都认为脑力劳动对现代资本主义社会的资本积累具有重要意义。客观连续性信息社会理论概念包括：数字资本主义（Schiller，2000；Glotz，1999）、虚拟资本主义（Dawson and Foster，1998）、高科技资本主义（Haug，2003a）、MP3资本主义（Sennett，2006）和信息资本主义（Fitzpatrick，2002）。这些概念都看重资本主义的连续性，认同连续性信息社会理论的观点——信息技术或知识是现代社会的核心要素。但它们却无法解释为什么物质资源（如石油）依然那么重要，依然是战争争斗的焦点，也无法解释为什么金融资本（在2008年的全球经济危机中起着极其关键的作用）也很重要。在极端情况下，连续性假说宣称现代社会与19世纪资本主义社会并无实质区别。如沃尔特·罗克曼（Walter Runciman，1993，65）争辩说20世纪70年代与80年代的英国"没有出现新型的资本主义生产方式"，英国将会成为"资本主义—自由—民主"的社会，具有"资本主义的生产方式"、"自由协商模式"和"民主胁迫模式"（同上）。"那些'管理'资本主义、'后'资本主义、'金融'资本主义、'公司'资本主义之类的术语更让人陷入混乱"（同上，54）。乔纳森·弗里德曼（Jonathan Friedman，2002，302）也提出了类似的论点。"资本主义的总趋势没有改变——商品化进一步加剧，相对于实体资本而言虚拟资本积累的速度加快，破产失业的人口比重上升。这些过程受新型高科技技术的支持，但不是高科技产生的原因，它们只是资本主义可怕窘境的表现形式，是可以预测到的。"唯一的新特征就是意识形态主义者宣称的——我们生活在新的社会里。"那些知识分子代表着特权阶级的利益，用激进的语言解释一般自由主义，他们有奇怪的激进身份或自我身份"（同上）。毫无疑问，资本主义需要持续的积累和剥削结构的存在，但这些过程却并不顺利，而是充满着矛盾和变化，结果产生了危机倾向和资本主义危机。马克思把资本主义的矛盾本质和危机困境视为资本主义内在变化的根源（并必将转变成社会主义）。为了解决危机，资本主义需要改变其资本积累和剥削结构。危机是"这些周期性的价值革命证实了它们似乎应该否定的东西，即证实了价值作为资本所经历的、通过自身的运动而保持和加强的独立化"（Marx，1885，185；译者注：《资本论》第 2 卷，人民出版社 2004 年版，第 122 页）。"资本积累最初只是表现为资本的量的扩张，但是以上我们看到，它是通过资本构成不断发生质的变化"（Marx，1867c，781；译者注：《资本论》第 1 卷，人民出版社 2004 年版，第 725 页）。本章认为连续性假说和非连续性假说在某种程度上都有正确和错误之处，我们要辩证地看待社会的发展。通过上层社会变革中发生的基本变化，社会发展得以实现；社会中的基本变化为上层社会矛盾的发生奠定了基础。如果辩证地看待，跨国信息资本主义的产生既不是主观的变化，也不是客观的变化，而是基于主客观的辩证统一。客观方法认为，技术是决定因素，这一方法忽视劳动形式和中介是如何变化的；主观方法忽视技术的力量，这是一种通过人改变和被改变的力量。因此，无论是倾向技术的客观法，还是倾向知识的主观法都是不充分的。但两者都分别强调了大网络框架里的一个支柱：跨国信息资本主义的概念辩证地扬弃了两种思维方式，因为信息和网络既有客观的一面，也有主观的一面；它们改变了生产方式和生产关系。对资本新战略和资本积累新形式的探索使得劳动转变为认知、交往和合作的劳动方式，从而形成了大量的、无所不包的劳动时间（"参与式管理"的自我约束形态促成了这种变化）。但同时，这种劳动方式受到信息技术的强烈影响，在一定程度上生产出了有形的信息产品（还有无形的信息服务）（Fuchs，2008）。跨国信息资本主义坚持了主观—客观的辩证法，以伴随技术和产品而产生的认知式、交往式、合作式劳动为基础，使现代资本主义成为一种概念。信息资本主义基于信息技术的知识和知识对象化的辩证联系，我之所以认为该理论有很好的根基，是因为辩证的方法构想出来的现实既复杂又有具有动态性，比单向地、静态地解释现实更合理。

　　跨国信息资本主义是辩证地看待资本主义发展连续性理论和非连续性理论的产物。剩余价值、交换价值、资本、商品、竞争是资本主义的基本要素；这些方式的产生、对象化、积累、流通有其具体情况和历史原因，它们在资本主义的不同发展模式下表现出不同的特征。在资本主义发展的信息化模式下，剩余价值生产和资本积累表现为符号化、"非物质"以及信息商品和认知式、交往式、合作式的劳动。数字媒体在跨国范围内协调资本积累、权力、定义产能。罗伊·巴斯卡（Roy Bhaskar, 1993, 55）为了强调扬弃的不确定性和复杂性，区分了"真正否定、变革否定、激进否定"，并非所有的否定都是最基本的，还有部分否定是变革性的而不是激进性的。跨国信息资本主义理论的产生是变革性的否定，不是激进性的否定。

　　跨国信息资本主义是现代资本主义发展的趋势和相对阶段，但它不是唯一或主要趋势。资本主义是很多东西的集合体：它在某种程度上是信息资本主义，但同时在某种程度上又是金融资本主义、帝国主义的资本主义、高度工业化资本主义，等等。今天，在一个总的资本主义社会组织模式下，有很多不同的资本主义。资本主义同时也是一般的生产方式和剥削方式，是不同类型、不同方式的资本主义生产和剥削共存共生、相互影响的特殊存在。为什么我会提出**跨国**信息资本主义理论？赫斯特（Hirst）和汤普森（Thompson, 1999, 95）认为，"商业活动的国际化程度往往在大众视角和学术视角上都被夸大了"，因此凯文·杜根（Kevin Doogan, 2009）谈到"全球化的全球意识形态"的提出"夸大了资本的流动性"（87），忽视了"全球化的过程和机制具有明显的国家维度"（210）。在媒体经济的背景下，有些学者怀疑，是否存在全球化媒体？或者说它们的存在只是一个传言（如 Hafez，2007；Flew，2007）？外国直接投资的股票已经从 20 世纪 80 年代占世界 GDP 的约 5% 增长到 21 世纪第一个十年结束占世界 GDP 的 25%—30%。① 这并不能证明资本积累是全球性的，但却表明与福特主义的资本主义阶段相比，通过全球外包生产以降低劳动力成本和固定资本成本的资本出口变得更为重要。与 1945—1975 年间相比，过去 30 年来经济全球化程度越来越高（见 Fuchs，2010a，c）。世界 100 强跨国公司资产的国际份额在 2009 年是 62%、2010 年为 63%、2011 年为 63%；它们在国际销售中所占份额在 2009 年为 66%、2010 年为 64%、2011 年为 65%；其国际员工比例在 2009 年为 57%、2010 年为 57%、2011 年为 59%（世界投资报告 2012，25）。表 5.1 展示的是 2008 年世界 100 强跨国公司（在信息生产、分配和消费环境下提供必需的产品和服务的公司）的资产国际份额、国际市场份额、国际雇员比例以及跨国性指数（TNI）。100 家公司中有 13 家是信息公司，其国际资产份额平均为 65.3%，国际市场份额平均为 70.4%，国际员工平均比重为 64.8%，跨国性指数平均为 66.8%。联合国贸易与发展会议的跨国性指数使用涵盖全球最大公司在母国以外的资产份额、市场和员工的综合性指数，以此衡量某一公司的全球化程度。

表 5.1　2008 年世界最大的信息跨国公司（TNTs）的跨国性

公司	行业	外国资产份额	外国销售份额	外国雇员份额	跨国性指数
沃达丰	电子通信	92.1%	86.9%	86.9%	88.6%
西门子	电子设备	77.3%	72.6%	69.1%	73.0%
西班牙电讯	电子通信	68.6%	63.8%	78.3%	70.3%
德国电讯	电子通信	55.4%	53.2%	42.2%	50.3%

续表

公司	行业	外国资产份额	外国销售份额	外国雇员份额	跨国性指数
法国电讯	电子通信	61.4%	46.6%	45.0%	51.0%
索尼	电子设备	46.6%	75.8%	63.0%	61.8%
IBM	电子设备	47.5%	64.6%	71.1%	61.1%
诺基亚	电子设备	90.8%	99.3%	80.7%	90.3%
惠普	电子设备	42.6%	68.8%	65.3%	58.9%
威望迪环球公司	电子通信	45.5%	37.1%	68.1%	50.2%
自由全球	电子通信	99.8%	100%	58.9%	86.2%
桑内拉电信	电子通信	86.3%	65.4%	66.2%	72.6%
三星公司	电子设备	34.4%	80.6%	47.8%	54.2%
平均数		65.3%	70.4%	64.8%	66.8%

来源：联合国贸易与发展会议统计数据，http://unctad.org/en/Pages/Statistics.aspx/（2013 年 7 月 9 日查询）

统计数据表明，媒体或信息公司的全球化是可能实现的。当然，如同跨国公司依托于各自的母国经济一样，目前还没有一个完全全球化的媒体系统；但全球生产以外包、分包、分散生产等形式，这看起来像是资本主义的特征之一，因此也是信息公司的特征。跨国指数、外国资产份额、外国销售份额、外国雇员份额等指标使得我们可以计量信息公司的跨国程度。

第三节 信息社会的替代观点

马克思对生产力与生产关系的区分有助于人们更好地理解关于信息社会的讨论。当阿兰·图海纳（Alain Touraine，1974）、丹尼尔·贝尔（1974）、阿尔文·托夫勒（1980）、彼得·德鲁克（1969/1992，2001）、尼科·斯特尔（1994）或曼纽尔·卡斯特（1996，2000a，2000b）等学者们论及后工业社会、知识社会、信息社会、网络社会的崛起时，他们真正所指的是生产力的一种变革：知识和信息技术已成为服务于资本积累的生产商品的重要手段。将这一转变定性为根本的非连续性或者新社会是个错误，因为经济不仅包括生产力，而且还包括了生产力和生产关系之间的相互作用，以及马克思所称的生产方式（Produktionsweise）。另外，虽然经济是社会的一个重要组成部分，但认为经济等于社会也是一个错误。当学者们诸如尼古拉斯·加纳姆（1998 /2003，2002a，2004）、彼得·戈尔丁（2000年）和弗兰克·韦伯斯特（1995，2002）反对信息社会假说的时候，他们想提出警告，把当代经济还原为生产力的变化掩盖了持续存在的剥削性的资产阶级关系。该论点是这样的一种还原论，它构成了一种意识形态，即赞美当代社会，隐瞒和否认在此社会中所发生的生产力的变化与进步是由剥削关系驱动的。当加纳姆（1998/2004，178）说，"从能源到智能转变未必改变劳动对资本的从属地位"，他并不否认资本主义正在经历的变化；相反，他警告说，生产力的变化不是革命，不必变革，而是要稳定资产阶级制度。令人满意的观点是，既不要说当代经济中什么也没有改变，也不要说当代经济有根本性的改变。重要的是，要像马克思那样看待生产力与生产关系的辩证关系。如果将信息社会假说解释为社会发展中的根本非连续性，那么这个假说是有问题的。但是，相对于连续性假说，需要强调的是，这一假说也提醒我们，资本积累和阶级关系的再生产需要生产力发生重大的变化。正如马克思所认识的，资本主义永远试图推翻其生产力，以便能够通过技术加强对劳动的剥削，从而能够积累更多的资本。即使是埃里克·奥林·赖特（Erik Olin Wright）——此人可以说是最重要的阶级分析学者以及最重要的马克思主义阶级关系分析家——也因此根本不想隐瞒资本主义的连续存在②。他承认信息社会这一论点用来解释资本主义的内在变化具有某些重要意义。他对美国阶级结构的经验性分析表明，在生产中使用知识、服务和信息技术，导致了"发达资本主义社会内部的变化轨迹，朝着扩大而不是减少阶级关系中矛盾状态的方向发展"，因此，"资本主义的阶级结构似乎继续变得越来越复杂"（Wright，2000，66）。

第四节　信息社会指标：衡量信息社会

对生产力到何种程度时成为信息生产力进行实证分析是具有一定意义的。借助于信息社会统计学，运用一定指标，通过计算信息化程度来完成这一分析。例如，信息产业工人在劳动力总数中所占的份额、信息职业在劳动力总数中所占的份额、信息产业在增值总额中所占的份额、信息产业工人的工资在工资总额中所占的份额；在全球最大的2000家企业的总资本、总利润、总市值中信息企业的份额，在所有外商直接投资现金流入、流出、存货等信息产业的份额，在所有进口总额、出口总额等信息产品的份额（例如计算举例，见福克斯，2011a，第三章和第五章）。研究不同国家和世界经济的某些时段中这些指标的发展具有重要意义。这种衡量不能告诉我们一种新社会的存在，因为这些指标只与生产力的变化有关。因此，人们使用这些指标时应该就事论事；我们的任务是证明到什么程度时生产力是信息和非信息的。使用不同的指标，所得出的结果也不同。所谓"信息化生产力"这一术语并不完全表现新的生产力，但它确实表明根据某一具体的指标，生产力在某个方面是具有信息性程度，以及它具有非信息性的综合程度。

用来衡量资本主义生产力信息强度的指标不同，对于我们生活处于何种程度的信息资本主义这一问题的研究也会得到不同的结果。信息资本主义是生产力发展的趋势，而不是一个社会。我以求真务实的方式来证明"信息资本主义"应被作为一个术语，该术语表现了以信息为基础的所有生产力的部分的特征。资本主义经济在多大程度上是信息化的，只能通过经验研究和相关指标的讨论和选择来确定。在传统的意义上，人们对信息的理解要么是主观的（作为储存在人脑中的知识）、要么是客观的（信息作为一种东西，是存储在人工制品中的脑力劳动的结果）。与之相反，我认为信息是一个认知、交往和合作的过程，在这个过程中，人类通过认识世界形成和改变自己的观念，在社会关系中象征性地与其他人互动，并以协作的方式交往，从而创造新品质的社交世界（Fuchs and Hofkirchner, 2005）。这一信息定义允许将某些行业列入信息经济范畴，而将其他某些行业排除在外。货币是商品价格的表现，它是商品交换的中介，金融业是把货币作为商品出售的领域。马克思（1894）将金融资本积累的循环描述为 M—M'：没有经过一个活跃的商品生产周期，货币就直接产出了更多的钱；货币本身就是被出售的商品。在资本主义经济中，货币作为一般交换媒介的作用主要不是建立在认知或交流活动上，而是在于其交换过程中的匿名性，以货币的形式隐藏了实际的生产关系。与之相反，像谷歌或"脸书"（facebook）公司创建了人类获取关于世界的知识以及与他人交往所使用的软件工具。与银行业务不同，这些工具主要面向人类的认知和交往。信息经济，特别是互联网产业与金融业是分不开的。谷歌和"脸书"（facebook）基于风险投资并在证券市场上市。虽然有信息经济的金融化，金融和信息经济的两个领域的产品在属性方面有着显著的不同。

统计分析不应该是仅仅对生产力的分析，衡量资本主义社会的阶级结构的发展也非常重要。例如，可以借助于下列指标来完成：衡量工人阶级、资产阶级、中产阶级以及失业者的规模（Wright，2000）；工资份额和利润份额之间的关系；社会中最贫穷和最富有群体之间的关系（例如，90∶10 的比例）；工资增长和生活质量提高与国内生产总值增长和利润增长的关系；全世界总利润和某些国家总利润的增长；世界总资本结构；上市公司的市值；总资本资产的增长以及某些企业、企业集团、行业、经济体的资本资产或利润或市值的增长。结合阶级分析和生产力信息化程度的分析可以让人们得出这样的结论：资本主义在什么程度上已经转化为信息资本主义。对信息资本主义的基本假设是（Fuchs，2008；2010b；2010c；2011a），生产过程中的知识、服务以及信息技术是为资本家服务的，也就是说，它是统治阶级推进资本积累和剩余价值生产的新战略以及为实现利润最大化而减少不变资本和可变工资成本的绝佳计划。这些策略在何种程度上取得成功或者在何种程度上陷入危机——包括经济对立——是另一个重要的问题。当声称信息资本主义存在时，每个人都应该谨慎。当代社会或当代资本主义经济的各个方面不可能突然变成信息。因此，信息资本主义的概念作为总体范畴是没有意义的。只是在描述资本主义生产方式是在多大程度上在阶级关系中利用信息生产力来积累资本时才有意义（即通过剥削剩余价值）。如果你根据资本资产在行业中的分布情况来分析"福布斯"全球最大的公司，那么你会发现，近年来金融公司和金融服务公司共同占据了资本资产的巨大份额；第二大部门是石油、天然气和公用事业；第三大部门是信息部门（包括电信、技术硬件和设备、媒体内容、软件和半导体等分领域）（见 Fuchs，2011a，132）。所以生产力信息化水平看起来不是全球生产力的主导特征，而是一个重要的、非主流趋势。金融资本如今是资本的主导部分，这表明帝国主义的资本主义是当今的一个重要特征（Fuchs，2010a，c）。石化能源在当代经济中也十分重要，这表明工业社会没有结束，同时我们已经进入一个超工业时代：在这个时代，信息生产、销售和消费成为整个经济的重要因素，但并没有取代金融资本和石化能源的经济意义。金融化、超工业化和信息化是当代帝国主义的资本主义特征。信息企业在全球资本主义经济中十分重要，反映了信息化的一种趋势（也就是信息在经济中的重要性上升），但它们没有金融及石油和天然气行业重要。全球生产力的这种分析可以与生产关系相关：即资本积累与世界人口的大多数的工作和生活条件有关。信息公司不是主导企业，因此，根据世界上最大的公司的资产和利润指标，**就不能得出**资本主义生产方式可以被定性为信息资本主义的结论。

2007 年，世界上最大的 2000 家企业的利润总额为 2.35706 万亿美元（数据来源：《福布斯》2000（2008）目录）。关于非洲国家工资份额的数据不容易获得。但现有数据可以计算 2001—2006 年非洲平均未调整工资份额为 29.5%（国际劳工组织，2008 年，附录 A1）。没有理由认为这个平均数自 2006 年以来大幅增加了，所以假设非洲 30% 的工资份额是可行的。2007 年，非洲 GDP 总额为 1.2917 万亿美元（《2009 年非洲人类发展报告》，表 M）。假设平均工资份额为 30%，那么非洲的工资总额则为 3875 亿美元。这意味着，全球最大的 2000 家企业的利润总额分别约为非洲所有员工工资总额的 6 倍。这种关系表明，资产阶级的财富和收入与世界上最穷的工人之间存在巨大差异。2007 年，信息公司占全球最大的 2000 家企业的利润的 12.4%，总额为 2930.7 亿美元，大约比非洲工人的工资总额少 1000 亿美元，但它仍然表明了全球信息公司的经济实力。这些数据表明，资本主义生产关系高度分层：大公司有庞大的经济实力，而工人则正如马克思所说，被剥夺了大量的经济财富，这些财富直接转化为资本家所有，即劳动者的贫困是资本的财富源泉。

表 5.2 显示了一些国家低收入工作的比例以及构成高收入群体（通常

是管理人员）的 10% 人群和构成最低收入群体的 10% 人群的工资关系。
在许多国家，高收入和低收入之间的差距扩大了，低收入工作在总就业岗
位中所占的比例已经攀升到通常超过 20% 的水平。

　　"在所选 30 个国家中，17 个国家的最低工资 10% 的工人与最高收入
10% 的工人之间的差距已经有所扩大。其中，至少一个数据点可用来比较
1995—2000 年和 2007—2009 年期间的差异。"虽然这种不平等现象增加
的最大原因是高收入者"飞离"大多数人，但也有一部分是由于所谓的"底
部塌陷"，"在 28 个国家中，有 12 个国家的中等收入工人和低收入工人之
间的差距有所增大。"（国际劳工组织 2010 年，第 31 页）。

表 5.2　选定国家低薪工作和工资不平等所占份额

国家	低收入工作份额	2001—2006 年	2007—2009 年	10 位数比率 D9/D10：1995—2000 年	2001—2006 年	2007—2009 年
澳大利亚	13.5%	14.5%	16.8%	3.0	3.1	3.3
加拿大	22.4%	22.1%	22.0%	3.6	3.7	3.8
德国	16.6%	19.2%	21.2%	3.1	3.2	3.3
英国	20.5%	20.6%	20.8%	6.8	7.0	7.2
美国	24.8%	23.8%	24.5%	4.6	4.7	4.9

资料来源：国际劳工组织（2010 年）。

　　工资份额是报酬总额在增加值总额中所占的份额。"在 1980—2007 年
期间，24 个国家中的 17 个（包括还在研究中的）注册的国家降低了工资
份额"（同上，22）。这种发展对制造业和建筑业影响尤甚，而金融、地产、
租赁和商务服务业行业的工资水平已有普遍上涨（同上，25ff）。

　　种种迹象表明，利润一直在增加，是工资的相对下降和低工资不稳定
就业的增加所致。数据表明，资本主义生产关系在 20 世纪的后几十年和
21 世纪的第一个十年中通过社会经济的不平等的加剧而形成，这种不平

等是以劳动力为代价而有利于资本。新自由主义一直是一个政治阶级斗争计划，旨在"重建经济精英的权力"和"为实现这一目标所需做的任何事情的合理正当及合法化的制度"（Harvey，2007，19）。生产关系是由资本利益与劳动利益之间深刻的阶级冲突形成的。

第五节 结论

1968 年，即丹尼尔·贝尔的突破性信息社会理论新书《后工业社会的到来》出版的六年前（亦是信息社会假说兴起之前），西奥多·W.阿多尔诺（1968/2003）在德国社会学年会上发表了题为"晚期资本主义社会还是工业社会？"的介绍性主题发言。他认为"现今存在的关于讨论社会结构的根本问题"是一个关于"两选一的问题，即现今的社会，到底是晚期资本主义社会还是工业社会的问题"。这是一个"当今社会是否依然还是由资本家体系占主导地位的、几经改良的资本主义模式，还是在如今工业长足发展、对资本和非资本条件的区分以及对资本主义本身的批判等诸如此类的情况下，资本主义概念已经过时"的讨论。换言之，这是一个关于马克思主义是否过时的问题（同上，111）。阿多尔诺指出这样一个具有二选一答案（要么是这个，要么是那个）的问题本身就是一个思想局限、自我限制的窘境（同上，113）。他给出了资本主义生产方式中生产力与生产关系的重要性和关系问题的答案："根据批判的辩证理论，我个人愿意提出一个独创的、但又必然抽象的答案，即当今社会无疑是一个**按其生产力**状况而定的工业社会。无论不同政治制度的边界如何，工业劳动在任何地方都已成为社会的模式。这种劳动已经发展成为一个整体，因为以工业方法为模型的方法必然被经济学定律扩展到其他领域，如物质生产、行政管理、分配领域以及那些自称文化的领域。然而，与此相反的是，社会就其**生产关系**而言是资本主义的。人们依然处在马克思于19世纪中期曾经分析过的那种生产关系中，因为……生产的发生，无论是现在还是过去，主要是为了追求利润。"（同上，117）。

将阿多尔诺的理论进行转述并将其问题和回答借用到现在这个信息社会理论的时代，我们可以假设，对于现今社会结构讨论的根本问题是一个关于"是资本主义社会还是信息社会？"这样一个二选一的问题。根据批判的辩证法理论，我想提出这样一个具有独创性且抽象的回答，即现今社会就其生产**力**要素的状态来说是一个信息社会；然而，与此相反的是，就其生产**关系**而言，当今社会依然是资本主义社会。人们依然处于马克思在19世纪中期曾经分析过的那种生产关系中，无论过去还是现在，主要是为了追求利润，而为了创造更多利润，在生产过程中，科学和信息技术被大量应用。生产力和生产关系是相互联系的，它们相互包容。本章的论点是，信息生产力（知识劳动、信息技术、科学和理论知识）和资本主义的阶级关系不应该被视作是对立的两极，关于信息社会存在与否的讨论不应降低到生产力水平或生产关系水平。这是因为降低到只在生产力层面讨论这个问题会导致出现这样的假设：即我们现在处于一个新社会，信息社会；而降低到只在生产关系层面讨论也会导致我们产生这样一种错觉，即我们依然处于资本主义社会，什么也没有改变。信息生产力（正如生产中的非信息生产力一样）是由阶级关系来斡旋的，而这意味着信息技术的建立（作为生产工具的一部分）和知识工作（其特点是劳动的构成，精神和交往特征高于人工特征）作为经济生产的特征是促进剩余价值剥削、减少可变和不变资本的战略。因此，资本有望实现更高的利润率。那种社会概念仅仅依据信息生产力就可以建构的想法是一种意识形态上的幻觉；相反，说什么也没有改变，因为我们仍然生活在一个由资产阶级关系主导的社会，这是一种可以理解的反应，也是一种意识形态批判的策略。但是，辩证的分析必须指出，正在发生的某些变化是为了支撑阶级结构的深化，但同时也包含了马克思所说的 Keimformen（替代性社会的萌芽形式）。信息生产力的发展本身就是矛盾的，而且与资本主义生产关系相冲突，这些现象随处可见：例如互联网上的文件共享、知识产权的讨论、发达资本主义国家政治版图中海盗政党的出现，或者免费软件的流行（Fuchs，2008，2009）。马克思预言，信息生产力的出现是固定资本发展的必然结果，也就是资本的技术构成和有机构成的提高，其特点是技术在生产中作用的提高是以牺牲活劳动力为代价的。"固定资本的发展表明一般社会知识已经在何种程度上变成了直接的生产力，从而表明社会生活过程的条件本身在何种程度上受到一般智力的控制并按照这种智力得到改造。它表明，社会生产力已经在何种程度上，不仅以知识的形式，而且作为社会实践的直接器官，作为实际生活过程的直接器官被生产出来"（Marx，1857/1858b，706；译者注：《马克思恩格斯全集》第31卷，人民出版社1995年版，第102页）。

马克思提出，因为技术的发展，"整个生产过程"将变为"科学在工艺上的应用"（同上，699；译者注：《马克思恩格斯全集》第31卷，人民出版社1998年版，第94页）。"从简单的劳动过程向科学过程的转化……表现为同活劳动相对立的固定资本的属性"（同上，700；译者注：同上，第95页）。

因此，对马克思而言，信息生产力的兴起与资本通过技术途径获取更多利润积累的需要有着内在的联系。社会在一定程度上已实现了信息化，就像对这种情况的讨论一样，是资本主义发展的结果。

第三、四章和第五章阐述了数字劳动的学术和社会背景。在第六章至十一章中, 我们将分析数字媒体生产背景下所涉及的劳动现状。

注释:

① 联合国贸易和发展会议数据 (2013 年 8 月 8 日访问)。

② 据 SSCI 统计, 题为 "论马克思主义阶级分类及收入不均等" 的论文 (作者 Wright 和 Perrone, 写于 1977 年), 是在经济阶级分析类论文中被引用最多的文章, 共被引用 289 次。此数据获取时间为 2013 年 7 月 9 日。

第二部分

分析数字劳动：案例研究

第六章　数字奴隶制：与 ICT 相关的矿物开采中的奴隶劳动

　　请环视您现在所处的空间，您可能会看到不同的信息和通信技术（ICT）产品，例如，一台计算机、一部打印机或一个移动电话。这些装置是用地球的资源矿物质制成的。通过观察这些工具，我们看不到它们所含的矿物质是在什么条件下开采出来的。本章研究矿工的工作，他们开采制造我们日常使用的数字媒体工具的资源。本章记录了一个令人不快的现实，即这些矿物的一部分是在奴隶般的条件下获得的。数字媒体与数字奴隶制联系在一起，绝大多数提取这些矿物质的奴隶从未拥有过电脑或便携式电脑，他们在高度剥削和暴力的条件下劳动。如果我们的数字媒体是以奴隶工人的鲜血和死亡为基础的，那么，我们应该讨论的问题就产生了。本章我们想指出，没有一个简单的解决方案，奴隶剥削是一种源自利润导向的传媒企业的现象。为了克服数字奴隶劳动，我们必须开始质疑资本主义。

第一节　导论

　　如果你环顾你目前所处的家庭、办公室、公共空间或交通工具，你很可能会看到至少一台与互联网相连的电脑、笔记本电脑或手机。也可能这些设备还有一个如下所言的标签之一：宏碁、苹果、华硕、明基、仁宝、戴尔、富士通、惠普、宏达电、华为、联想、LG、Logic Instruments、摩托罗拉、NEC、诺基亚、Medion、松下、广达、三星、索尼、索尼－爱立信、东芝、纬创通、沃特曼·泰拉或中兴通讯。当被问到"您的计算机、电话从哪里来？谁生产了它呢？"人们可能忍不住回答，"哦，它是由某公司生产的。"信息通信技术用户所掌握的关于他或她的设备的主要信息来自他或她购买产品的零售商或公司。但这些公司只是那些销售这些设备并从这些销售中获得利润的参与者。生产过程本身包括多种形式的劳动，用户是看不见的。然而，如果没有这些劳动，信息和通信技术（ICT）产品就不可能存在，因为它们是复杂的人类劳动过程的对象化。计算机或移动电话由应用程序、操作系统、电缆、机箱、显示器、电池、中央处理器、随机存取存储器（RAM）的数据存储芯片、只读存储器的数据存储芯片、内部存储设备（硬盘、闪存卡）、键盘或其他输入设备和冷却器组成。所有这些组件都需要在复杂的劳动过程中创建，然后组合成一个销售给终端用户的计算系统。由于生产过程的复杂性以及终端信息和通信技术（ICT）产品所涉及的复杂劳动过程的不可见性，"谁生产了你的笔记本电脑或计算机？"这一问题将由许多用户反复思考回答，比如"它是由某公司生产的"。但当被问及他们是否知道到底是在哪里制造的，以及是由谁制造的，他们可能会回答："我不知道。我在 Y 买了它或订购了它。但这个问题很有趣，我有兴趣了解更多关于这方面的情况"。第六章至十一章我们要讨论"笔记本、电脑、移动电话从何而来？是谁生产的？涉及哪种形式的劳动？"通过讨论信息和通信技术（ICT）工作的具体案例，分析信息和通信技术（ICT）生产过程中的步骤并将其理论化：非洲矿山的矿物开采（第六章）、中国的信息和通信技术（ICT）制造和组装（第七章）、印度的软件工程（第八章）、呼叫中心的服务工作（第九章）、硅谷谷歌的软件工程（第十章）以及互联网"产消合一者"或互联网用户的数字劳动（第十一章）。本章采用的分析方法包括对已有的实证数据和理论解释的实证研究结果的介绍，理论框架是将马克思的生产方式理论应用于信息和通信技术（ICT）产业。为此，本章首先介绍了这一理论基础。为了使终端用户能够通过其电话、个人电脑或笔记本电脑连接互联网，需要各种形式的信息和通信技术（ICT）劳动，例如矿物开采、硬件制造和装配、软件工程、服务工作和用户的生产性消费。所有这些劳动形式都对象化于一个单一的信息和通信技术（ICT）设备中，这表明信息和通信技术（ICT）产品具有涉及数字劳动国际分工的一个复杂的时空生产历史，在数字劳动国际分工中，不同形式的劳动创造了计算机或移动电话所必备的使用价值。这些不同的使用价值是在不同的空间不同的时间由不同的工人所创造的，不同的工人处于一定的工作条件之下，所有不同形式的工作结合在一起并对象化于一个单一的信息和通信技术（ICT）设备之中。最后一章介绍了涉及国际分工的数字劳动国际分工的总体情况和理论结果。

第二节　马克思论生产方式

迈克尔·波特（Michael Porter，1985，36）介绍了价值链概念，他把价值链定义为"实施设计、生产、销售、交付和供给其产品的一系列活动的集合体"。他区分了主要活动（入栈和出栈物流、市场营销和销售、服务）和支持活动（采购、技术开发、人力资源管理、企业基础设施）。自从 1985 年以来，"价值链"这一术语成为分析资本组织的一个流行范畴，这体现在学术数据库商业资源总库（Business Source Premier）收录的11682 篇文章摘要中都使用了这一术语（2013 年 5 月 21 日查阅）。这一术语在主流媒体经济学中也被用来分析传统媒体和信息通信技术的价值链。泽迪克（Zerdick，2000，126—135）等人认为，信息和通信技术（ICT）价值链的各个阶段是：采购、硬件制造、外围设备、软件、操作系统软件、用户软件销售以及支持服务。价值链概念使用的主流趋势在于：它侧重于商品生产的各个阶段，往往忽视工作条件和阶级关系的各个方面。批判性研究提出的另一个概念是新的劳动的国际分工（NIDL）。"世界经济的发展日益创造条件（推动新的劳动的国际分工的发展），在这种条件下，越来越多的公司只有通过将生产转移到劳动力廉价、丰富和纪律严明的新工业地点才能生存；简而言之，通过跨国重组生产"（Frbel、Heinrichs and Kreye，1981，15）。进一步的发展是，"商品生产正日益细分为不同的部分，而这些部分可分配给世界上任何一个可提供最有利可图的资本和劳动力组合的地区"（同上，14）。新的劳动的国际分工的概念被用于制造业、欠发达第三世界、妇女就业、移徙、城市转型、文化产业和信息和通信技术（ICT）行业（例如，Cohen，1981，1987；Ernst，1980；Feagin and Smith，1987；Folke、Fack and Enevoldsen，1993；Gamsey and Paukert，1987；Henderson，1986；Huws 等，1983；Huws，2003；Miller 等，2004）。新的劳动的国际分工这个概念的优点在于它强调资本和劳动之间的阶级关系，以及在阶级斗争过程中，资本如何通过生产过程的全球扩散来降低其总工资成本，从而增加其利润；它也是一个涵盖工人反对资本主义结构调整的负面影响而斗争的概念。本章采用方法立足于马克思主义传统，强调全球化分析中的阶级矛盾，探讨了生产方式概念如何能够和新的劳动的国际分工概念相联系。

生产方式的概念一方面强调阶级关系（生产关系）的辩证联系，另一方面强调资本、劳动和技术（生产力）的组织形式之间的辩证联系。阶级关系是一种社会关系，这种社会关系决定谁拥有私有财产，并有权让其他人生产的剩余价值不属于他们自己而是被私有财产所有者所占有。阶级关系包括一个有产阶级和无产阶级：无产阶级被迫生产剩余价值（而被有产阶级占有）。生产关系决定了**产权关系**——谁拥有多少劳动力（全部、一些和没有）份额、生产工具、劳动产品——分配方式和商品的分配，以及用于捍卫产权关系和劳动分工的压迫方式。阶级关系是生产关系的组织形式，在其中，统治阶级控制着所有权和分配方式，以及剥削被统治阶级的压迫方式。在一个无阶级的社会中，人类共同控制着所有权和分配。每个经济体每年生产一定量的产品。特定的资源被投入并且有一个特定的产出。如果经济没有因危机而收缩，那么盈余产品就会产生，即一个初始资源的超量。产权关系决定了谁拥有经济的最初资源和剩余。表 6.3 根据各种所有制模式即产权关系区分了不同的生产方式（父权制、奴隶制、封建主义、资本主义、共产主义）。**压迫的方式**包括：人身暴力（监督员、保安部队、军队）；结构性暴力（市场、制度化的雇佣劳动合同、私人财产的法律保护等）和文化暴力（认为现有秩序是最佳的或唯一可能的秩序的意识形态，并试图通过替罪羊来推迟解决社会问题的意识形态）。我们需要一个自由而没有压迫的社会。**配置和分配模式**定义了产品是如何配给和分配的：在共产主义社会中，每个人都得到生存和满足人类需求所需的任何东西。在阶级社会中，分配是以交换的形式组织的：交换是指用一种产品交换另一种产品。如果你没有什么可交换的，因为你什么都没有，那么你就不能得到其他的商品和服务——除非那些不是用于交换，而是免费提供的商品和服务。交换的组织形式有多种：一般交换、交换价值的交换（x 量商品 A ＝ y 量商品 B）、最大化交换价值的交换以及资本积累的交换。**劳动分工**界定了谁在家庭、经济、政治和文化领域从事哪些活动。从历史上看，存在着性别分工、脑力劳动和体力劳动的分工、由专家进行的许多不同职能的分工以及由于生产全球化而导致的劳动的国际分工。相反，马克思则设想了一个由多面手（通才）组成的社会，它克服了劳动分工，使社会建立在全面的、普遍活跃的人的基础之上。马克思指出，"资本并没有发明剩余劳动。凡是社会上一部分人享有生产资料垄断权的地方，劳动者，无论是自由的或不自由的，都必须在维持自身生活所必需的劳动时间以外，追加超额的劳动时间来为生产资料的所有者生产生活资料，不论这些所有者是雅典的贵族，伊特鲁里亚的神权政治首领，罗马的市民，诺曼的男爵，美国的奴隶主，瓦拉几亚的领主，现代的地主，还是资本家"（Marx，1867c，334—335；译者注：《马克思恩格斯文集》第 5 卷，人民出版社 2009 年版，第 272 页）。马克思提出，在阶级社会中，"劳动 = 创造他人的所有权，所有权将支配他人的劳动"（1857/1858b，238；译者注：《马克思恩格斯全集》第 30 卷，人民出版社 1995 年版，第 192 页）。历史的另一种选择是共产主义社会和生产方式，在这种社会中，阶级关系被瓦解，剩余产品和私有财产被共同拥有和控制。生产关系与生产力系统辩证地相联系：我在本书的第二章第二节第一部分（见图 2.2）中指出，拥有劳动力的人类主体在劳动过程中与生产资料（客体）相互作用，生产资料由劳动对象（自然资源、原材料）和劳动工具（技术）构成。在劳动过程中，人类借助于劳动工具、使用他们的劳动力以改变劳动对象（自然、文化），其结果是一个劳动的产品，也就是黑格尔式的主客体，或如马克思所言的一个产品。在这个产品中，劳动已经与其对象联系在一起：劳动被对象化于产品之中，劳动对象结果被转化为一个满足人类需要的使用价值。生产力是一个系统，在其中，主体生产力（人类劳动力）利用机器生产力（客体生产力的部分）以改造部分自然生产力（也是客体生产力的一个组成部分），进而产生了劳动产品。发展生产力系统的目标之一是提高劳动生产率，即每单位时间劳动产生的产出（产品数量）。因此，马克思把生产力发展的概念（劳动生产率的提高）定义为："劳动生产力的提高，我们在这里一般是指劳动过程的这样一种变化，这种变化能缩短生产某种商品的社会必需的劳动时间，从而使较小量的劳动获得生产较大量使用价值的能力"（Marx，1867c，431；译者注：《资本论》第 1 卷，人民出版社 2004 年版，第 366 页）。发展生产力的另一个目标是通过减少必要劳动时间和艰苦的劳动来促进人的自身发展。

工作工具可以是人类的大脑和身体、机械工具和复杂的机器系统，还包括特定的时空组织，即在特定时间内运作的生产地点。最重要的是取决于生产力水平的必要的工作时间，也是保障社会生存所需的每年的工作时间。工作的对象和产品可能是自然、工业或信息资源，也可以是它们的组合。人类主体拥有劳动力，再生产工作是再生产、维持和再创造人类生存的工作，它创造了满足人类基本需求的生存手段。创造人类生存手段的组织是在三个相互关联的层面上组织起来的：个体领域、社会领域、体制领域。所有三个层面的再生产在影响人类身心的两个相互联系的层面上运行。人类在个体、社会和体制层面上仅作为心灵和身体的互动而存在。表 6.1 总结了组织和创造人类再生产的个体、社会和体制结构。

表 6.1 指出，身体和心灵以及人类生存的相应领域是一体而无法分离的，它们是辩证地交织在一起的，这意味着它们有自身的存在，并且相互联系和相互构成。例如，像修剪花园这样的体力劳动，既需要手的肢体运动也需要创造性的思考如何科学地种植树木、花草。随着时间的推移，花园的外观和发展状况塑造了园丁的想象力，而园丁的想象力有待改进。所有这些进行中的变化导致了花园的物理分化。传统的身心分离形成了阶级分化，从而将一种特定类型的活动分配给某一特定群体，而将相反的活动形式分配给了另一群体（例如家务劳动或雇佣劳动、生产或管理）。这种

情况所实施的管理和剥削在思想上是说得通的，因为这是一种将人类主体的两个领域分开的身心二元论。

表6.1 人类主体的生存或再生产方式

	思想、信息、上层建筑、文化和政治	身体、身体检查、经济基础、自然、经济
体制需求	教育机构、卫生和医疗保健机构、研究结构；媒体、艺术和文化决策机构及协会	卫生和医疗保健、工作场所
社会需求	社会关系、交往、语言、爱情、友谊、合作	生育、性关系、合作
个体需求	精神、情感、知识、技能、创造力、心理健康、自尊、自爱、美、自我实现、价值观、道德、目标	食物、水、空气、住所、睡眠、休息、影响、性、住房、身体健康、温暖

表6.2 生产力的三种组织方式

方式	劳动工具	劳动对象	劳动产品
农业生产力	身体、脑、工具、机器；	自然	基本品
工业生产力	身体、脑、工具、机器；	基本品、工业品	工业品
信息生产力	身体、脑、工具、机器；	经验、思想	信息产品

生产力是创造使用价值的生产系统。生产力有不同的组织方式，例如农业生产力、工业生产力和信息生产力。表6.2给出了一个概览。

图6.1概述了生产关系和生产力的各个方面。

对于马克思而言，历史是生产方式的继承和扬弃。生产方式是生产力和生产关系的统一。如果这些方式是以阶级为生产关系的话，那么它们就会产生特定的矛盾，从而导致一种生产方式的扬弃和一种新的生产方式的产生。历史以这样的方式发展，"已成为桎梏的旧的交往形式被适应于比较发达的生产力，因而也适应于更进步的个人自主活动类型的新的交往形式所代替；新的交往形式又会变成桎梏并为别的交往形式所代替"（1846，

生产力　⟷　**生产关系**

主体、劳动力：
生存或再生产资料：
个体的、社会的、体制的。

所有制形式：
劳动力、
生产资料、
劳动产品。

生产对象、生产资料：
劳动工具：
身体、大脑、工具、机器、空间—时间。
劳动对象：
自然资源、工业资源、信息资源。

压迫形式：
无
身体暴力、
结构性暴力、
意识形态暴力。

配置或分配方式
依据他或她各自的需求，
为交换价值而进行的交换的交换；
最大化交换价值的交换；
资本积累的交换。

主体/对象，劳动产品：
自然产品、
工业产品、
信息产品。

劳动分工：
家务劳动、
体力或脑力劳动、
通才或专业劳动、
政治活动。

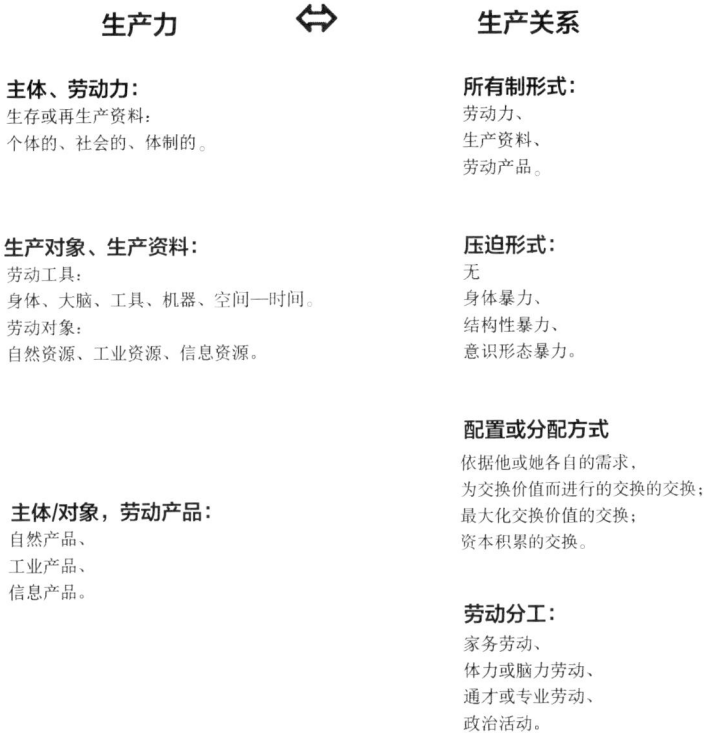

图6.1　生产力和生产关系维度

91；译者注：《马克思恩格斯全集》第 3 卷，人民出版社 1960 年版，第 81 页）。阶级关系和生产力在历史上产生了一系列矛盾，而这些矛盾导致了新的生产方式的建立。

在马克思的《经济学手稿（1857—1858 年）》西方各界称其为《大纲》（Grccndrisse）（Marx，1857/1858b，471ff；译者注：《马克思恩格斯全集》第 30 卷，人民出版社 1995 年版，第 465 页）的"资本主义生产以前的各种形式"一节，也就是《德意志意识形态》"费尔巴哈：关于唯物主义和唯心主义的世界观"（Marx and Engels，1845/1846；译者注：《马克思恩格斯全集》第 3 卷，人民出版社 1960 年版，第 19 页）部分中，马克思论述了下列生产方式的历史顺序：

(1) 以父权制家族为基础的部落社区

(2) 古代城邦的公有制（罗马、希腊）

(3) 农村的封建生产

(4) 资本主义

因此，马克思讨论的具体的历史性生产方式是：家庭或部落的生产方式、古代奴隶制社会的生产方式、封建制度和资本主义的生产方式。在下面的概述中，古代奴隶制社会和封建制度社会是结合起来进行讨论的，因为在这两种社会中，奴隶是整个经济的重要组成部分。此外，我还增加了一节，重点讨论了信息生产作为资本主义生产方式中一种相对较新的发展状况。

依据马克思的观点，部落生产方式、古代生产方式和封建生产方式都是以占有自然为基础的，它们的形式是："土地财产和农业构成经济制度的基础"，"对土地这种最初的劳动工具、试验场和原料储藏所的占有"，"把土地当作财产，这种关系总是要以处在或多或少自然形成的或历史地发展了的形式中的部落或公社占领土地为中介"（Marx，1857/1858b，485；译者注：《马克思恩格斯全集》第30卷，人民出版社1995年版，第476—477页）。这些只是其他的表达方式——说明这些生产方式处于农业社会生产力水平的其他表达方式，自然是劳动将其转化为使用价值的基本劳动对象。资本主义生产方式的兴起包括大规模工业和机器的制造，这意味着"人类生存的这些无机条件（＝自然）同这种活动的存在（＝劳动）之间的分离，这种分离只是在雇佣劳动与资本的关系中才得到完全的发展。"（同上，489；译者注：同上，第481页）。这意味着马克思认为，资本主义生产方式的兴起和工业化的兴起相结合，而工业化的兴起实际上是一种生产力的组织方式的兴起。资本主义的诞生使得人类"与土地相分离；……土地所有制关系的解体"（同上，502；译者注：《马克思恩格斯全集》第 30 卷，人民出版社 1995 年版，第 496 页）。资本主义因此也必然导致工厂作为工业生产单位而建立起来。这种转变带来了"劳动资料如何从工具转化为机器"（Marx，1867c，492；译者注：《资本论》第 1 卷，人民出版社 2004 年版，第 427 页），该系统包括发动机、传动机构、工具机或工作机（494，译者注：同上，第 429 页），或表现为各个局部工作机的结合（501；译者注：同上，第 436 页）。

古典奴隶制、农奴制和雇佣劳动是阶级关系的三种重要的历史形式："随着在文明时代获得最充分发展的奴隶制的出现，就发生了社会分成剥削阶级和被剥削阶级的第一次大分裂。这种分裂继续存在于整个文明期。奴隶制是古代世界所固有的第一个剥削形式，继之而来的是中世纪的农奴制和近代的雇佣劳动制。这就是文明时代的三大时期所特有的三大奴役形式；公开的而近来是隐蔽的奴隶制始终伴随着文明时代"（Engels，1884；译者注：《马克思恩格斯全集》第 21 卷，人民出版社 1965 年版，第 200 页）。表 6.3 依据占统治地位的所有制形式（自我控制、部分自我控制以及部分异化控制、完全异化控制）给出了一个生产方式的分类。

表6.3　各种生产方式中的主要所有制形式

	劳动力的所有者	生产资料的所有者	劳动产品的所有者
父权制社会	家长	家长	家庭
奴隶制社会	奴隶主	奴隶主	奴隶主
封建社会	部分自我控制；部分领主控制	部分自我控制；部分领主控制	部分自我控制；部分领主控制
资本主义社会	工人	资本家	资本家
共产主义社会	自己	所有人	部分所有人；部分个体

但是，生产方式之间如何彼此相关联呢？以历史性的方式来看，它

们彼此相互取代，或者以历史逻辑的方法来看，在一种特定的社会形态中，它扬弃了旧的社会形态，但却包含了旧的生产方式于自身之中。睢鲁·巴纳吉（Jairus Banaji，2011）认为，斯大林主义和庸俗的马克思主义基于这样的假设概念化了生产方式：一种特定的方式只包含一种特定的历史性劳动方式和剩余价值占有方式，并清除了先前的方式，因此历史发展以线性的方式演化：奴隶社会→封建社会→资本主义社会→共产主义社会。所以，阿尔都塞和巴利巴尔（Althusser and Balibar，1970）认为，社会的历史发展是非辩证地，并不涉及否定，而是"从一种生产方式过渡到另一种生产方式"，从而使一种方式取代另一种方式。他们得出的这一历史概念就是为什么汤普森（1978a，131）将阿尔都塞的方法定性为"理论层面的斯大林主义"的原因之一。斯大林主义的"形而上学—学术形式主义"（Banaji，2011，61）已被复制到自由主义的理论假设之中，即从农业社会到工业社会、再到信息社会，每个阶段都有一个进化的历史发展，因此每一个阶段都消除了前一个阶段（如贝尔1974年和托夫勒1980年提出的）。这表明在理论领域，今天的自由主义者是当代的斯大林主义者。巴纳吉认为，资本主义经常强化封建或半封建的生产关系。在欧洲和国外的部分地区，封建主义只会发展成"商品生产企业"（Banaji，2011，88）。在世界其他区域，如果没有奴隶制和封建主义，资本主义也会发展起来（同上，6）。与形式主义的解释不同，巴纳吉提出了对马克思理论的一种复杂解读，即一种生产方式"能够包含更早的形式"（同上，1），"在非常不同的生产方式中可以找到类似的劳动使用形式"（6），资本主义正在"通过**多种**形式的剥削在运行"（145），是一种综合发展形式（358）。这种形式将"各种剥削方式和劳动的组织方式一体化以推动剩余价值的生产"（359）。生产方式是生产力和生产关系的统一体（Marx and Engels，1845/1846，91）。如果这些方式是以阶级作为生产关系的话，那么它们就有特定的矛盾，从而导致一种生产方式的否定（扬弃），并产生一种新的生产方式。一种新的生产方式的产生并不一定要废除而是要否定（**扬弃**）旧的生产方式。这意味着历史对马克思来说是一个辩证的过程，这正是黑格尔对术语扬弃（**否定**）一词的三重含义：（1）发展（2）否定和（3）继承中发展为（1）有新质的经济，（2）旧的生产方式的统治地位消失了，（3）但这种旧方式以一种特定形式继续存在于新方式中，并与新方式相联系。然而，资本主义的兴起并没有终结父权制，父权制仍然以这样一种方式存在着：一种特定的家庭经济产生，它发挥着现代劳动力再生产的作用。扬弃可能或多或少是基本的，从资本主义向共产主义的过渡需要从根本上消除资本主义，但问题是，这种根除是否立即成为可能。淘汰和保存可以在不同程度上进行，否定可以或多或少地是根本性的。抛弃和继承可以在不同程度上进行，否定也是一个非线性的过程，总是有可能建立类似于以前的组织模式的关系。资本主义是在这种生产关系的层次上组织起来的：一方面是资本所有者，另一方面是有报酬 / 无报酬的劳动者和失业者。在生产力层面，从工业生产力发展到信息化生产力，信息生产力不是消灭而是扬弃（**否定**）其他生产力（Adorno，1968/2003，chapter 5）：信息产品的存在需要大量的物质生产，这包括农业生产、矿业生产和工业生产。信息资本主义的产生并没有虚拟化生产或使其无量化或非物质化，而是以物质生产为基础（Huws，1999；Maxwell and Miller，2012）。然而，资本主义是一种生产方式，术语"农业社会""工业社会""信息社会"定义了生产力的具体组织形式（本书第五章，Adorno，1968/2003）。

新的劳动的国际分工在时空上以如此方式组织了劳动过程：整个商品的具体组成部分在全球经济的特定空间生产，并重新组装以形成一个商品销售的连贯整体。因此，这可以指挥全球和整个白天的劳动，剥削在时空上得以拓展。新的劳动的国际分工（NIDL）以两种特定方式与生产方式相联系：

（1）在**生产力**层面，它以生产网络形式将各种生产例如农业劳动、工业劳动、服务劳动、知识劳动、无偿消费和用户劳动联系起来。这种生产网络形式把自身对象化于产品和服务之中，但工人和消费者不会自动看见。

（2）在**生产关系**层面，目标是通过降低工资成本以最大化利润，工资成本的降低利用：

（a）将生产过程的具体步骤转移到工作条件不稳定的国家，从而使得各国工人阶级相互竞争，还往往被新自由主义政治利用，以缩小工人规模、撤销保护工人的机制以及资本主义福利国家模式，

（b）调动各种前资本主义的阶级关系（父权制、奴隶制、封建主义）与资本主义阶级关系相结合。

罗莎·卢森堡（1913/2003）认为，资本主义需要非资本主义的环境，原始积累是一个持续性的过程，并创造了新的领域和积累空间。她写道：一方面，"资本主义需要非资本主义的社会组织"，另一方面，"资本主义必须全力以赴才能在领土和社会组织上获得支配地位"（同上，346）。

大卫·哈维（David Harvey，2005，2007）对卢森堡的解释是，资本主义需要创造新的积累领域，以克服自身的危机倾向。非雇佣劳动转变为雇佣劳动或公共服务转变为资本主义的积累领域是连续性原始积累的具体形式。其他形式是创造各种类型的无报酬、前资本主义、封建制、父权制或奴隶劳动，这些劳动与资本主义积累有关。

以下各节将举例分析全球数字媒体生产中的各种剥削形式，以及它们与具体的生产方式和生产力组织形式之间的关系。接下来的讨论将试图展示家务劳动、奴隶制和资本主义生产方式的组织模式如何在创造数字媒体

的全球劳动分工中发挥着相互关联的作用。对数字媒体经济中早期生产方式和资本主义组织形式的连续性、否定性和非连续性的分析，有助于我们认识到："信息社会"不是新自由主义和管理主义意识形态所宣称的全新事物，而且剥削是当代全球资本主义社会中数字媒体存在的一个核心方面。

一、家庭无酬劳动的生产方式

马克思和恩格斯认为，私有财产和奴隶制起源于家庭：私有财产的第一种形式"在家庭中已经出现，在那里妻子和孩子是丈夫的奴隶。家庭中的奴隶制（诚然，它还是非常原始和隐蔽的）是最早的所有制，但就是这种所有制也完全适合于现代经济学家所下的定义，即所有制是对他人劳动力的支配"（Marx and Engels，1845/1846，52；译者注：《马克思恩格斯全集》第 3 卷，人民出版社 1960 年版，第 36—37 页）。家庭是一种生产方式，在这种生产方式中劳动力不是商品，而是由个人和情感关系组织起来的，这种关系产生了承诺，其包括：无酬并产生情感的家庭工作、社会关系和人类身心的再生产，因此这些工作可以被称为再生产工作。从历史上看，主要是妇女在家庭中从事身体和情感或照料工作。家庭中的工作强迫主要是情感和社会方面的（家务工人感到一种情感上的承诺，这激发了他们的活动），但也往往是经济的（家务工人的生存依赖于其他家庭成员的工资收入）和一定的物质性暴力（家庭中的虐待、暴力）。

但是，再生产性劳动和无酬劳动一般在资本主义社会中起什么作用呢？在《大纲》中，马克思认为劳动是共同或结合劳动（Marx，1857/1858b，470；译者注：《马克思恩格斯全集》第 30 卷，人民出版社 1995 年版，第 464 页），劳动者是总体工人（Gesamtarbeiter）。这一思想也被用于《资本论》第 1 卷中，他将总体工人定义为总体劳动者，即结合劳动人员（Marx，1867c，643；译者注：《资本论》第 1 卷，人民出版社 2004 年版，第 582 页），并认为，"为了从事生产性劳动，现在不一定要亲自动手；只要成为总体工人的一个器官，完成他所属的某一种职能就够了"（同上；译者注：同上，第 582 页）。结合工人是"总劳动者"，他们的"**结合起来的劳动**在物质上就直接实现为同时就是商品总量的全部（aggregate）产品"（同上，1040；译者注：《直接生产过程的结果》，田光译，人民出版社 1964 年版，第 106 页）。这种"总劳动能力的活动"是"剩余价值的直接生产，从而由剩余价值到**资本的直接转化**"（同上，译者注：[德]马克思：《直接生产过程的结果》，人民出版社 1964 年版，第 106 页）。这意味着，在资本主义社会中，总体工人是创造价值、剩余价值和资本的生产性工人。总体工人概念允许我们对马克思做这样的解释：雇佣劳动不是核心，因为总体工人是结合劳动力，也包括那些无酬的但却直接或间接服务于资本需求的活动。劳动力需要再生产，也就是说，在一天中的某一段时间里，有些活动有助于工人重新创造和维持他或她的劳动能力。"同任何其他商品的价值一样，劳动力的价值也是由生产从而再生产这种独特物品所必须的劳动时间决定的"（同上，274；译者注：同上，第 198 页）。这包括工人和他们的家庭成员的生计资料；实践、培训和教育费用等（Marx，1861—1863）。这意味着，有一些活动需要某些人且是其为了再生产劳动力来完成。为此我们可以谈及再生产劳动力，这是一种大部分没有报酬的劳动形式。非雇佣劳动"确保了劳动力和生活条件的再生产"（Mies，ennholdt—Thomsen and Werlhof，1988，18），它是用于"生活中的生产、或生计生产"（同上，70）劳动。

二、古代和封建奴隶制的生产方式

马克思、恩格斯（1845/1846；译者注：《德意志意识形态》）认为，古代共有的财产形式（例如，古罗马）是公民的公有制。它本来是以奴隶制为生产方式的，然而，这种财产形式是以城邦为基础的。封建所有制在农村。封建时期的奴隶制有一种特殊的形式：农民是奴隶。在城市里，工匠们以个人所有制和生产为基础，成为一个特殊的经济群体。"一方面，在封建时代财产最初由土地构成，农奴的劳动被束缚于土地之上；另一方面，个体的私人劳动用他的小资本指挥熟练工人的劳动。""这样，封建时代的所有制的主要形式，一方面是地产和束缚于地产上的农奴劳动，另一方面是拥有少量资本并支配着帮工劳动的自身劳动"（同上，40；译者注：《马克思恩格斯全集》第 3 卷，人民出版社 1960 年版，第 28 页）。

一个雇佣工人的劳动力是有其价格的，也就是他的工资，而奴隶的劳动力是没有价格——因为他不是商品。然而，奴隶他或她自身是有价格的，这意味着其整个身心可以作为商品从一个奴隶主卖到另一个奴隶主那里，奴隶主控制着奴隶的一生。"作为奴隶，劳动者具有交换价值，具有价值；作为自由工人，他没有价值；只有通过同工人交换而得到的对工人劳动的支配权，才具有价值"（Marx，1857/1858b，288—289；译者注：《马克思恩格斯全集》第 30 卷，人民出版社 1995 年版，第 249 页）。所以，在奴隶社会，货币只是买卖财产（就像一种生产资料）奴隶的手段，但它并不是一种调解奴隶主与奴隶之间关系的手段："古代人可以直接购买劳动，购买奴隶；但是奴隶却不能用自己的劳动购买货币"（同上 224；译者注：《马克思恩格斯全集》第 3 卷，人民出版社 1960 年版，第 177 页）。"罗马法规定奴隶是不能通过交换为自己取得任何东西的人"（同上，245；译者注：同上，第 200 页）。

古代奴隶制度和封建主义的奴隶都被当作一件东西对待，并具有一件东西的地位："在奴隶制关系下，劳动者属于个别的特殊的所有者，是这种所有者的工作机。劳动者作为力的表现的总体，作为劳动能力，是属于他人的物，因而劳动者不是作为主体同自己的力的特殊表现即自己的活的劳动活动发生关系。在农奴制关系下，劳动者表现为土地财产本身的要素，完全和役畜一样是土地的附属品。在奴隶制关系下，劳动者只不过是活的工作机，因而它对别人来说具有价值，或者更确切的说，它是价值"（同上，464—465；译者注：同上，第457页）。奴隶制生产方式的压迫手段就是人身暴力："古代世界的基础是直接的强制劳动；当时共同体就建立在这种强制劳动的现成基础上"（同上，245；译者注：同上，第200页）。这意味着如果他或她拒绝劳动，就会被杀掉。

三、资本主义生产方式

马克思（1867c）在《资本论》第1卷"原始积累"一章（第八部分，所谓"原始积累"）中指出，从封建社会到资本主义社会阶段意味着劳动者的身体不再是（奴隶主或封建地主的）私有财产，而成为他或她自己的财产了。因此工人开始被迫向资本家出售他或她的劳动力，以赚取维持生存的工资。同时，工匠和农民失去了对生产资料的控制权而成为雇佣工人，而生产资料变为私有财产。"资本主义的原始积累，即资本的历史起源，究竟是指什么呢？既然它不是奴隶和农奴直接转化为雇佣工人，因而也不是单纯的形式变换，那么它就只是意味着直接生产者的被剥夺，即以自己劳动为基础的私有制的解体"（Marx，1867c，927；译者注：《资本论》第1卷，人民出版社2004年版，第872页）。原始积累过程始于15—16世纪，依据马克思观点，"为资本主义生产方式奠定基础的变革序幕，是在十五世纪最后的 30 多年和十六世纪最初几十年演出的。由于封建家臣……的解散，大量不受法律保护的无产者被抛向劳动市场。虽然王权——它自己也是资产阶级发展的一个产物——在追求绝对权力时，用暴力加速了这些家臣的解散，但王权绝不是这件事情的唯一原因。不如说，同王室和议会顽强对抗的大封建主，通过把农民从土地（农民对土地享有和封建主一样的封建权利）上强行赶走，夺取他们的共有地的办法，造成了人数更多的无比的无产阶级。在英国，特别是弗兰德毛纺织工场手工业的繁荣，以及由此引起的羊毛价格的上涨，对这件事情起了直接的推动作用"（同上，878—879；译者注：同上，第 825 页）。马克思把双重自由视为资本主义工人的特质："自由劳动具有双重意义，他们本身既不像奴隶、农奴等那样，直接属于生产资料之外，也不像自耕农等等那样，有生产资料属于他们，相反地，他们脱离生产资料而自由了，同生产资料分离了，失去了生产资料。商品市场的这种两极分化，造成了资本主义生产的基本条件。资本关系以劳动者和劳动实现条件的所有权之间的分离为前提。资本主义生产一旦站稳脚跟，它就不仅保持这种分离，而且以不断扩大的规模再生产这种分离。因此，创造资本关系的过程，只能是劳动者和他的劳动条件的所有权分离的过程，这个过程一方面使社会的生活资料和生产资料转化为资本，另一方面使直接生产者转化为雇佣工人。因此，所谓原始积累只不过是生产者和生产资料的分离的历史过程。这个过程所以表现为'原始的'，因为它形成资本及与之相适应的生产方式的前史"（同上，874—875；译者注：同上，第 821—822 页）。

四、信息生产力

我早些时候已经指出，马克思认为资本主义的兴起与从农业经济向工业经济的过渡有关。马克思描述了由于技术创新而导致的生产力提高是如何招致信息经济对工业经济的扬弃的。马克思预言，信息生产力的出现是固定资本发展的结果，即以牺牲活劳动力为代价、提高技术在生产中的作用，资本的技术和有机构成不断提高为特征。马克思认为，随着技术的发展，"整个生产过程"变为"科学在工艺上的应用"（Marx，1857/1858b，699；译者注：《马克思恩格斯全集》第31卷，人民出版社1998年版，第94页）。"生产过程从简单的劳动过程向科学过程的转化……表现为同活劳动相对立的固定资本的属性"（同上，700；译者注：同上，第95页）。所以，对于马克思而言，信息生产力的兴起与资本寻找能够积累更多利润的技术途径的需要有着内在的联系，社会不得不在一定程度上信息化是资本主义发展的结果。

所以，马克思预期了信息经济的兴起——"社会智力的一般生产力"（同上，694；译者注：同上，第92页）——它正面临着活劳动和死劳动之间的对立，这种对立表现在危机和矛盾之中。然而，他并没有认为信息经济必然会终结资本主义。这种情况在今天我们生活在资本主义信息经济的情况下是明显的，虽然知识的社会特征促进了工作的社会化和共产主义的潜力，而这可能导致共产主义的信息经济或社会，但不会自动地在历史上必然地这样做。信息经济的兴起是对工业经济生产力水平的扬弃，它导致了一种新的财产矛盾（例如，文件共享者与知识产权拥有者之间的矛盾，这种矛盾是基于文化的公共性和其现实的商品性之间的矛盾）的产生，但这并不否定阶级关系。当代社会的生产关系是资本主义性质的，而生产力又是信息化、工农业并举的。

信息生产力中的工作表现为知识工作的形式，马克思称之为一般智力工作（同上，706；译者注：同上，第102页）。"固定资本的发展表明，一般社会知识，已经在多么大的程度上变成了直接的生产力，从而社会生活过程的条件本身就在多么大的程度上受到一般智力的控制并按照这种智力得到改造。它表明社会生产力已经在多么大的程度上，不仅以知识的形式，而且作为社会实践的直接器官被生产出来"（同上；译者注：同上，第102 页）。信息生产力不是一种新的生产方式，而是生产力组织方式的扬弃。所以，信息社会是资本主义社会内部的变化，但它含有促进劳动社会化的潜力，从而与阶级关系相矛盾，构成后资本主义生产方式的萌芽形式。

表 6.4　ICT 行业中的主要金属

矿物类型	主要生产国	ICT 行业中的使用	最大进口商
铍	美国、中国、莫桑比克	计算机、手机、电话	俄罗斯、哈萨克斯坦、日本、肯尼亚
钴	刚果民主共和国（DRC）、澳大利亚、俄罗斯、新喀里多尼亚（法国）、赞比亚、俄罗斯、加拿大	笔记本电脑、手机、电话、MP3 播放器、仪表盘和数码相机中的可充电电池	中国、挪威、俄罗斯、加拿大
镓	中国、德国、日本、乌克兰	移动电话	德国、加拿大、英联邦、中国
铟	中国、韩国、日本、加拿大、比利时、巴西	笔记本电脑、平板电脑、手机	中国、加拿大、日本、比利时
钯	俄罗斯、南非、加拿大、美国、津巴布韦	移动电话、计算机、电容器	俄罗斯、南非、英国、挪威
白金	南非、俄罗斯、加拿大、津巴布韦、美国	硬盘	德国、南非、加拿大、英国
稀土族	中国、印度、巴西、马来西亚	手机、笔记本电脑、计算机、数码相机	中国、法国、爱沙尼亚、日本
钽或钶钽铁矿石	澳大利亚、巴西、刚果民主共和国（DRC）、卢旺达、莫桑比克、加拿大	手机、电脑、数码相机、各种电子产品（手机、控制台、笔记本电脑、MP3 播放器等）用的电容器	巴西、加拿大、德国、俄罗斯
锡	中国、印度尼西亚、秘鲁、玻利维亚、巴西、澳大利亚、越南、刚果民主共和国（DRC）	印刷电路板、用于计算机的焊接物、移动电话、MP3 播放器、游戏机控制台	秘鲁、玻利维亚、印度尼西亚、中国

来源：芬兰观察（2007）；跨国企业研究中心 SOMO（2007）；美国地理调查统计（2012）

第三节　数字媒体和矿物质

"笔记本电脑、手机、游戏、MP3 播放器和网络摄像头等产品含有大量金属，其中最重要的是铝、铁、铜、镍和锌。而其他金属仅仅是很小量的使用，如铍、钽、铟、铂族金属，对于今天的消费类电子产品也是必不可少的。据估计，除了电池和电池充电器之外，金属占手机重量的 25%，最大量的种类繁多的金属在电路板上。"（SOMO，2007，10）表 6.4 的统计数据表明，非洲国家（刚果民主共和国、埃塞俄比亚、莫桑比克、卢旺达、南非、赞比亚、津巴布韦）是信通技术所需矿物的最大生产国之一，而它们几乎不属于重要的进口国。这表明，信息和通信技术（ICT）产品价值链是以劳动分工为基础的，在这种分工中，非洲扮演着重要且相对便宜的自然资源（由于高度剥削劳动力而便宜）的角色；而这些资源进一步的加工是在亚洲国家，特别是中国。在全球信息和通信技术（ICT）价值链中，非洲是一个被高度剥削的经济殖民地。正如我们将要看到的那样，这种殖民地位是以对非洲人高度的劳动剥削和奴隶般劳动为基础的。马克思认为殖民地是原始积累的一种形式。"美洲金银产地的发现，土著居民的被剿灭、被奴役和被埋葬于矿井，对东印度开始进行的征服和掠夺，非洲变为商业性地猎获黑人的场所——这一切标志着资本主义生产时代的曙光。这些田园诗式的过程是原始积累的主要因素。"（《资本论》第 1 卷，人民出版社 2004 年版，第 860—861 页）。当代经济殖民地的存在表明，原始积累是一个连续性的过程，资本主义利用它来获得资源和劳动力，从而通过最大化剥削来最小化投资成本。然而，信息和通信技术（ICT）产品所需要的矿物质一般在非洲和中国开采，但其冶炼、提炼和浓缩往往在亚洲国家，例如，泰国、马来西亚、中国和印度尼西亚，这些国家提供电子产品市场（Finnwatch，2007，37）。"电子品牌公司已将它们的大部分生产外包给了亚洲。其直接结果是，亚洲矿业公司和贸易商求助于铜带（刚果民主共和国和赞比亚的铜带），以确保用于制造业的金属"（Swedwatch，2007，8）。

特别是钴、钽（从钶钽铁矿石中提取）和锡石（一种氧化锡金属）是在刚果民主共和国开采（DRC）的、用于信息和通信技术（ICT）产品的矿物质。托马斯·罗安达（Thomas Luanda）是戈马当地一个非政府组织的主任，也是比西（Bisie）矿所在地瓦利卡莱（Walikale）的本地人，他说，在"1993 年之前，这些矿物不为人所知"（Eichstaedt，2011，111）。自 20 世纪 90 年代以来，手机、电脑和视频游戏机的使用日益增多，而这刺激了对这些矿物的需求，尤其是对廉价资源的需求，这些资源使得人们能够获得高额利润。乍一看，刚果民主共和国东部的冲突主要是意识形态方面的原因，即胡图族和图西族之间的冲突。与信息和通信技术（ICT）相关的矿物质方面是这场战争辩论的盲点，即关于矿井控制的实质和致命冲突的盲点。Nest（2011，26）估计，刚果民主共和国 2008 年生产的钶钽铁矿石占世界产量的 21%，而 Yager（2012 年）估计，2010 年 DRC 萃取了钴的世界产量的 51%、钽的 14% 和锡的 3%。

一项关于南非提取钯和铂的研究（SOMO，2007）发现，有证据表明如下状况：恶劣的工作条件、童工、社区流离失所、土地退化、环境污染、水污染、大量用水、空气污染、工人的呼吸系统疾病（如硅肺）、低工资、没有福利、缺乏培训、不稳定的合同工作、缺乏工作保障和加班费发放不足。2012 年 8 月，马里卡纳（Marikana）铂矿的矿工罢工，要求矿主 Lonmin 提高工资。警方打死 34 名罢工工人，打伤数十人。Lonmin 在一项公开声明中写道，对于死亡工人的家庭他们深感遗憾，公司与工会进行了接洽，因此"我们看到的非法罢工令人失望，而且具有破坏性"（Lonmin，2012）。这可以被解释为，罢工是一场野猫罢工，这一事实使警察杀害工人的行为合法化。世界上一些主要新闻媒体（英国广播公司、《卫报》、《纽约时报》①）的报道都集中在警察暴力上，却没有提及这些杀戮与信息和通信技术（ICT）产业有关：白金是生产硬盘的一种重要原材料。所有硬盘都含有铂，据估计，铂平均占硬盘合金的 35%②。这意味着信息和通信技术（ICT）产品不仅仅基于对非洲矿井工人的剥削，而且是流血的剥削。蓄意杀害罢工工人不仅仅是资本主义的一个方面，依据法西斯理论，它是资本主义法西斯一面的表现。"法西斯主义是恐怖分子组织对工人阶级以及革命的农民、知识分子的复仇。在外交政策方面，法西斯主义是大国沙文主义的最残酷的形式，煽动对其他国家的野蛮仇恨"（Dimitrov，1935）。"法西斯主义是法西斯政党（国家社会主义）、官僚结构、军队和大企业的专政，是对全体人民的专政"（Neumann，1942，295）。信息和通信技术产业是一个血腥的产业，其凶残性和剥削性隐藏在商品拜物教的背后：例如，像电脑或硬盘这样的东西是劳动关系的产物，但这些关系是不能通过审视产品而被观察和体验到的，它们隐藏在终端产品的背后。"最具讽刺意味的是，工作是文化作品中最难看到的部分。这在一定程度上是由于当代政治经济国际分工中文化劳动的分散和被淹没所致"（Maxwell，2001b，2）。信息和通信技术（ICT）产品零售商从大型信息和通信技术（ICT）生产商那里购买产品，后者倾向于外包硬件制造，并从其他公司购买硬件组件。这些公司购买的金属源自加工公司从中间商那里购买的原材料，而原材料来自最初的开采者。这个复杂的全球价值链涉及许多嵌套的社会关系，因此在上层看不到潜在的社会关系。消费者知道他们的手机或笔记本上有哪些标签，他们从哪个零售商那里买了这个设备，但是他们拥有的死的东西不会说话；它们对创造自身的活的劳资关系极为沉默。

刚果民主共和国从 1885 年起一直是比利时的殖民地，直到 1960 年独立。1960 年刚果民族运动赢得议会选举，帕特里斯·卢蒙巴（Patrice Lumumba）成为刚果民主共和国第一任总理。但他在 1961 年被比利时军队和美国支持的分离主义分子杀害。1971—1997 年，蒙博托·塞塞·塞科（Mobutu Sese Seko）统治着这个国家，其实是亲美的一党制统治。胡图人和图西人之间的卢旺达内战（1990—1994 年）影响了刚果民主共和国，因为许多胡图族士兵逃到那里，组成了解放卢旺达民主力量（卢民主力量）民兵，导致与卢旺达接壤的刚果民主共和国东部发生军事冲突。巴尼亚穆伦格人是居住在刚果（金）东部的并被胡图人和政府军攻击的图西族卢旺达人，他们希望逼迫胡图卢旺达人离开刚果民主共和国。蒙博托（Mobutu）支持解放卢旺达民主力量，并下令刚果民主共和国东部的图西人应该离开该国家，否则他们将被杀死。蒙博托的统治在第一次刚果战争（1996—1997 年）中结束，在那里，由洛朗·卡比拉（Laurent Kabila）领导、图西人领导的卢旺达和乌干达支持的叛军接管了政权。在卡比拉允许胡图族士兵在刚果民主共和国东部重新组织之后，卢旺达和乌干达都背叛了他，这导致了第二次刚果战争（1998—2003 年）。在这场战争中，卡比拉的部队在安哥拉、纳米比亚和津巴布韦的支持下与卢旺达和乌干达支持的叛军作战。2001 年卡比拉被杀后，他的儿子约瑟夫（Joseph）接手政权。刚果民主共和国东部仍然是一个每天都在发生武装冲突的地区。据估计，1998—2007 年，540 万人在刚果被杀。这些战争形成了自第二次世界大战以来最致命的人类灾难（Eichstaedt，2011，8）。这个国家经历的贫穷和暴力的刺激形成了这样的状况：为了生存，每个人无论做什么都是必要的，从而为现代奴隶制形式的存在创造了条件。

第四节　数字劳动国际分工中的采矿业生产力：劳动力和劳动对象、劳动工具和劳动产品

在刚果民主共和国，与信息和通信技术（ICT）行业相关的采矿涉及锡石锡矿、钽矿石钶钽铁矿石（即通过精炼转化成金属钽）、黑钨矿和黄金（Finnwatch and Swedwatch，2010 年）。这些矿物被用作生产手机、笔记本电脑、灯泡和汽车的原材料（《自由奴隶》，2011）。加丹加地区铜、钴、锌和铅储量很高（ACIDH，2011）。在某些情况下，铜约占制造手机所用原材料的 25%，特别是电池（同上）。

在刚果民主共和国，采矿于 20 世纪 90 年代私有化，当时国有矿业公司 Sociétéminière et Industrielle de 在基伍省停止经营（Nest，2011，36）。在刚果民主共和国东部的私有化企业中采用了手工采矿方法，这是在战争经济背景下进行的：在大多数情况下，用于采矿的工具不是机器，矿工们用他们的手、棍子、镐、铲子、铁棍、钢棒、桶和绳子进行采矿（Eichstaedt，2011，39，102，143；Nest，2011，34）。手工采矿在开采钶钽铁矿石、锡、黄金、钨和钻石方面尤其普遍（Nest，2011，36）。

采矿业的发展导致当地社区被迫搬迁，河流、空气和农田受到污染，而在决策和就业方面又缺乏当地参与（ACIDH，2011）。

第五节　数字劳动国际分工中的采矿业生产关系

刚果民主共和国境内的许多矿井，要么由政府武装部队（刚果（金）

武装部队）控制，要么由叛军控制，如胡图民兵卢民主力量、图西民兵全
国保卫人民大会（全国保卫人民大会）或"玛伊—玛伊"民兵。关于与信
息和通信技术（ICT）生产有关的矿物、参与控制钶钽铁矿石的团体有：
刚果民主共和国政府部队、卢民主力量、全国保卫人民大会、刚果爱国抵
抗运动、玛伊—玛伊民兵、卢旺达和乌干达军队、刚果争取民主联盟—戈
马（RCD—Goma）、刚果民盟—解放运动（RCD—ML）和刚果解放运动
（MLC）。除刚果解放运动外，所有这些国家都参与了锡矿的控制；钴矿仅
由刚果民主共和国政府军队控制（Nest，2011，77，80）。

　　2002 年，联合国发表了一份报告，其中载有 85 家据说是刚果冲突矿
物贸易公司的名单。其中有 18 家被明确提到从事贸易或加工钶钽铁矿石
的公司：比利时 4 家；英联邦 3 家；美国、德国、中国和圣基茨各 2 家；瑞
士、马来西亚和哈萨克斯坦各 1 家。这些公司包括美国的 Cabot、德国的
H.C.Starck 和中国的宁夏。一些公司表示，它们接受了经济合作与发展组
织（OECD）对受冲突影响地区和高风险地区矿产供应链的尽职调查指南
的要求，并获得了负责任的供应链管理证书[③]。然而，在联合国这份报告
中列举的其他企业说，它们和联合国联系过了，但没有受到制裁，所以它
们就继续它们的贸易，例如，比利时公司优利时（Traxys）即以前的优美
科（Umicore），根据 2007 年对福雷斯蒂尔（Forestier）的采访，时段为
42：30—49：10。这表明自愿承诺和公开羞辱没有罚款的公司并不一定能
解决问题，因为金钱比良心更重要。在 2008 年联合国发布了另一份报告
后，优利时宣布将停止与刚果民主共和国进行冲突矿物交易，但有关其没
有停止这一交易的指控仍在 2012 年出现（《国际商业时报》2012 年月刊）。
这表明，全球矿业缺乏透明度和可执行的规则。这是一个基本上放松管制
的市场，无论贸易与否，矿物冲突在很大程度上是一种自愿选择。

　　为"自由奴隶"进行的实证研究（2011 年）报告侧重于采访比西（Bisie）

和 Oate 矿的工人以及瓦利卡莱（Walikale）和马西西（Masisi）的采矿工人（N=742 次访谈）。研究发现，奴隶制在采矿业中十分普遍，包括采矿、分拣、运输和销售矿物，还有为矿工提供服务的行业，例如充当家庭佣人、酒吧和性行业的工作。在刚果民主共和国东部矿区发现了几种明显的现代奴役形式，其中包括武装团体强迫的强迫劳动、债役、性奴役、强迫婚姻、武装团体使用儿童以及其他形式的"儿童奴役"（《自由奴隶》，2011 年，11）。大约 40% 的受访者在比西（Bisie）矿（《自由奴隶》，2011）——在那里 80% 的刚果民主共和国的锡或锡石被开采（Eichstaedt，2011，121）——在奴隶制条件下工作（Eichstaedt，2011，121）。

研究人员记录了**强迫劳动**的情况，刚果民主共和国武装部队士兵强迫村民无偿在比西（Bisie）工作，如果他们逃跑就会面临被杀害的威胁。北基伍省首府戈马的一名公民说，"他们夺走我们的资源、杀人、偷电话，他们强奸我们的妇女"（Forestier，2007，27：46—27：52），其后果是加剧了不平等。南基伍省首都布卡武的一家矿产运输公司的约瑟夫（Joseph）解释道："他们从刚果人那里偷东西"，他们"变得富有，但不是普通的刚果人"（同上，10：33—10：40）。还有一个叫《劳动报》的系统记录道，所有的矿井工人在周内的某一天必须要为一位刚果民主共和国武装部队官员工作（《自由奴隶》，2011，13）。马克思把这种劳动制度称之为徭役劳动，在这种制度中，为领主劳动创造剩余价值的时间是剩余劳动时间，其他时间形成了必要劳动时间。马克思认为，作为一种纯粹的生产方式，徭役劳动存在于"斯拉夫国家和罗马人占领的多瑙河地区"（Marx，1861—1863；译者注：《马克思恩格斯全集》第 32 卷，人民出版社 1998 年版，第 240 页）。徭役劳动"不是在农奴制的基础上产生的，正好相反，农奴制是从徭役劳动产生的"（同上）。"徭役劳动是建立在共同体的基础上的，共同体成员超过维持自己生存所必需的劳动所完成的剩余劳动，原来一部分充作准备金（公共的），一部分满足他们公共的、政治的和宗教的需要，可是这种剩余劳动逐渐地变成替那些把准备金以及政治的和宗教的职务当做他们的私有财产来侵占的家庭进行的徭役劳动"（同上；译者注：《马克思恩格斯全集》第32卷，人民出版社1998年版，第239页）。"徭役日"是"法定的属于地主的徭役日"，形成"法定的剩余劳动"（同上；译者注：《马克思恩格斯全集》第32卷，人民出版社1998年版，第242页）。"徭役劳动者为再生产自己劳动能力的必要劳动是在他所占有的土地上进行的。他为土地所有者的剩余劳动是在领主的地产上进行的"。在这种制度下，工人有其他谋生活动，被迫每周在他或她矿井的封建主的土地（或刚果民主共和国的情况下）工作若干小时。"在徭役劳动的整个制度中，不存在工资的形式"（同上；译者注：《马克思恩格斯全集》第32卷，人民出版社1998年版，第238—239页），因此，它是一种前现代的生产方式，一种特殊的奴役制。

在刚果民主共和国东部发现的另一种制度是，矿工必须每周向矿长和政府支付租金，才能在某一特定矿场工作："每周在一个矿井工作的费用是两个中匙的钶钽铁矿石，大约价值7.5美元"（Nest，2011，43）。在比西（Bisie）矿井工作的人在15000名和25000名之间。他们开采锡，并支付采矿费，以及进出矿场的费用（以出售开采出来的矿物）给控制该矿井的武装组织。征收的费用太高以至于工人永远不能摆脱工作关系，在这一关系中，他们陷入困境——他们是奴隶（Poulsen，2011，41：15ff）。在刚果民主共和国的采矿业中，既有奴隶制的经典形式，也有以租金为基础的封建奴隶制，还存在着徭役制度。马克思描述了这两种前现代的生产方式如何与雇佣劳动不同："工资的形式消灭了工资日分为必要劳动和剩余劳动、分为有薪劳动和无薪劳动的一切痕迹。全部劳动都表现为有薪劳动。在徭役劳动下，服徭役者为自己的劳动和为地主的强制劳动在空间上和时间上都是明显地分开的。在奴隶劳动下，奴隶只是用来补偿他本身的生活资料的价值的工作日部分，即他实际上为自己劳动的工作日部分，也表现为为主人的劳动。他的全部劳动都表现为无薪劳动。相反的，在雇佣劳动下，甚至剩余劳动或无薪劳动也表现为有薪劳动。在奴隶劳动下，所有权关系掩盖了奴隶为自己的劳动，而在雇佣劳动下，货币关系掩盖了雇佣工人的无代价劳动"（Marx，1867c，680；译者注：《资本论》第1卷，人民出版社2004年版，第619页）。在雇佣劳动中，劳动者具有双重自由，并将他的劳动力作为一种商品在整个工作周内出售。在经典奴隶制中，奴隶是不自由的，在整个工作周里都是奴隶主的财产。在徭役制度中，工人在工作周的一部分时间里是奴隶，而工作周的其他时间则有从事谋生所需要的其他活动的自由。"奴隶是属于某个一定的主人的，劳动者固然一定要把自己卖给资本，但并不一定要把自己卖给某个一定的资本家，他可以在一定的范围内选择把自己卖给谁，他可以改变自己的主人"（同上，1032；译者注：[德]马克思：《直接生产过程的结果》，田光译，人民出版社1964年版，第98页）。"资本并没有发明剩余劳动。凡是社会上一部分人享有生产资料垄断权的地方，劳动者，无论是自由的或不自由的，都必须在维持自身生活所必须的劳动时间以外，追加超额的劳动时间来为生产资料的所有者生产生活资料，不论这些所有者是雅典的贵族，伊特鲁里亚的神权政治首领，**罗马的市民**，诺曼男爵，美国的奴隶主，瓦拉几亚的领主，现代的地主还是资本家"（同上，344—345；译者注：《资本论》第1卷，人民出版社2004年版，第272页）。在《自由奴隶》（2011）的研究中，很大一部分受访者面临债务束缚奴隶制：钱是以极高的利率借来的，这迫使债务人在矿厂工作。有些欺诈计划"使债务无法偿还"（同上，14）。"15岁的吉恩（Jean）为了偿还100美元的债务，被他的母亲从他的家乡穆比送到了30公里（大约18英里）外的奥马特。他卖过烤羊肉，也当过挖掘工人。他的母亲和老板达成协议：老板每月为孩子的服务'支付'8000 刚果法郎（面试时大约 10 美元），其中，他的母亲得到 6000 刚果法郎来偿还债务，而老板则保留着余额，表面上是为了供养孩子。吉恩说，他只想回家，去上学，并经营一家小店"（同上）。还有一种偿还债务的奴隶制，在这种形式的奴役下，一个人因一些指控而被捕，这些指控大多是捏造出来的，然后被告知他必须在矿井工作，妇女一般不允许在矿场工作。然而，她们面临着与矿业有关的各种形式的性奴役，例如与卖淫有关的无酬工作，酒吧老板拿走了部分或所有的钱。妇女还面临着被强奸、强迫婚姻、被士兵切割生殖器以及 HIV 的传染风险。接受采访的儿童中有三分之一说，他们被武力招募到一个武装团体中，他们在武装团体中充当士兵或下矿井。玛伊—玛伊人反叛组织尤其如此，刚果民主共和国的武装部队也是如此。"如果你不能支付工人的工资，你的目标将会是儿童，因为他们最软弱，在一天一顿饭的简单承诺下，就能够被诱惑而步入了高度受剥削的状态。这就是一位非政府组织工作人员对这种情况的描述"（同上，21）。在接受采访的儿童中（N=31），有 89% 的人在奴隶制条件下生活并工作。"儿童的工作包括挖掘、清洁、铲土、采掘和运输矿物，以及用锤子敲击矿石"（同上，22）。没有工资或工资只够维持最低的生活费用，刚果采矿工人的平均工资为每天 1—3 美元，75% 的矿工无法用工资来满足他们的基本需要（Finnwatch，2007，29）。奴隶们工作时间很长、没有或有仅仅很弱的工会、糟糕的生活、不卫生和不健康的条件、缺乏医疗供给和服务，因此工人们常常面临疾病。"然而，当工会存在的时候，他们往往虚弱无力，无法带来真正的变化。在某些情况下，工会完全由雇主控制，影响代表的选举，以便将其用于自己的目的。据博斯采矿公司（Boss Mining）的工人们称，工会的成员资格是强制性的。雇主每月从每个工人的工资中扣除一美元作为工会费用。只有一个工会，我们选出了代表，但他们有时也受到总经理的威胁，因为他们想同他谈谈我们的要求。因为代表不成功，最后我们就罢工"（Swed Watch，2007，36）。这个案例表明，在信息和通信技术（ICT）相关的采矿业中存在黄色工会而不是红色工会。除了目无法纪的武装组织造成的持续威胁之外，矿区居民的健康和人身安全也面临着许多威胁。矿工们在没有基本设备的情况下工作，遭受山体滑坡、井筒塌陷和窒息的危险。营养不良、精疲力竭、身体创伤、卫生条件差、缺乏医疗和没有干净的水供应意味着公共卫生问题同样严重。常见的伤害和疾病包括：眼睛损伤、硅肺、结膜炎、支气管炎、肺结核、哮喘、腹泻、皮肤损伤、儿童因重负荷而变形的肌肉和骨骼；常见的牙科问题包括脓肿、蛀牙和病变、破伤风、骨折和扭曲、挫伤和严重瘀伤。此外还有广泛使用毒品和性传播疾病的影响。极度的拥挤——受奴役的矿工有时被迫睡在矿井里——这意味着传染病猖獗。一名线人说，在矿场工作了4至5年之后，身体"完全恶化"。他列举了脊柱损伤和肺损伤、空气和水的极端污染以及接触有毒化学品所造成的身体状况的恶化"（《自由奴隶》，2011，7—8）。

在《自由奴隶》（2011）的研究中可以清楚地看到，记录在案的奴隶制一方面与肉体暴力有关：士兵用枪口强迫儿童和村民在矿场充当奴隶。如果工人拒绝工作，他们就会杀害或折磨工人。此外，妇女还被迫与士兵结婚或发生性关系。但胁迫还采取了一种社会经济的形式，村民们想在矿场工作或者当妓女，因为他们生活在贫困之中，并希望自己摆脱贫困。这里有一个案例，"11岁的珍妮来到穆比后，被迫成为性奴隶。她来到瓦利卡莱的一家酒馆工作，为的是养活她的母亲。珍妮很快发现，对于一个女孩来说，'酒吧工作'意味着她所做的工作不会给她薪水。相反，她被告知，她将有机会被男人看到，而男人会为她的性服务买单。由于没有别的地方可去，也没什么吃的，珍妮被迫卖淫给酒吧的客人。她说，就是'为了抓住救命稻草'。环境、民主和人权研究中心和农民倡议发展协会都发现了母亲以这种方式使未成年女儿卖淫的情况。13 岁的索朗热，为了她的母亲当一名服务员，在欧麦特的酒吧被迫做性生意"（同上，18）。北基伍省被奴役的矿工穆汉加·卡瓦亚以如下方式描述了他的工作："当你爬过这个狭小的矿洞时，你得用你的手臂和手指去抓着矿洞墙壁，没有足够的空间进行适当的挖掘，你会被严重地擦伤。然后，当你终于拿着锡石回来的时候，士兵们正拿着枪等着抢夺锡石，这意味着你没什么可买食物了，所以我们总是很饿"（Finnwatch，2007，20）。

第六节　结论

并非我们使用的每台手机、电脑、数码相机、硬盘、游戏机和 MP3 播放器都部分或全部基于东刚果矿工的鲜血：2011 年，刚果民主共和国生产了世界上钴的 53%、锡的 2.3%（美国地质调查局，2012 年统计）和钽的 10% 左右（Eichstaedt，2011，140）。因此，情况因矿物类型而异。刚果民主共和国是世界上最大的钴生产国，也是钽和锡的重要生产国。与这些事实无关的是，西方公司对廉价矿物的需求一直是刚果民主共和国东部暴力、奴役和剥削的重要驱动力。

刚果民主共和国的悲剧是，一个矿产资源丰富的国家却是 20 世纪和 21 世纪最血腥的冲突高发地之一，这场冲突以冲突矿产的形式存在，它与西方和西方的信息和通信技术（ICT）行业有着联系。2011 年，刚果民主共和国是世界上最不发达的国家，有着非常高的不平等率，基尼系数为 44.4%，59.2% 的人口生活在极度贫困之中（每天生存的费用少于 1.25 美元），平均寿命为 45 岁（《联合国人类发展报告》，UNHDR，2011）。战争和新帝国主义对劳动力和国家资源的剥削并没有给当地的人民带来好处，而是从根本上有益于价值链终端的西方公司，这创造了资本主义的典型悖论：世界上自然资源最富有的国家之一——世界钴储量的 45%、世界钻石储量的 25%（美国地质调查局统计数字，2012 年）以及世界钶钽铁矿石储量的 7%—8%（Nest，2011，18—20）和钽的 64%（Gootnick，2008）位于刚果民主共和国——却是世界上最贫穷的国家。在全球信息和通信技术（ICT）产业中，非洲公司几乎不存在，而美国、日本、中国台湾地区、韩国、瑞典和芬兰的公司主导着以矿物为原料的计算机硬件行业：世界上最大的计算机、通信设备和外围生产商是苹果（美国）、惠普（美国）、戴尔（美国）、富士通（日本）和昆达电脑（中国台湾地区）；最大的半导体生产商是三星（韩国）、英特尔（美国），台湾半导体（中国台湾地区）、德克萨斯仪器（美国）和 Applied Materials（美国）；最大的通信设备生产商是思科（美国）、高通（美国）、爱立信（瑞典）、康宁（美国）和诺基亚（芬兰）（《福布斯》2000，2012）。这表明，终端产品（手机、电脑、打印机等）的销售所积累的利润进入了西方公司股东的腰包，而不是基本的原材料的直接采掘者，而他们常常面临着恶劣的工作条件，几乎无法生存。钽的主要加工商是美国卡博特（Cabot）和德国的 H.C. 斯塔克（Nest，2011,12）。2011 年，锡的最大加工者是云南（中国）、马来西亚冶炼公司、PT 锡矿（印度尼西亚）和米苏尔（Minsur）（秘鲁）。2010 年，中国是最大的钴加工国家，占全球容量的 43.9%（Shedd，2012）。中国最大的钴加工公司是金川、浙江华友镍材料有限公司、浙江嘉利珂钴镍材料有限公司以及赣州逸豪优美科工业（同上）。刚果民主共和国占当年加总量的 8.8%（同上），尽管同年占世界钴开采总量的 51%（Yager,2012）。世界上最大、利润最高的 400 家矿业和金属生产公司所在的国家是澳大利亚、巴西、英国、瑞士、中国、加拿大和俄罗斯（《福布斯》2000，2012），这表明非洲（南非除外）并非一般的金属生产国，而只是一个矿产开采者，然后再卖给其他国家，在这些国家经过熔炼和精炼，从而进一步出售所生产的矿物以获取利润。非洲国家处于价值链的最低端：它们是高度受剥削的劳工的所在地，在信息和通信技术（ICT）行业及其他需要金属的行业中所获得的总利润中只占很小的一部分（例如，可以对汽车业进行类似的分析，因为在非洲没有一家大型汽车制造商，其规模在世界上最大的 2000 家公司之列）。

为了获得一个有效的信息和通信技术（ICT）工具，必须将开采的矿物质用于制造业和信息和通信技术（ICT）组成部分的装配。作为一个例子，下一章将讨论中国富士康信息和通信技术（ICT）组装和制造。

注释：

① 在 Factiva 数据库搜索关于报道罢工的这三个媒体的文章（关键词为"Lonmin"），时间从 2012 年 6 月 23 到 12 月 23 日，产生了 36 个结果（2012 年 12 月 23 日查询）。这些结果都没有涉及信息和通信技术（ICT）产品的各个方面。

②http://www.platinum.matthey.com/applications/industrial—applications/hard—disks/（2012 年 12 月 23 日访问）。

③ 详见 H.C. Starck 的声明，http://www.hcstarck.com/en/home/hc_starck_group/Theway_we_move/raw_material_procurement.html（2012 年 12 月 26 日访问）。

第七章　富士康的剥削：原始积累和
资本对劳动的形式吸纳

你拥有苹果的 Macbook、iPad、iPod 或 iPhone 吗？你是否想过它们是谁组装的、在什么样的工作条件下组装的呢？想到苹果，你会不由自主地把它和哪些名字联系在一起呢？你想到的可能是下面两个名字：史蒂夫·乔布斯和史蒂夫·沃兹尼亚克。不大可能是下列名单中的某一个吧：荣波、马向前、李鸿亮、田雨、李伟、刘志军、饶淑琴、鲁鑫、朱宸明、梁超、南畅、李海、陈琳、刘明、祝晨玲等 17 人。这 17 个中国人的名字是17 个富士康工人的名字。2010 年 1—8 月，他们由于不堪忍受富士康工厂（苹果公司技术及其他信息通讯技术装配工厂）恶劣的工作条件而试图自杀。对这个世界来说，他们几乎是不为人所知的，相反，全世界都知道苹果公司的创始人史蒂夫·乔布斯和斯蒂夫·沃兹尼亚克。尽管历史是那些与权力斗争的人所创造的，但谱写历史的却是当权者。本章试图帮助人们记住那些创造了我们每天都使用的计算机技术的人们的故事。它告诉了我们关于富士康工厂（世界上最大的信息通信技术制造和装配公司）工作条件的故事。这是一个被刻入我们每天用于交谈、书写、倾听和观看的手机、计算机、屏幕和手提电脑的关于剥削以及帝国主义的故事，是许多信息通信技术工具的故事，也是几乎不为人所知的高度受剥削的工人们的故事。

第一节　导论

2011 年，中国基尼系数显示的收入差距为 41.5%，成人文盲率为 6%，健康状况改善后的预期寿命为 66 岁，12.5% 的人口生活于多种贫困之中，4.5% 的人极度贫困，15.9% 的人每天的生活费不足 1.25 美元（联合国难民署，UNHDR，2011）。这些数据表明，中国在消除贫困和文盲方面取得了成功，目前处于中等发展中国家的地位，但同时也存在着高度的社会经济不平等。全球电脑硬件市场受美国和中国台湾地区公司操控：2012 年福布斯 2000 年度全球最大公司排行榜上的 12 家硬件公司中，有 3 家总部位于美国的公司（苹果、惠普、戴尔），它们是世界上最大的硬件公司，也是世界上最大的 200 家公司之一。目前有 7 家中国台湾地区公司，但只有 1 家中国电脑硬件制造商联想（Lenovo）（《福布斯》2000，2012）。在 15 家上市软件公司中，有 10 家总部设在美国（如微软、甲骨文、赛门铁克），没有一家的总部是在中国的。在福布斯全球企业 2000 强名单中，有 29 个半导体生产商，其中 14 个来自美国，4 个来自中国台湾地区，但没有一个来自中国大陆。在计算机存储市场中，相比于美国的 4 个公司，中国只有 1 个公司（腾讯控股）在福布斯 2000 名单之列。在软件服务方面，最大的公司位于美国（IBM、谷歌）。世界 20 大软件服务商有 8 个在美国，中国有 3 个（腾讯控股、百度、网易），印度和法国各有 3 个。最大的电信设备公司总部设在美国（思科、高通、康宁）、瑞典（爱立信）和芬兰（诺基亚），而在该名单中只有一家中国公司（中兴）。这表明，中国公司在全球信息和通信技术产业中发挥着作用，但却被嵌入到由美国主导的结构中。消费类电子产品的生产以日本为主，在 2012 年福布斯 2000 列表的 12 家公司中日本占 8 家（如松下、富士、索尼、任天堂），还有两家中国公司在此名单中：TCL 公司（电视、摄像机、电话）和长城科技（存储器、电源、显示器、计算机、液晶电视）。2012 年福布斯 2000 的 62 家电信公司来自 37 个不同的国家，其中有 3 家是中国公司（中国电信、中国移动、中国联通）。这些数据表明，中国在信息和通信技术行业中是一个重要但不占主导地位的国家，美国（硬件、软件、半导体、软件服务、电信设备）、中国台湾地区（硬件）和日本（消费电子产品）在这一行业中占主导地位。

表 7.1 中国信息和通信技术（ICT）硬件生产的发展

	2001 年	**2010 年**
集成电路	22 亿	74 亿
印刷电路板	3 亿 8200 万平方尺	11 亿平方英尺
发光二极管	19 亿 6000 万	303 亿

来源：《中国统计年鉴》(2010)

表 7.2 2011 年中国信息和通信技术（ICT）硬件生产

	2011 年
集成电路	72 亿
微型计算机	3 亿 2000 万
彩色电视机	1 亿 2200 万
液晶电视机	1 亿 300 万
移动电话	11 亿

来源：中国国家统计局（2012）

表 7.1 和表 7.2 显示了十年来中国计算机硬件输出的发展情况。2011 年，中国生产了大约 3.2 亿台微型计算机、10 亿多部手机。在 2001—2010 年期间，集成电路的制造数量从 22 亿增加到 74 亿。于洪（Yu

Hong，2011，50—51，55）提供的数据表明，2003 年和 2007 年，计算机、电子元件和电信设备是中国信息和通信技术（ICT）产业的主要产出（以亿 CNY 衡量，即中国人民币），特别是电信设备和计算机产业，吸引了大量外国直接投资。大部分计算机和电子元件的产出是出口的。2011 年，中国主要出口的是数据处理组件、机器设备（出口总值：1763 亿美元）和服装（1532 亿美元）（中国国家统计局，2012 年）。所有中国出口的产品有 52.4% 为外商独资（同上）。于洪（2011，63—64）提供的数据显示，信息和通信技术（ICT）出口主要是外国资本和外国与中国公司的合资企业。2007 年，有 130 万人受雇于计算机制造业，210 万人从事电子元件生产（同上，55）。这些人大多是装配工和销售人员（同上，53）。外国公司主导了中国的信息和通信技术（ICT）行业：2005 年，这些公司的利润占该行业利润总额的 76.5%，但由于受到政府的特殊待遇，它们只缴纳信息和通信技术（ICT）行业税款总额的 42.3%（同上，38）。

　　这些数据表明，中国的出口导向型经济是以电子和服装制造业、廉价劳动力和土地以及跨国公司的主导地位为基础的（赵月枝，2010 a）。2006 年，中国成为世界第二大信息和通信技术（ICT）制造商（于洪，2011，2），2004 年成为世界上最大的笔记本电脑、移动电话、彩色和液晶显示屏以及转化器的生产商（59）。

　　关于出版业，依据官方统计（《中国统计年鉴—2010》）数据，2010年有 148 个软件出版商，占中国所有出版商（包括报纸出版商、期刊和杂志、书籍、软件以及其他出版业的出版商）的 4.4%。这表明在中国与其他媒体行业相比，软件行业数量较少。杰克·邱（2009，93—94）认为，外资投资在中国特别青睐电子行业。邱（同上）给出的统计数据表明，自1978 年以来，即中国的改革开放以来，农业、渔业、采矿业的就业率急剧下降，而制造业和低技能服务行业的工作相应增长。赵月枝自信地认为，在中国"数字革命已经发生的时候，中国政府正在逐步开放中国经济，促进市场力量"（Zhao，2007a，100）。通过技术民族主义、军事工业的利益、国内和国际企业资本的聚合，加之中国城市中产阶级的优先消费，中国信息和通信技术（ICT）行业的崛起将会实现。在整个 20 世纪 90 年代，中国经济已经成倍地快速增长，电信市场的迅速扩张超过了国家计划的预期。所以就会出现不平等（Zhao，2007a，101）。当达拉斯·史麦兹在 20 世纪 70 年代早期出访中国的时候就警告道：中国也许会完全拥抱消费主义和资本主义。中国工业和信息和通信技术（ICT）行业立足于友好型的外国直接投资、依赖出口和市场配置政策框架。如此框架结构化了中国的信息和通信技术（ICT）行业——在全球化生产链条中服务于下游产业集群，在信息和通信技术（ICT）生产中以建构外国资本的统治地位的方式结构化了中国的信息和通信技术（ICT）行业（于洪，2011，80）。

第二节　数字劳工国际分工中的富士康生产力：劳动力和劳动对象、劳动工具和产品

鸿海精密（又称富士康）是一家中国台湾地区的公司，"加工和销售连接器、电缆、外壳、有线、无线通信产品、光学产品、电源模块和组件，用于信息技术、通信、汽车设备、精密成型、汽车和消费电子行业"[①]（总部设在中国台湾地区，资产 473 亿美元，市值 378 亿美元，销售额 1027 亿美元，利润 26 亿美元，是 2012 年全球第 156 大公司）（《福布斯》2000，2012）。2012 年该公司拥有 99.5 万名员工，郭台铭是该公司的创始人兼董事长，他排 2012 年世界上最富有的人的第 184 位（《福布斯》2000，2012）。2012 年他的财富达到 55 亿美元（《福布斯：2012 年世界亿

万富翁》）。依据 CNN 全球 500 强报道，富士康是全球第五大企业雇主。2010 年，该公司在中国拥有 90 万名员工，其中 42 万人在深圳工厂工作（SACOM，2010，10）。2011 年，富士康（Foxconn）将其在华员工人数增至 100 万人，其中大多数是来自农村的年轻农民工（SACOM，2011 a）。因此，富士康的大部分工人都在中国的工厂，如成都、崇鼎、观澜和龙华（深圳的两个区）、杭州、昆山、廊坊、南海（佛山市）、太原、天津和郑州。富士康组装 iPad、iMac、iPhone、Kindle 和各种控制台（索尼、任天堂、微软）。其客户是西方公司，如苹果、戴尔、惠普、摩托罗拉、诺基亚、索尼、索尼爱 – 立信（SACOM，2010，4）。

第三节　数字劳动国际分工中的富士康生产关系

在荣波、马向前、李鸿亮、田雨、李伟、刘志军、饶淑琴、鲁鑫、朱宸明、梁超、南畅、李海、陈琳、刘明等②17 名在 2010 年 1—8 月期间自杀的富士康员工中，12 位是男性，7 位是女性，他们的年龄在 17—25 岁之间。16 人试图在富士康大厦跳楼自杀，1 人试图割腕自杀，有 4 人活了下来。2 人在廊坊工厂自杀，4 人在观澜工厂、9 人在龙华工厂、1 人在南海工厂、1 人在昆山工厂自杀（SACOM，2010，2）。史蒂夫·乔布斯死了，但他一定会被很多人怀念，因为他创立了苹果公司。可这 17 名年轻工人中有 13 名死亡，有多少人曾经听说过他们的名字？有多少人会记得他们的名字？因为阶级社会也有一个共同的阶级意识，社会往往会记住当权者而忘记那些劳动者，而当权者的权力恰恰奠基于劳动者的劳动、汗水和鲜血之上。

"大学师生监察无良企业行动"（SACOM，2010）进行的一项研究对深圳和杭州的 100 名富士康工人进行了访谈及观察。2010 年 6 月，深圳富士康工人的基本工资为人民币 1200 元／月，大约是 120 英镑，比当地最低工资高 100 元（SACOM，2010，6）。同一时间，杭州富士康工人的基本工资为 1250 元、昆山的工人工资是 1110 元、武汉的是 950 元、天津的是 940 元（同上）。根据 SACOM（2010）的计算，深圳每个月生存所需要的生活费为 2293 元、杭州为 2173 元、昆山为 2000 元、武汉为 1754 元、天津为 1685 元。

2008 年，观澜富士康工人平均每月加班 120 小时。深圳富士康的一位工程师说："我们生产第一代 iPad 时，整整 6 个月期间我们都在忙碌着，星期天不得不加班。每隔 13 天我们才能休息一天，周末不加班就没有奖金。每天工作 12 小时真的让我筋疲力尽"（同上）。在杭州富士康，周末加班工资仅为平时工资的 1.5 倍，而不是法律规定的 2 倍。在太原富士康，每月加班超过 80 小时后是无报酬的。在轮班开始前就开始记载，无酬装配持续达到每天一小时。SACOM（2010）还记载了频繁换班的变化，每天正常工作时间超过 10 小时，缺乏休息、工作单调。工人们还深受由化学物质例如苯或焊锡膏对身体造成的伤害，并且缺乏保护设备和器材；强制使用来自职业学校的学生作为实习生（学校董事会同意）定期进行组装工作，如此做法不利于学生们的研究；每间宿舍住 6—22 名工人，住宿条件如同监狱（SACOM，2011a，18），工人们彼此都不认识，黄色工会是由公司官员和无法获得大部分工人们信任的工人管理的。龙华富士康的一名工人说，工会"通常采取有利于管理层的行为。为确保他们的职业生涯，工会工人往往取悦于管理层"（SACOM，2010，21）。另外，据报道，食堂饮食质量堪忧。在重庆富士康工厂的一名工人说，"第一天吃了食堂的食物后我几乎要吐出来，我从来没吃过味道比这更糟糕的东西"

（SACOM，2011a，18）。

有报道称，田宇，一个 17 岁自杀未遂的女孩，在龙华富士康不得不从早上 7 点工作到晚上 7 点（邱，2010b）。"有人在工厂里大骂我"，监督员辩称她工作过于缓慢。她说，她的工资未能及时发放，她还被告知要去另一家厂区去领工资，而那里没人知道她的工资情况。

SACOM（2011 a）在深圳、成都和重庆对 120 名工人进行了访谈，以测试富士康在员工自杀一年后工作条件是否发生了变化。成都富士康一家组装苹果产品的工厂的受访者感到受骗和误导，原因是招聘广告和政府公告承诺每月人民币 1600—2500 元，而事实上却只有人民币 950 元。前一项研究对恶劣工作条件的记录得到证实。此外，研究人员还发现，对工资计算的失误从未得到纠正，工人的工资低于合同中的保证（雇主往往保留这些工资合同，而不向雇员发放副本）。在成都，2011 年的基本工资是 950 元，如果包括食物和住房津贴则是 1300 元，而根据恩格尔定律应该是 2600 元。SACOM（2011b）在郑州三个富士康生产基地对工人进行了采访，那里是 iPhone 的生产基地。这项研究证实了以前记录的所有恶劣的工作条件。2012 年，SACOM（2012）对郑州市 60 名工人进行了跟踪研究。研究人员（再次）发现，存在着过度加班，iPhone5 的发布工作导致工作时间激增、无薪加班、单调工作、缺乏休息、合同工作、健康和安全威胁、军事化管理方式、强迫剥削实习学生、任意搬迁、工人必须写供认信以举报不当行为和黄色工会。一位 30 岁的工人报告说："现在，我们只能每 13 个工作日休息一天。而机器操作员一个月都不能休息一天。休假很难。苹果是富士康的一切。……如此低的工资，我想我买不起一部 iPhone。……对苹果我感到失望，它的目的只是赚钱"（同上，4—5）。一名 21 岁的工人解释说，"现在我们急于完成 iPhone5 的订单，管理毫不人道，在过去一个月我没有休息过一天"（同上，5）。

世界经济、生态和发展（WEED）以及 SACOM 在精工电子公司和华通技术公司发现了非常相似的恶劣工作条件：埃克斯尔西电子公司给富士通、西门子、英特尔组装主板、芯片和显卡的 AMD；华通技术公司生产印刷电路板，戴尔、联想和诺基亚采用其电路板（WEED and SACOM，2008），它们也存在同样的情况。研究表明，富士康的例子不是单一的，在数字劳动国际分工中似乎是一个大的趋势。公平劳工协会（FLA，2012）对成都、观澜和龙华的 35166 名富士康员工进行了一项调查。调查结果显示，平均每周工作时间为 56.07 小时，过去三个月的平均最大值为 61.05 小时，而在过去三个月没有休息的平均期限最长为 11.57 天。在受访者中，64.3% 的人认为他们的工资不能满足他们的基本需要。在成都，72% 的受访者有同感，71.8% 的受访者不同意或完全不同意工厂食堂的饭菜是好吃的，78.6% 的受访者表示宿舍拥挤或有些拥挤。在调查中，龙华 64.9%、观澜 59% 和成都 71% 的工人都表示，他们工作后有时会感到身体疼痛；70.2% 的人不知道工会是否参与决策；61.4% 的人同意或完全同意他们的工作经常有压力。当工人们被问及，如果有机会改变三种事情，他们希望改变什么？他们的回答是：工资是第一要务，其次是福利和津贴，还有食品质量和工作时间。只有 22.1% 的人希望成为工会会员。72.2% 的被调查者是外来务工人员。根据官方统计，2011 年中国有 2.5278 亿农民工，比 2010 年增加 4.4%（中国国家统计局，2012 年）。农村相对贫困是中国农村青年人口向城市迁移的根本原因（于洪，2011，5）。"被城市的渴望吸引着，却被糟糕的城市经历蹂躏着，频繁跳槽成了一个无奈选择，这构成了农民工典型的生活轨迹"（同上，202）。

富士康是中国信息和通信技术（ICT）经济中很有特色的一个企业，于洪（Yu Hong，2011，3、5）基于统计分析和 63 位中国工人的访谈详细分析了其雇佣关系：信息和通信技术（ICT）行业高水平的对外直接投资创造了数以百万计的就业机会，然而，这些工作主要是"半熟练、无前途且不规范的装配工作"（同上，103）——低工资、低就业和缺乏社会保障、技能低、重复性高且费力、威胁工人的健康、持续时间长的工作。中国信息和通信技术（ICT）行业中的这些工人很大一部分都是青年、女性、农民工。雇用这些工人的企业大多位于广东和福建省（同上，112）。"外商直接投资驱动和信息通信技术发展的外向型模式、创造了一个新的工人阶层：这一阶层是区域性聚集，主要以农民为基础，半熟练、工资低、不规范就业，大多是女性体力工人"（同上，113）。

公平劳工协会（FLA）一直受到批评，因为它所监督的公司在一定程度上是其最大的捐助者。例如，苹果在 2012 年成为 FLA 的付费公司成员；与此同时，公平劳工协会（2012）被委托研究富士康。FLA 的首席执行官奥雷特·范海登（Auret van Heerden）在参观富士康之后评论道，"富士康真的不是一个血汗工厂"（Greenhouse，2012）。这一评判没有经过任何实证分析，为此，FLA 被严厉批评，称其"偏袒和臆断"（同上）。SACOM 认为，FLA 没有独立于苹果公司，也不会批评其单价低以及交付时间短（SACOM，2012，10）。因此，SACOM 批评 FLA（2012）的论证："加班的原因是员工的高流动率"——SACOM 的（理论上是正确的）观点是："高流动率是对工作不满意的表现而不是过度加班的根本原因"（SACOM，2012，3）。FLA 研究的优势在于它的规模大，并且有可能接触到大量的工人。但与此同时，FLA 的独立性受到争议，这可能会影响它以公司友好的方式进行的调查和访谈，如果调查正式在公司内进行并得到管理层的支持，工人们可能会感到有压力，害怕如实回答。他们可能担心匿名性得不到保障。与之相对的是，SACOM 进行非官方的匿名访谈：学生开始在工厂工作，与工人接触，然后在一个私密的环境与他们访谈。这种方法保证了更真实的结果，但同时在获取大量的受访者问题上所拥有的资源和时间受到限制。在企业的社会与环境责任（CSR）报告中，富士康（2010，2011）对负面的报告和研究结果采取了回避策略，列出了自己的积极成果，主要是那些未经核实的说法。"富士康营造了一个和谐的工作环境，促进'健康、稳定和发展'，并努力改善员工福利"（富士康，2011，14）。富士康"创造了健康、和谐和进步的氛围"（富士康，2010，15）。"2.2 员工福利"一章只有五页，主要由一些图片组成，这些图片显示的是快乐的员工，几乎没有文字，也没有提到富士康受到批评的关键问题。例如，报告称工会"开展了一些有趣的活动，以改善工作中的生活质量，并鼓励所有雇员参加，这是一项积极的成就。这些活动包括'2010 年优秀前线工人奖'竞赛、美食和购物嘉年华、歌唱锦标赛（'谁是偶像'）、标志设计竞赛、冲压工人竞赛、笑星竞赛、摄影比赛、妇女节关怀节目和交友活动"（同上，17）。问题是，工会能否代表会员？工会代表的是雇员还是资本家的利益（不论是红工会还是黄工会）？工人是否信任工会代表？工会是否有参与决策的权利？等等。这些问题都没有讨论，人们对此有着强烈的质疑。图恩·范迪·伊克（Teun van Dijk，1998，267；2011，396—397）解释说，作为意识形态领域模式的一部分，意识形态话语背离现实的一种策略是表达或强调关于"我们"的积极信息，"我们"指的是一个群体，如富士康。富士康在其企业社会责任报告中就采用了这一策略。

苹果公司推出了供应商责任报告。值得怀疑的是，如果一家公司自己对其供应商进行审计，这种审计是否能完全独立并且以批评的方式进行？2012 年的报告（Apple，2012）称（基于相当可疑和不透明的定义和实证方法），大多数劳工问题都由供应商妥善处理，但报告说，只有 38% 的供应商尊重工作时间标准。2013 年的报告称，"我们平均每周 60 小时的工作时间达到 92%"（Apple，2013，6）。苹果公司的工作时间标准如下，"苹果规定每周最多工作 60 小时，而允许不寻常或紧急情况下的例外，至少需要每工作七天休息一天"（Apple，2012，8）。苹果公司对适当工作时间的定义是武断的，不尊重国际劳工组织公约的 C030 小时规定。该公约规定，"第三条：工人的工作时间不得超过每周 48 小时和每天 8 小时，除非下文另有规定。第四条：一周内的最长工作时间在条款 3 中已经规定，所以可以安排任何一天的工作时间不得超过 10 个小时"（国际劳工组织（ILO），1930）。苹果自己定义了什么是合适的工作条件，然后根据这些标准衡量现实，这一事实表明了企业社会责任报告存在的问题，即报告主要是自主发表，而不是由资源充足的独立机构来执行。这些机构手头有强制措施，以惩罚公司违法者并执行惩罚标准。苹果公司（2013,18）声称，第三方劳工代理商和地区劳工机构负责苹果供应商工厂的童工劳动。苹果表示，它们终止了与雇佣童工和债务奴役的公司的业务（同上，18，20）。苹果不认为它们在实践中有任何不负责任的行为，反而指责"他们"——贿赂中国企业和劳工代理机构。孩子们回到他们父母身边并没有解决童工贫困问题，是他们的父母愿意送他们的孩子到工厂工作的。如果孩子们都回来了，那么他们的家庭会比以前更贫穷，其物质条件有可能继续恶化。资本主义迫使不平等和社会经济差距成为现实。苹果也没有质疑其在中国的业务旨在降低成本以增加利润。苹果公司（2013）描述了它是如何对供应商进行审计的："在每个被审计的工厂，这些团队进行实地检查，与工人和经理面谈，并根据与我们的供应商行为守则每一类对应的 100 多个数据点对供应商进行观察和评级。"审计不是由其他机构独立进行的，而是由苹果自己进行的。此外，员工面试是在工作中进行的，也是由苹果招聘的面试官进行的，这使受访者很可能由于害怕失去工作而不敢说真话。企业社会责任报告的普遍问题是，企业是自愿的，而不是由一个独立机构（Sandoval，2013）运作和执行的，该机构有标准的评估手段和强制能力，可以对公司进行严肃罚款（例如，让公司向有关工人支付一定份额的年度收入）。审计结果只是在报告中提出，所以即便研究真的是这样进行且符合实际情况，采用的方法是可行的并且被公认的无利益相关的学者认可，但对公众来说仍然是不透明的。苹果自己选择的审计程序并没有受到监管。企业社会责任报告具有意识形态性质，因为它希望在公司不负责任的资本和权力结构的前提下，为公司创造良好的公众形象（同上）。

苹果公司（2011）在其2011年供应商责任报告中称，它对富士康的自杀事件进行了"独立"分析，得出结论认为，有必要聘请"大量心理咨询师"，建立"24小时护理中心，甚至在工厂大楼上安装大网以防止冲动性自杀"，并提供"对热线工作人员和护理中心辅导员的更好培训和更好监测，以确保有效性"（同上，19）。这一系列措辞反映了一种基本的态度，即自杀是由于个人的心理问题，与恶劣的工作条件无关，因此只需要再多几个心理学家和大网就可以解决问题，而不需要改变工作条件。这种态度不仅愤世嫉俗、肤浅、缺乏对问题根源的理解，也极其不人道。在富士康受到质疑时，史蒂夫·乔布斯称："我们是做的得最好的。事实上，我认为在这一行业中，就工作条件而言，苹果是做得最好的。也许在维持我们供应链的每个行业中也是如此……富士康不是血汗工厂……它是一个工厂。但是，富士康有餐厅、电影院、医院和游泳池。我的意思是，作为一个工厂，它是相当不错的"（Jobs，2010，19：11—20：10）。事实上，乔布斯在合法化目前富士康对公认的剥削问题上所作的工作相当糟糕。为了分析他的观点逻辑，我们可以运用图恩·范迪·伊克（1998，2011）的意识形态模型。乔布斯强调积极的东西（苹果作为一家公司）和否认关于他们的负面事情（自杀的员工）。他在社会责任报告中说苹果是全球领先的企业，而这些工人是有心理问题的，因为他们年轻、单纯，第一次远离家乡："他们已经让很多的工人离开非常贫困的农村地区，第一次远离家乡，来到这些工厂，他们 19 岁，与典型的高中生上大学相比他们可能不太愿意离开家"(Jobs,2010,21：07—21：18)。那么，乔布斯的措辞意味着，苹果和富士康没有责任。因为"我们"（苹果、富士康）有很好的工厂和企业的社会责任报告，而"他们"（工人）是自杀死的，并不是因为工资低、时间长、虐待和不人道的条件。依据乔布斯的说法，他们自杀是由于他们是年轻、愚蠢的农民。以乔布斯的论点和逻辑，这一切和富士康工厂的工作条件及工资越低、富士康就能赚到更多的利润没有丝毫关系。另外，他的言论还隐含着年龄歧视以及对中国农村的歧视。他们认为：这些自杀的人一定格外愚蠢——因为他们年轻，且出身农村。富士康的工人们并不需要乔布斯的工作和他对工作以及工作问题的理解，这些不同种类的工作也不具备乔布斯所谓的企业气质。富士康的工作太多地基于乔布斯的这一意识形态，但为了变得有人情味，他们需要变得只是看上去"非乔布斯"。这意味着，工人作为主体需要认识到：他们不只是"非资本，资本的否定"(Marx，1857/1858b，274；译者注：《马克思恩格斯全集》第 30 卷，人民出版社 1995 年版，第 232 页)。他们需要意识到自身的这一地位，以在政治上否定存在于富士康工厂、中国、西方和全球资本主义中的劳资对立关系，人们需要把富士康和苹果收归公有。

对富士康工人持续不断的高度剥削导致了富士康工人的反抗：2012年 10 月，iPhone5 的投产要求新的质控标准造成对雇员的重压，郑州工厂 4000 名工人罢工；此外，在国庆期间他们也被要求工作（中国劳工观察，2012b）。据估计，在富士康保安疑似捅伤了一名涉嫌与其他工人争吵的工人之后，2012 年 9 月在太原爆发了一场 2000—10000 名工人 [③] 的抗议。据一名目击工人称，"在太原富士康，保安从一开始就是所有工人的共同敌人。每个工人都怨恨他们。然而公司却无视这一问题，忽视对工人最基本的尊重。直到情绪如火山爆发，这是迟早会发生的事情。"因此，这次太原10000名富士康工人抗议的罪魁祸首是富士康本身。无论富士康发言人的发言多么感人，都不可能隐瞒这次事件的真相（中国劳工观察，2012a）。富士康的斗争和暴乱是一种表现形式：争夺中国数字革命的话语权而进行的斗争的表现形式。这表明，中国和世界的数字时代的不均衡和不可比性（同上，113页）。

在必须出席的日常会议上，工人们被敦促努力工作以达到生产目标，并被警告不要与记者和其他人谈论富士康的工作状况（SACOM，2010）。SACOM（2010）记载了苛刻的管理，包括禁止工人走动、说话、伸展身体、充分休息，以及规定工人在生产期间必须站立，还有来自安保人员的惩罚、殴打和骚扰。一个19岁的叫阿明的工人说道："我每天不得不站14个小时，基本上我要站一整天，无论我去上班还是回到宿舍。但我们到宿舍的时候，已经是晚上9点了。……公司说加班是自愿的，但是如果我不加班的话，就会被视为停工。……睡觉、吃饭和工作是例行公事"（SACOM，2011A，12—13）。

"车间环境如此冰冷让人感到沮丧。作为一个新来的人，我没有一个可说话的人。如果我继续在富士康工作，我很可能会自杀。"一个刚刚辞去杭州富士康工作的女工说道（SACOM，2010，12）。作为惩罚，马向前被深圳富士康的保安强迫去清洁地板和厕所，之后，他自杀了（同上，13）。

不只是工厂而且住宿也是军事化的管理。如果工人违反宿舍规则，例如在宿舍用吹风机吹干他们的头发、11点半之后回到宿舍，他们的名字将会记录在案，将会作为"志愿者"打扫宿舍。此外，工人要承认每一项违反宿舍规则的行为，都要在忏悔信上写上自己的名字、身份证号码，带有照片的工作卡也会示众。忏悔信说道："都是我的错，以后在宿舍我再也不会吹头发，我做错了事情，再也不会这样了"（SACOM，2010，19）。

第四节　结论

对富士康工作条件的研究证实：存在低工资、工作日的无酬劳动、没有休息、工作时间长、有害身心健康的工作环境、强迫加班、强迫学生劳动、包括处罚和殴打的军事化管理以及与雇主友好的伪工会的状况。"为了最大限度地提高生产力，工人在富士康都像机器一般地工作"（SACOM，2010，10）。富士康的信息和通信技术（ICT）工人是刚果矿山信息和通信技术（ICT）工人的辩证扬弃（**否定**）：后者的奴隶特征在前者身上得以延续。有一些来自职业学校在富士康工作的学生，据 SACOM 称，他们被老师逼迫与富士康合作，在条件恶劣的工厂工作，这在中国是违法的（加班、从事与学生的学习无关的工作）。像刚果的矿工一样，这些年轻人也没有脱离雇佣关系的可能性。与在刚果的奴隶矿工相比，富士康工厂也有双重自由的雇佣工人。他们可以选择他们想出卖自己劳动力的资本家，也能够脱离雇佣关系（奴隶和富士康的实习生是不可以的），但这种自由同时是出卖劳动力作为商品以及生产不属于自己的商品的不自由。在非正式和不稳定的中国信息和通信技术（ICT）工人当中年轻的农民工占据一个相当大的份额。妇女构成了年轻农民工的一个重要的份额并被高度剥削。在双重意义上有一种女性化的工作：在中国信息和通信技术（ICT）工人当中存在着高水平、低收入的女性工人，而无保障、不稳定、低收入就业是中国信息和通信技术（ICT）装配行业的一个普遍模式。

富士康工厂被发现的情况与马克思所描述的 19 世纪英国的状况极为相似：被高度剥削的年轻人投身于工作之中。马克思描述了苏格兰一家火柴厂的工作条件："工人中的一半是 13 岁以下的儿童和不满 18 岁的少年……在委员怀特 1863 年询问过的证人当中，有 270 人不满 18 岁，40 人不满 10 岁，10 人只有 8 岁，5 人只有 6 岁。工作日从 12 到 14 或 15 小时不等，此外还有夜间劳动，没有固定的吃饭时间，而且多半是在充满磷毒的工作室里吃饭"（Marx，1867c，356；译者注：《资本论》第 1 卷，人民出版社 2004 年版，第 285—286 页）。同样地，马克思描述了织物检查员关于某墙纸厂的工作条件的报告："孩子们往往疲倦到睁不开眼睛，其实，我们中没有一个能睁开眼睛。约·莱伯特恩说，'我 13 岁……去年冬天我们干到晚上 9 点，前年冬天干到晚上 10 点，去年冬天我的脚有伤，差不多每天晚上都疼的哭起来。'曼彻斯特一家工厂的股东兼经理史密斯说，'我们〈他是指那些为我们做工的人手〉一直做工，中间没时间停下来吃饭，所以一天的活到下午 4 点半就干完了，之后的时间都是额外加班。……我们很少在晚上 6 点以前停工'〈他是指离开消费'我们的'劳动力机器〉，所以我们（还是那位史密斯）实际上整年都在加班工作……无论孩子或成年人〈152 个儿童和青年，140 个成年人〉平均每周至少要干 7 天零 5 小时即一周 78 小时'"（同上，356—357；译者注：同上，第 286—287 页）。

如果有人把这些描述放到其中一个 SACOM 的报告中，那么大多数读者可能不会意识到有不同的历史和地理背景。因为马克思在 19 世纪后半期的对工作条件的描述听起来和 SACOM 描述的富士康的工作情况很相似。这表明，在代表资本主义生产阶段的类似于富士康的工作条件下、在身体遭受高强度的暴力和训练的情况下，绝对剩余价值的生产是被强制执行的。

马克思和恩格斯的例子与监督机构对富士康及其相关公司的研究也有相似之处。马克思和恩格斯依靠工厂检查员的报告获得了他们用来说明和验证理论的经验材料。SACOM 和其他企业监督机构都是当代的工厂检查员：他们的目标是系统地检查作为国际分工一部分的工厂里正在发生的事情。然而区别在于，19 世纪的工厂检查员是受法律和国家资源支持的，这也为制裁公司提供了某种可能性，而像 SACOM 这样的组织是民间社会组织，这意味着更多的独立性，但工作不稳定且可调集资源往往很少，因此，试图让公司承担责任并使其行为对公众透明是有难度的。工作日由两部分构成：一部分是有酬的，另一部分是无酬的。首先工人要得到薪水，这种情况是可想而知的。为了获取利润，商品以高于投资成本（薪水、原材料成本和基础设施成本）更高的价格出售。但是，对应利润的生产的劳动日的一部分（工作时间或马克思称之为价值）形成了销售价格的一部分（通过企业的法律所有权人为地和薪水分离——允许他们拥有工人生产的商品和从中获取的利润）。薪水对应工作日的一部分，利润对应另一部分。马克思称第一部分为必要劳动时间，第二部分为剩余劳动时间。马克思描述了资本家如何组织工作日以积累更多利润的两种方法：“把工作日延长，使之超出工人只生产自己劳动力价值的等价物的那个点，并由资本占有这部分剩余劳动，这就是绝对剩余价值的生产。绝对剩余价值的生产构成资本主义制度的一般基础，并且是相对剩余价值生产的起点。就相对剩余价值的生产来说，工作日一开始就分为必要劳动和剩余劳动这两部分。为了延长剩余劳动，就要通过以较少的时间生产出工资的等价物的各种方法来缩短必要劳动。绝对剩余价值的生产只同工作日的长度有关；相对剩余价值的生产使劳动的技术过程和社会组织发生彻底的革命”（Marx，1867c，645；译者注：《资本论》第 1 卷，人民出版社 2004 年版，第 583 页）。第一种方法改变了劳动的量，第二种方法改变了劳动的质。由于劳动日的延长，绝对剩余价值的生产意味着工人工作更多的无酬时间，然而在相对剩余价值的生产中，工作时间保持不变，但工作变得更具有有效性、工作速度更快，在和从前相同的时间里生产出更多的剩余价值。

分析报告表明，富士康工厂主要采用绝对的剩余价值生产方法来增加利润：人们发现这些工厂是无酬加班，几乎没有任何休息时间，工作时间长达 12 小时；一周工作六天，没有一天休息时间的工作要持续到两周以上，等等。有一定量的工资支付，但其管理策略是努力征用工人所能及的尽可能多的工作时间。工作日显然与稀缺的空闲时间是分开的，在这期间，工人往往非常疲惫，因为他们必须工作和长时间站立。因此，富士康的一天往往被员工描述为"工作、吃饭和睡觉"，他们说他们"没有娱乐时间"（SACOM，2011a，12）。当被问及"如果度假的话他们喜欢做什么？"绝大多数的回答是"睡觉"。这种情况表明，尽管自由时间和工作时间是分开的，但它们也密切相联系并形成一种辩证关系：绝对剩余价值生产方法的工作时间延长致使自由时间遭到侵蚀而枯竭，它吮吸了工人的生活时间，并把它转化成了工作时间，在此过程中，工人们受到剥削。

马克思认为，绝对剩余价值的生产有客观限制："工作日有一个最高界限。它不能延长到超越一定的界限。这个最高界限取决于两点。第一是劳动力的身体界限。一个人在 24 小时的自然日内只能耗费一定量的生命力。正像一匹马天天干活，每天也只能干 8 小时。人每天必须有一部分时间休息、睡觉，人还必须有一部分时间满足身体的其他需要，如吃饭、洗漱、穿衣，等等。除了这种纯粹身体的界限之外，工作日的延长还碰到道德的界限。工人必须有时间满足精神需求和社会需求，这些需求的范围和数量由一般的文化状况决定。因此，工作日是在身体界限和社会界限之内变动的。但是这两个界限都有极大的弹性，有极大的变动余地"（Marx，1867c，341；译者注：《资本论》第 1 卷，人民出版社 2004 年版，第 268—269 页）。以富士康工人为例，报告显示，工作时间延长到了最高水平，影响了工人关于睡眠和社会关系的再生产要求，以至于他们的睡眠和社会时间变得枯竭。工资也太低以至于他们很难保证生存，这意味着收入的缺乏不得不寻求弥补，无论是通过节制（例如，从足够量的食物中，这可能对身体的健康带来负面影响）还是通过其他手段（例如犯罪）获得生存所需要的资源。报告还显示，绝对剩余价值的生产与相对剩余价值的生产相结合，尽管程度较小，但这种结合达到了一定程度：对工人实行军事监视和胁迫的制度，其目的是对他们实行纪律处分，使他们没有间歇地长时间工作，而且工作强度很高，即每小时尽可能多地生产产品。还有一种趋势是通过管理提高生产目标："工人在生产线上不允许说话，每天只能重复同一个动作几百次乃至于几千次。生产目标不断上升。他们不得不越来越快地工作"（SACOM，2011a，15）。工头对工人施加压力，要求他们更加努力地工作："基本上，我们可以完成生产目标，然而，大约在下午7点，换班结束的一个小时前，通常监工给我们施压要我们加快工作。工作期间我们不得不站立一整天。公司承诺每间隔2小时有十分钟的休息，但这是一个谎言。当我回到宿舍时精疲力尽，我的腿在颤抖。员工流失率相当高，有很多人工作了一个月就辞职了"（SACOM，2011b，9）。"生产目标通常是每天5000件，如果订单大量涌入，目标将提高到每小时1000件。生产目标在不断上升。管理人员总是考验工人的能力。如果工人能够完成配额，目标将一天一天地提高，直到工人的能力最大化"（SACOM，2010，12）。马克思（1867c，1019—1023，1025—1034；译者注：[德]马克思：《直接生产过程的结果》，田光译，人民出版社1964年版，第84—88页）认为，资本对劳动的形式吸纳一方面包含资本主义生产关系的创造，其中劳动关系被组织为雇佣劳动，并作为绝对剩余价值生产的方法，其中资本试图尽可能延长工作日。资本对劳动的实质吸纳（同上，1023—1025，1034—1038；译者注：[德]马克思：《直接生产过程的结果》，田光译，人民出版社1964年版，第88—90页，第100—104页）

以相对剩余价值的生产为基础，例如，协作性工作、劳动的分工、机器的使用以及科学地规划生产过程（1024；译者注：[德] 马克思：《直接生产过程的结果》，田光译，人民出版社 1964 年版，第 89 页）。马克思认为形式和实质吸纳是资本主义两种不同的生产方式（同上，1025；译者注：[德] 马克思：《直接生产过程的结果》，田光译，人民出版社 1964 年版，第 90 页）。资本对劳动的形式吸纳带来了生产方式或生产力量的变化，然而实质吸纳从质上改变了生产力。马克思认为，在资本主义的早期，必定是形式吸纳盛行，然而实质吸纳可以和形式吸纳相一致。富士康是一个两种资本主义生产方式都采用的企业，在如此方式中，绝对剩余价值的生产占据统治地位。因此，资本对劳动的形式吸纳特色非常显著是不足为奇的，因为它"是所有资本主义生产过程的一般形式"（Marx，1867c，1019；译者注：[德] 马克思：《直接生产过程的结果》，田光译，人民出版社 1964 年版，第 84 页）以及"作为自我目的的生产——无论如何会随着劳动对资本的形式隶属而发生"（1037；译者注：[德] 马克思：《直接生产过程的结果》，田光译，人民出版社 1964 年版，第 103 页）。

邱林川认为（2009，x），中国拥有全球信息时代最大规模的受剥削的工人阶级。因此，他认为中国正在经历一场变革，这导致了工人阶级网络社会的出现（邱，2009，2010 c）。这个社会的特征尤其是他所说的"信息中下阶层：低端的信息和通信技术（ICT）用户、服务提供商和制造这些电子产品的劳动者"（邱，2009，3—4），这一阶级会由如下成分构成：外来工人（从农村向城市迁移的农民工）、失业和就业不足的工人、微型企业家、青年、学生和苦苦挣扎谋生的退休人员、那些在一定程度上的灰领工人——在诸如软件工程、设计、市场营销、广告、电信和客户服务高重复性工作的行业工人（同上，104—105，93，113）。邱林川认为（2009，83），他们被称为"灰领"，因为他们常常穿灰色制服。然而还有另一个维度：灰领源自白蓝的混合，所以这个词可以表达为白领和蓝领之间的状态。不但如此，这些工作虽然是第三产业，但却像泰勒工业一样高度标准化，代表了一种特定的服务工作的产业化，产生了一种标准化、不稳定和无产阶级化的工业及服务工作的否定的辩证法。

计算机的应用需要软件和硬件，软件是在世界不同地区的特定工作条件下生产的，我们将在下一章探究印度软件工业。

注释：

① 公司简介：http://www.forbes.com/companies/hon—hai—precision（2012 年 12 月 27 日访问）。

② SACOM《大学师生监察无良企业行动》（简称 SACOM），2010 年 2 月。

③ http//www.chinalaborwatch.org/news/new427.htmlhttp//www.nytimes.com/2012/09/25/business/global/foxconn—riot—underscores—labor—rift—in—china.html?_r=0（2013 年 7 月 9 日访问）。

第八章　新帝国主义的劳动分工：
印度软件业中的工作

在 2000 年的时候，保守的德国政客于尔根·吕特格斯（Jürgen Rüttgers）推行了一个口号："要孩子而不要印度人"（Kinder statt Inder）。他想表达的是，德国人应该生育更多的孩子，因为软件行业需要工人。他认为软件工程师越来越多地从印度招募，可是在使用计算机方面，就连德国的孩子都比印度人更为专业。许多观察家表示，这一口号是公开的种族主义和仇外心理。

为什么印度人的工作往往与西方的餐饮业或软件业相关联呢？本章旨在揭示软件工程在印度经济中的作用。这将证明，如果不讨论信息和通信技术（ICT）行业的全球劳动分工，我们就不能讨论印度的软件业。一个更为细致的分析揭示了帝国主义结构的新形式，西方资本主义就是借此从对印度劳动力的剥削中获益的。

第一节　导论

表 8.1 显示了 2010 年印度经济的就业结构。根据表格显示，我们可

以说印度经济主要是农业经济。在服务业，最大的就业部门是批发和零售贸易及修理业，占总就业人数的 9.5%。印度建筑业（属于第二产业的一部分）在印度非农业工人中也占有相当大的比例，即占印度所有雇员的 9.5%。然而，表 8.1 还显示印度经济的附加值结构遵循着一个与众不同的模式：最大份额的附加值是由服务业产生的，而农业创造出的附加值最低。这就表明印度的经济结构十分不平衡：就资本而言，它是一种服务经济；就劳动力而言，它是一种农业经济。印度就业的很大一部分是自营职业，特别是农业（印度社会科学研究理事会 ICSSR，2012，38—39）。2010 年，50.6% 的印度工人从事自营职业，32.8% 从事非正规和临时工作，只有 16.7% 从事正规有酬工作（同上，第 19 页）。印度经济的最大问题是存在着占雇工总数多于 20% 的"穷忙一族"（同上，46）。只有大约劳工总数的 8% 的人拥有社会保障（同上，55）。

印度社会科学研究理事会的报告指出，第二产业特别是橡胶、塑料和煤炭产品、纺织和皮革产品、机器、运输设备、化学和纸制品等制造行业，在 1983—2005 年期间有着高就业增长率，这一现象是由该产业的出口导向型和外商直接投资所致。HCL 科技公司是印度最大的软件集团，在 2012 年它分别位列世界第 1868 位大型企业及世界软件公司第 16 名（《福布斯》2000，2012）。2011 年，其资本资产已达 33 亿美元，市值达 69 亿美元，利润为 4 亿美元（同上）。在计算机服务领域，塔塔（Tata）咨询服务公司（第 667 位）、印孚瑟斯（Infosys）公司（第 784 位）和威普罗（Wipro）公司（第 788 位）都是来自印度的全球领先企业。上述公司在 2011 年的利润分别为 20 亿美元、15 亿美元和 12 亿美元（同上）。这三个公司的总部都位于安得拉邦的首府海德拉巴。在电信服务业中，巴帝（Bharti Airtel）电信（第 377 位）与信实（Reliance）通信（第 1520 位）是世界上最大的公司。而其他的媒体和信息通信技术产业，即广播、计算机硬件、通信设备、计算机存储设备、消费电子、印刷出版业和半导体行业，到 2012 年并没有印度的企业跻身到世界最大集团之列。数据表明软件产业是印度最具实力的媒体产业。当谈及印度在信息通信技术领域对全球劳动分工所起到的作用时，该产业的劳动力也应值得特别注意。

表 8.1　2010 年印度经济中三个产业的就业份额

产业	就业份额	GDP 份额
第一经济部门（农业和采掘业）	53.7%	17.0%
第二经济部门（制造业）	20.9%	24.2%
第三经济部门（服务业）	24.5%	58.9%

来源：NSSO（2012，表 S36），ICSSR（2012，36）①

第二节　数字劳动国际分工中的印度软件业生产力：劳动力和劳动对象、劳动工具和产品

20 世纪 80 年代中期，印度政府开始逐渐放宽管制，以吸引国际资本投资于软件产业（Lakha，1994）。1984 年英迪拉·甘地（Indira Gandhi）遇刺后，拉吉夫·甘地（Rajiv Gandhi）成为印度新总理，并以使通信现代化和自由化的政治取代了旧的技术民族主义政治，这使印度政府放松了对计算机行业的管制，并注重吸引外国资本以及印度信息和通信技术（ICT）经济的出口导向（Chakravartty，2004；Upadhya and Vasavi，2008）。软件科技园位于班加罗尔、布巴内斯瓦尔、浦那、马德拉斯和海得拉巴。国际软件公司看中了印度拥有的大量工程师，他们受过大学教育、具备相对较好的英语技能、工资处于较低水平（Lakha，1994）。花旗

集团（美国）和德州仪器公司（美国）是在20世纪80年代中期较早进入印度软件市场的两家跨国公司；在此之后也有其他跨国集团紧随其后，例如阿尔卡特、英国电信、益华科技、惠普、IBM、LG电子、微软、摩托罗拉、甲骨文和飞利浦（Arora，Gambardella and Torrisi，2001；D'Costa，2002）。

2012年，印度吸引了全部IT外包和业务流程的58%——如呼叫中心、客户服务、人力资源、财务、会计等（印度国家软件和服务公司协会NASSCOM，2012），这表明印度软件业在IDDL中的重要性。表8.2显示印度的部分出口导向型制造业也有着软件业的特征：2000—2009年的十年间，其年增长率在11%到51%之间，与此同时，出口导向型软件产业由大约50%增长到75%还要多。2010年，印度的软件服务占到了全部出口服务的54.4%（财政部2011，166）。2011年，这一比重增加到了大约58%（印度国家软件和服务公司协会NASSCOM，2012）。1997—1998年，美国占到了全部印度软件出口的58%（Arora，Gambardella and Torrisi，2001）。2009年，出口软件占印度电子和信息技术（硬件和软件）生产价值的58.7%，国内软件仅占15.5%（财政部，2011，221）。2010年，对于硬件业和软件业的外国直接投资总额占了所有外国直接投资的3%，然而在2009年仅占7.8%，这表明全球资本主义危机对软件行业的资本出口产生了负面影响（同上，225）。与2009年相比，2010年对印度软件产业的外国直接投资总额减少了58.6%（同上）。尽管印度的软件业有着巨大的增长率，并且在出口服务领域占有较大份额，然而在2009年和2012年分别仅占印度劳动力总数的0.5%和0.6%。这一情况表明印度是世界人口第二大国（紧随中国），对于西方的信息和通信技术（ICT）服务外包公司来说，仅仅这一人口总量就成为一个极具吸引的所在，因为他们希望通过降低总工资成本来增加利润率。尽管如此，总体的就业对于印度经济的影响是很微弱的，但据估计，2012 年印度软件产业占印度 GDP 的 7.5%（印度国家软件和服务公司协会 NASSCOM，2012）。

上述数据表明印度软件产业的增长是建立在出口导向型模式和吸引外资的基础上的。软件对于印度的出口服务尤为重要，特别是吸引较高水平的外商直接投资，这意味着印度软件行业在 IDDL 中扮演着重要的角色。因此，我们想要进一步地分析这个行业。

表 8.2　印度软件业就业情况

年份	软件和软件服务业就业	出口就业份额	就业的年增长率	总劳动力份额
2000	284000	53.5%		
2001	430100	53.9%	51.4%	
2002	522200	52.9%	21.4%	
2003	670000	56.9%	28.3%	
2004	833000	61.5%	24.3%	
2005	1058000	66.7%	27.0%	
2006	1293000	71.8%	22.2%	
2007	1621000	76.7%	25.4%	
2008	2010000	77.6%	24.0%	
2009	2236614	77.6%	11.3%	0.5%
2012	2.8 百万			0.6%

来源：ICSSR（2012，22），NASSCOM（2012，5）②

第三节　数字劳动国际分工的印度软件业生产关系

在印度，富与穷、受教育者与文盲、城市科技领域的制造商与农村失去土地的工人与农民，还有大城市与小城镇以及南部与东部等之间

（D'Costa，2002）的巨大差距无处不在。德克斯塔（D'Costa，2002）认为，印度软件业的发展被嵌入到印度资本主义的不平衡和综合发展之中，这种发展产生了赢家和输家，并在牺牲其他地区、城市和群体的情况下发展了一些地区、城市和群体。在印度，2011 年根据基尼系数计算出的收入不平等值为 36.8%，成人文盲率为 37.2%，预期健康寿命为 56 岁；53.7%的人口生活在多重贫困中，28.6%生活在严重贫困中；41.6%的人口每天生活费不足 1.25 美元（《2011 年联合国人权发展报告》）。伊拉瓦拉桑（Ilavarasan，2007）总结说，根据实证研究，印度的信息和通信技术（ICT）劳动力在城乡和性别方面存在着巨大的差异，而这些差异也就导致了印度发展的不平衡。印度软件工人主要来自中上层阶级，均受过很好的教育。而受过较少正规教育的贫穷家庭的下层民众几乎无法成为软件工程师（Ilavarasan，2008）。

印度软件工程师几乎都是高素质且受过大学教育的，可以完全胜任甚至"出色胜任"他们所从事的工作（Upadhya and Vasavi，2008）。印度软件公司主要为出口市场提供低水平的软件编码、设计和测试；而国内软件市场则侧重于更复杂的软件工程项目，这些项目涉及生产过程中的整个软件的生命周期（Arora，1999，2001）。"我们采访的大多数美国公司的经理……一致认为，外包工作不仅在技术上不算非常复杂，对他们而言也不是至关重要的业务"（Arora，2001，1274）。"这种外包型工作不仅对技术要求不高，通常也是小项目"（Arora，2001，1287）。伊拉瓦拉桑（2008）对两家印度软件公司进行了劳动过程分析。他确定了四个不同的职位——研发人员、模块主管、项目指挥和项目经理，这些职位都涉及构想和执行。构想与执行之间并没有劳动分工，任务不会以泰勒主义的方式分为高技能活动和常规低技能活动。研究表明，印度软件公司的活动似乎是以这样一种方式进行的：每个人都参与各种工作任务。根据进入项目的要求（如果仅仅要求他们编码、测试、送货和安装或者是规范与设计的需求），印度的信息和通信技术（ICT）工人或多或少地将要承担构想或执行的任务。

阿罗拉等人（2001）对 40 家软件公司的高级管理人员和软件专业人员进行了 75 次访谈，同时与印度的 60 名软件工程师进行了简短的访谈。他们定义了印度外包软件的三种模式：（1）海外公司的现场咨询或工程；（2）印度软件工程师的现场和离岸工作相结合；（3）为降低成本而建立离岸开发中心。

项飚（2007）在他的 IT 行业关于"全球猎身"的研究中做了 90 多次的访谈。"猎身"意味着"印度程序员获得工作签证并将其带到美国（或其他国家）现场工作的实际做法"（Aneesh，2006，3）。"'猎身'是一个通过一家印度经营的咨询公司（劳力行）在全世界范围内招募 IT 员工的可论证性的独特的印度实践。大部分实践中的案例都是出去完成一些针对不同客户并基于项目的工作。不同于传统的中介招聘机构，劳力行不是简单地把雇员**介绍**给雇主就完了，而是直接代表雇主**管理**工人，包括为工人提供担保、办理临时工作签证、支付工资、安排食宿，等等。因此，在'猎身'中，工人们与他们的真正雇主不发生任何直接的法律关系，但雇主随时可以减裁他们；如果雇主不再需要这些工人，劳力行可以将他们派给另一个客户，或者让他们'坐板凳'——等待下一个职位。同一区域或不同国家的劳力行的经营者会采取联合行动，相互联系，并送 IT 员工到需要他们的地方去"（Xiang Biao，2007，4）。项飚发现"被猎身的"印度程序员倾向于做一些千篇一律、收入相对较低、被他们认为是"傻瓜工作"的编程任务（同上，5）。他们还经常得支付部分工资给印度的劳力行作为派送他们去美国或其他国家的费用。而且他们想要与公司签订临时合同，这些合同常包含一些禁止他们找其他工作的条款，或者非常个性化，且内容含糊不清。作为印度信息通信业中"猎身"的结果，"有少量财富从全球流向印度，尽管价值也反过来从印度流向了西方国家"。阿尼什（Aneesh，2006，43）描述了"猎身行动"的后果：一个西方公司"能够裁剪它的劳动力，在有需求的时候引进这些临时员工，并节约了必须提供给永久员工的长期福利——社会保障、退休金、健康保险和失业保险。"印度的劳力行会收取员工工资的三分之一或三分之二。阿尼什还分析了他称之为虚拟移民的第二个共同战略："虚拟移民的概念强调，身处印度为当地公司工作的程序员可以直接为美国提供服务"（同上，2）。"它可以是由驻印度的工人在美国大型计算机和服务器上进行实时工作，也可以是分布式工作设计，使一家公司能够在地理上分散，没有中央工作站，分布在世界各地的几个地点"（同上，69）。不同时区的一体化将使信息和通信技术（ICT）公司成为全球分散的实体，劳动力每天 24 小时运作。一个印度编程员解释说，"基本上当美国是晚上的时候，这里是早晨。在他们一天的工作结束后，美国人得汇编他们的问题和他们想让我们作出的改变，然后我们就能在我们正常工作的时间按时解决这些问题。这样，当他们第二天早上到办公室的时候，解决好的问题已经在那里了"（同上，84）。"猎身"和虚拟移民是组织管理劳动力的战略，其方式是高度剥削、个性化、分散、孤立、不稳定、非工会化和降低劳动力成本，从而使工资成本降低，实现利润最大化。这两种战略都以种族主义的方式组织空间，以剥削印度工人。

在"猎身"中，印度员工被当作商品出口到任何信息和通信技术（ICT）资本家需要他们的地方。同时，员工还得签订限制他们行动自由的合同。他们必须到资本要求他们去的任何地方去，无论信息和通信技术（ICT）公司什么时间需要他们。其结果可能是他们永远都在流动，为资本的利益服务。在这种方式下，无论何时信息和通信技术（ICT）资本家想要用他们，让他们移动，他们总是随时待命，直到他们的能力不再被需要。

在虚拟移民中，空间的灵活性意味着公司可以将其运营延伸到印度，印度员工不需要本人移民到东道国，他们仍可以待在印度为西方信息和通信技术（ICT）资本家执行任务。如此利用空间，以信息和通信技术（ICT）为媒介的通信和数据传送可以将一种特殊的合作方式变为可能，这样印度的软件工程师就能够提供软件项目中所需要的部分编码。

两种战略都通过支付给印度员工比正式员工相对较低的工资，来减少工资的开销。如此一来，成为一个印度员工就意味着被严重剥削。出身被转化成更高水平的剥削，和一种更加不安全的雇佣战略。"猎身"和虚拟移民都是知识生产的高度种族歧视行为，这种行为加大了剥削力度，使空间变得灵活化，为资本带来了更多的收益。

印度 IT 员工工资介于美国标准的 7% 和 40% 之间。另外估计，关于外包的软件工程的相同工作，在印度的花销仅占一个公司需要支付美国员工开销的 1/3 到 1/5（Arora，2001，1278）。"对一个发达国家，考虑让印度人做境外生产的最大的动机就是降低劳动力的成本。软件开发商的工资在印度是最高的"（IIavarasan，2007），这表明发展中国家和发达国家之间以及印度内部普遍存在着巨大的财富和工资差距。康曼德等人（Commander，2008）对 225 家印度软件公司和 60 家美国软件公司进行了一项调查，他们发现印度软件业的工资相对较高，但是公司内部也有极大的差异：概念化员工平均比管理者少赚 29.8%，软件开发者比管理者少 53.2%，制作修改器的员工少 62%，后勤人员少 67%。印度公司管理者的平均工资是他们美国同等级别员工的 12%。这个比率在概念化员工、制作修改器员工、软件开发者和后勤人员分别为 10%，10%，9% 和 7%。这意味着在这个研究中印度软件公司的平均工资占美国软件公司的 9.6%。康曼德等人（2008）的报告显示，这种工资差异是印度受过教育的专业人员大量"人才外流"到美国的原因。保拉·查克拉夫蒂（Paula Chakravartty，2006）认为，在美国，媒体和政治上的右翼仇外言论提出了这样的意识形态：移民美国或承担美国外包工作的印度软件工程师，由于他们工作的低酬劳，导致了白领工作工资跌落。拥有 H1-B 短期签证的印度移民可以在美国软件业工作，但他们的实际情况是，他们受到高度剥削、工作时间长、超时工作而没有额外收入。在印度，中产阶级会庆祝那些作为印度国家经济发展的英雄而移民到美国的软件工程师。这两种论调都支持查克拉瓦蒂（Chakravartty）式的"白领民族主义"——专注于指责个人或颂扬个人，从而忽视了塑造信息和通信技术（ICT）行业的全球资本主义的现实，后者试图通过降低工资成本来实现利润最大化。

通过对一家孟买软件公司的 50 次采访(IN—Sync，出口和面向国内)，德梅洛（D'Mello，2007）和萨海（Sahay，2007）定义了印度软件工程师面临的三种流动形式：一是地域流动，即较长的通勤时间、在家工作、频繁的海外工作、因换工作而搬迁。二是社交流动，即由于工作时间长而在公司内部建立了强大的社交网络、相对流畅的向上社会流动、种姓关系发生变化。三是存在主义流动，即缺乏家庭生活时间，自由时间转化为工作时间；由于过度工作、工作压力、一个接一个的截止日期等因素引起的健康危机和自杀；允许随时解雇工人的无保障就业合同；职业经历导致更多的责任、紧张和压力以及不断增长的挫败感和辞职。印度信息和通信技术（ICT）员工是"高科技的游牧"工人（Upadhya and Vasavi，2008，20）。莫汉（Mohan），一位 30 多岁的项目经理解释说："工作是优先考虑的。……家庭和其它事情所占用的时间日益减少"（D'Mello and Sahay，2007，179）。另一位受访者说："有时你从早上 8 点开始，然后在晚上 10 点到 11 点结束，一周五天，无论何时你都可能被叫……此外，你不可能有任何爱好"（同上）。还有一个受访者说，"由于不可避免的长时间工作，IT 人员在公司内部建立了强大的社交网络。在办公室外，我们除了和家庭成员的交流，几乎没有时间和精力去社交。海外旅行这种现象影响家庭关系……一方面，我的家人能够和我一起去海外度过一次非常棒的短假期。但是，我的家庭看起来已经找到了我不在期间的其它办法，有时候我很想知道我在家里的位置！"（同上，177）

家庭主妇化意味着工作具有不稳定及不确定性，具有传统家务活的特性（Mies，Bennholdt—Thomsen and Werlhof，1988；Mies，1986；Werlhof，1991）。印度软件工程师和做家务人员的不同在于他们是雇佣工人，但是他们不得不处理的灵活性是家庭主妇化的：就像家政工人一样，他们必须随时提供服务，随时准备在不同的任务之间切换，长时间投入到工作中而没有足够的时间花在自己身上。

伊拉瓦拉桑（2007 年）在两家印度大型软件公司进行了一项调查（N=114）并做了 62 次访谈，证实了德梅洛和萨海（2007 年）的结果。他发现，大多数员工的工作时间都很灵活，而且经常在夜间工作。大约56%的人说他们在假期也工作，86%的人说他们没有加班工资，每周的实际工作时间会远远超过正式要求的 40 小时。

瓦格雷（Valk）和斯里尼瓦桑（Srinivasan，2011）表明，基于 13 个半结构化的采访，印度女性 IT 人员既重视作为 IT 员工的身份，但也对他们的家庭有着强烈的责任感，照顾老人、病人和儿童是家庭生活的一部分。工作压力、出差和严格的截止日期都会给工作与家庭的平衡带来困难。这种结果表明印度软件业的高压力给妇女带来了特殊的问题。印孚瑟斯（Infosys）采用了谷歌的工作场所设计模式，创建有健身房、篮球场和羽毛球场，一系列餐厅、各种游戏等好玩的工作场所（Mathew、Ogbonna and Harris，2012）。这种工作场所的组织模式是印度软件业更广泛趋势的特色，通常，印度软件业的柔性管理技术包括强调团队合作、参与、开放和透明的文化；对雇员管理目标的国际化、自律、社交活动、同辈组员压力和控制、企业文化或哲学以及文化培训方案（Upadhya and Vasavi，

2008)，其结果是员工之间的竞争和强烈的疏远。与此同时，柔性管理技术往往与对他们工作的全方位监视相结合："这种直接和间接组织控制技术的结合，使公司能够从员工身上榨取最大限度的工作，并因此使生产率最大化。但它也有一个矛盾：期望员工转变成个体化、自我管理和自我指导的'企业家'员工，同时他们必须在一个严格控制和客观的管理体系内执行任务，这种管理体系可以追溯他们的一举一动"（同上，第 29 页）。

　　在 IT 行业组织工会是有困难的，原因有二：其一，有许多工人和管理人员认为，工会组织会损害印度的资本主义；其二，印度信息和通信技术（ICT）行业的雇员从来不认为自己是工人。相反，他们把自己看作是知识型专业人士（Mukherjee，2008）。印度的西孟加拉州甚至立法禁止 IT 行业的罢工行为（Stevens and Mosco，2010）。在印度实行工会组织的另外一个问题是人们认为工会与政治党派牵扯太多（James and Vira，2010）。此外，印度信息和通信技术（ICT）行业采用柔性管理技术，推进个体化和削弱集体谈判，对工会化产生了负面影响（Upadhya and Va-savi，2008 年）。史蒂文斯（Stevens）和莫斯可（Mosco，2010）描述了印度信息和通信技术（ICT）行业进行工会化组织的尝试，其中一个例子就是 UNITES 组织（IT 专业服务人士团体）的成立，但是现在该组织正在苦苦挣扎，企图吸引更多的成员加入。

第四节　结论

　　爱德华·赛义德（Edward Said，1978，153）提出，马克思在关于印度的论述中写道，"在摧毁亚洲的过程中，英国使一场真正的社会革命成为可能"，因此他感受到了"东方人的痛苦，而他们的社会正在剧烈转变"为"历史的必然性"。凯文·安德森（Kevin Anderson，2010，20）承认，在马克思关于所有的社会都将可能进行与西方相似的发展道路的论断中存在一些问题，同时他把后者的道路问题归结为发展的最终模式。但这"绝不是暗示其（马克思）对人类苦难缺乏同情"。马克思在他论述印度的文章中真实地写道："英国人的干涉"摧毁了印度的社会及其经济，但也因此带来了"亚洲历来仅有的一次社会革命"（Marx，1853a；译者注：《马克思恩格斯全集》第 9 卷，人民出版社 1961 年版，第 148 页）。马克思还论述道："英国在印度要完成双重的使命，一个是破坏性的使命，即消灭旧的亚洲式的社会；另一个是要建设性的革命，即在亚洲为西方式的社会奠定物质基础"（Marx，1853b；译者注：《马克思恩格斯全集》第 9 卷，人民出版社 1961 年版，第 247 页）。但这并不是马克思 1853 年关于印度的文章的全部现实。他说，在印度和任何活跃的地方，资产阶级"使个人和整个民族遭受流血与污秽"（同上；译者注：《马克思恩格斯全集》第 9 卷，人民出版社 1961 年版，第 250 页）。并且，马克思还提出，"在大不列颠本国现在的统治阶级还没有被工业无产阶级推翻以前，或者在印度人自己还没有强大到能够完全摆脱英国的枷锁以前，印度人民是不会收到不列颠资产阶级在他们中播下的新的社会因素所结的果实的"（同上；译者注：《马克思恩格斯全集》第 9 卷，人民出版社 1961 年版，第 251 页）。这篇文章所体现的是马克思希望并乐意看到的"印度解放运动的兴起"（Anderson，2010，24）及他对此抱有的同情。他从没有把印度人民看作是被动的，无力进行革命的民族，而是认为资产阶级的一切统治都会造成苦难、流血、污垢和堕落，印度的情况就是如此。他还说，印度人不会从这种资本主义和殖民统治中获益。鉴于资本主义的剥削和帝国主义的特征，为了实现人类社会的发展，印度、英国和世界都需要进行社会革命。这是马克思关于印度论述的最终结论。马克思主义对印度的分析今天依然闪烁着智慧的光芒。

在过去的几十年里，新自由主义的自由化、放松管制和私有化方案一直是印度的特点。在此背景下，阿兰达蒂·洛伊（Arundhati Roy，2003）谈道，印度"目前处于公司全球化的前沿……公司化和私营化正受到政府和印度精英的欢迎。"她还认为印度如今是被一些诸如信实工业有限公司（Reliance Industries Limited，简称 RIL）、塔塔斯（Tatas）、金达尔（Jindals）、韦丹塔（Vedanta）、米塔尔（Mittals）、印孚瑟斯（Infosys）、艾萨尔和阿达格公司(Essar and ADAG Reliance) 这样的公司所掌控(Roy，2012)。"样样私有化的时代使得印度经济成为世界上发展最快的经济之一"（同上）。同时，这种财富的积累是基于对农民及农村人口财产的剥夺及对劳动力的剥削之上的，因此印度将出现极端不均衡的发展："在印度，3 亿人属于崭新的、后国际货币基金组织改革下的中产阶级，与下界神灵、地狱的鬼魂、干涸的水井、光秃的山峰和裸露的森林共存；25 万人因负债而自杀，8 亿被剥夺了财产的贫困农民的鬼魂为我们的发展开路。还有那些一天仅凭少于 20 卢布而生活的人们……"（同上）。

在新自由主义的政策框架中，软件产业已成为印度经济政策制定的战略重点，其放松管制、出口导向和吸引外国资本投资已成为印度资本积累的一个具体案例。软件是印度最重要的出口服务行业，也是最重要的信息和通信技术（ICT）产业门类。印度的软件行业创造了大量价值，但是仅占有限的就业份额。75%的价值出口到国外，主要以美国为主，因为美国是风投者的家园。

外国资本家将软件工程外包给印度主要是因为他们想要降低开支，增加利润。一个常见的趋势是印度软件行业的劳动力成本仅为西方劳动力成本标准的零头（介于 7%—40% 之间），因此西方公司的利润可以被最大化。工作的临时雇佣也意味着"工作经常是发生在一个无序无规则的环境中，且有大量的工作是和典型的全日制的、有劳动法保护的、签永久的劳动合同和有保障的工作保险的工作有区别的"（Riethof，2005，64；也见 Huws，2011）。临时化涉及工作的非正规化（缺乏法律保护、集体谈判）和灵活性（灵活的工作形式：外包、多样化的工作时间及报酬；劳动力市场的灵活性；工人的流动性）。新自由主义推动了工作的临时雇佣制度（Saad—Filho and Johnston，2005）。在印度的软件行业，临时性意味着特别灵活的工作时间和劳动者空间流动的强制性。员工必须去任何资本希望的工作地点工作，他们必须准备着随时承担多种任务并在多种任务之间随意切换，以及准备着超长时间的工作。西方资本投资者以金钱改善了很多印度软件工程师的生活，但这些金钱的好处是以过度劳动、巨大压力、强制的灵活性和流动性、缺乏工作—生活／工作—家庭的平衡、对身体的危害与无保障的雇佣为代价的。劳动者必须承担的工作灵活性与流动性是工作中家庭主妇化的体现。尽管条件如此艰难，但软件业的工会化依然相当困难。新自由主义对软件行业的关注是内嵌于一个贫富不均、城乡不均和教育不均的发展中的。印度软件工程师不是从事不合格和重复性工作的泰勒主义者：他们需要接受大学教育，从事要求高度逻辑理解和推理的工作。因此，这些工作和从事泰勒制标准的工作有着明显的区别，即印度软件工程师是高素质和被高度剥削的劳动者。列宁（1917，215；译者注：《帝国主义是资本主义的最高阶段》，人民出版社 2014 年版，第 59 页）把资本输出描述为帝国主义的一个重要特征："对垄断占统治地位的最新资本主义来说，典型的则是资本输出"，目的是通过向"资本少，地价比较贱，工资低，原料也便宜"的国家输出资本，实现高额利润（同上，216；译者注：《帝国主义是资本主义的最高阶段》，人民出版社 2014 年版，第 60 页）。在剥削率高的殖民地，剥削劳工可以通过军事手段(吞并一国)

和（或）经济手段来实现。大卫·哈维（David Harvey，2005）将当代的新帝国主义称为剥夺式的资本积累。在印度软件业，新帝国主义采取一种特定的经济形式，外国资本控制这一行业，在国际上支付相对较低的工资（这得到该部门放松管制的支持），从而获得高回报。印度软件工程师们所创造的劳动价值在很大程度上并没有保留在本国，也并没有使全体人民受益；相反，这些价值被西方资本所侵吞和占有。西方资本的积累是通过销售基于剥夺由印度软件工程师所创造的劳动价值的软件来达成的，并以此方式获得高额剥削率。印度软件行业是全球劳动分工的一部分，它是通过新帝国主义以这样的方式形成的：即当价值从印度输出到西方国家，巨额的剥削率就产生了。因此，在信息和通信技术（ICT）行业中存在全球不均衡发展，而这种不均衡是在印度产生并被放大的。马克思在关于印度的论述中指出："贵族只是想降服它，财阀只是想掠夺它，工业巨头只是想用低廉商品压倒它"（Marx，1853b，译者注：《马克思恩格斯全集》第 9 卷，人民出版社 1961 年版，第 248 页）。新帝国主义的当代形式依然是基于对殖民地的剥削：西方资本作为金融寡头抢夺着印度和南半球的其他国家的财富。西方资本扮演着"金钱统治"（moneyocracy）的角色，掠夺着印度和全球南部的其他国家，这种掠夺具有特定的形式。印度软件行业是新帝国主义劳动分工下的全球信息和通信技术（ICT）行业的战略产业。正如马克思在 1853 年所写的那样，当今的大部分印度人民"不会收到"存在于印度软件行业中的"新的社会因素（信息）所结的果实"（同上；译者注：《马克思恩格斯全集》第 9 卷，人民出版社 1961 年版，第 251 页）。

　　软件工程中心可以在各国特定的工作条件下找到，其中具有代表性的是硅谷，谷歌就是将总部设在该地区的一家重要信息和通信技术（ICT）公司。下一章将主要讨论谷歌的软件工程业和硅谷的工作情况。

注释

① 印度经济的"三次产业划分模式"是以下经济产业的数据统计分类图为基础的：（1）第一产业（农业、矿业）：门类 A：农业、捕猎、林业；门类 B：渔业；门类 C：矿业和采石。（2）第二产业（工业）：门类 D：制造业；门类 E：电力、燃气及水的生产和供应业；门类 F：建筑业；（3）第三产业（服务业）：门类 G：批发和零售业、家电、汽车和摩托车维修；门类 H：酒店餐饮；门类 I：交通运输、仓储和通信；门类 J：经济仲裁；门类 K：房地产、租赁和商务服务；门类 L：公共管理和公共防务、强制性社会保险业；门类 M：教育；门类 N：卫生及社会工作；门类 O：其他社区、社会及个人服务；门类 P：家庭作坊及无差别家庭作坊式生产活动；门类 Q：境外组织和团体。

② 据统计，2009 年印度劳动人口 4.67 亿，（见 http://www.indexmundi.com/g/g.aspx?c=in&v=72，基于《世界各国纪实年鉴》（CIA），获取数据日期为 2013 年 1 月 2 日），2011 年印度劳动人口 4.876 亿（见 https://www.cia.gov/library/publications/the—world—factbook/geos/in.html，数据获取日期为 2013 年 1 月 3 日）。

第九章 硅谷梦想和剥削梦魇：谷歌的劳动贵族和背景

在你继续阅读本章之前，先想一想"硅谷"这个名字，你会联想到什么呢？停顿半分钟而后会说：硅谷……你的联想很可能包括加利福尼亚、电脑、软件、微处理器、英特尔、谷歌、苹果、惠普、奥多比、甲骨文、"脸书"（facebook）网。硅谷是旧金山南部的一个地区，在那里，信息和通信技术（ICT）产业在历史上发挥了至关重要的作用。我们倾向于把具体的计算机技术、信息和通信技术（ICT）公司与硅谷联系在一起。许多人认为硅谷是美国梦的发源地，它在计算机史上发挥了重要作用。但计算机的历史不仅仅是技术和公司的历史，它也是从事生产通信技术的数字劳动的历史。本章希望通过谷歌的硬件组装和软件工程的例子来说明硅谷信息和通信技术（ICT）行业的工作环境。它表明，硅谷的故事不仅仅是计算机如何实现致富、加速社会发展和提高经济效率的梦想的故事，也是一个梦魇的故事：剥削、种族主义、有毒的工作场所、有毒土壤、有毒空气、有毒水、污染和由此造成的工人死亡、高度压力和超时加班。硅谷不仅仅是美国梦实现的地方，同时也是剥削和环境不正义的地方。

第一节　导论

硅谷是位于旧金山南部圣克拉拉谷周边地区的总称，它包括库比蒂诺、洛斯阿尔托斯、山景城、帕洛阿尔托、圣何塞、圣克拉拉和桑尼维尔等城市。"硅谷"一词意味着大部分的计算机技术研究所都在加州的这片地区。1971 年，总部在圣克拉拉的英特尔公司发布了世界上第一批可购买到的微处理器之一，也就是英特尔 4004。第一批的微机就有许多是在硅谷研制出来的，比如惠普的 9100（1968）。惠普的总部位于帕洛阿尔托市。硅谷的崛起依赖于美国国防部的投资，保障了以战争为目的的微处理器和晶体管的研究和开发以及在冷战期间的美国国防业的利益（Pellow and Park，2002，chapter 4）。2012 年，总共有 21 个以硅谷为依托的公司位列世界最大的 2000 家计算机技术行业公司（Forbes，2000，2012）。

·计算机硬件：苹果（丘珀蒂诺市 22 号，苹果总部）、HP 惠普（帕罗奥多市 67 号）；

·计算机服务：谷歌（芒廷维尤市 103 号）、雅虎（森尼韦尔市 756 号）；

·计算机存储设备：晟碟（闪速数据存储卡产品供应商）（米尔皮塔斯 888 号）、网络应用程序（森尼韦尔 970 号）；

·互联网零售：eBay（圣何塞 322 号）；

·半导体：英特尔（圣克拉拉市 85 号）、应用材料（圣克拉拉市 583 号）、阿尔特拉（圣何塞市 1260 号）、科天公司（米尔皮塔斯市 1384 号）、英伟达（圣克拉拉市 1411 号）、先进微器件（芒廷维尤市 1416 号）、赛灵思公司（圣何塞市 1432 号）、马克西姆集成产品（圣何塞市 1553 号）、线性技术（米尔皮塔斯市 1586 号）；

·计算机软件：奥拉克尔（圣克拉拉市 109 号）、赛门铁克（美国著名软件公司）（芒廷维尤市 815 号）、VMWare 虚拟机（帕罗奥多市 984 号）、奥多比系统（圣何塞市 1010 号）、Intuit（芒廷维尤市 1154 号）。

2012 年，这些硅谷公司所创造的利润占世界最大硬件公司的 84.9%、占计算机服务业的 26.2% 占计算机存储设备的 26.2%、占网络销售业的 68.1%、占半导体业的 39.4%、占计算机软件行业的 27.1%。这些数据表明硅谷是世界计算机技术行业的地理中心，在这里有许多计算机技术公司的总部。这种情况使得我们要看一看硅谷的工作环境，从而来判断它是否是"梦想之谷"。

如表 9.1 和 9.2 所示，在 2008 年的世界金融危机之后，硅谷几乎所有的与软件和互联网相关的产业的雇佣率保持持续增长。表 9.2 显示，本行业雇员的平均工资在 2011 年比美国总人口平均工资高 2—5.6 倍（后者针对互联网出版和网络搜索门户，前者针对其他与计算机有关的服务）。实际上，这意味着如果一个人在硅谷的谷歌公司工作，他就可以拥有一份相对较高的薪水。硅谷的软件业似乎是危机的赢家，而其他行业都受到了危机的重创：圣克拉拉的报纸业年均收入从 2008 年的 62381 美元跌至 2011 年的 59684 美元，员工也从 2007 年的 1506 人减少到 2011 年的 932 人（美国劳工统计局：《就业和工资季度调查》）。在 2008 年和 2009 年，30，278 名报社雇员失业，与此同时，美国报纸业年税收减少到 2008 年的 17% 和 2009 年的 27%①。在加利福尼亚州，从 2008 至 2011 年，出版业共有 8155 名员工失业（节选自网络），动画电影和录音业有 200749 人，广播行业有 7448 人（除了互联网），电信业有 10645 人（西方信息办公室：《加利福尼亚大量失业者—2011 年总计》）。这些数据表明加州的信息产业在金融危机期间损失惨重，而软件和互联网却似乎是个例外。尽管硅谷的软件和互联网业总体上带动了就业率的增长，但在一些电脑公司同样有大量的下岗职工：雅虎在 2008 年和 2009 年分别开除了 236 名和 295 名员工，英特尔在 2008 年开除了 650 多名员工，太阳微系统公司 2010 年裁员 246 人，思科在 2009 年裁员 233 人，奥多比在 2010 年裁员 196 人③。每个人获得工作的机会看上去也并不公平。在硅谷除了软件业的其他一些大型信息和通信技术（ICT）产业，例如半导体业，硅谷的工作岗位从 2007 年的 47，633 个下降到 2011 年的 42，328 个（美国劳工统计局：《就业和工资季度普查》）。但同样是在网络和软件产业，发展也是不平衡的：举个例子，如果在金融危机开始后，你不是为谷歌而是为它的竞争对手雅虎工作的话，你就更有丢掉工作的风险。2012 年 4 月，雅虎宣布解雇了 2000 名员工④。2008 年雅虎的利润从 6.4 亿美元直降到 4.19 亿美元，这也是从另一个方面对失业率的一种解释。在接下来的几年，雅虎的利润在 2009 年是 5.98 亿美元、2010 年是 12 亿美元、2011 年是 10 亿美元。相反，谷歌在搜索引擎、网上服务和广告业方面是雅虎最强劲的对手，利润从 2007、2008 年的 45 亿美元增长到 2009 年的 65 亿美元、2010 年的 85 亿美元以及 2011 年的 97 亿美元。雅虎对激烈的竞争作出反应，第一步雅虎增加了利润额，但随后导致了 2011 年的反弹，在 2012 年再次面对大批员工失业的问题。然而，2012 年却有 2000 名员工失业，雅虎把员工人数从 2007 年的 14.3 万缩减到 2011 年的 14.1 万人。相反，谷歌却增加员工人数，从 2007 年的 16805 人增加到了 2011 年的 32467 人。

表 9.1　圣克拉拉州某些行业的就业人数

	软件发布	数据处理与管理	互联网出版与网络搜索门户	定制计算机程序设计服务	计算机系统设计服务	其他计算机相关服务
2007	10549	4653	12872	28403	20166	996
2008	10482	4666	15007	27698	21802	1035
2009	10340	4628	15006	24788	19047	1076

	软件发布	数据处理与管理	互联网出版与网络搜索门户	定制计算机程序设计服务	计算机系统设计服务	其他计算机相关服务
2010	11421	4693	16758	25944	19324	1213
2011	13505	4.921	19587	28.009	21104	1200

资料来源：美国劳工统计局就业和工资季度普查

表9.2 圣克拉拉州某行业的年平均工资（以美元计）

	软件发布	数据处理与管理	互联网出版与网络搜索门户	定制计算机程序设计服务	计算机系统设计服务	其他计算机相关服务	平均年薪（全美所有就业）
2007	191267	170562	258151	137687	136167	88892	44458
2008	201640	151876	216316	148116	124562	95395	45563
2009	175085	155119	217643	133793	128988	96168	45559
2010	235226	233153	236885	146329	148575	100899	46751
2011	239930	197842	269258	154342	163093	100491	48043

资料来源：美国劳工统计局就业和工资季度普查

第二节 数字劳动国际分工中的硅谷生产力：劳动力和劳动对象、劳动工具和产品

下表显示了2011年和2000年圣克拉拉县某些行业的平均就业情况。结果显示，计算机和电子产品制造业构成了硅谷很大一部分的就业份额。就业份额从2000年的18.4%降低到2011年的13.8%，这也是信息和通信技术（ICT）制造业业务外包的证明。尽管如此，这一地区是硅谷就业率最高的地区。如果我们把软件部门看作是由软件出版（5122）、互联网出

版和广播（516）、互联网服务提供商及搜索门户和数据处理（518）以及计算机系统设计和相关服务（5415）组成的，那么这个部门在2000年的就业率中占9.1%，在2011年超过8.7%。硅谷其他就业率较高的行业是零售贸易、医疗卫生、社会救助、住宿以及食品服务等。

表9.3　圣克拉拉州就业总人数中的某些行业的雇员份额（用百分比表示）

分类系统码	行业	2011（%）	2010（%）
	总额	713785	943574
11	农业、林业、渔业和狩猎	0.4	0.5
21	采矿业	0.0	0.0
22	公用事业	0.2	0.2
23	建筑业	3.9	5.1
31—33	制造业	19.8	26.9
334	计算机和电子产品制造业	13.8	18.4
3341	计算机和周边设备	4.8	5.0
334111	电子计算机制造业	4.5	4.1
334112	计算机存储设备制造	0.1	0.4
334118	电脑终端和外围设备制造业	0.2	0.5
3342	通信设备制造	1.3	1.6
33422	广播和无线通信设备	0.6	0.5
3344	半导体和电子元件	5.4	8.0
42	批发贸易	4.5	4.4
44—45	零售业	10.0	9.7
48—49	运输和仓储	1.3	1.6
51	信息业	6.2	4.5
511	出版业	1.9	1.5
5111	报纸、书籍和目录出版商	0.2	0.4
5112	软件出版	1.7	1.1
512	电影与录音产业	0.2	0.2
515	广播（互联网除外）	0.2	0.1

分类系统码	行业	2011（%）	2010（%）
516	网络出版及广播	N/A	0.2
517	电讯业	0.7	0.8
518	互联网服务供应商、搜索门户和数据处理	0.6	1.7
519	其他信息服务业	2.5	0.0
52	金融与保险	2.4	2.0
53	房地产与租赁	1.6	1.6
54	专业和技术服务	14.1	13.5
5411	法律服务	0.9	1.0
5412	会计和记账服务	1.0	0.7
5413	建筑和工程服务	1.5	2.1
5414	专业设计服务	0.1	0.2
5415	计算机系统设计和相关服务	6.4	6.1
5416	管理和技术咨询服务	1.1	0.8
5417	科研与开发服务	2.4	2.0
5418	广告和相关服务	0.2	0.4
5419	其他专业技术服务	0.4	0.3
55	公司与企业管理	1.2	2.3
56	行政和消耗管理	6.2	8.3
61	教育服务	4.0	2.4
62	保健和社会援助	9.9	6.5
71	文娱康乐	1.4	11
72	膳宿业	8.2	6.5
81	其他服务，例如公共管理	3.9	2.7

资料来源：加州就业发展局私营企业数据

　　表 9.4 显示了计算机和电子产品制造业以及信息业是硅谷产生相对最大股份价值的经济部门之一，这也彰显了这些行业在这个地理区域的重要性。计算机和电子产品制造业在 2001 年占本地区国内生产总值的 19%，2009 年占 18.8%，信息产业 2001 年占 6.4%，2009 年占 12%。同样，批

发和零售业（2009 年占本地区国内生产总值的 11%）、房地产（12.4%）是硅谷价值产生的重要的栖息地。信息和通信技术（ICT）生产业的雇佣份额在下降，然而其所创造的价值份额仍保持不变，这表明该产业通过提高生产率、劳动力外包及不稳定性的劳动，降低了其劳动力成本。圣何塞——芒廷维尤——圣克拉拉都市地区的生产价值总额只占了美国的 1%，但却占了 2001 年信息和通信技术（ICT）生产业总值的 16.5%，2009 年的 12.9%；以及在整个信息和通信技术（ICT）部门总价值 2001 年的 8.8% 以及 2006 年的 8%。这些数据显示了硅谷的软件业和信息及通信技术（ICT）生产制造业与美国信息经济的相关性。考虑到硅谷软件工程业、软件、互联网服务、信息和通信技术（ICT）生产业的重要角色，接下来出现的问题就是这些行业的工作条件如何。

第三节　数字劳动国际分工中的谷歌和硅谷生产关系

克里斯·本纳（Chris Benner 2002）指出，硅谷劳动力的特点是非标准就业（临时工作、兼职工作、外包工作、合同制工作、单一雇员企业）增加，劳动力流动率高，高技能过时。不同职业之间的工资差异大，专业人员尤其是经理和制造业工人之间（Carnoy，Castells and Benner，1997）。1991 年至 2000 年间，硅谷最大公司中的前 100 位主要高管们的平均工资以百分之两千的速度增长着，而电子产品的普通生产工人的平均收入却下降了七个百分点。大部分的领导、经理和专家都是白种人；尤其是西班牙裔和来自亚洲的员工组成了硅谷的技能平平的员工。人种、阶层和性别区分了在硅谷工作的人们。自从本纳（Benner）、佩洛（Pellow）和帕克（Park）在 2002 年发表了他们的分析报告以来，在加州信息和通信技术（ICT）行业工资的差异持续上升：2004 年，计算机信息系统经理的年均工资是一名电子设备装配工人的 4.1 倍，是一名半导体处理员的 3.1 倍。2012 年，这个比例变成了 4.4 和 4.0。在 2002 年，一名加州系统软件开发者的平均工资是一名电子设备装配工人的 3.3 倍，是一名半导体处理员的 3.1 倍。到了 2012 年，这个比例分别变成了 3.5 倍和 3.2 倍。

表 9.4　各行业在圣何塞桑尼维尔—圣克拉拉市区私有工业经济总量中
所占份额及在美国私营经济总量中所占份额

	2009 当地份额	2006 当地份额	2001 当地份额	2009 美国总额	2006 美国总额	2001 美国总额
计算机和电子产品制造业	18.8%		19.0%	12.5%		16.5%
信息业	12.0%		6.4%	2.7%		1.6%
批发及零售业	11.0%		12.5%	1.0%		1.1%
房地产业	12.4%		11.5%	1.0%		1.1%
信息和通信技术（ICT）行业	N/A	34.1%	30.1%	N/A	8.0%	8.8%
私有业 GDP 总值				1.2%	1.1%	1.2%

资料来源：经济分析局

本纳（Benner，2002）发现，自 20 世纪 90 年代以来，互联网和软件业已经成为硅谷最大的经济增长部门，尤其是半导体和计算机制造业已历经大量的海外劳工外包。同时，软件业因其行业特征雇员流失率很高。与其他职业相比，软件工程师改变他们职业生涯的可能性是其他职业的两倍（Benner 2002，65）。

表9.5 加利福尼亚某种职业平均年薪（美元）的发展

	2012	2010	2008	2006	2004	2002
经理	123364	117810	109503	100772	98074	N/A
计算机和信息系统经理	145873	138826	128937	119418	111416	N/A
计算机和信息研究科学家	117972	123743	120606	116277	100959	90646
计算机系统分析员	90252	84962	81166	75527	71124	68341
计算机程序员	86626	84683	81320	76691	75896	70858
软件开发人员、应用	105806	102995	98261	90605	89136	82643
软件开发者、系统软件	115424	110220	102752	94397	90320	84297
电气和电子设备装配工	33179	31845	29937	29000	26680	25204
半导体工人	36584	34158	40008	38917	30094	27423

资料来源：加州就业发展局

佩洛和帕克分析了硅谷信息和通信技术（ICT）制造业的工作条件，他们指出，这一行业及其获益者的财富与"雇主对无证和有证人员的过度剥削"（同上，6）和极端的性别及种族歧视的有毒工作场所有关，也就是说，在硅谷的信息和通信技术（ICT）制造业中，移民妇女尤其是低工资工作者尤其受到有毒物质的影响。工作场所存在多种有毒物质，包括砷、石棉、氯气、氰化物、氟利昂、乙二醇醚、盐酸、异丙醇、铅、硝酸、二氧化硅、焊料、硫酸盐、硫、甲苯、三氯乙烯（TCE）、紫外线油墨和二甲苯等。工人们吸入这些有毒物质，女员工的生殖系统也受到它们的负面影响，这种影响包含："流产、胎儿畸形、不孕不育、内分泌失调、有毒的乳汁和乳腺癌"，增加了患有心脏或神经管畸形、过敏、哮喘、支气管炎和呼吸系统及喉癌的婴儿的比例。硅谷的种族主义和父权制劳动分工也造成居民区和学校的隔离。信息和通信技术（ICT）制造业的有毒重金属，如镉、氰化物、铅和镍也污染了水、空气和土壤，主要是在移民居住区，这就意味着他们中的许多人被二次污染着——在工作场所和自己的家里。一直以来，硅谷的工会就很弱，在信息和通信技术（ICT）产业中组建工会是很困难的。许多制造业员工都是临时工，他们很担心会失去自己的工作。一名柬埔寨籍的工人回应一则关于有毒物质的报告说，"我跟与我有同样感受的同事们说起这事，但他们都担心丢掉工作，所以不愿意声张"。2011年，在加州只有17.1%的雇佣员工是工会的成员。因此，工人们的谈判能力很弱，低技能工作的工资也就更低；失业率居高不下。2000年至2011年，在加州共有60600例失业事件。在2000年至2002年和2008年至2009年金融危机的背景下失业达到了顶峰。职业健康诊所、圣克拉拉职业健康中心、硅谷毒物联盟等民间社会团体一直致力于记录对工人和环境的污染并与之进行斗争。佩洛和帕克（2002）还表明，出现了在家中进行的计件工作，所有移民家庭都在家里工作，清洗含有有毒物质的信息和通信技术（ICT）组件，这种计件工作尤其被用于组装印刷电路板或电缆。这些工人中的许多人按照每个组件领取工资，有时"少的就像生产每个组件一样只有一美分"（同上，158）。这种计件工作给工厂的装配工人带来压力。他们没有固定的小时工资，所以如果他们工作不够快，没有装配足够多的零件的话，他们就无法生存。马克思把计件工资定义为"克扣工资和进行资本主义欺诈的最丰富的源泉"（Marx，1867c，694；译者注：《资本论》第1卷，人民出版社2004年版，第636页）。他描述了"劳动力的转租"如何是计件工作的典型特征。的确如此，佩洛和帕克指出，在硅谷的家庭作坊，包括儿童，全家齐动员，一同参与到信息和通信技术（ICT）

的制造上。

计件工资是劳动密集化和工作日延长的一种形式。"实行了计件工资，很自然，工人的个人利益就会使他尽可能紧张地发挥自己的劳动力，而这使资本家容易提高劳动强度的正常程度。同样，延长工作日也是工人的个人利益之所在，因为这样可以提高他的日工资或周工资。"（Marx，1867c，695；译者注：同上，第 637—638 页）。

因此，在硅谷的信息和通信技术（ICT）制造和装配行业中存在着一些高度剥削、低收入又危险的工作。但像软件工程这种知识密集型工作的工作环境看起来如何呢？为了验证这一点，让我们来看一下硅谷最知名的公司之一——谷歌公司的劳动情况。谷歌于 1998 年由拉里·佩奇（Larry Page）和谢尔盖·布林（Sergey Brin）创立，于 2004 年 8 月 19 日转型为一家上市公司（Vise 2005，4）。该公司于 2006 年以 16.5 亿美元收购了一家名为 You Tube 的视频共享平台，并于 2008 年以 31 亿美元收购了一家名为 Double Click 的网络广告公司（Stross，2008，2）。2012 年，谷歌公司紧随 IBM 公司之后，成为全球第二大计算机服务提供商（Forbes Global，2000，2012 目录）。同时，谷歌公司在全球大型公司中的排名迅速上升（见表 9.6）。2012 年是谷歌盈利创纪录的一年：谷歌公司的利润达到 109.8 亿美元（谷歌证券交易委员会，Google SEC 文件，2011 年度报告），这是自 1988 年该公司创立以来的最高利润。从 2004 年起，谷歌公司每年的利润都在快速地增长（见图 9.1）。

表 9.6　谷歌在全球最大上市公司排行榜上的排名

2004	2005	2006	2007	2008	2009	2010	2011
904	439	289	213	155	120	120	103

资料来源：各年份的福布斯全球 2000；排名基于利润、销售、资产和市值的综合指数。

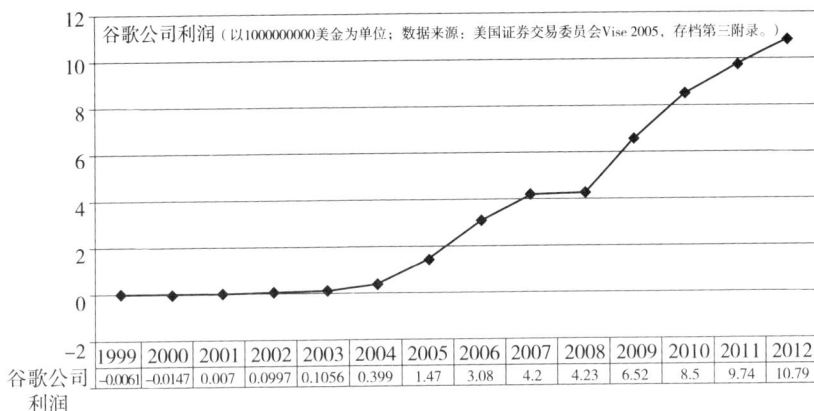

图9.1　谷歌利润发展状况

　　Glassdoor 是一家职业搜索和企业点评网站，免费为人们提供企业和职业的内部信息。Glassdoor已经收集了数百万具体关于某些公司工作、面试以及工资的评论数据。我分析了其中关于谷歌公司的、职位名称中包含有关键词"软件"的评论数据，此外还分析了一部分红迪（Reddit）网对人们进行的关于谷歌的工作环境的匿名调查⑤。我搜索并分析了其中关于员工谈论工作时间问题的发帖记录，最终 Glassdoor 上有 307 个 2008年 2 月 5 日至 2012 年 12 月 15 日之间的发帖，符合我的搜索条件。最终，我选取了 75 个发帖为样本，其中 10 个选自红迪网的跟帖，其余 65 个均选自 Glassdoor。Glassdoor 计算了某些职位的平均年薪。2013 年 1 月 17 日，谷歌公司美国软件工程师的平均年薪为 112915 美元（N = 187），高级工程师的平均年薪为 144692 美元。考虑到 2012 年加利福尼亚州一位应用软件开发人员的平均年薪为 105806 美元（加利福尼亚州就业发展部，见表9.5），所以说谷歌支付的薪水似乎略高于平均水平。大多数帖子都没有提到工作时间，而是集中在诸如免费食物等方面。因此，必须将它们排除在工作时间的分析之外。在这次进行的分析中，18 个发帖内容提到了谷歌公司工作时间的积极方面：其中有 14 位（占总数的 78%）发帖者称他们看重的是谷歌公司的灵活的工作时间；少数发帖者（3.17%）称他们能够很好地平衡工作和生活，还有一位发帖者称他们有规律地每天工作 8 小时（1.5%）。有 58 个发帖内容提到了谷歌公司工作时间的消极方面，并且无一例外地专门提到了工作时间长以及所导致的生活与工作失衡。我在表9.7 中总结了典型的评论。从这一分析中可以看出，人们倾向于在谷歌工作很长时间；公司提供免费的食物、运动设施、餐厅、咖啡馆、活动、技术会谈以及其他的额外津贴，他们觉得这种舒适的工作环境可以鼓励员工们留下来工作更长的时间。虽然管理层并没有正式口头通知，但这种长时间工作似乎已经成了公司文化的一部分。因此，有人因为来自同事的竞争性压力而选择工作更长时间，还有人常常因为没有足够的时间而利用工作时间的 20% 去做他自己的项目或者不得不延长工作时间来完成工作。

表 9.7　谷歌公司员工对工作时间的典型评论精选

ID 号	评论
5	我没有太多的社交生活，所以我往往在办公室待到很晚……当我中午 3 点露面的时候人们也不会多看我几眼。
6	你在问谷歌的缺点是什么？这很简单。他们为你做的一切都是为了让你尽可能多地待在办公室。他们会给你早餐、午餐、晚餐（都是美味的，没有垃圾食品）。有健身房，他们会帮你洗衣服，他们会给你按摩，你可以运动，你可以带宠物。所以对某些人来说，这是很棒的。我看到的只是这样一群人，他们每周在办公室工作 50—70 小时，不把工作和日常生活分开。
7	人们在单位待得很晚，在家也要工作到很晚，周末还要工作几个小时，这并不少见。
8	到最后，我典型的一天是 14 个小时，我开始履行我的主要职责。……快速的步伐和竞争的环境只不过是谷歌公司陷入困境的一个陷阱。
9	谷歌专门为那些工作时间很长的人提供服务。早餐是 8 点 30 分，晚餐是 6 点 30 分（吃完晚餐后立刻离开被认为是缺乏教养的）。

续表

ID 号	评论
14	饭菜很好吃，虽然我每天在办公室里待很长时间，但我的工作日程并没有让我感到压抑，因为这里有一个很好的工作环境。
17	在我的团队里，人们通常每天早上 9 点到晚上 7 点工作。
24	每个人都非常注重事业，他们在生活中大多没有其他的欲望。所以他们花很多时间在办公室。这会造成巨大的同龄人压力。……如果你想要平稳的工作压力，稳定的工作生活平衡，以及工作以外的其他兴趣，这里一定不是你待的地方。
26	所有的好处都是为了让你更多地工作。
27	缺点——太多的时间花在工作上（每周 50—60 小时）。
29	缺点——加班。似乎每个人周末都工作到很晚。
32	缺点——太多的时间花在工作上，有时即使你出去了，甚至也要花太多的时间考虑工作。
33	20%的时间机会是真实的，但你可能没有足够的时间和精力来利用它们。
35	厂区里免费的食物、健身房等设施以及公司网上许多有趣的消遣使我们乐于在这里花费更多的时间。
37	缺点——公司政策，当你工作的时候没有那么好玩；压力、截止日期，有时你不得不为了工作放弃一些生活。
38	好处：免费的食物很好。缺点——工作时间长，工资抵不过花在工作上的时间。管理不是很好。
43	缺点——太多的工作和不合理的时间安排！给高级经理的建议——保持良好的工作—生活平衡。
45	"死亡行军"般的工作时间表和工作重点的随机变化越来越普遍
47	工作和个人生活之间糟糕的平衡
49	缺点——除非你愿意牺牲个人生活和睡眠，否则公司内部的成长是困难的。
50	管理层可能不会施加太多的外部压力来延长工作时间，但人们总是会这么做，因为他们想要完成一件伟大的事情。这是一个很容易感觉到自己低于平均水平的地方，即使你在其他任何地方都是顶尖的。
51	糟糕的工作与生活的平衡。
54	缺点——很长时间。至少在我所处的位置上，人们会认真地每天工作 12—14 小时（其中 90%是有效的小时，消耗了大量的遗传密码）。谷歌不再是那么神奇的工作场所了：薪水更高，想想工作和生活的平衡（我是说，实际上，想想它，而不仅仅是假装你在工作）。

续表

ID 号	评论
56	每天长时间的工作（10 小时以上）是许多工程师的典型情况。
58	缺点——许多人工作时间很长，所以认为你必须做同样的事情，这样才能被认为是一名优秀的员工。
61	因为同事们工作效率都很好，期望值很高，所以很多人不得不花很长的时间去工作。
62	工作—生活平衡并不是真正存在的，因为每天工作 10 多个小时似乎是期望人们工作 8—9 小时，然后 2 个多小时在家加夜班……对高层管理人员建议不要施加太大工作压力，一般要更开放。
63	缺点——可能有很长的时间，因为你不想让高成就的同事失望。
65	缺点——那里有一种长时间工作的文化，20% 的时间现在几乎成了一个神话。如果有什么的话，那就是 120% 的时间。
67	有一种长时间工作的文化。
70	文化鼓励一个人为了工作而放弃他或她的业余生活。
73	缺点——长时间！对于那些想在工作之外有自己生活的人来说，这个地方不适合你，但是这样他们就不会最终被录用。
74	缺点——由于大量的福利（如免费食品），似乎有一条未被提及的规定，即雇员的工作时间应该更长。许多人每天工作超过 8 小时，然后处理电子邮件，或者在家工作几个小时，在晚上（或周末）工作。有良好的工作和生活平衡是很难做好的。给高级管理人员的建议： 让工程师有更多的自由，用 20% 的时间花在自己的酷事上，而不必承受 120% 的工作压力。

　　作为欧盟 FP6 项目 WORKS——知识社会中工作的组织与重组的一部分，学者们采访了 7 个国家的 57 名软件工程师来研究欧洲 IT 专业人才的工作环境（Valenduc 2007）。结果发现"工资具有个人特色……个人工资协议经常逃避监管框架"（同上，96）。标准的工作时间表应包含核心工作时间和基于项目工作量的自由工作时间（同上，96）。但 7 个国家中有 5 个国家时常出现加班现象，其中有 4 个国家加班并没有报酬（同上）。同时，受访的员工称高负荷工作在项目中是不可避免的，他们看重

的是在工作时间管理上允许他们有较大的灵活性、高工作量得到肯定评价并获得相应的酬劳（同上，92）。WORKS 项目的实证结果也证实了谷歌公司的案例，即公司员工一方面往往会长时间工作甚至加班，而另一方面他们的办公时间却是完全灵活自由的。即使有的员工从早上 9 点到晚上 5 点不上班，管理层也不会认为他上班不积极。罗莎琳德·吉尔（Rosalind Gill 2002）在六个欧洲国家做过这样一项研究，调查了 12 位做数字媒体工作的自由职业者（数字内容创作者）。在另一项研究中，她采访了 34 位荷兰的数字媒体工作者，他们中有程序员、设计师、艺术家、项目经理以及内容创作者（Gill，2006）。这些研究颠覆了人们认为数字媒体行业工作既酷又悠闲、既多变又有创造性、不分等级且人人平等的传说。这些分析表明，在实际的日常工作中，数字媒体工作者常常面对多重压力，如来自于项目化工作、低收入（在第一项研究中，男性的平均年收入为 1.6 万欧元，女性平均年收入为 1 万欧元；在第二项研究中，只有三分之一的受访者平均年收入高于国民人均收入，受访的自由职业者中有大约 85% 的人收入低于国民平均工资）、工作时间长、高危险性、个人风险、"要么连续几周没有任何（新传媒）工作……要么短时间内紧张地不分昼夜地工作……"（Gill，2002，83–84）——普拉特（Pratt，2000）、吉尔（Gill）和普拉特（Pratt，2008）把这种现象称为暴食性的工作压力。还有来自职业整合、家庭子女的压力。这些压力导致了一种情况，那就是大部分受访者都没有子女。这次调查中的自由职业者们往往没有假期，而且其中大部分人都没有养老金及失业保险。他们大部分都是不稳定的工作者，并且这种不稳定性是性别化的（就是说这点特别对女性有影响）。同时，吉尔（2002，2006）发现这些充满激情的热心于本职工作的数字媒体工作者大部分都受过大学教育，并且认为自己所做的工作具有创造性和自主性。赫斯蒙德霍（Hesmondhalgh）和贝克（Baker，2011）对 63 位在电视台、音乐录音、杂志发行方面的创造性工作者的采访证实了罗莎琳德·吉尔的研究结果。结果表明，许多创造性行业的工作都有这种矛盾的心理存在。这种工作虽不稳定但却因为它所包含的乐趣、联系、声誉、创造力以及自主性而受到珍视。朱丽叶·韦伯斯特（Juliet Webster，2011）总结了关于数字媒体行业中的劳动的女权主义研究的研究结果："特别是在信息和通信技术（ICT）开发项目中，没有女性，即使有也被无视。在众多信息和通信技术（ICT）专业人员中，她们在信息和通信技术（ICT）行业中表现得很糟糕，她们往往被集体分配在对改变整个进程几乎毫无影响力的地位较低的工作中"（同上，6）。数字媒体工作的性别化意味着女性往往面临着不稳定工作和被排斥。安德鲁·罗斯（Andrew Ross，2003）对纽约的数字媒体工作者进行了一次调查研究，结果发现该类工作的一个至关重要的方面是"它能赢得员工们为带薪工作时间服务的最自由的想法和冲动。在买卖创作理念、服务和解决方案的知识型公司中，员工醒着的时候所做、所想以及所说的所有事情都是工业工厂的潜在优势……工作和休闲之间的界线已不复存在。他们的职业将成为其他一切的支撑系统。任何从事新经济工作的人都不能幸免于这种危害"（同上，19）。罗斯的研究证实了我们在谷歌公司发现的特有现象，也就是说在数字媒体工作中，工作时间往往会吸纳空闲时间，而且公司的意识形态展现出了在自由、灵活性和社会化工作场所（工作是玩和乐）方面的发展。这个结果将会是一种他称之为"无领"的意识形态：即一种融合了"开放、合作和自我管理"的工作文化，一种"反独裁主义的工作心态"，"开放式交流和自我导向，一路上采用新模式和独立的神话"（Ross，2003，9—10）。"无领"工人将是"**自我辩护**"的知识工作者，不会质疑资本利益。"与 Webshop 公司签弹性合同的员工投资了大量的人力资产份额并且希望他们的优先认股权有所回报，但希望渺茫。深受鼓舞地每周工作 85 小时却没有加班费是他们的生活方式。结果就连职位最低的员工都感觉自己像是一名企业投资者。在大部分情况下，当公司破产时，优先认股权变成了解雇通知书，或者在某些情况下，员工还没有等到他们的优先认股权到期就被解雇了"（Ross，2001，82）。政治任务应该是知识劳动者的自我组织和自我解放："虽然这几个世纪最严重的问题是传统奴隶制、农奴制和契约劳工（我们仍然没有从这些中得到解放），但我们现在必须在'救赎之歌'这首充满灵魂的摇篮曲中回应这一时刻，鲍勃·马利（Bob Marley）冷静地建议我们：'把自己从精神奴役中解放出来'（同上，86）。在资本主义经济中，不稳定的劳动力已经成为一种大规模的趋势，新自由主义最终导致了劳动的主妇化（Mies 1986；Mies，Bennholdt—Thomsen and Werlhof，1988）。今天，许多工人面临着**"无产阶级"**的状况，这种状况"以某种方式与人们对其生活多方面的安全问题的共同关切联系在一起"（Ross，2008，34—35）。知识工作者和其他工作者的具体情况取决于他们受不稳定性影响的不同程度：有些人签订了长期合同，而有些人签订的是临时合同或者是个体经营；有些人工资较高，而有些人工资较低（工资差别看来似乎是性别化的并取决于工作情况的个性化水平）；有些人有养老金和失业保险，其他人却没有；大部分人都长时间工作且工作日、工作空间不规律，工作和休闲之间的界线模糊。许多工作者今天都经历着某些方面的不稳定性。不稳定性意味着工作者在他们的工作上投入了大量的时间却没有稳定的生活条件。不稳定性是一种绝对剩余价值生产的方式：一个人工作很长时间，这在高度工会化和有组织的劳动条件下，可能会看起来有所不同，并且社会成本是外包给个人的。因此，高利润者的总工资和投资成本（包括合同工成本）被降到最低，从而提高了剥削率和利润率。谷歌公司的软件工程师往往会具有不稳定性劳动者的共同特点：即工作时间长且面临兼顾工作和家庭、朋友及工作之外的社交生活的难题。他们往往工资相对较高，同时也是工作时间不稳定的工人和赚取追加工资的贵族工人，但并非所有谷歌工人的工资似乎都相对较高：2011 年，安德鲁·诺默尔·威尔森（Andrew Normal Wilson）因为拍摄并与为谷歌公司扫描书籍的数据录入员工进行交谈被而解雇了⑥。据观察，这些人大多是有色人种，没有其他谷歌员工所享有的特权⑦。长时间工作会带来什么？那就是员工们为了最大化工作效率而睡在办公桌上。谷歌前副总裁玛丽莎·梅耶尔（Marissa Mayer）报道了她在谷歌的经历："公司有时是对的，我们拥有极好的技术，但我们真的是非常非常努力地工作……每周要工作130个小时。人们会问，'一周只有 168 小时，你们怎么做到一周工作 130 个小时的？'答案是，如果你对你的淋浴时间和趴在桌子上睡觉的时间都精打细算的话，这一点是可以做到的。"⑧这种做法的最终后果是，在谷歌之外没有生活，生活变成谷歌，因此只有一个维度。谷歌公司最引人注目的是其管理策略的柔性化和社会化强制形式：没有关于加班的正式合同要求，但公司文化的基础是以项目为基础的工作；同事之间的社会压力；竞争；对工作的积极认同；乐趣和娱乐文化；以表现为基础的晋升；激励人们在工作场所（运动区、餐馆、咖啡馆、按摩室、社交圈、讲座等）花费大量的时间，以及工作与娱乐之间界线的模糊。因此，员工往往工作时间长，工作—生活平衡受损，谷歌往往成为生活本身的同义词：生活时间变成了工作时间并被用来为公司创造价值。谷歌公司是实现吕克·博尔坦斯基（Luc Boltanski）和伊夫·卡恰洛（Éve Chiapello 2007）所称的资本主义新精神的典型代表：把 1968 年政治反抗斗争和随后出现的新左派的反对独裁主义价值观，如自治性、娱乐性、自由性、自发性、流动性、创造性、网络化、前瞻性、开放性、多元化、非正式性、真实性和解放都归入了资本逻辑。马克思在《资本论》第 1 卷中描述了资本主义发展的早期阶段，通过控制、监视、纪律措施和国家法律的合法化实现了工作日的延长，其结果是迫切要求缩短工作时间而进行的阶级斗争的发展。谷歌公司增加剩余价值生产的主要方法也是绝对剩余价值的生产（也就是工作时间的延长）。但它采取了一种不同的方法：这种胁迫是意识形态和社会性的，被纳入了公司的娱乐、玩劳动、员工服务和同伴压力文化之中。其结果是，每个员工总的平均工作时间和无薪工作时间都有增加的趋势。马克思把这种情况描述为绝对和相对剩余价值生产的一种具体方法，在这种方法中，劳动的生产力和强度保持不变，而工作日的长度是可变的：假设工作时间延长，劳动力价格（即工资）不变，"剩余价值的相对量就随它的绝对量异同增加。虽然劳动力价值按其绝对量来说没有变化，但按其相对量来说却降低了。……相反地，在这里，劳动力价值的相对量的变化，是剩余价值的绝对量的变化的结果"（Maxr, 1867c, 663；译者注：《资本论》第 1 卷，人民出版社 2004 年版，第 601—602 页）。马克思在这一段中所解释的意思是，由于当时员工创造的额外剩余价值和利润，员工的无酬加班越多，工资往往会相对地减少。这一点可以以谷歌案例来说明：12 个帖子的分析显示，可以计算出平均每周工作时间为 62 小时[9]。这当然只是坊间证据，但是考虑到大量的点评内容说在谷歌工作时间长是常见的现象，这个结果似乎已暗示出来。如果这些计算机系统分析师、软件工程师或类似的工人每小时能够挣至少 27.63 美元，那么根据《美国公平劳动标准法案》（第十三章（a）17）他们就不能得到加班费。这意味着，假设谷歌的软件工程师每周平均加班 22 个小时，薪水平均为 112915 美元，代表着工作时间为 155%，那就是说 55%的工作时间是没有报酬的额外工作。员工每周在这 22 小时期间，为谷歌创造剩余价值和利润。如果我们假设每年有 47 个工作周，那么无薪加班每年就延长了平均 1034 个小时。与加州的半导体加工人员相比，他们在 2012 年的平均工资为 36584 美元，而加州电子设备装配工 2012 年的平均工资为 33179 美元（加州就业发展部）。谷歌的软件工程师

2012 年的平均工资（112915 美元）分别高于以上 3.1 倍和 3.4 倍。这表明在信息和通信技术（ICT）行业中装配工和软件工程师之间的工资差距非常大。但这两种类型的劳动都是受剥削的并对信息和通信技术（ICT）产业资本积累是十分必要的。谷歌（和其他公司）的软件工程师构成了恩格斯称之为的"工人贵族"：恩格斯形容，在 1885 年的英国，工人们"穷困和生活无保障的情况现在至少和过去一样严重"，但"他们形成了工人阶级中的贵族"（工程师、木匠、工匠，砖瓦匠），"他们为自己争到了比较舒适的地位"（Engels，1892；译者注：《马克思恩格斯全集》第 22 卷，人民出版社 1965 年版，第 321 页）。根据恩格斯的观点，列宁（1920；译者注：《帝国主义是资本主义的最高阶段》，人民出版社 2014 年版，第 10 页）也谈道由"资产阶级化了的工人阶层"（"workers-turned-bourgeois"）即工人贵族，"按生活方式、工资数额和整个世界观来说已经完全小市民化"，"是资产阶级在工人运动中的真正代理人，是**资本家阶级的工人帮办**"。与信息和通信技术（ICT）制造商相比谷歌员工的工资更高、特权更多，这也意味着他们更不可能去反抗，恰如恩格斯对典型的工人贵族所描述的那样："对每个懂事的资本家和整个资本家阶级来说，他们现在的确是非常可爱、非常随和的人"（Engels，1892；译者注：《马克思恩格斯全集》第 22 卷，人民出版社 1965 年版，第 321 页）。

斯拉沃热·齐泽克（2012，12）不恰当地将"占领运动"描述为一个由"有保障工作的特权工人"组成的工薪资产阶级，"由于担心失去追加工资而被迫工作"。但是他不知不觉地在文中描述的其实是谷歌的专业人士，这些专业人士作为工人贵族与信息和通信技术（ICT）制造者相比具有相对较高的工资。如果信息和通信技术（ICT）产业被视为综合行业，其利润被视为综合利润，那么谷歌软件工程师的工资就会比低收入的信息和通信技术（ICT）装配工高出一定的盈余。然而，这种相对过剩的工资是有代价的：工作时间长、压力大、软件行业的劳动力流动率相对较高、工作与生活平衡不佳，以及在公司以外没有社交生活。"工人贵族"一词的含义是客观的，而不一定是主观的：相对于信息和通信技术（ICT）制造业工人，谷歌的软件工程师有追加工资。这种状态是否导致了与谷歌的管理者和所有者相似的资产阶级意识，这只能根据经验来决定。谷歌按照生活时间计算总劳动时间，支付较高的工资作为激励手段来剥削大量的无酬劳动时间。

社交媒体往往增加了通常在如谷歌和其他知识产业公司工作的员工压力。梅丽莎·格雷格（Melissa Gregg，2011）解释了新自由主义如何迫使知识专业人士将工作置于比亲密关系更重要的位置，以及信息和通信技术（ICT）特别是手机和像"脸书"（facebook）这样的社交媒体是如何加剧这一趋势的。可能会有一种总是在场的新自由主义的要求，而她把这种情况定义为"血淋淋的在场"（同上，2）通信技术如"脸书"（facebook）将在已经预期的工作上增加另外一层工作（同上，17）。"'脸书'（facebook）的兴起反映了白领专业人士的生活中工作的重要性"（同上，88），这是"一种新的存在的同义词"（101）。除了日常工作，员工今天越来越多地面临着很多要求，管理"推特"（twitter）、"脸书"（facebook）文件、优酷视频等等，并使用他们的私人资料以促销他们雇主的公司。

与诸如媒体技术、公司、机构、行业、空间、生产和消费、文化与政治规模相关的融合性（Convergence）已经得以说明（Jenkins，2008，Meikle and Young，2012；Mosco and McKercher，2008）。莫斯可和麦克切尔（2008）指出，这种融合不仅影响了这些领域，而且也影响到世界劳工。在那里，资本主义的全球化及资本主义工业和公司的融合将产生工会结合的需求，以便更好地组织阶级斗争。杜泽（Deuze，2007）指出，生活、工作和娱乐之间的界线趋于流动，媒体支持了这一发展。格雷格

（Gregg，2011）的研究可以被看作是表明了当代资本主义、移动媒体和社交媒体推动了劳动的融合：传统上是由经理、秘书、广告公关部门和呼叫中心处理的工作被外包给那些总是可以利用移动电话、笔记本电脑、网络连接、语音 IP 和社交媒体的知识员工来做，这需要他们在有限的可用时间里来管理大量的不同活动。知识劳动的融合似乎会导致更多的任务和不同的知识工作集中在一个工作中，这很容易给知识型员工带来很高的要求和压力。劳动的融合与技术和产业的融合是相互作用的，工会的融合是一种适当的政治对策（Mosco and McKercher，2008）。

第四节　结论

硅谷不仅仅是信息和通信技术（ICT）生产的空间，而且也是基于地域和不平等的社会现实的信息和通信技术（ICT）生产中的资本积累的空间。特别是妇女和外来移民一定程度上在以计件工作为基础的低收入的信息和通信技术（ICT）制造业里工作。由于工作场所、空气、土壤和饮用水的污染，往往会造成诸如癌症、呼吸道疾病、流产和婴儿出生缺陷等健康威胁。硅谷信息和通信技术（ICT）制造业主要是基于性别和种族主义的政治经济，这种经济高度剥削并破坏工人及其家庭，破坏自然。信息和通信技术（ICT）产业通过降低工资成本和投资成本增加其利润，以牺牲工人的身体和自然环境来降低公共场所卫生、安全和环保的成本。硅谷是马克思所观察到的情况的一个很好的例子。"资本主义生产发展了社会生产过程的技术和结合，但它同时破坏了一切财富的源泉——土地和工人"（Marx，1867 c，1867；译者注：《资本论》第 1 卷，人民出版社 2004 年版，第 580 页）詹姆斯・奥康纳（1998）指出，除了生产力和生产关系之间的矛盾是以价值生产和价值实现这种形式呈现出来之外，仍然存在"资本主义的第二个矛盾"（同上，158—177）："资本主义生产关系（生产力）与资本主义生产条件之间的矛盾，或资本主义关系和社会再生产之间的矛盾"（同上，160）。在信息和通信技术（ICT）制造业这一案例中，人们可以观察到，资本和劳动之间的阶级矛盾是如何以否定辩证法的形式与资本主义生产方式和自然资源的对立联系在一起，从而使资本的破坏力既摧毁人类又摧毁自然，通过摧毁自然(污染的空气、水和土壤）而摧毁人类，通过摧毁人类和自然（先天缺陷的婴儿）来摧毁人类的本性。在硅谷，资本主义的生态对立与社会对立是直接耦合的。

在《大纲》中，马克思描述了生产条件，如在某个特定行业中对劳动的高需求，某些工人获得了"追加工资"，这是他自己的"剩余劳动中的一个极其微小的份额"（Marx，1857/1858b，438；译者注：《马克思恩格斯全集》第 30 卷，人民出版社 1995 年版，第 425 页）。因此，马丁・尼科劳斯在前言中写道，马克思指出，从理论的可能性上讲，除了经济周期的问题之外，通过不同资本家的利润分配机制，工人阶级得到了一部分（但不是全部），得到由他们生产的以"追加工资"形式表现出来的剩余价值中"极其微小的份额"（同上，48；译者注：《马克思恩格斯全集》第 30 卷，人民出版社 1995 年版，第 425 页）。与信息和通信技术（ICT）制造商的工人相比，谷歌工人工资相对较高：他们收入高压力也大。基于硅谷对信息和通信技术（ICT）制造业工人的剥削，将信息和通信技术（ICT）行业工人阶级划分为制造业低收入的最下层阶级和收入高压力大的工人贵族（为了谷歌，以将其生活时间转化为工作时间的形式为代价，享受着相对追加工资）的对立，这是自然和阶级之间对立的一种补充。

硅谷只是某些人的梦想之谷：确切地说正是因为它是信息和通信技术

（ICT）制造业工人的死亡之谷，是软件工程中工人贵族的压力之谷，它才是那些在信息和通信技术（ICT）行业获取高额利润阶层人的梦想之谷。硅谷的发展所塑造的不平等、死亡、压力以及对大自然和人类生活的破坏等状况，是资本主义信息和通信技术（ICT）行业及其利润的基础。在信息社会里，销售某种商品需要为该物品进行宣传，不仅需要分析和监控客户的兴趣而且还要应对客户的咨询和问题。客服（呼叫）中心是负责所有这些任务的某种特定类型的服务工作的场所。这种类型的工作不是特定管理销售信息和通信技术（ICT），它存在于所有的商业行业中。客服（呼叫）中心的工作是表达感情和进行交流，往往利用手机和网络计算机管理客户数据库，录入数据，等等。因此，客服（呼叫）中心的工作对于研究IDDL 劳动力来说，是一个特别值得研究的有趣案例。

注释：

①http://newsosaur.blogspot.se/2011/12/newspaper—job—cuts—surged—30—in—2011.html（2013 年 7 月 9 日访问）。

②http://www.bls.gov/ro9/mlsca.htm（2013 年 7 月 9 日访问）。

③ 加州 Layoffs 数据库，见 http://www.mercurynews.com/business/ci_12277251（2013 年 7 月 9 日访问）。

④http//content.usatoday.com/communities/technologylive/post/2012/04/yahoolay-offs—read—the—email—to—employees/1#.UOzIGhhR97w（2013 年 7 月 9 日访问）。

⑤www.reddit.com/r/AskReddit/comments/clz1m/google_employees_on_reddit_fire_up_your_throwaway/（2013 年 7 月 9 日访问）。

⑥http://www.youtube.com/watch?v=w0RTgOuoi2k&feature=share（2013 年 3 月 27 日访问）。

⑦http://www.youtube.com/watch?v=w0RTgOuoi2k&feature=share（2013 年 3 月

27 日访问）。

⑧ http//it-jobs.fins.com/Articles/SBB0001424052702303404704577309493661513690/How-Google-s-Marissa-Mayer-Manages-Burnout（2013 年 3 月 16 日访问）。

⑨ 例如，如果一个员工写道，他或她每周工作 55—70 小时，那么这种情况则被计为平均 62.5 小时。

第十章　泰勒制、家庭主妇式服务劳动：
呼叫中心案例

　　"下午好！感谢您呼叫 X，我是 Y。有什么能帮您呢，先生或女士？"这些话是您和呼叫中心代理人之间电话对话的典型开头。为了管理我们的银行账户、建立和管理客户账户、在我们拥有的工具无法正常使用时需要咨询技术专家、重新设定我们忘记的密码和投诉备案，等等，我们就会拨打此中心的电话。还有一些呼叫中心代理——给我们打电话让我们参与调查、试图销售物品给我们、更新客户账户、试图说服我们应该延长对 X 的订阅，不只是拥有 Y 而且还要购买 Z 等等。呼叫中心的工作不仅涉及电话，还涉及计算机数据库，它是一种具体的数字服务劳动形式。但是，呼叫中心是如何运作的呢？本章将研究这一问题。

　　德国调查记者兼卧底记者格恩特·瓦尔拉夫（Günter Wallraff）在呼叫中心卧底工作，记录下了那里的工作条件。他写道："60 个计算机工作站安装在一个密闭的空间里，其设置包括：一块单调的电脑屏幕，一副头戴耳机和应用软件。工作人员用鼠标点击屏幕之后就会呼叫已储存的电话号码，一旦建立了连接，参与者的地址和地址来源就会显示出来。……我就问自己：为什么这些工人屈尊做这些事情？谁在强迫他们？一个离开 ZIU 而在 CallOn 工作的妇女这样为她以前的同事辩护：他们往往是长时间失业、抓住这最后的救命稻草的绝望的人。尽管他们曾经历磨难，现在他们必须在电话里传递正能量，并且表现出好的精神状态。但是，如此工作会给员工带来什么结果呢？办公室的配置给出了答案：墙上悬挂着一块公告板，上面用员工姓名记录着销售情况。如果某人带来一单新生意，他或她的名字就会被写在最上面，他或她就会引起其他人的关注。这自然产生了一种关于成功和竞争的压力。"① 现在，让我们更深入地分析呼叫中心工作，这种工作是数字劳动的一种具体表现形式。

第一节 导论

2010 年，欧盟 27 个国家有 8240 个公司专门从事呼叫中心活动。他们创造了 10.6 亿欧元的要素成本的附加值、8.6154 亿欧元的总营业盈余、雇用了 430 万人（欧盟统计局②）。这些经济活动占欧盟 27 国产业和服务业（不包括金融和保险）附加值的 0.18%、经营盈余的 0.04% 以及总雇员的 3.2%（欧盟统计局）。这些数据表明，呼叫中心与就业、价值和利润在经济上的相关性非常强，因此值得我们进一步关注。

在欧盟的 STILE 项目中，要求各国统计局的统计人员依据国际标准职业分类（ISCO）对各种类型的工作进行编码。在 34 起涉及呼叫中心工作的案例之中，仅有两例是关于如何编码达成协议的。看来呼叫中心在新的经济分类活动中提供了分类困难的实例。它们处于业务和客户之间、产品和服务之间及内部和外部过程之间（Bertin，2004，76）。

STILE 显示了理解呼叫中心活动的困难，那么如何定义呼叫中心的工作？2008 年版的国际标准职业分类包含两类描述呼叫中心工人的内容。

·4222 名联络中心信息办事员说道：

"联络中心的信息员向客户提供咨询和信息，答复有关公司或组织的货物、服务或政策的询问，并使用电话或电子通信媒体（如电子邮件）处理财务交易，他们的工作地点可能远离客户或远离那些他们提供信息的其他运营组织或公司"（ISCO—08）。

·5244 名联络中心销售人员说：

"联络中心销售人员使用电话或其他的电子通信媒体联络现有的和潜在的客户，推销商品和服务，获得销售并安排销售回访，他们可能在客户联络中心工作或非中心经营场所工作"（同上）。

所有经济活动的国际标准行业分类（ISIC Rev.4）包含一个呼叫中心部门类别——8220 呼叫中心活动：

"这类活动包括：入站呼叫中心的活动、使用人工操作回答客户电话、自动呼叫分配、计算机电话集成、交互式语音应答系统或用类似的方法来接收订单、提供产品信息、处理客户援助请求或解决客户投诉。"

"出站呼叫中心的活动包含使用类似的方法出售或在市场上向潜在客户销售商品或提供服务、进行市场调研或民意调查以及类似的为客户服务的活动"（ISIC Rev.4，242）

欧盟"托斯卡"（TOSCA）项目对呼叫中心的综合定义是："雇用专业人员担任涉及使用计算机和电信链路以语音或电子形式处理通信的办公室"（Paul and Huws，2002，10）。呼叫中心的工作包含信息和通信技术（ICT）（电话、计算机和互联网）的使用，它是一份白领的工作，具有某些制造业的标准化特色，它包含时空分离的活动（外包、灵活的工作时间等）。

第二节　数字劳动国际分工的呼叫中心生产力：劳动力和劳动对象、劳动工具和劳动产品

保罗（Paul）和 Huw（2002）认为，电话服务已经存在了很长一段时间，但是，电信的发展、消费文化的生长以及媒体技能的提升为呼叫中心的诞生创造了条件。

呼叫中心通常专注于客户关系。客户关系可以是企业对企业或企业对消费者的关系，它们可以入站（客户之间的电话往来）或出站（公司致电实际或潜在客户，如营销调研），或两者兼而有之。大约 75% 的呼叫中心是面向大众客户服务市场的，约 25% 是企业对企业中心（Holman，Batt and Holtgrewe，2007）。第一批劳动力约占劳动力总数的 80%（出处同上）。呼叫中心的最大份额存在于电信和金融服务（出处同上）。总数的 79% 是入站呼叫中心的，21% 是出站活动中心的（出处同上）。有客户的分包商把他们的服务外包给这些呼叫中心，占呼叫中心业务的 33%，但占雇员总数的 56%，这表明他们的规模往往相当大。

运营一个呼叫中心所需的技术包括一条与客户进行通话的电话线和网络化的电脑，以使员工能访问存储客户信息的数据库，进入该信息库，他们就获得了电话通话的数据资料。当然，员工监控软件也是经常在运行中的。

第三节　数字劳动国际分工中的呼叫中心生产关系

欧盟的"托斯卡"（TOSCA）项目对欧洲的呼叫中心进行了研究。研究发现呼叫中心的工作往往极具重复性、高度监控性和极大压力。因此被人们称为是"现代的血汗工厂"（Paul and huw，2002，14）。由此产生的压力和对健康的负面影响导致了 25% 的员工大量缺勤。员工通常是女性和教育程度低下者，有灵活的工作时间，如此一来呼叫中心就可以 24 小时运营。这些情况导致员工流失率高达 40%，此外，呼叫中心的工会工作水平也较低。

全球呼叫中心项目（www.ilr.cornell.edu/globalcallcenter）是一个研究 20 个国家呼叫中心的网络研究项目。该项目进行了一项调查，覆盖了包含澳大利亚、巴西、加拿大、丹麦、法国、德国、印度、爱尔兰、以色列、荷兰、波兰、南非、韩国、西班牙、瑞典、英国和美国在内的 17 个国家的 2500 个呼叫中心。在当时的调查中（2007），典型的呼叫中心仅有 8 年的历史，这表明呼叫中心是一个相对较新的知识产业。在所有参与这项研究的呼叫中心中，14% 为国际客户提供服务。但在印度，73% 的呼叫中心客户是国际客户。除印度外，加拿大和爱尔兰也相对关注国际客户群（Holtgrewe，2009）。被调研的呼叫中心中，67% 是大公司的一部分，33% 是为外包呼叫中心工作的公司的分包商。

在所有国家，妇女在劳动力中的比例都很高，妇女占雇员总数的 69%。71% 的雇员是全职工人、17% 是兼职工人、12% 是临时工。然而在一些国家中兼职员工的比例更大：以色列是 48%、荷兰 46%、西班牙为 44%。在韩国，呼叫中心 60% 的员工是临时工、40% 的呼叫中心有集体谈判协议，50%

的是集体代表。人们发现集体讨价还价和代表性机制在诸如法国、荷兰和巴西等许多国家比较显著，在诸如以色列、加拿大、美国、印度、波兰、韩国等国家这样的机制是几乎不存在的。在所有的呼叫中心中，15.3%是绩效支付；然而，在荷兰这个值是41%。这项研究还显示，有集体谈判能力的公司的工资较高，在协调经济体（coordinated economies）中，呼叫中心代理的平均年薪为23599美元，在自由经济体中为32925美元、工业化国家为19105美元。经理工资值分别高出111.0%、58.0%、59.1%。平均劳动力成本占总成本的65%，员工的流失率为20%（包括辞职者、被辞退者、晋升或退休者），这意味着每年有五分之一的员工离职。一些国际客户（即分包商）将自己的服务外包出去，为他们服务的呼叫中心在加拿大、印度和爱尔兰尤其容易找到。工人通常在分包呼叫中心每天处理80个呼叫，在内部呼叫中心处理65个呼叫。与内部呼叫中心的工人相比，为分包商工作的员工通常接到的复杂任务更少，受到的培训更少，签署的雇佣合同（临时的、兼职的）也更不安全。在这类公司之中，工人也受到更多监督，拥有的工作自由裁量权却更低。集体讨价还价少了，员工的工资平均降低了18%。

呼叫中心广泛使用呼叫监测和呼叫软件来衡量呼叫业绩（Holman，Batt and Holtgrewe，2007，9—10）。"典型呼叫中心的呼叫处理时间是不同国家呼叫中心工作相对标准化的一个指标。本报告中典型的工作地点平均呼叫处理时间为190秒，即3分10秒"（同上，10）。三个国家的呼叫中心——法国、印度和加拿大主要（超过50%）雇佣大学毕业生。在9个国家，这一比率低于20%；在5个国家，这一比率在20%至40%之间。这表明，除少数几个具体国家外，呼叫中心工作人员的受教育程度往往较低。业绩监测（呼叫处理时间、任务时间、呼叫等待时间）通常在近期工业化国家每周进行一次以上，在自由经济国家每两周进行一次，在协调经济国家每月进行一次以上。

调查发现，工作酌处权（雇员对工作速度、工作方法、休息时间、任务完成和客户反应的处理方式可能产生的影响）相当低：在1—5（最大值）分之间仅有2.6。研究发现，39%的被分析的呼叫中心的工作质量都很低，其工作裁量权较低，绩效监测能力却很高。另一个结果是，36%的员工从事极低质量的工作，67%的员工更低于"极低质量的工作"这一标准，而只有14%的员工从事着高质量或极高质量的工作。"我们的调查结果表明，呼叫中心的绩效监测是通过确保员工持续高水平的任务努力来实现的。……高度的监控加速了身心资源的枯竭，这会导致人们的幸福指数降低"（Holman，Batt and Holtgrewe，2007，42—43）。低质量的工作也能导致压力增加，反过来又导致了疾病和请假次数的增多，这可以从每名雇员每年的病假天数平均数为6天的情况中看出。

全球呼叫中心项目总体上发现，呼叫中心工作的标准化程度很高、业绩监测很高、员工对工作过程中的决策产生的影响较低、工作质量低下、女性就业率高。研究发现了一些变化，这些变化通过这些国家工会权利及影响力得以阐释。在那些国家中，呼叫中心的工作质量较高、流动率较低，工资也不太分散。"有充足的证据表明，严重依赖以成本为中心的模式不仅导致了低质量的工作，也引起客户不满和员工的流动"（Holman，Batt and Holtgrewe，2007，45）。

英语国家的首选外包工作地点（如银行、能源、娱乐、保险、媒体、零售、技术、电信、旅游、公用事业）是印度。财富500强中的400个公司已在印度有呼叫中心，特别是在班加罗、德里和孟买。总体而言，呼叫中心离岸外包可以节省25%—50%的成本。印度吸引了大部分国际外包的呼叫中心工作。研究发现，在印度，呼叫中心的工作是重复性的，其特点是严格的纪律和对员工的大规模监视，这些对员工的健康已经产生了负面影响：如肌肉紧张、头痛、眼睛疲劳、重复劳累损伤（RSI）、语音丧失、听力问题、压力、恶心、头晕和恐慌发作等。由于员工缺乏参与决策，这一工作具有等级特征（同上）。

詹姆士（James）和维拉（Vira，2010）在采访了印度42家呼叫中心的工作人员之后，展示了一份调查报告（N=511），结果发现这些工人的工资平均每月为9272印度卢比，这是印度人均收入的三倍。印度呼叫中心代理认为自己从事的是高素质的白领职业，79%的应聘者是大学毕业生，75%的经纪人认为工会破坏了这个行业。印度呼叫中心的工作人员通常是受过高等教育的，所以很多时候在工作中是被大材小用了（Upadhya and Vasavi，2008）。拉梅什（Ramesh，2008）在印度呼叫中心工人中进行了一项调查（N=277），其中97%受过大学教育，只有13%的人从事这项工作两年以上。这就表明由于被大材小用，员工认为电话中心的工作不是一份长期性工作，只是跳槽到另一份工作或接受进一步教育之前的临时赚钱机会。约53%的受访者所赚收入超过10000印度卢比，19%的收入处于8000—10000印度卢比之间。为了迎合西方客户的需求，印度呼叫中心的工作通常有夜班。有一个高级别的记录电话的控制和监测系统——计算机辅助性能监控和信用卡登记系统。呼叫中心为每个工作人员设置一定数量的电话机，而这些电话机数量在绩效考核中的权重不断升高。在公开展示所有员工业绩的考核中还有来自同辈的压力。德克鲁斯（D'cruz）和诺罗尼亚（Noronha，2009）的调查表明，印度呼叫中心工人常常受到经理的压迫。

第四节　结论

呼叫中心的工作往往是重复的、标准化的、有压力的和受到高度监控的，并且经常轮班、具有灵活性，这就给工作—生活及工作—家庭的平衡带来了问题。对在职决策和工作质量的影响较小。呼叫中心的工作人员在很大程度上是女性。

许多呼叫中心员工不这么定义自己，而是认为他们自己的身份是完全不同的（Huws，2009，Paul and Huws，2002）：他们倾向于认为自己只是做暂时性的呼叫中心业务。这表明，由于呼叫中心的特点，呼叫中心代理人这一工作在劳动力市场和全社会中的地位并不高。厄休拉·胡斯（Ursula Huws）认为，工作的"呼叫中心化"动摇了很多以前被认为是理所当然的事情（Huws，2009，7）：一般情况下许多呼叫中心雇员和工人不得不处理公司和客户之间的困难交流，这就需要在当地工作和资本的全球性特征之间、工作生活和家庭生活之间付出大量的情感努力来维系。罗莎·卢森堡（Rosa Luxemburg，1913/2003）认为，资本积累依靠被卷入资本主义体制中的剥削的栖身地喂养："资本源自于这些组织的毁灭，尽管这些非资本主义的栖身地是积累的必要条件，然而，后者的继续前行以吃光这种栖身地为代价。"（同上，363）。这一观点被卢森堡用来解释帝国主义殖民地的存在，而马克思主义女权主义则认为无报酬的生殖劳动可被视为资本主义原始积累的内在殖民地和栖身地（Mies、Bennholdt—Thomsen and Werlhof 1988；Mies，1986；Werlhof，1991）。非雇佣劳动"确保了劳动力和生活条件的再生产"（Mies，Bennholdt—Thomsen and Werlhof，1988，18）。它是"花在生活生产或生存生产中的劳动"（同上，70）。原始积累"是公开的暴力，其目的是在任何地方、任何时候抢劫，反对任何人是'经济的'必要、政治的可能和技术上的可行性。"（同上，102）。在后福特资本主义社会中，资本主义的内在殖民地得以扩大，通过产生低酬和无酬劳动的栖身地使得利润得以增长。这些殖民地的形成是一种持续不断的原始积累，用暴力剥夺劳动。"女人、殖民地和自然"是"这一持续原始积累过程的主要目标"（同上，6）。这种现象被称为"家庭主妇化现象"（Mies、Bennholdt—Thomsen and Werlhof，1988；Mies，1986）：越来越多的人在不稳定的条件下生活和工作，从传统意义上来说具有父权制关系的特色。在这种情况下工作的人如家庭主妇一般，是一种不受控制和无限剥削的来源。家庭主妇化改变了劳动，以至于劳动"具有家务劳动的特征"，即劳动不受工会和劳工法的保护，它可以在任何时候、以任何价格进行，它不被认为是一种劳动，而被认为是一个"活动"，如"创收活动"，意思是孤立的和无组织的劳动，等等（Mies，Bennholdt—Thomsen and Werlhof，1988，10）。家庭主妇化劳动的特点是"没有工作期限、最低工资、最长的工作时间、最单调的工作、没有工会、没有机会获得更高的资格、没有晋升、没有权利和没有社会保障"（同上，169）。这种非正式工作是"难以遏制的、无限的剥削"（Mies，1986，16）。这种家庭主妇式劳动是指"对非雇佣劳动者的超级剥削……通过这种方式，雇佣劳动剥削得以实现"（同上，48），因为它涉及"成本的外化或属地化，否则必须由资本家来承担"（110）。

齐拉·爱森斯坦（Zillah Eisenstein，1979，33）辩称，形成资本主义父权制的性别劳动分工把妇女的劳动分为五种类型：生孩子、养育孩子、维系家庭、性行为和组织消费。呼叫中心的工作表明，劳动的性别分工从家延伸到了资本主义的工作场所：在家里，女人不得不生孩子、养育孩子；在呼叫中心工作，这一角色得以再现。因为父权制意识形态正在发挥作用，将女性定义为情感型的、社会友好型的，不仅是在家里关心孩子和家庭，而且在电话里也关心客户。在家里保持有序活动，在呼叫中心作为员工也是如此——即对客户的数据库有条不紊地进行管理，从而使得客户不断地购买商品。在家庭中，父权制赋予女性组织消费的角色——购买和准备食物，告知自己可以改善家庭生活的新消费品，等等。在呼叫中心，工人们还负责组织消费——他们响应客户的消费者需求，并努力帮助他们解决与消费有关的问题，以改善消费体验。最后，同样重要的是，父权制关系中性和欲望在消费中心得以再现，涉及消费和提高消费体验：妇女在客户服务部门提供电话服务可能更容易取悦男性顾客，因为这可能会引起性欲。正如电信形式的卖淫——通过付费色情电话——向男子提供性服务一样。如果她们经过提醒，注意到电话在资本主义父权制文化中所承载的顺从和性内涵的话，女性呼叫中心员工提供的服务可能更容易取悦男性顾客。爱森斯坦所区分的所有五种类型的家务：生孩子、养育孩子、维系家庭、性行为、消费活动在呼叫中心都得以再现。因此，大多数呼叫中心代理是女性就毫不奇怪了。资本主义利用父权制意识形态，例如把女性认同为社会性、关怀、情感、性、关系和交往，以创建家庭主妇式的雇佣关系。在呼叫中心就像在家里一样，"男女的生理区别"在思想上被用来"区分社会职能和个人权力"（同上，17），雇员的地位"作为有报酬的工人被界定为妇女"（30）。像在家里一样，呼叫中心的工作依赖员工的随时可雇佣性及长期的灵活性。家庭主妇常常不得不夜以继日地为孩子和整个家庭服务，呼叫中心则 24 小时上班，这就需要全体员工 24 小时待命。这可能会给健康和家庭生活带来问题。然而，家庭主妇和呼叫中心工作人员还有一个重要区别：后者往往工资很低，而前者是根本没有工资的。家里的"奴隶"被剥削与雇佣奴隶受到的剥削是不同的，对雇佣奴隶是真的得给他们支付工资的（同上，23）。为了最大化利润，这种呼叫中心化和家庭主妇化的工作创建和拓展了"免费劳动力池"以及"廉价劳动力池"（同上，31）。

呼叫中心代理的工作不安全、不稳定、压力大、标准化，这就需要依据资本需求界定时空灵活性，这已经成为整个经济的模型。这种不安全和不稳定的工作尤其对年轻人的生活造成了影响甚至是消极的影响。厄休拉所谓的"呼叫中心化工作"同时也是家庭主妇式工作——这些劳动形式的产物与妇女由于性别分工而长期面临的困难极为相似。呼叫中心化工作和家庭主妇式工作遵循一个目的：削减劳动力成本以实现利润最大化（在非家庭主妇工作环境下，让工人的劳动量超过其预期想要拿到的工资所值的劳动）。通过家庭主妇化削减劳动力成本是一种绝对剩余价值形式的生产，一个工作日中产生剩余价值和利润的部分被延长了。意识形态将女性定义为工作母亲，目的是让她们的工资低于男性。呼叫中心的工作是高度监控的和标准化的，它是一种泰勒式的白领工作，模糊了蓝领和白领工作的界限。因为灰色是蓝色和白色混合的颜色，这样的工作可以被称为灰领工作。标准化和受监控的工作伴随着工人的生存压力，是一种相对剩余价值的生产方法，不断的控制和压力是旨在使员工约束他们的大脑和身体以便工作起来更专心（即用更少的时间照顾更多的顾客，提高工作效率）。呼叫中心的工作既被定义为资本对劳动的形式吸纳，也被定义为资本对劳动的实质吸纳：为发展资本积累，绝对剩余价值生产（削减工资成本）和相对剩余价值生产（标准化、监视、灰领泰勒主义）同时使用。

IDDL 还有另一种类型的工作值得我们深思：用户的无酬数字劳动，尤其是社交媒体用户。我们将在下一章分析这种形式的劳动。

注释：

① 译自德文。原文："Auf engstem Raum sind hier 60 Com-Puterarbeitsplätze installiert. DieAusstattung: Flachbildschirm, Headset und Software, die gespeicherte Nummern nach Mausklick anwählt. Sobald eine Verbindung zustandekommt, erscheinen auf dem Bildschirm die Anschrift des Teilnehmer s und die Herkunft der Adresse. […] Ich frage mich:Warum geben sie sich dafür her? Wer zwingt sie dazu? Die Frau bei CallOn, die bei ZIU ausgestiegen war, hatte ihre früheren Kollegen in Schutz genommen:Es eien oftVerzweifelte, die über lange Zeit arbeitslos gewesen seien und sich an den letzten Strohhalm klammerten. Die nun am Telefon Energie und guteLaune versprühen müssten, obwohl es ihnen dreckig gehe. Aber welche Auswirkungen hat eine solche Arbeit auf die Beschäftigten? Einmal unterstellt, dass hier keine Betrüger am Werke sind, die lustvoll andere ausnehmen. Schon die Einrichtung des Büros gibt eine Antwort: An der Wand hängt eine Tafel, auf der die Verkaufsabschlüsse namentlich erfasst werden.Wer einen neuen Abschluss zustande gebracht hat, geht nach vorn und notiert das.So entsteht automatisch Erfolgs-und Konkurrenzdruck" (Wallraff 2009)。

②http://epp.eurostat.ec.europa.eu（2013 年 8 月 8 日访问）。

第十一章　理论化社交媒体数字劳动[①]

"在'脸书'（facebook）网上和朋友联系、和您周围的世界接触"，"'脸书'（facebook）的使命是赋予人们分享的权力，让世界变得更加开放和互联。"

"YouTube 让成千上万的人们寻找、观看和分享原创视频。它提供了一个平台，让人们可以在全球范围内联系、宣传和激励他人，并充当原创内容创作者和大大小小广告商的分销平台。"

"欢迎来到'推特'（twitter）。现在，找出您关心的人和组织发生了什么""'推特'（twitter）是一个实时信息网络，它可以把您和您最新的故事、想法、意见和您感兴趣的信息联系起来。只要找到您觉得有趣的用户，就可以和他们对话。"

"博主：创建一个免费博客的用户。"

"超过两亿的专业人员使用 LinkedIn 交流信息、想法和寻找机会。随时了解您的联系人和行业，找到您需要的人和知识来实现您的目标。在网上掌控您的职业身份。"

"您能用 VK 做什么？找出您在度假时曾与之一起学习、工作或认识的人。了解更多您身边的人，结交新朋友。与所爱的人保持联系。"

"Tumblr，跟随世界的创造者。Tumblr 让您毫不费力地分享任何东西。""将文本、照片、引用、链接、音乐和视频发布到浏览器、电话、桌面、电子邮件或任何您所处的位置。您可以定制任何东西，从颜色到您的主题 HTML（超文本标记语言）"。

"拼之趣图（Pinterest），收集并整理您喜爱的东西。"

"满足图片分享。这是一种快速、美观、有趣的方式，可以与朋友和家人分享您的照片。拍张照片，选择一个滤镜来改变它的外观和感觉，然后发布到图片分享中去。分享到'脸书'（facebook）、'推特'（twitter）和 Tumblr，这很容易。这是照片的共享和重塑。值得一提的是，它还是免费的。"

"和朋友们发现及分享美丽的地方。超过 3000 万的用户在使用四方网（Foursquare）。发现和了解附近美丽的地方，寻找您想要的东西，并从中得到交易和建议。最棒的是，四方网是个性化的。通过添加标签，我们都会更好地为您推荐您可以尝试的地方。"

新浪微博："新浪微博账户？现在就加入。""嗨！我是观众！"

这些都是邀请用户加入一些世界上最受欢迎的社交媒体平台的请帖："脸书"（facebook）、YouTube、"推特"（Twitter）、博主、LinkedIn、VK、tumblr、拼之趣图、Instagram、四方网、微博。它们向用户提供链接、分享、开放世界、相遇、观看、创造、信息、启发、发现、关心、交流、联系、学习、跟踪、发布、收集、组织、娱乐、推荐、享受美丽、自由和机会的可能性。

企业社交媒体发布大量积极的承诺和联系。但这一切是如何运作的呢？谁的工作使其运行呢？谁拥有这种工作的成果呢？要了解企业社交媒体就需要对数字劳动和数字工作进行批判性讨论，并与这些问题进行接触：什么是社交媒体的数字工作和数字劳动呢？

第一节 导论

用户以多种不同的方式成为信息和通信技术（ICT）产品的购买者与消费者：例如，他们购买和使用台式计算机、显示器、笔记本电脑、移动电话、平板电脑、打印机、键盘、鼠标、游戏机、操作系统、应用软件或在线访问音乐、文本、视频和图像。在所有这些角色里，他们就像消费者一样用货币购买商品，藉此，资本从商品形式转化为货币形式，就像马克思（1867c，1885）所说的，利润从潜在形式即存在于商品中的剩余劳动的结晶形式转变为现实形式，即消费者为了获得信息和通信技术（ICT）产品的所有权或访问权而支付货币得以实现的形式。在刚才描述的例子中，用户不是信息和通信技术（ICT）行业的工人而是消费者；资本积累过程 M（货币）—C（商品：生产资料、劳动者）……P（生产）……C'（新商品）……M'（更多的货币）在消费者的购买过程中结束了，目的是为了重新开始，当部分已获得的利润被重新投资到新的生产中时，那么一个新的积累周期就可以开始了。所以用户的角色正是在 C'……M'阶段，在这个阶段中，他或她用货币交换商品，并获得使用价值的消费。在消费的过程中，用户参与了含义创造（meaning—making）的文化过程，即在日常生活中使用这些商品创造了各种商品的含义。例如，他们也许可以发现一款新的电脑游戏，它是无聊、有趣、过于暴力、个性化的，或是一个很好地让玩家进行社交的地方，等等。他们生产的是在文化产品使用和消费过程中的含义。作为消费者的这些信息和通信技术（ICT）用户的角色部分地正在朝着一些人称之为互联网产 – 消者（Internet prosumption）（Fuchs，2010b，Ritzer and Jurgenson，2010）、或信息和通信技术（ICT）用户的消费工作（Huws，2003，37–38，44；Huws，2012）的方向变化。那么，这些变化究竟是什么呢？

第二节 数字劳动国际分工中的用户和生产力：劳动力和劳动对象；劳动工具和劳动产品

2013 年初，46% 的互联网用户在谷歌的帮助下在线搜索信息，13% 的用户在百度的帮助下搜索信息，43% 的用户使用"脸书"（facebook），32% 在 YoutuBe 上观看视频，7% 在"推特"（twitter）上发推文，6% 在博客上阅读或写博客，5% 使用 linkedin（alexa.com，三个月的平均使用率统计，2013 年 1 月 18 日访问）。这些不同的平台用途不同：查找、社交网络工作、分享和观看用户生成内容、发博客和短博文（微博）。它们的共同之处不一定是它们都是"社交"的，其他形式的互联网使用（比如阅读在线报纸或发送电子邮件）都是"非社交"的。它们更多地意味着一种侧重于分享、社区和协作的社会性形式，且与信息和通信相结合，这是另外两种社会化形式。所有这些平台的共同之处在于，它们使用的商业模式是以定向广告为基础的，将用户的数据（内容、个人资料、社交网络、在线行为）转化为商品。对用户数据的使用、监测和商品化通常是从隐私政策及使用的角度进行法律界定的。通过隐私政策和条款的使用，互联网产 – 消者（Internet prosumer）商品化才成为可能。以下是这些使用条款的三个案例：

"我们利用采集到的信息来传递广告，并使它们与您更相关。这些信息包括您在'脸书'（facebook）上分享和做的所有事情，比如您喜欢的网页或您的故事中的关键词，以及我们从您使用'脸书'（facebook）时推断出来的东西"（"脸书"（facebook）数据使用政策，2012 年 6 月 8 日）。

"我们还利用这些信息为您提供量身定做的内容——比如给您提供更相关的搜索结果和广告"（谷歌隐私政策，2012 年 7 月 27 日）。

"这些服务可能包括针对内容或信息的服务广告，通过服务或其他信息进行查询"（"推特"（twitter）使用手册，2012 年 7 月 25 日）

商品由生产者创造它们，否则它们就不可能存在。因此，如果上述互联网平台的商品是用户数据，那么创建这些数据的过程就必须是一种创造价值的劳动。这意味着这种类型的互联网使用是生产性消费，或者一定意义上叫产销，它创造价值并销售商品。在这样的背景下，数字劳动概念已日益突出（Burston，Dyer—Witheford and Hearn，2010；Scholz，2013），达拉斯·史麦兹的受众商品概念得以复苏，并转化为互联网产 – 消者商品概念。社交媒体数字劳动创造了互联网产 – 消者商品，这一商品被互联网平台卖给了广告客户；反过来，广告客户向用户发送定向广告。

管理学家建议公司将劳动外包给用户和消费者，以便通过降低劳动力成本来增加利润。在如此背景下，杰夫·豪威（Jeff Howe）引进了众包概念，"简单定义，众包表示曾经是企业或机构承担并由雇员履行的功能行为，以公开召集的方式（form of an open call）将其外包给非特定的（而且通常是大型的）大众网络。这就可以采取同侪生产（peer—production）方式（当这项工作是以合作的方式完成的），但也常常以单独的个体方式完成。关键的前提条件是使用这种公开召集的设计（the open call format）和庞大的潜在劳动者网络"（Howe，2006）。豪威（2008）认为，众包导致资本主义民主化："众包也产生了公司和客户之间的另一种合作形式。托夫勒是对的：人们不想被动消费，他们宁愿参与对他们有意义的产品的开发和创造。众包只是商业民主化的更大趋势的表现之一"（同上，第 14

页）。管理学专家们提出这些建议，并是以意识形态的形式提出的，就像经济民主一样，这表明一种新的资本积累模式已经产生。

第三节　数字劳动国际分工中的用户和生产关系

在这部分我们将会讨论如何把马克思的工作与劳动理论运用到在线媒体领域。一方面，我们提出一般性的论点，另一方面，以"脸书"（facebook）为例，这使得抽象的讨论更加具体。"脸书"（facebook）尤其适合作为案例研究，因为它是最受欢迎的"社交媒体"。"脸书"（facebook）采用了一种资本积累模式，一旦没有用户在线活动的商品化，这个模式就无法运行。我们将利用第三章介绍的工作与劳动的区别来分析网络工作的一般特征和资本主义特征。这一节分成三个部分，首先讨论社交媒体的数字工作（"一"）、第二部分是社交媒体的数字劳动（"二"）、第三部分是社交媒体的价值规律（"三"）。

一、社交媒体数字工作

雷蒙德·威廉斯在其"作为生产资料的传播手段"一文中着重论述了传播的结构，即媒介（包括语言和大众媒体），认为它们是生产资料，因此是"生产力和生产关系中不可或缺的要素"（Williams 1980, 50）。然而，他对结构的关注，却忽略了对主体实践的关注，以及传播是否是一种工作的问题。他处理这一问题的最具体方式是说语言和传播是"社会生产方式"（同上，55）。与工作和传播相关联的一个问题是自然在生产中的作用，以及工作对象是否必然来自自然的问题。"劳动材料，即为了某种特殊需要而通过劳动去占有的对象可能未经人类劳动的加工天然就存在着，例如在水中捕获的鱼，在原始森林中砍伐的树木，从矿藏中开采的矿石，所以，只有劳动资料本身才是过去人类劳动的产物。在一切可以被称为采掘工业的部门都有这个特点，在农业中只有在开垦处女地时才是这样"（Marx，1861—1863；译者注：《马克思恩格斯全集》第 32 卷，人民出版社 1998 年版，第 61 页）。这段引文表明，马克思仅仅把自然视为工作的一种可能的对象，这一对象可能是农业和采矿业的工作对象。这意味着，虚拟自然和想法也可以成为工作的对象。农业和采掘工作以自然为对象，产业工作以虚拟的自然为对象，信息工作以思想和人类主体作为对象。马克思在《大纲》的"机器论片段"中描述了后者作为资本主义技术进步结果的可能性。为了提高生产力，伴随着不断增长的信息工作的重要性，机器形式的固定不变资本比历史上以往任何时候都更加重要。在这样的背景下，他提出了一般智力的概念。"固定资本的发展表明，一般社会知识，已经在何种程度上变成了直接的生产力，从而社会生活过程的条件本身就在多么大的程度上受到一般智力的控制并按照这种智力得到改造。它表明，社会生产力已经在何种程度上，不仅以知识的形式，而且作为社会实践的直接器官被生产出来"（Marx，1857/1858b，706；译者注：《马克思恩格斯全集》第 31 卷，人民出版社 1998 年版，第 102 页）。绝大多数的马克思主义方法在理论水平上对传播过程给予了足够的重视，他们关注传播的工作特征，但却忽略了传播是否是工作的问题。他们强调工作需要沟通，在沟通的帮助下工作得以组织；而且，在人类工作的互动中、人类传播产生并得以再生产。传统的传播理论把物质和精神看作是两个独立的社会领域，劳动和交往被视为是相互分离和独立的（Hund，1976，272—273）。

语言是人类世代活动的产物。语言不是自然的东西，而是人类在他们的文化中共同产生的。信息是人类生产的，是人类工作的产物。手、头、耳、嘴、身体和大脑一起工作，以便能够说话。工作具有两重性：它具有物理和社会两个维度。思考和说话导致信息和符号的产生从而形成了物质层面，人际关系形成了交往的社会维度（Hund and Kirchhoff—Hund，1980）。

信息可以被视为认知、交流与合作的三重过程（Fuchs 和 Hofkirchner，2005；Fuchs，2010；Hofkirchner，2002）。下表概述了认知、交流与合作的工作的各个方面。

表 11.1　认知、交流和合作工作的主体、客体及主—客体

	主体	工作客体	工作工具	工作产品
认知 = 人类脑力工作	人类	经验	脑	思想、认知、模式和观念
交流 = 人类群体工作	人类群体	思想	脑、嘴、耳	含义
合作 = 合作性人类群体工作	人类群体	含义	脑、嘴、耳、身体	信息产品的共享与合作性创造的含义

图 11.1 表明这三个过程辩证地联系起来，一起形成了信息工作的过程。认知、交流和合作这三种行为都是一个工作过程：认知是人脑的工作，是人类群体的交流工作，是人类群体的合作工作。交流以认知为基础，是以认知的产物——思想——为工作对象的。合作是建立在交流的基础上，以交流的产物——意义为对象。信息是一个工作过程，在这一过程中，认知工作创造思想，交流工作创造意义，合作工作共同创造共享和共同创造意义的信息产品。信息是人类工作的辩证过程，认知、交流、合作是辩证联系的过程。这三个过程中的每一个环节都形成了一个工作过程，它本身就有自己的主—客体辩证法。

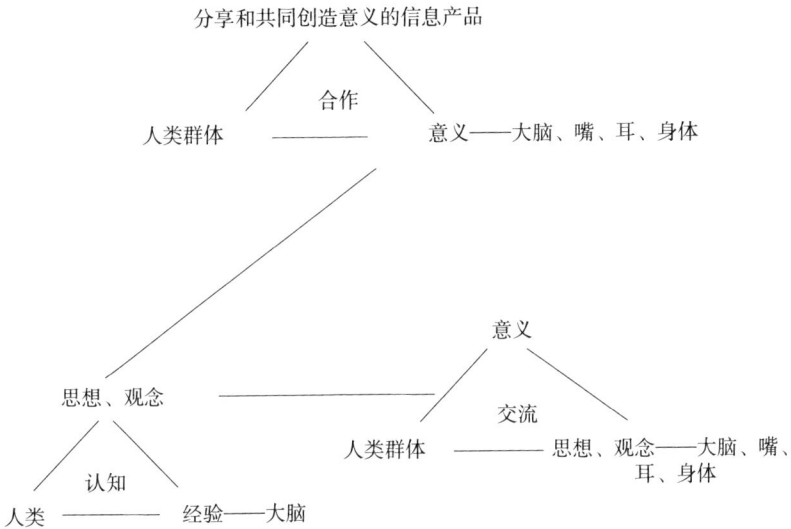

图11.1 工作过程的信息进程

运用黑格尔－马克思主义工作过程的辩证三角（见第二章图 2.2"工作过程的辩证三角"），人们可以得出，马克思指出的代表一般智力概念的发展可以形式化如下：S—O 〉SO……S—SO〉SSO……S—SSO〉SSSO 等等。辩证工作三角形的对象位置从结果开始，即前一个三角形的主—客体，等等。

举一个例子：一个人喜欢阅读有关园艺的书籍，通过阅读越来越多的书籍并将这些知识应用到他或她的花园中，从而建构了如何打造和维护一个漂亮花园的复杂的知识体系。创建的知识在某种程度上具有使用价值，有助于他或她以一种美观的方式安排他或她自己的花园。他或她遇到了一个具备类似知识的人，他们开始就园艺交换意见。在交流过程中，一个人享有的知识变成了另一个人解释的对象，从而形成了含义（即对这个世界组成部分的解释）。反之亦然，这个过程也同样有效。因此，含义被创造为双方的使用价值，每个人都了解对方的一些东西。经过不断的交谈和相互学习，两个爱好园艺的园丁决定写一本关于园艺的书。他们通过讨论和汇集他们的经验来发展新的想法，凭借协同作用，新的经验和新的园艺方法便产生了。在书中，他们描述了他们在一个联合经营的花园里实践过的这些新方法。共同经验和共同创造的方法的表现形式是一本书，不仅对两者，而且对其他人也是一种使用价值。

工作需要信息过程，而信息创造本身就是一个工作过程。这个模型与哈贝马斯的方法相反——允许一个非二元的解决问题的方法：工作和信息或互动是如何相联系的。它避免了自然和文化、工作和互动、经济基础和上层建筑两者之间的分离，反而这一模型认为，信息有其自身的经济——它是创造了特定使用价值的工作。这些使用价值仅仅在认知层面上是个体的——人类思考和发展的新观念，然而在交流和合作层面上具有直接的社会特征。但是，人类不仅以个体的形式存在：认知工作对象在很大程度上起源于社会自身和人类经验。解释作为工作的信息创建过程不是哲学唯心主义，因为唯心主义把精神视为与人类劳动不相干的独立存在的实体。观念、含义和共同创建的信息产品是以复杂方式反映社会的劳动对象。工作过程需要认知、交流和合作作为生产的工具。因此，制造业的实物生产以及农业工作和采矿工作从来都离不开信息过程。许多马克思主义者对交流和工作的联系的分析都强调了这一点。在这些生产形式中，信息不是一种产品，而是一种生产手段，工作需要信息。另一方面，信息也是工作，它是一种资本主义生产方式的信息组织，它在 20 世纪（按人口中活跃的人口和在经济中创造的总价值中所占的份额）规模性地增长，并集中于信息产品和服务的生产。这类产品是本章关注的核心。工作需要信息和交往。但与此同时，必须对信息和交往作为工作的形式加以重视。

在具体工作中，具有劳动力的人类主体将工具应用于劳动对象，以创造满足人类需求的产品。在"脸书"（facebook）上，劳动力主要是信息工作。信息是一个认知、交流和合作的三重过程。在"脸书"（facebook）上，用户发布关于他们生活的信息，这意味着他们把基于社会经验的主观知识客体化，从而创建和更新他们的用户简介。这是"脸书"（facebook）上的认知工作阶段。用户还可以通过使用消息传递功能或在页面或社区页面上写评论来与他人交往。在这个过程中，用户在与其他用户进行符号信息交换时，将部分认知知识对象化。如果互动的作用是相互的，那么一个用户的主观知识就会在至少另一个用户的大脑中被对象化，反之亦然。主观知识的这种对象化意味着用户解释了其他人的信息，从而在一定程度上改变了他们的思维模式。"脸书"（facebook）也是一个社区，这意味着用户之间的反复交流会构建或维持友谊和人际关系，这些关系涉及共同的归属感。此外，这也是一个合作的空间，用户共同努力从战略上实现目标，例如，通过组织在线共享、交换或赠送家具或衣服，或建立使游击园丁、游击编织者和其他人能够共同开展活动的社区网页，以节省资金。网络社区和在线协作都是合作的表现形式：人类在网上创造新的东西，要么是涉及团结感的社会关系，要么是能够在世界上协作创造新事物的社会关系。"脸书"（facebook）是一个认知、交流和合作活动的领域。但是，为什么这些活动是有效的呢？根据马克思的观点，要谈论工作，必须有劳动力与劳动对象和劳动工具的相互作用，以便创造具有使用价值的产品。下表概括了与三种形式的数字工作和互联网使用相关联的这些要素。在认知数字工作中，人类使用脑、嘴、语言、耳、手、互联网和平台（诸如"脸书"（facebook））作为组织他们部分经验并形成一个对象的工具。这些经验的变形物是这些经验在线创造的（例如，博客帖子、用户简介或在线视频的形式）。在交流数字工作中，至少两个人类主体的经验（要么是以在线形式被对象化，要么是在人脑中）形成一个对象，即通过网络媒体、人脑、嘴巴、言语和耳朵的符号性互动，使人们对世界产生了新的含义，并在涉及的个人和社会关系方面创建了新的经验。新的含义和社会关系的创造或维持是交流工作的使用价值。这种新的经验是合作数字工作组织人类的经验，它以人类思想、在线信息或合作含义的形式表现出来，并在网络媒体、人脑、嘴、语言、耳朵和手的帮助下，以创造新的人工制品、社区或社会系统的方式建立现存的社会关系。社会系统是一种常规的社会关系，它是遵循一定的规则、并在较长的时间内存在的行为。所有三种形式的数字工作都有一个共同点：数字工作是在人脑、数字媒体和语言的帮助下，以创造新产品的方式组织人类经验。这些产品可以是在线信息、含义、社会关系、人工制品或社会系统。数字工作立足于马克思所说的人类的物种存在和感性存在。这意味着人类是具有创造性和生产性，以及具有语言能力的社会存在。人类是"社会的即合乎人性的"（Marx，1844，102；译者注：《1844年经济学哲学手稿》，人民出版社2000年版，第81页），他或她的"存在是社会的活动；因此我从自身所做出的东西，是我从自身为社会所做出的"（同上；译者注：《1844年经济学哲学手稿》，人民出版社2000年版，第83—84页）②。

表 11.2　社交媒体的三种数字工作形式

	工作对象	工作工具	产品、使用价值
认知数字工作	人类经验	人类大脑、手、嘴、耳、语言、互联网、平台	在线信息、简介
交流数字工作	人类经验、在线信息	人类大脑、手、嘴、耳、语言、互联网、平台	社会关系新含义的创建
合作数字工作	人类经验、在线信息、在线社会关系	人类大脑、手、嘴、耳、语言、互联网、平台	人工制品、社区、社会系统

"一般社会知识已成为直接生产力"这句话意味着一定阶段的发展，知识不仅仅在学校、大学、图书馆和其他文化结构以提供教育技能的形式

对经济起着间接的作用，而且在创造信息产品的信息工作经济中也起着作用。意大利自治主义马克思主义者在阅读马克思的"机器论片段"的基础上，提出了"非物质劳动"的概念。毛里齐奥·拉扎拉托（Maurizio Lazzarato）提出了这一术语，他的意思是指"生产信息和商品文化内容的劳动"（Lazzarato，1996，133）。米歇尔·哈特和安东尼奥·奈格里让这一概念流行起来，并把非物质劳动定义为"创造非物质产品，诸如知识、信息、交往、关系或情感反应的劳动"（Hardt and Negri，2005，108）。术语"非物质劳动"给人一种这样的印象：信息工作脱离自然和物质，并且世界有两种本质——物质和精神——这导致了两种不同类型的工作。然而，信息工作没有脱离自然和物质，它是物质本身。信息工作基于人类大脑的活动，而大脑是一个物质系统，是人类物质系统的组成部分。如果一个人认为精神是脱离自然和物质的存在，就像后操作主义者（Post-Operaist）常常解释的那样，持这种观点的人就离开了对社会进行唯物主义分析的领域，从而进入了唯心论、神秘主义和宗教领域，在这些领域中，精神是不朽的实体。

人类的认知、交流和合作真的能发挥作用吗？于尔根·哈贝马斯对这一观点提出质疑。他认为，马克思、卢卡奇、霍克海默和阿多尔诺扩大了行动的目的论概念，因此，相对化了"有目的的理性，反对达成理解的模式"（Habermas，1984，343）。对工具理性的高度重视不会对交往理性给予足够的重视。因此，马克思辩证地将"制度与生活世界"结合起来，使"大型工业中的工人的主体间性在资本的自我流动中受到削弱"（Habermas，1987，340）。因此，哈贝马斯一方面明确区分了以成功为导向的目的性（工具性、战略性）行动；另一方面区分了以达成理解为导向的交往行动（Habermas 1984，285—286）。对哈贝马斯来说，工作永远是一种工具性的、战略性的、有目的的行动形式。

　　哈贝马斯误解了马克思，因为他没有看到马克思对人类活动从人类学和历史学两个方面都给予了关注。在物种存在和感性存在的概念中，马克思把人类设想为生产和交往的存在物。在这样的条件下，他使用了物种存在和感性存在的概念。物种存在是一种经济生产（即工作）存在："因此，正是在改造对象世界中，人才真正地证明自己是类存在物。这种生产是人的能动的类生活，通过这种生产，自然界才表现为他的作品和他的现实"（Marx，1844，77；译者注：《1844 年经济学哲学手稿》，人民出版社2000 年版，第 58 页）。感性存在是在其他事物谈话（speaking）和交往中的存在："思维本身的要素，思想的生命表现的要素，即语言，是感性的自然界。自然界的社会的现实和人的自然科学或关于人的自然科学，是一个说法"（Marx，1844，111；译者注：《1844 年经济学哲学手稿》，人民出版社 2000 年版，第 90 页）。人类说和听两种感官的相互作用使得交流成为可能。如马克思所指出的，这些感官从来不可能是割裂的存在，只存在于社会关系之中。"因为他（人类）自身的感官首先是通过另一个人而存在的，就像人类对自身的感觉一样"（同上）。"语言本身是一定共同体的产物，同样从另一个方面说，语言本身就是这个共同体的存在"（Marx，1857/1858b，490；译者注：《马克思恩格斯全集》第 30 卷，人民出版社1995 年版，第 482 页）。"语言是一种实践的、既为别人存在并仅仅因此也为我自己存在的、现实的意识。语言也和意识一样，只是由于需要，由于和他人交往的迫切需要才产生的"（Marx and Engels 1845/1846，49；译者注：《马克思恩格斯全集》第 3 卷，人民出版社 1960 年版，第 34 页）。对于马克思来说，人类不一定是工具性的存在，因为他一方面强调了感官、言语和交往的维度；另一方面也指出，工作并不总是、也不一定是实现目标的必然和工具。在共产主义社会，工作成为一种超越必然性和工具性的自由活动。

哈贝马斯错误地声称，当马克思在描述社会中的人时，并没有考虑到交往，而是把注意力集中在工作和工具上。正如我们试图表明的那样，马克思在他对人作为物种和感性存在的分析中，把工作和信息视为人类生存的组成部分。意大利的后操作主义者在马克思的基础上预言，信息已经成为当代许多经济体的生产力。我们可以从这个讨论中得出的分析结果是，把信息和工作作为人类存在的两个领域分开是没有意义的，就像哈贝马斯在他的理论中所做的那样。人们应该把工作看作是人的一个广义的范畴，其包括不同类型的工作，例如农业工作、工业工作和信息工作。"脸书"（facebook）上的工作是在基于互联网的数字媒体的帮助下组织起来的信息工作。社交媒体的数字工作是信息工作的一种特定形式，这种工作使用数字媒介作为工作的工具，与人类大脑一起通过符号表示、社会关系、人造物、社会系统和社区这些新的因素的产生而组织人类经验。

二、社交媒体数字劳动

我一直认为在概念上区分工作和劳动是应该的，劳动以人类的四重异化为基础：与劳动自身的异化、与人与自己本质的异化、与人与人之间相互关系的异化以及与所创造产品的异化。这种四重异化构成了由于阶级关系的存在而导致剥削的整个生产过程的异化。我们现在把这个讨论将运用于数字领域以及"脸书"（facebook）案例。

劳动力的异化对马克思来说意味着，为了能够生存，人类必须让资本控制他们一定份额的工作日的生产活动。关于数字劳动，有这样一个观点："脸书"（facebook）用户没有被剥削，因为没有人强迫他们使用这个平台；他们愿意这样做，并从中获得乐趣。为了生存，人类不仅要填饱肚子，还必须步入社会关系、交往和结交朋友。将一个人与交往和社交网络隔离开来，最终会导致死亡或动物式的存在。语言和大脑是人类交流能力的核心，它们只能被用于社会关系以及与其他人的联系之中。在信息社会中，数字媒体已经成为人们运用交往能力的重要手段。因此，劳动力在一定程度上是交往力。如果您想使用社交网站（SNS）与他人交往，那么"脸书"（facebook）是最有可能的选择，因为它控制了大量用户和他们的个人资料，这使得个人在访问"脸书"（facebook）时很有可能进行大量有意义的交流。如果他们不使用"脸书"（facebook），他们的生活可能会涉及较少的有意义的互动。年轻人尤其如此，他们是"脸书"（facebook）最活跃的用户，他们倾向于在社交媒体的帮助下组织日常活动（如聚会、外出、闲聊、娱乐等）。"脸书"（facebook）对用户的胁迫并不会让他们像工人那样死亡，因为他们找不到有报酬的工作，也得不到任何福利；这是一种社会胁迫形式，威胁用户孤立并处于社会劣势。"脸书"（facebook）用户不会因为自己的劳动而获得报酬，他们是无报酬的工人。"脸书"（facebook）用户的劳动是无酬的，他们是无薪工人。对于马克思来讲，剥削并不必须预先假定工资的存在。奴隶或家务劳动者就是最好的例子，说明了那些没有报酬的被奴隶主或家长所剥削的人，他们存在于前资本主义社会的生产模式之中，并在资本主义社会中得以转化，但却没有被废除。他们是总体工人组成创造价值的一部分，并处于被资本剥削的过程之中。

"脸书"（facebook）的主要**劳动工具**是平台本身及其人类用户的大脑。用户大脑的异化意味着有人试图传播一些意识形态，认为"脸书"（facebook）和其他公司平台纯粹是正面的，而不具有负面影响的这些意识形态可以被总结为如下声明："Web2.0 是一种民主式交往和参与式文化的形式"、"'脸书'（facebook）是免费的而且将总是如此"、"如果您分享的更多这个世界就会更美好"、"'脸书'（facebook）让世界更开放、联系更密

切"、"'脸书'（facebook）有助于人们之间的相互理解"、"'脸书'（face-
book）创建了一个开放的社会"、"'脸书'（facebook）彻底改变了人们如
何传播和消费信息"、"'脸书'（facebook）给人们一种声音"、"阿拉伯
之春是一场'脸书'（facebook）革命"、"'脸书'（facebook）是一个自
下而上的网络，这是迄今为止一直存在的一种单一的自下而上的结构"，
等等。"脸书"（facebook）在文化、日常生活和政治中的作用是什么？
这是一个单独的问题，但事实是，这些言论通常用于营销、公共关系和
广告，而不讨论负面影响、商品化以及谁控制所有权和利润。这些意识
形态并不意味着用户必然被他们愚弄，但却试图描绘"脸书"（facebook）
和其他媒介的一个方面，而遗漏了"脸书"（facebook）问题化的现实组
成部分。其总体目标是获得更多的用户、让用户花更多的时间在"脸书"
（facebook）上。类似的意识形态也可以在其他在线媒介企业上找到。"脸
书"（facebook）的资本积累模式是立足于定向广告的。劳动工具的异化
还意味着在"脸书"（facebook）背景下，用户不拥有和控制平台。"脸书"
（facebook）首次公开募股后，其 12 名执行官员和董事共同控制了 B 类
股票的 61.1%（"脸书"（facebook）注册声明，S—1 表格）。对于 B 类
股票来说，和 A 类股票相比，每股有 10 个投票权，即 B 类股票有 10%
的投票权（同上）。其他的"脸书"（facebook）股东包括：Accel Partners、
DST 环球有限公司、高地投资、高盛萨克斯、Greylock Partners、Mail.ru
Group Ltd、Meritech Capital Partners、微软、Reid Hoffman、T. Rowe Price
Associations Inc.、Tiger 全球管理和 Valiant Capital Opportunities LLC（同上）。
这些数据表明，"脸书"（facebook）并不归用户所有，而是由一些董事和
公司拥有。"脸书"（facebook）的核心问题是，存在着股票持有者和非所
有者用户之间的阶级关系。首先是"脸书"（facebook）的经济穷人，他
们没有控制所有权，但却创造了被股东控制和拥有的财富。"脸书"（face-

book）用户的等级也政治化了穷人，因为他们没有影响"脸书"（facebook）规则和设计的决策权，诸如使用条款的内容和隐私政策、隐私设置、对售卖给广告商的用户数据的使用、标准设置（例如，选择进入或退出定向广告）、要求注册的数据、屏幕上商业和非商业内容的位置。2009年，"脸书"（facebook）推出了一个治理页面，用户可以在该页面上讨论更新的问题，还提供了关于这些更新的投票权。"脸书"（facebook）说道，"如果超过所有活跃的注册用户的30%的投票的话，结果将被绑定。"③这些投票只关注接受或拒绝某些政策的变化，但根本不涉及更多基本问题，诸如广告应该被使用或不被使用或谁拥有"脸书"（facebook）。为了将用户的影响最小化，30%的限制条款似乎已经被采纳。"脸书"（facebook）还拥有、控制受雇员工和技术（特别是服务技术），后者必须作为生产资料提供、发展和维护平台。"脸书"（facebook）的**劳动对象**是人类的经验，这些经验首先是孤立的、私有和彼此不相关联的。在"脸书"（facebook）上这些经验可以被公共化，且彼此社会化地相联系。因此，它们可以被视为基本的资源，并建成用户进行劳动的模块。通过与"脸书"（facebook）签约，用户同意隐私政策和使用条款。这些文档证明，用户同意其所有的分享经验可以被"脸书"（facebook）用于经济目的。因此，用户赋予了"脸书"（facebook）使用其数据的权力，表明这些经验是为了满足资本积累的目的。这些经验一直储存于用户的大脑之中，没有和用户相分离。因为知识是强大的，不会因为长时间未使用或分享而分离。但是在经济方面，"脸书"（facebook）获得了使用这些为了资本积累而储存在"脸书"（facebook）平台上的经验的权力。这意味着用户失去了控制他们的社交媒体活动在经济上被使用的情况。失去这些控制也意味着"脸书"（facebook）获得了监管用户所有活动以及为了经济目的而使用结果数据（resulting data）的权力。让"脸书"（facebook）可以使用用户数据的法律声明通过一项有法律约束力的协议将用户异化了，使得用户无法控制他们在网上分享的体验。这些声明是隐私条款和使用条款，例如，赋予"脸书"（facebook）以下权力："我们使用收到的信息来发送广告，并使它们与您更相关。这包括了您在'脸书'（facebook）上分享和做的所有事情，比如您喜欢的页面或者您故事中的关键词，以及我们从您使用'脸书'（facebook）时推断出来的东西"（"脸书"（facebook）数据使用政策④）。"至于知识产权所牵涉的内容，像照片和视频（IP内容），尤其是您给予我们的如下许可，您的隐私和应用设置：您授予我们一个非独占、可转让的、特许替代、免版税、世界范围内使用任何您在'脸书'（facebook）上粘贴的IP内容或与'脸书'（facebook）联系的IP内容（IP许可证）。"（"脸书"（facebook）权利和义务声明⑤）"脸书"（facebook）的**劳动产品**是一个过程的结果，在这个过程中，"脸书"（facebook）平台和人类大脑作为工具被用来组织人类的经验，其方式是将代表个人和社会经验的数据公开或提供给一个特定的社会群体，作为使用价值来创造——满足用户的需求，使其生活的一部分为他人所了解、交流与合作。例如，用户的某些想法构成了劳动的对象，然后在他或她"脸书"（facebook）个人资料或另一个用户的主页发布，从而成为她或他的在线工作的产物（即满足社区社会需求的使用价值）。另一个例子是用户已经创建了一个图像或视频，她存储在他或她的硬盘上，如果用户将其上传到"脸书"（facebook），这个对象就具有使用价值。另一个用户在他或她的脑子里有一些想法。它们代表了他或她的经验，通过给朋友发送信息，他或她把它们在"脸书"（facebook）上分享了，这个想法对于其他人来说就具有使用价值，诸如更新文档、给其他人上传内容和交流，这些都是创造了产品的具体劳动过程，其用于满足人类群体的信息、交往和社会需求。马克思认为，资本主义劳动同时具有抽象和具体劳动的二重性，前者创造了价值，后者创造了使用价值。这意味着"脸书"（facebook）用户创造的产品不仅满足用户需求，而且还为"脸书"（facebook）的利润服务。"脸书"（facebook）在其平台上将个人文档数据、使用行为数据以及其他平台的使用行为数据、社交网络数据和内容数据（图像、视频、邮件、帖子）转化为数据商品。这意味着"脸书"（facebook）用户创造的使用价值同时是商品，"脸书"（facebook）提供了一个营销市场。使用"脸书"（facebook）是工作（具体劳动），同时是劳动（抽象劳动）：产生了使用价值和经济价值。"脸书"（facebook）的使用是工作过程和价值增值过程的统一。人的主体性和人的社会性被用来进行资本积累。用户的所有在线时间都是生产性的工作时间：它与类似用户的数据一起被永久监控和存储，并打包成一种数据商品，提供给广告客户用于销售。这种数据商品的创建不仅基于用户在"脸书"（facebook）上花费的时间，还基于"脸书"（facebook）广告部门的员工的工作时间。数据商品的打包形式是代表某些人口特征和兴趣的特定用户群体。数据商品提供给了广告客户，广告客户通过购买数据商品获得其作为使用价值的可能性、发送定向广告信息给定义用户群组。"脸书"（facebook）首先控制具有使用价值的数据商品，但"脸书"（facebook）只对数据商品的交换价值感兴趣，即通过出售数据商品所能获得的货币总额。在销售过程中，"脸书"（facebook）以物有所值的方式进行交易，广告客户通过付费获得使用价值。

值得注意的是，"脸书"（facebook）用户通过同一数字工作创造了两种不同的使用价值：交往和公众知名度，这是他们自己的需求，也是他们接收定向广告的可能性。因此，我们可以说"脸书"（facebook）的使用价值具有双重特征：一方面，用户为他们自己和其他人创造使用价值；他们在用户和公众形象之间建立了一种社会关系；另一方面，用户为资本生产使用价值，即广告行业的定向广告空间。对于"脸书"（facebook）来说，这两种使用价值都有助于实现交换价值——向定向广告业出售它想要的东西（广告空间）和用户生产的东西。使用价值的双重性源于"脸书"（facebook）产品的使用价值是信息性的：它可以与货币进行交换，同时也可以在用户的控制下进行。这种使用价值的双重特征使"脸书"（facebook）产品成为一种独特的产品：它为用户自身的社会需求和广告商的商业需求服务。同时，商业使用价值首先由"脸书"（facebook）控制，实现了用户数据的交换价值特征和商品化特征。信息具有一种独特的性质："文化和信息产品的问题是，由于它们的使用价值几乎是无限的（它们不会由于使用而被破坏或消费掉），因此很难将一种交换价值附加在它们身上"（Garnham，1990，38）。

"脸书"（facebook）上的价值是指用户在平台上花费的平均时间，而"脸书"（facebook）上的价值规律意味着某个群体在平台上花费的时间越长，相应的数据商品的价值就越大。与另一群体（例如75至85岁的群体）相比，平均每天在"脸书"（facebook）上花费大量时间的群体（例如15至25岁的群体）是一种更有价值的数据商品，因为（a）它每天的平均劳动或在线时间较长，可产生更多可出售的数据；（b）它花更多的时间在网上，在此期间向这一群体发送定向广告。

马克·安德烈维奇（2012，85）认为，用户对于商业社交媒体上的交易数据是否生成，以及如何使用这些数据几乎没有发言权：从这个意义上说，我们可以把这一数据的产生和使用描述为异化于他们的活动。安德烈维奇（2013，154）认为，在这种形式的异化自由劳动中，用户不能"控制其生产活动"和"其产品"。用户"在同意某一网站或在线服务的服务条款时，牺牲了我们对活动某种程度的控制权"（同上，156）。埃伦·费舍尔（Eran Fisher，2012，173）认为，与传统大众媒体相比"脸书"（facebook）异化更少，因为"更有可能表达自己、控制自己的生产过程、对象化自己的本质以及与他人的联系和交往"，并产生更多的剥削。"脸书"（facebook）会导致异化的消除，因为受众积极的从事着媒介内容的生产，受众需要与媒体深度地接触，打开真实的自我表达的机会，与他人交往和合作。借助于社交媒介，对受众工作的高水平剥削成为可能，这与低水平的异化辩证地相联系（同上，182）。对于雷伊（PJ Rey）来说，企业社交媒体的使用是非异化的，因为在那里进行的"非物质"劳动没有将智力和体力活动分开，社交媒体的使用是自愿的、自我激励的和自发的。所有三种观点都一致认为，数字劳动被资本剥削。他们的区别在于对异化概念的理解。对于安德烈维奇来说，异化是一个更结构性的过程，它与用户对在线监控过程的不可控以及对监控产品（利润）的非所有权有关，而费舍尔（Fisher）和雷伊则有一个更主观的异化概念，这与孤立、（非）自愿行动和智力活动有关。这种差异可以通过区分异化的客观条件和异化的主观感受来克服。在《大纲》的一段中，马克思明确指出资本主义社会中存在的异化要素，工人异化于（a）他自己或她自己，因为劳动被资本控制，异化于（b）劳动资料，异化于（c）劳动对象和（d）劳动产品。"劳动能力加工的材料是他人的材料；同样工具是他人的工具；工人的劳动只表现为材料和工具这些实体的附属品，因而对象化在不属于他的产品中，甚至活劳动本身也表现为他人的东西而与活劳动力相对立——而活劳动就是活劳动能力的劳动，就是活劳动能力自己的生命表现——因为活劳动为换取对象化劳动，为换取劳动自身的产品已经出让给资本了。劳动能力把活劳动看做他人的东西，如果资本愿意向劳动能力支付报酬而不让它劳动，劳动能力是会乐意进行这种交易的。可见劳动能力自身的劳动对劳动能力来说，就像材料和工具一样是他人的——从对劳动的管理等方面来看，劳动对劳动能力来说也是他人的。因此，对劳动能力来说，产品也表现为他人的材料、他人的工具和他人的劳动的结合，及表现为他人的财产"（Marx，1857/1858b，462；译者注：《马克思恩格斯全集》第 30 卷，人民出版社 1995 年版，第 454—456 页）。这四种异化要素可以和劳动过程相关联，构成了黑格尔式的主体、客体和主—客体。异化是主体与自身的异化（劳动力被资本使用和控制）、与劳动对象的异化（劳动对象和劳动工具）、与主客体的异化（劳动产品）。在社交媒介上，用户客观上被异化，就与主体和劳动对象的关系而言，他们（a）如果离开垄断资本平台（如"脸书"（facebook）），就会受到孤立和社会弱势的胁迫；（b）就与劳动工具的关系而言，他们的人类经验在资本的控制之下；（c）就与劳动产品的关系而言，平台不是由用户拥有，而是由私营公司拥有，私营公司也对用户数据进行商品化；（d）货币利润由平台所有者单独控制。这四种异化形式共同构成了资本对社交媒体数字劳动的剥削。数字劳动异化包括劳动力、劳动对象和劳动工具以及被创造的劳动产品的异化。图 11.2 以"脸书"（facebook）为例概括了这一多重异化过程。

刚果矿工、富士康工人、印度和加利福尼亚的软件工程师、呼叫中心

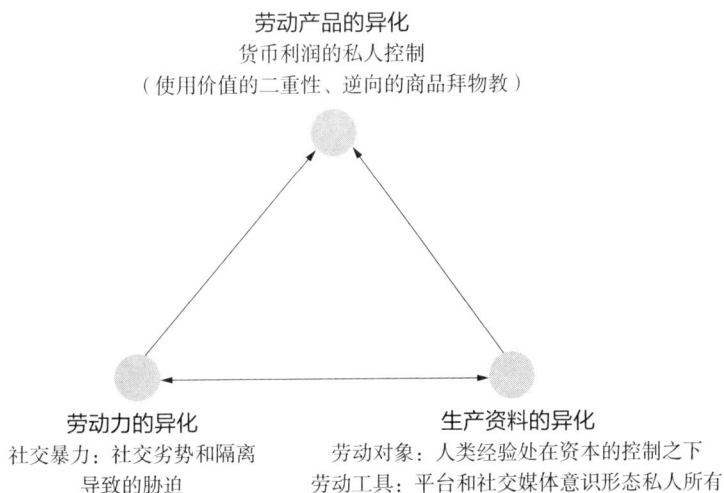

劳动产品的异化
货币利润的私人控制
（使用价值的二重性、逆向的商品拜物教）

劳动力的异化
社交暴力：社会劣势和隔离
导致的胁迫

生产资料的异化
劳动对象：人类经验处在资本的控制之下
劳动工具：平台和社交媒体意识形态私人所有

图11.2　企业社交媒体数字劳动异化

工人和社交媒体的产－消者都被异化，因为他们并不拥有自己生产的利润和产品。然而，对于社交媒体用户来说，情况却有所不同，他们通过同一数字工作创造了两种不同的使用价值：交往和公共知名度，以及他们面对定向广告的可能性。因此我们可以说企业社交媒体的使用价值具有二重性：一方面，用户们为他们自己和其他人创造使用价值——他们在用户们和公众知名度之间创建了联系；另一方面，用户为资本生产使用价值，即广告行业的定向广告空间。企业社交媒体使用价值的双重性使"脸书"（facebook）生产别具特色：它为用户自身的社会需求和广告商的商业需求服务。同时，商业使用价值首先由企业平台控制，并使得用户数据具有交换价值和商品化成为可能。还有一种特定形式的胁迫，它以一种社会形式表现出来：如果一个人在平台有许多联系，离开企业平台就不是太容易，因为这样的话他就面临着较少的联系和交往贫困的威胁。

马克思曾经说过，商品具有意识形态的特征，他称之为商品的拜物教特征。"商品形式的奥秘不过在于：商品形式在人们面前把人们本身劳动的社会性质反映成劳动产品本身的物的性质，反映成这些物的天然的社会属性，从而把生产者同总劳动的社会关系反映成存在于生产者之外的物与物之间的社会关系"（Marx，1867c，164—165；译者注：《资本论》第 1 卷，人民出版社 2004 年版，第 89 页）。这意味着，当商品把自身呈现给消费者时，形成商品的社会关系在商品自身中是看不到的。在社交媒体的数字劳动世界中，商品的拜物教特征呈现出倒置的形式。我们可以称之为社交媒体商品的"逆向拜物教特征"（inverse fetish character）。"脸书"（facebook）数据商品特征隐藏在"脸书"（facebook）的社会使用价值（即使用平台所产生的社会关系和功能）背后。"脸书"（facebook）逆向拜物教在如下断言中的经典表达为："'脸书'（facebook）没有剥削我，因为我联系其他用户，从中得到好处"。用户的客体地位——即他们为"脸书"（facebook）的利润利益服务的真相，隐藏在"脸书"（facebook）支持的社交网络背后。认为"脸书"（facebook）网只会让用户在社交方面受益的观点是片面的，因为这一观点忽略了这种社会利益、社会关系和获得的可见性是"脸书"（facebook）商业和企业方面、交换价值和商品维度的核心。交换价值隐藏在使用价值中；"脸书"（facebook）的客体面隐藏在社会关系之中。"脸书"（facebook）的客体方面是基于"脸书"（facebook）、广告客户和用户之间的社交关系：一方面是"脸书"（facebook）和广告商之间的交往关系，另一方面是广告商和用户之间的广告关系。这两种关系对于为"脸书"（facebook）和广告商创造利润都是不可或缺的。这些商业关系并没有立即呈现给用户，他们主要看到自己和其他用户之间的关系。构成"脸书"（facebook）商品方面的商业关系，隐藏在用户之间的社会关系背后。"脸书"（facebook）利用它的"逆向拜物教特征"展示自身是一个关于分享、社会关系而不是利润的组织。讨论表明，在"脸书"（facebook）和它的用户之间存在着阶级关系，而这种关系构成了一个经济剥削过程。"脸书"（facebook）拥有丰富的用户数据，它是世界上最大的数据掌控者之一。从某种意义上讲，它也很富有，因为它通过将这些数据作为大宗商品出售而获利。用户似乎主要从"脸书"（facebook）的使用中受益，通过这种使用，他们的社会关系变得更加丰富。但是，他们的贫困隐藏在社会财富外表的背后。他们是网络贫民，因为他们缺乏自由，无法进入不受资本控制的网络关系（数字劳动力的贫穷：几乎整个互联网都由公司控制），他们缺乏对企业在线平台的所有权和控制权（相对于劳动工具而言的贫困），他们无法在网上独立于资本（相对于劳动对象的贫困）来表达自己的经验。他们缺乏对自己所创造的数据商品的所有权和由此产生的货币利润（相对于劳动产品的贫困）。数字工人阶级的这种多重贫困同时也是财富的来源，他们是被资本占有的在线财富的生产者：他们耗费在平台上的在线时间是生产性工作和劳动时间，这些时间是资本增值和生产货币资本的时间。而货币资本是用户创造的，但用户却无法拥有它。少数人阶级（"脸书"（facebook）所有者）是以牺牲多数人阶级（"脸书"（facebook）用户）的利益为代价而获利的。这一事实原则上使他们能够通过成为集体财富的主人来克服贫困。

但是，还存在一个"脸书"（facebook）主体维度的异化。雷蒙德·威廉斯（1961，64）在其著作《漫长的革命》一书中将感情结构的概念定义为"一种特殊的生活感觉"，"一种特定的经验共同体"，通过这种观念，一种生活方式获得了"一种独特而典型的色彩"。这是"一个时期的文化"（同上），而交往取决于它（65）。这是一代人"以自己的方式回应它所继承的独特世界"的方式（同上）。例如，它可以在"纪录片文化"中得到表达，比如诗歌、建筑和服饰。感情的结构是一种在一定社会条件下、生活在一定时间里的体验的表达。鉴于每一个现代社会都有自己的阶级结构和社会冲突，每个时期必定有它自己的情感冲突结构。因此，不谈单一的情感结构而谈多极的情感结构可能更好些。威廉斯（1961，307）还说道，"孤立、异化、自我放逐的体验是当代情感结构的重要组成部分"。他在这里暗示，在某种情况下异化情感会成为特殊阶级结构情感的一个组成部分。"脸书"（facebook）用户显示了什么样的情感结构呢？社交媒体平台的情感结构是由用户的典型价值观、使用平台意识和情感构成的。他们的情感主导结构很可能不同于平台所有者的结构，因为他们以不同的社会角色体验平台。用户的情感结构也可能是内部矛盾的，主流用户情感结构可以随着时间的推移而变化。所以，"脸书"（facebook）和其他企业社交媒体平台可能存在冲突性的情感结构。企业社交媒体的使用是否经历了非异化的经验问题，这是一个关于企业社交媒体用户情感结构的问题。它在较早时期被客观地四重异化了。我们可以区分异化的客观条件和用户在社交媒体上的情感结构，它们是辩证地相互协调的：社交媒体的客观条件（如市场条件，垄断、所有权结构、数据处理、使用和隐私政策、广告使用的形式等）决定特定用户的体验和情感结构，用户的主流情感结构反过来可以影响平台的客观条件。如果用户对被认为是侵犯隐私的行为进行大规模的抗议，且离开一个平台并加入另一个平台，那么他们使用的客观条件就从一种（例如"脸书"（facebook））变成另一种（例如，Diaspora）。这种区分让人们能够把握社交媒体异化的主体和客体维度，以及它们的相互作用。

"脸书"（facebook）用户的劳动创造了商品和利润，因此它是生产性工作，但却是无报酬的工作，在这方面它与其他非正规劳动的特点相同，特别是家务工人和奴隶相同，他们也没有报酬。同时，"脸书"（facebook）用户面临着非常不同的工作条件，在这方面，家务工人的活动主要涉及护理工作、性工作和劳累的体力工作。奴隶是奴隶主的私有财产，如果他们拒绝工作的话就可能被杀掉。这些工作类型共同的特征是：工人们都是无酬的。作为无酬工人创造了更多的剩余价值和利润，而且比那些在特定条件下有工资的规范劳动创造了更多的剩余价值和利润。他们的劳动时间都是百分之百的剩余劳动时间，这使得资本家有机会去创造额外的剩余价值和额外的利润。

奈格里使用了"社会工人"一词，他认为存在着一个广义的无产阶级——"新工人阶级"，"现在已经拓展到整个生产和再生产领域"（Negri，1982/1988，209）。在这里他采用了马克思的总体工人的概念，这种总体工人形成了一个聚集的、结合在一起的劳动力群体，是异质性的，形成了创造利润所必需的整体奇点。奈格里（1971/1988）在阅读马克思《大纲》的"机器论片段"中首次提出了这一概念。他认为，资本主义的主要矛盾是货币是价值的特定尺度，劳动随着生产力的发展而具有越来越强的社会性，因而对价值提出了质疑。劳动社会化将会导致"大规模社会化工人阶级的产生"（同上，104）。社会化工人阶级的概念后来发展成为社会工人概念（Negri，1982/1988），社会工人是由资本主义的重组而产生的。这种重组使得以泰勒主义、福特主义、凯恩斯主义和国家计划为特征的工人的大规模解体（同上，205）。社会工人表明，生产性劳动和再生产劳动之间的相互联系成为一种日益强化的意识（同上，209）；分散劳动（diffuse labour，外包劳动，214）和流动劳动（=劳动的灵活性，218）诞生。社会工人这一概念的优点在于，它是对马克思关于信息资本主义和后福特制资本主义背景下总体工人概念的重新表述，它允许我们把非正规和无报酬的工人（家庭工人、奴隶、不稳定的工人、移徙工人、教育工作者、公共服务工作者、失业者等）视为生产性劳动者（Fuchs，2010b）。然而，奈格里说这么多只是想表达"劳动时间"作为这种趋势的结果在生产机器完全社会化的条件下变得越来越无关紧要（Negri，1971/1988，100）。这只是另一种说法，即价值规律不再存在——它"正在灭绝"（同上，148）。结果，奈格里认为共产主义临近了，"共产主义是当今的趋势，一种到处活动的积极的力量"（同上，112）。只要资本主义存在，价值规律就能运行：它不会因为社会工作或知识工作的出现而停止运作，事实上，自奈格里最初提出这一思想以来，它就一直没有停止运作。社会工人某一特定部分的劳动时间可以很好地衡量：这是一个特定群体或整个社会中无酬工作的平均小时数。由于生产力的提高，工作的社会化程度增强，这意味着生产某些商品所需的时间在历史上缩短了。高生产率是共产主义的前提，但它本身并不是共产主义，也不会自动步入共产主义。资本主义内部存在着共产主义的趋势，但共产主义只有通过斗争才能实现。尽管奈格里的方法存在局限性，但社会工人或总体工人概念的逻辑后果是，如果一个人是生产商品的总体工人之一，他就会受到剥削并且具有生产性。"脸书"（facebook）和其他企业数字媒体的数字劳动联系到一个构成信息和通信技术（ICT）行业的完整的价值链与一个全球剥削领域。当今信息和通信技术（ICT）的现实是一个充裕的被剥削的劳动的存在：非洲提取矿物质的黑人的奴隶般劳动，信息和通信技术（ICT）硬件在这里生产；组装硬件的中国和其他国家受高度剥削的产业工人的劳动；发展中国家的低报酬的软件工程师和知识工人的劳动；西方软件公司高报酬和高强度工程师的贵族劳动活动；处理数据的知识行业不稳定服务工人（例如，呼叫中心工人）的劳动以及无酬用户的数字劳动。所有这些多种形式的被剥削的劳动彼此依赖，且是信息和通信技术（ICT）行业创造利润所必须的。全世界的知识工人通过被资本剥削的所有条件联系了起来。他们形成了一种结合劳动力、社会信息和通信技术（ICT）与知识工人的知识无产阶级。但问题是，如果全世界的社会知识无产阶级在政治上自我组织，那么，他们将会成为一个反对资本主义的自发的阶级。

在数字劳动的辩论中，一方面有些学者强调，社会工人能够产生参与文化（Jenkins 2008），或者能够产生"创造和实践的文化"（Gauntlett 2011，11）以及日常创造力文化（同上，221）。这强调的是参与文化和新形式的分享、联系、生产和创意（Bruns，2008；Gauntlett，2011；Jenkins，2008；Shirky，2008，2011）。另一方面，也有学者强调，"脸书"（facebook）和其他商业在线媒体的利润来源于定向广告，其基础是剥削用户的劳动和用户个人数据的商品化（cf.Andrejevic 2011，2012；Fuchs 2010b）。在这样的背景下，马克思的劳动价值论被运用于商业大众媒体，并被更新，即所谓史麦兹（1977a，1981）的受众工作或受众商品（Fuchs，2010b）以及杰哈利（Sut Jhally，1986）和比尔·利文特（Bill Livant，

2006）的观看工作概念（Andrejevic，2009）。有学者指出，关于社交媒体和参与性文化的说法是具有意识形态性的，是过度使用和庆祝资本主义的，"社交媒体"现实是一种新的剥削和异化形式（Andrejevic，2012；Curran，Fenton and Freedman，2012；Fuchs，2010b，2013；van Dijck，2013）。这场辩论可以运用马克思劳动的二重性特征进行解释，即生产使用价值的具体劳动和生产价值的抽象劳动。

认为，"商品是一种二重性的东西，即使用价值和交换价值"。因此，人类需求的满足取决于商品和货币的形式。鉴于商品具有双重特征，创造商品的工作也具有双重特征：它既产生使用价值（工作），又产生价值（劳动）。使用价值的产生是经济生产的人类学特征，而价值和交换价值则是历史性特征。马克思通过指出资本主义、劳动和商品的辩证特征，对社会的本质特征和历史特征进行了理论化。由于"社交媒体"导致资本积累，它们与商品形式联系在一起，因此商品的双重特征和工作过程也必须适用于这些类型的媒体。如果有人声称社会媒体是创造性、社会性和参与性的新形式，或者是新形式的剥削，那么商品和工作的双重特征往往就被忽视了。首先，这种论断侧重于使用价值形式；其次，侧重于社交媒体的交换价值形式。但是，商品具有使用价值和交换价值形式，是具体劳动（工作）和抽象劳动的结晶。因此，关于社交媒体的两种说法本质上是交织在一起的，辩证思维让我们能够理解这种联系：要想让"脸书"（facebook）、"推特"（twitter）、YouTube 和企业博客平台存在，用户需要相当活跃、具有社交性、创造性并网络化。他们在社交媒体上开展的网络工作主要有信息工作、情感工作、认知工作、交往工作、社区工作和协作工作。这项工作创建了个人资料、内容、交易数据和社会关系。社交媒体的使用价值在于，他们允许用户自我告知、分享、交往和协作，以及建立和维护社区。所以社交媒体的使用价值是其信息特征：是认知、交往和合作的工具。但这种使用价值被纳入了社交媒体的交换价值，这种价值需要并建立在具体劳动的过程中：社交媒体活动、社会关系和创造性表达创造了其使用价值，也形成了经济价值，从而创造了销售给定向广告商的数据商品，实现了市场价格，并帮助社交媒体公司实现了利润。用户的创造力、分享和活动相联系产生了使用价值和交换价值——即具体劳动和抽象劳动。社交媒体的使用价值包含在交换价值内，但同时也代表着一种劳动的社会化——指向和具有超越商品形式的潜力，它是使用价值经济的胚芽之一。

资本主义以一种毁灭性的辩证法把劳动和娱乐联系在一起。传统意义上讲，以享受性和娱乐的形式表现的玩要知识是资本主义业余时间的一个组成部分，而业余时间是非生产性的，与劳动分开的。西格蒙德·弗洛伊德（Sigmund Freud，1961）认为，驱动结构是由爱神（对生命、性、欲望的驱动）和死神即萨纳托斯（对死亡、毁灭、侵略的驱动）的辩证关系定义的。人类为了恒久的爱（快乐原则）的实现而奋斗，但文化只会可能通过对爱神的暂时的否定和暂停以及色情能量转化成为文化和劳动。劳动是去性化的生产性形式——抑制性冲动。弗洛伊德在这种背景下讲到了现实原则或升华原则。现实原则否定快乐原则，人类文化否定人性，成为人的第二天性。马尔库塞（1955）把弗洛伊德的驱动力理论与马克思的资本主义理论联系起来。他认为，异化劳动、统治和资本积累已将现实原则转变为压抑性现实原则——操作原则：异化劳动构成了对爱神的过度压抑。对快乐原则的压抑超过了文化上必要的压抑。马尔库塞将马克思关于必要劳动和剩余劳动或价值的概念与弗洛伊德人的驱动结构联系了起来，认为在动力层面上必要劳动相当于必要的压抑，剩余劳动对应于额外的压抑。这意味着，为了生存，社会需要一定数量的必要劳动（以工作时数衡量），因此也需要对快乐原则进行一定程度的压抑（也以小时为单位）。对剩余价值的剥削（免费进行并产生利润的劳动）不仅意味着工人被迫在一定程度上免费为资本而工作，而且还意味着必须进一步压抑享乐原则。

"在现实原则背后，存在着一个基本事实，这就是缺乏。这意味着，生存斗争是在一个很贫穷的世界上发生的，人类的需要，如果不加限制、节制和延迟，就无法在此得到满足。换言之，要得到任何可能的满足都必须工作，必须为获得满足需要的手段而从事颇为痛苦的劳动。由于工作具有持久性（实际上它占去了成熟个体的全部生存），快乐受到阻碍，痛苦得以盛行"（Marcuse，1955，35；译者注：[美] 马尔库塞：《爱欲与文明》，黄勇、薛民译，上海译文出版社 1987 年版，第 21—22 页）。在以统治原则为基础的社会中，现实原则采取了操作原则的形式。统治"实行这种统治的，是为了维持和扩大自己的特权地位的特殊团体和个体"（同上，36；译者注：同上，第 22 页）。操作原则和剩余价值原则相联系，这个术语描述了"社会统治必不可少的约束"（同上，35；译者注：同上，第 21 页）。统治引入了"除了造成那些为文明人类的联合所必不可少的控制以外，还引进了一些附加的控制"（同上，37；译者著：同上，第 23 页）。

马尔库塞（1955）认为，操作原则意味着死神支配人类和社会，而异化则释放了人类内部的侵略性冲动（压制去升华性），从而导致了一个全面的暴力和侵略性的社会。由于后现代社会高生产率的提高，历史的选择是可能的：消除压制性的现实原则，把必要工作时间最小化，而最大化休闲时间，社会和身体的色情化，爱神塑造了社会和人类，好色的社会关系出现。这样的发展将是一种历史的可能性，但它与资本主义和父权制不相容。

卢克·博尔坦斯基（Luc Boltanski）和伊夫卡恰洛（Éve Chiapello，

2007）认为，参与式管理的兴起意味着资本主义新精神的出现，这种精神包含了 1968 年政治运动的反独裁价值观和随后出现的新左派——如自治、自发性、流动性、创造性、网络化、愿景、开放性、多元性、非正式性、真实性、解放等——这些都在资本的控制之内。该运动的主题现在将被用于服务于那些它想要摧毁的力量。结果应该是"构建新的、所谓的'网络'资本主义"（同上，429），使艺术批判——要求真实性、创造性、自由和自主性——与要求平等和克服阶级（37—38）的社会批判形成鲜明对照——今天"间接地为资本主义服务，并成为其承受能力的工具之一"（490）。"玩"劳动是资本主义一种新的意识形态。对象化的异化劳动作为创造性、自由和自治展示出来，这些是工人的乐趣。工人们应该有乐趣，热爱他们对象化的异化已经成为资本的新的意识形态战略和管理理论。"脸书"（facebook）劳动是作为资本主义的精神元素的玩劳动意识形态的表现。

德勒兹指出（1955），在当今资本主义社会中，行为规范的转变方式使人类越来越多地约束自己而不受直接外部暴力的约束。他把这种状况称为（自我）控制的社会。例如，可以在参与式管理战略中观察到这一点。这种方法促进了奖励机制的使用以及将玩整合到劳动中。工作应该是有乐趣的，工人应该不断地提出新思想，实现他们的创造力，享受不在工厂的自由时间，等等。工作时间和业余时间的边界、劳动和玩的边界模糊了起来。工作往往获得娱乐的品质，而业余娱乐则趋向于劳动。工作时间和业余时间变得不可分割。工厂把它的边界延伸到了社会，变成了马里奥·特隆蒂（Mario Tronti，1962）所言的社会工厂："资本主义的发展越是继续，相对剩余价值的生产越是坚持和拓展自身，生产—分配—交换—消费的周期越是自身不可避免地缩短，资本主义生产和中产阶级社会之间、工厂和社会、社会和国家之间的社会关系就变得越来越有组织。"资本主义社会关系发展的最高水平变成了生产关系的时刻，整个社会变成了生产的事业和表现，即整个社会生活成了工厂的功能，工厂延伸其排他的统治地位到整个社会。当工厂把自身发展成为社会的主人的时候——整个社会生产就变为行业生产，工厂的具体特征就迷失在社会的一般特征之中（同上，30—31，译自德语）。同时，工作时间和业余时间在社会工厂里变得模糊起来，与工作相关的压力在强化，财产关系保持不变。"脸书"（facebook）和其他互联网企业对互联网用户的剥削是这种变化的一个方面。这意味着被玩、娱乐、乐趣和快乐（爱神方面）激发的互联网的私人使用已经包含在资本之内，成为剥削劳动的领域。互联网的私人使用为资本生产剩余价值，并被资本剥削。所以互联网企业积累利润。今日的"玩"和劳动已经没有了区别。爱神已经完全被归到压抑的现实原则之下。"玩"很大程度上被商品化，不再有不被资本剥削的自由时间或空间。"玩"是当今的生产，被资本剥削的劳动生产剩余价值。人类所有的活动也包括所有的"玩"在当今条件之下归为资本并受资本剥削。作为爱神表现的"玩"的方面因此被毁坏，人类的自由和能力被削弱。在"脸书"（facebook）上，"玩"和劳动聚合成为受资本剥削的玩劳动。"脸书"（facebook）因此代表了所有时间总的商品化和被剥削——人类所有的时间变成了被资本剥削的生产剩余价值的时间。表 11.3 总结了马尔库塞的玩、劳动和快乐理论应用到"脸书"（facebook）及社交媒体的情况。

工作与"玩"表现出了辩证的关系：在"玩"中，人类具有去做任何想要做的事的自由："在一次抛球的过程中，比起技术劳动的最巨大成就，玩家在客观世界上获得了人类自由的无限大的胜利"（Marcuse 1933, 128）。

表11.3　四种社会方式的快乐
（人类本质、匮乏社会、经典资本主义、"脸书"时代的资本主义 ）

人类愿望的本质	匮乏社会的现实原则	经典资本主义社会的压抑原则	"脸书"（facebook）时代资本主义的压抑现实原则
立刻满足快乐	延迟满足、克制快乐	延迟满足；休闲时间：快乐；工作时间：克制快乐、过度压制快乐	立刻在线满足；休闲时间和工作时间的重叠，休闲时间变成工作时间，工作时间变成休闲时间，所有的时间被剥削，在线休闲时间变成剩余价值的生产和雇佣劳动的时间＝快乐原则的过度压抑，玩劳动时间＝剩余价值的生产
快乐（玩）	痛苦（工作）	休闲时间：快乐（玩）；工作时间：痛苦（工作）	玩劳动：作为痛苦和工作的快乐和玩，作为快乐和玩的痛苦和工作
感受（receptiveness)	生产率	休闲时间：感受；工作时间：生产率	休闲时间或工作时间、感受或生产率的重叠，人类时间总的商品化
快乐压抑原则的缺席	快乐压抑	休闲时间：快乐压抑的缺席；工作时间：快乐压抑	玩劳动时间：剩余价值的生产表现为快乐，但却服务于压抑原则（缺乏资本所有权）

来源：以马尔库塞（1955，12）的一个表为基础（p.269）。

　　"玩"不具有持续和恒久性，基本上发生于做其他事情——不断地统治人类生存的事情的间隔时期（同上）。社会中的工作是辛苦的，"玩"以一种逃避工作的方式和其辩证地相联系："'玩'是自我娱乐、自我放松、为了新的专注力和张力的自我恢复，等等。因此，'玩'在整体上必然与它的来历和目的所在的另一种行为有关，而另一种行为则已被预先认为是**劳动**，其特点是有节制、紧张、辛劳等。"（同上）。

　　工作是一个持久和永恒的过程，在世界上产生满足人类需要的对象。

相反，"玩"的发生是无规律的，不涉及创造满足人类需要的使用价值的必要性："玩"有选择人喜欢对象的自由，这可能包含创造新的对象，但也毁坏非生产性活动中存在的对象，这种活动是纯粹的个体享受，不创造任何新的东西。这意味着：在"玩"球的过程中，一个人可以发展一种新形式的游戏，毁坏球或者为了乐趣投掷球。在"玩"劳动中，"玩"和劳动的关系发生了变化：然而劳动是恒久的，"玩"是无规律的，"脸书"（facebook）的"玩"劳动既不发生于具体的业余时间也不发生于具体的工作时间，而是发生于雇佣劳动时间、在家里或在途中（通过移动设备）的任何时间。从某种意义上讲，"玩"劳动是无规律的，它发生于无规律的时间或间歇时间。"玩"劳动是不规律的，因为它是在不定期的时间和间隔进行的；但它同时又是永久性的，因为用户往往恢复和更新他们的资料并重复他们的活动。虽然劳动创造了新的对象，这些对象在世界上是永久性的，满足了人类的需求，而"玩"可以自由地与一个对象做任何一个人喜欢的事情，"脸书"（facebook）用户可以自由设计自己的个人资料，无论他或她想怎样设计（但"脸书"（facebook）有严格的限制，比如有效的输入字段，允许上传什么样的图像、视频和评论）。"脸书"（facebook）上的每一种浏览行为和活动都是永久性的，因为这些数据是为定向广告的目的而存储、处理、分析和商品化的。"玩"是对不自由、艰辛劳动的放松和分心，同时也是劳动力的消遣，"玩"劳动打破了"玩"和劳动的相对时空分离："脸书"（facebook）的使用是放松、喜悦和乐趣，同时，像劳动一样创造经济价值，从而产生或可能产生货币利润。创造价值的是娱乐，消费是生产性的，"玩"是劳动。"玩"是一种没有持续时间和持久性的自由活动；劳动是一种具有持续时间和持久性不自由的活动，"玩"劳动表面上是自由的，但却是不自由的，因为它创造了由他人控制的财富和利润；"玩"劳动的不规范性、数据存储的持久性和运用的无常性（不定期，不需要创造新的或有用的东西等）是有规律的。"玩"劳动是乐趣和喜悦，不像"玩"，主要是终结自身或像劳动终结他人。它是一种终结自身的乐趣，是一种终结他人的社交活动，是终结资本创造价值的活动，也就是一种特殊的、以牺牲"玩"为代价的货币利益私人财产所有者的终结者。如果用户把社交媒体上的数字劳动看作是一种剥削形式，或者是对用户数据进行实时监控和商品化的平台，这是一个需要在社会科学方法的帮助下进行研究的实证问题。我们不仅需要数字劳动理论、数字劳动伦理、数字劳动政治，还需要批判性、经验性的数字劳动研究。有案例表明，用户政治性地质疑社交媒体商品和数字劳动剥削。沙发客网站（Couchsurfing.org）是一个旅行者社区，人们利用这个平台寻找过夜的地方，并为来到自己家乡的旅行者提供一个沙发或一个房间。这是一个基于相互帮助的旅游理念，并且降低旅行经济负担的社区。沙发客（Couchsurfing）成立于2003年，是一家非营利性组织，它将旅行者和当地人联系在一起，以分享他们的文化、好客和冒险精神，无论他们是在路上还是在家乡。它的使命很简单："创造鼓舞人心的经历"。我们设想这样一个世界，每个人都可以探索并与他们所遇到的人和地方建立有意义的联系。在不同文化之间建立有意义的联系，使我们能够以好奇心、欣赏和尊重来回应差异。这种对多样性的欣赏传播了宽容，并创建了一个全球社区⑥。沙发客的非盈利特征很好地体现了社区的互助互帮的总体精神。2011年，沙发客合并，创始人凯西·芬顿（Casey Fenton）解释说，经济危机使我们难以生存，而非营利并不是沙发客的核心价值："非营利结构……确实会限制我们的创新能力。""非盈利'并不是沙发客的核心身份'，我们的身份是我们的愿景和使命：我们团在一起"⑦2011年，沙发客的风险资本投资上升到760万美元，是由 Omidyar Ventures 和 VC Benchmark 资本提供的⑧。沙发客变成了一个所谓的 B—公司，以盈利为目的的并具有其"社会责任"的认证企业：为了计算 B 企业定期发行的总分，企业的问责制、环境友好以及消费者友好、雇佣工作条件和社区特征都要进行评估⑨。这个分数忽略了一个整体的问题，即资本积累是否有责任，或者必然导致不平等。沙发客社区一直对其平台商品化持批判的态度。起初，例如，阿瓦兹（Avaaz）请愿，他呼吁归还用户对平台的控制和所有权："我们，Couchsurfing 社区，人们创建的每一样东西都源自自愿工作的动机。因为这个社区给其所有用户以如此高水平的回报，因为我们不只是想看到所有这一切被追求利润的持股人毁坏。我们决定为社区的未来而战，我们将尽全力让其回到长期以来以用户为基础的社区的轨道上。"⑩ 请愿书表明了对用户的关注，他们自愿的数字工作变成了被私有股东剥削的数字劳动，股东拥有其产生的利润。他们感觉被出卖、被剥削了。他们生产使用价值的工作在没有征得其同意的情况下变成了生产交换价值的劳动，其含义是：生成的利润被私有投资者拥有，但却是由用户的劳动创造的。另一个社交媒体平台商品化的案例是《赫芬顿邮报》（the Huffington Post）。阿丽安娜·赫芬顿（Arianna Huffington）2005 年创建了此邮报，最初是一个政治博客，而后发展成为最成功的互联网报纸或新闻博客。2013 年 1 月18 日，它成为全球第 83 个访问量最高的网站。2011 年 2 月，美国在线服务公司（AOL）用 3.15 亿美元买进《赫芬顿邮报》，从此，它成为一个金融广告平台。许多作家自愿写文章，不收任何报酬。鉴于《赫芬顿邮报》的商业化形式和合并，他们中的许多人不仅觉得自己被出卖了，而且还受到了剥削。作者乔纳森·塔西尼（Jonathan Tasini）申请了一项 1.05 亿美元的集体诉讼以反对《赫芬顿邮报》，辩称该平台不正当得利。他说："依我看，《赫芬顿邮报》的博客实质上已经变成了阿丽安娜·赫芬顿种植园的现代奴隶。她想私吞数以百万计美元，而这些钱来自那些博客的辛苦工作。如果赫芬顿不像沃尔玛（Wal–Marts）、沃尔顿家族（The Waltons）以

及 劳埃德·布兰克费恩（Lloyd Blankfein）一样，所有这一切都是可以避免的，这些基本上是想说，'您们滚开，这是我的钱'"（Forbes，2011）。

赫芬顿回应说，博客为了乐趣和创造力，没有以钱为目的，他们获得了其他形式的报酬。"人们在《赫芬顿邮报》上的博客是免费的，因为他们每天晚上都会免费地上有线电视节目：要么是因为他们对自己的想法充满热情，要么是因为他们有一些东西可以宣传，想要接触到众多观众……我们的博主多次被邀请到电视上讨论他们的帖子，并获得了付费演讲以及到电视节目上交易图书的机会"（《洛杉矶时报》，2011 年）。这两种论点经常在关于数字劳动的讨论中提出。第一种说法基本上是说，用户只是对源自社交媒体的使用价值感兴趣。这种观点忽视了交换价值的一面，同时，为用户创造使用价值的社交媒体还创造了私有企业所有者拥有的价值和交换价值，而不是用户以货币方式受益的。第二个论点认为，对于企业社交媒体用户存在间接或非货币支付。对此人们通常认为是用户获得了非货币的平台访问权。这种观点没有看到货币和货币利润在资本主义中的核心作用。货币只是商品，和所有其他形式的商品可以交换的商品。在资本主义社会中，人们不能用平台访问权购买商品，只能用货币。赫芬顿的核心观点是，博主得到了宣传作为其写博客的回报。这种逻辑远离了《赫芬顿邮报》的所有权结构以及博客内容成为营利性企业组成部分、资本积累和这些内容相联系以及博客无报酬的情况。沙发客和《赫芬顿邮报》两个案例揭示了社交网络用户和博客的自愿工作是如何从数字工作变成了为企业创造价值和利润的数字劳动。谷歌、"脸书"（facebook）、YouTube 从一开始就是以营利为目的，这意味着从一开始它们就把对数字劳动力的剥削放在了议事日程上。在"推特"（twitter）案例中，从一开始就是以营利为目的的，广告以及对数字劳动的剥削被引入之前"推特"（twitter）运营了好几年。数字劳动是一种家庭主妇式的劳动。家庭主妇化（Mies，

Bennholdt—Thomsen and Werlhof，1988；Mies，1986）意味着工作或劳动以这样一种方式变化，这种方式是类似于传统家庭主妇式的不得不面对的工作条件。家庭主妇式劳动秉承家务工作的特征，即劳动不受工会或劳动法的保护，在任何时间以任何价格都可以实施，不被视为"劳动"而被视为"活动"，被视为"产生收入的活动"，意味着鼓励和无组织等（Mies，Bennholdt—Thomsen and Werlhof，1988，10）。家庭主妇式劳动被定义为：永久性、最低工资、最长时间、最乏味单调、没有工会、没有机会获得更高的资历、没有提升、没有权利以及没有社会保障的工作（同上，169）。"社交媒体"上的数字劳动就像做家务，因为它没有工资，主要是在业余时间进行的，没有工会的代表，很难理解为劳动。就像做家务一样，它涉及"外部化，或者是成本的外化，否则就必须由资本家来承担。"（Mies，1986，110）术语"众包"精确地表达了这种"外包"过程有助于资本节约劳动力成本。像家务工作，数字劳动是一种不用买单、无限的剥削资源（同上，16）。

在奴隶工作中，没有工资，在某种意义上讲剥削是无限的，整个工作日都是无酬的。必要劳动时间最小化，生产剩余价值的劳动时间最大化。数字劳动和经典的奴隶制一样，工作是无酬的，并受到高度的剥削。然而，它们关于压迫方式存在着显著的差异。数字工人的劳动和奴隶制工人的劳动都不是商品：他们都没有把自己的劳动力作为商品在劳动力市场上出售。主要的差异在于压迫方式：奴隶是奴隶主的私有财产；然而，数字工人不是私有财产，因此，更像一个家庭主妇，数字工人在和财产关系分离的情况下创造价值（然而，奴隶本身就是私人财产的一种形式）。无论是奴隶的劳动还是数字工人的劳动，娱乐和劳动都是融合在一起的——因为所有的娱乐时间都是工作时间。两者的区别在于，奴隶工作往往是劳累的体力劳动，不像"玩"；而数字劳动则是几乎完全或在很大程度上像"玩"

一样的信息工作。如果奴隶拒绝工作，就会被粗暴地用肢体、鞭子、子弹施暴强迫，如果他们拒绝工作，他们就会被折磨、殴打或杀害。对他们实施的暴力主要是身体上的。在家庭暴力中，家务工人也受到一部分身体上的胁迫。除此之外，他们还被爱、承诺和责任所强迫，让他们为家庭工作。在父权家庭中，主要的强迫行为是通过感情来实现的。在数字劳动案例中，胁迫在本质上是社会性的：像"脸书"（facebook）这样大的平台成功垄断着某些服务的供给，例如，在线社交网络，并拥有超过 10 亿的用户，使其能够行使非强制的和隐形的胁迫——在其中，用户被捆绑在商业平台上，因为他们所有的朋友和重要的联系都在那里，他们不想失去这些联系，因此就不能轻易离开这些平台。非商业的替代品是存在的，但是由于商业平台占据垄断地位，而非商业平台缺乏公共关系的预算，所以他们难以吸引用户。

资本主义和父权制的意识形态相联系。利奥波尔迪纳·福尔图纳蒂（Leopoldina Fortunati，1995）认为，生产**既是**价值的创造，**也表现为**价值的创造，而再生产是价值的创造但也有不同的表现。劳动的双重特征不仅包含使用价值和交换价值的划分，还包含生产和再生产，以及生产性和非生产性劳动的划分：父权制意识形态认为雇佣劳动是生产性劳动，家务劳动是非生产性劳动。**"将再生产定位为非价值，使生产和再生产都能发挥价值生产的作用"**（同上，9）。"再生产工作的主观条件假定与生产性工作的主观条件相分离"（同上，12）。企业社交媒体的家务劳动和用户劳动之间存在着一定的相似性：两者都是无报酬的创造价值的劳动形式。两者的意识形态主题展示了这些隐藏家务工人和用户被剥削的非生产性的劳动形式，从而这些形式使得资本家利润最大化。父权制意识形态否认家务工作的生产性。福尔图纳蒂的分析在意识形态上否认了家务劳动的生产力，他在意识形态上否认了企业互联网平台上用户劳动的生产力，这是由用户生成内容和产品商品化所产生的。让用户难以理解的是，被剥削的劳动是一种经常感觉很有趣的劳动，而且是在业余时间进行的。就像家务劳动、工作时间和休闲时间的边界在用户劳动中往往是模糊的，玩的时间和休闲的时间也是工作时间。用户劳动和剥削分离的意识形态案例是在乔纳森·塔西尼（Jonathan Tasini）对美国在线服务公司（AOL）或《赫芬顿邮报》阶级行为诉讼中的一项裁定。塔西尼是一个博主，在美国在线服务公司（AOL）以 3 亿 1500 万美元买下了《赫芬顿邮报》并将其转化为商业平台之后，他起诉了《赫芬顿邮报》，并认为，《赫芬顿邮报》的商业化导致了对博主们——为邮报作出贡献并受到不公平对待的博主们的无酬劳动的剥削。在判决中，法官驳回了这一要求，认为"根据纽约法律，原告必须为在不当得利的理论下被追回的索赔请求赔偿。"申诉没有这样做，因此，对不当得利的要求必须予以驳回。没有人强迫原告为《赫芬顿邮报》的出版工作，原告坦率地承认他们没有期望得到赔偿（2012 年，纽约南区美国地区法院，12—13）。法官的论点是，如果工人不期望得到报酬（例如，因为工作是家庭或友谊关系的一部分，或者是因为工人相信项目的公益用途），就不可能有剥削。这一判决主观地处理了剥削，没有考虑到，在两者（a）家务工作和（b）企业社交媒体无酬用户工作之间，企业实质上获利是借助于（a）再生产劳动力的家务工作（b）创造数据商品的用户工作才使得资本积累可能实现。此外，法官认为，如果有人愿意被剥削，那就不是剥削。假如奴隶不得不选择，他可以自由或者继续被别人奴役，她或他有许多的理由可以选择奴隶制——尽管他或她的选择可能难以理解，但他或她仍将继续被剥削。对于被给予性剥削来说这并不重要，因为是否这是自愿或不自愿的劳动，或者他们希望得到或得不到补偿，家庭工人和用户都会选择担任这些角色。资本从这些劳动形式中获利的情况表明了剥削的存在，存在着客观的剥削标准。为了否认剥削的发生，父权制和资本主义意识形态试图主观化剥削。

三、社交媒体数字劳动和价值规律

　　一些学者认为，"知识社会"或"认知资本主义"以及"社交媒体"的兴起，导致了劳动价值论对当代资本主义的过时和不适用。维尔诺（Virno，2004，100）认为，价值规律"被资本主义自身的发展毁掉并驳斥"。哈特和奈格里（2005，145）认为，劳动的时空统一作为价值的基本衡量尺度今天已经没有任何意义了。维塞龙（Vercellone，2010，90）写道，"认知资本主义"导致了价值规律的危机和一种衡量危机，后者动摇了政治经济学基本范畴的根本意义，还有劳动、资本——当然还有价值——的根本意义。知识生产的兴起（马克思（1857/1858b）称之为"一般智力"），将会产生这样的情况，劳动特别是知识劳动不再能依据直接用于生产的劳动时间来衡量（Vercellone，2007，30）。"以时间单位衡量"的抽象劳动不再是"允许控制劳动力并同时有利于社会生产力增长的工具"（Vercellone，2010，90）。今天创造力和知识将成为"价值的主要来源"（同上，105）。

　　许多自治马克思主义者认为价值规律在今天不再适用，这是错误的，因为这条规律是资本主义存在的基础，这一假说立足于对马克思《大纲》中一段的虚假解释（详见 Vercellone，2007，29—30），在其中，马克思说道，"劳动时间就不再是，而且必然不再是财富的尺度"（Marx，1857/1858b，705；译者注：《马克思恩格斯全集》第 31 卷，人民出版社 1998 年版，第101 页）。这个误解是"一丝不苟"的，马克思在这里描述了资本主义的转型。相反，马克思在同一篇文章中明确指出，"工人群众自己应当占有自己的剩余劳动"（同上，708；译者注：同上，第 104 页）。只要资本主义存在，价值就被定义为生产标准，尽管商品的价值趋于历史性地减小，而这推动了资本主义危机的倾向性。哈利·克利弗指出，马克思的段落是立足于这样一个框架的：阶级斗争"使得原有制度毁灭，并寻找一种新的制度"（Cbeaver，2000，92）。

在《大纲》具体的一段中，马克思说道，"当他们已经这样做的时候，——这样一来，可以**自由支配的时间**就不再是**对立**的存在物了，——那时，一方面，社会的个人的需要将成为必要劳动时间的尺度，另一方面，社会生产力的发展将如此迅速，以致生产将以所有人的富裕为目的，所有人的**自由支配的时间**还是会增加"（Marx，1857/1858，708；译者注：同上，第104页）。马克思所说的社会，在其中"以交换价值为基础的生产便会崩溃"（同上，705；译者注：同上，第101页）—— 这是共产主义社会。

亚当·阿维（Adam Arvidsson，2011）赞成流通拜物教方法，就如同海因里希的假设之一，认为"劳动价值论只有在劳动力有价格的情况下才成立"（同上，265）。他想提出一个假设，"脸书"（facebook）和其他企业社交媒体用户没有受剥削，因为他们没有得到工资（一个对亚当·阿维方法的详细的批判，见 Fuchs，2012e）。在这种情况下产生的问题是，没有得到工资的奴隶是否被剥削。这种假设很难做出，阿维的方法极有问题。

在企业"社交媒体"上，"在线浏览或与某一网站互动的时间不是界定或衡量在线广告环境中价值的关键参数"；相反，"情感参与"和"用户影响"（例如，通过社交点击、情感分析、网络分析来衡量）将是"价值源泉"（Arvidsson and Colleoni，2012，144）。这意味着"脸书"（facebook）不断地监视用户的兴趣、使用行为、浏览行为、人口统计数据、用户生成内容、社会关系，等等。这些是关于用户的个人、情感、社会、经济、政治和文化数据。一个用户耗费在"脸书"（facebook）上的时间越多，产生的关于他或她的数据就越多，而这些数据作为商品提供给了广告商。剥削发生在这种商品化和生产过程之中，在生产或剥削过程之后，数据商品售卖给了广告商。用户在线时间耗费的越多，关于他或她的更多的可用数据就可能潜在地被售卖，发送他或她的广告就越多。在社交媒体上，时间起着一个非常重要的作用。用户使用社交媒体原因在于他们在一定程度上为了努力实现布尔迪厄（Bourdieu，1986a，b）所说的社会资本（社会关系的积累）、文化资本（资格、教育、知识的积累）和符号资本（名誉积累）。用户在商业社交媒体平台上花费的时间，是社会、文化和符号资本生成的过程，也是产消者商品化向经济资本转化的过程。

阿维德森（Arvidsson）和科莱奥尼（Colleoni，2012）忽视了内容生成、影响、喜欢、社会关系与网络的劳动是在时间和空间上组织起来的，而"脸书"（facebook）的使用时间是生产性劳动时间。"脸书"（facebook）、谷歌和相当规模的企业社交媒体构成工作时间，在其中，存在着数据商品生成以及利润实现的潜在时间。

阿维德森忽视了真实的资本积累的物质现实和力量，用主观的、唯心主义价值观念取代了唯物主义的价值论和劳动观。他用价值的无形损耗概念代替了价值的经济概念。这不是格罗斯伯格方法中价值概念的概括，而是价值的主客体化，它对应于新古典经济学理论，质疑马克思的价值观念是生产过程中构成的社会现象。

第三章当代文化研究表明，劳动价值论是一种经常被用来论证马克思理论已经过时的意识形态对象。由此产生的断言是价值已经被一般化并多元化，价值源自效用（Arvidsson）或社交网络（Hartley），而不是由劳动构成并用劳动时间衡量。这些方法的含义是多样的，但它们都有一个共同的结果，即资本主义和资本主义媒体的激进批判要么被削弱，要么完全被摒弃。

并非所有的自治主义的马克思主义者都认可这一假设：劳动价值论在今天已经终结。卡尔·海因茨·罗斯（Karl Heinz Roth 2005，60）强调了当今世界中存在着大量的无酬和低薪工人。他提到的案例是：家庭中的再生产工作、不稳定和信息劳动、奴隶工人、监狱劳工（Heinz Roth，2005）、临时工作、季节性工人、移民工人、不稳定的自营职业（Heinz Roth and van der Linden，2009）。海因茨·罗斯和马塞尔·范林登（Heinz Roth 和 Marcel van der Linden，2009，560）认为，这些工人组成了**全球工人阶级**（Weltarbeiterklasse），即"社会阶层和社会群体的多重总和"。尼克·迪尔－维斯福特（2010，490）认为，全球工人（a）立足于资本的全球化，（b）立足于劳动的复杂分工，（c）立足于低薪水和无酬劳动者（移民工人、家务工人），（d）嵌入全球传播网络，（e）面临不稳定的工作条件以及（f）具有世界性影响。无酬的奴隶工人也生产价值，尽管他们的归奴隶主所有的劳动力没有价格，但却是奴隶主的私有财产（Heinz Roth and van der Linden，2009，581—587）。

罗斯和范林登用奴隶工人的例子来论证剥削和价值生产并不是以雇佣关系为前提的。他们主张建立一种动态劳动价值论（同上，590—600），假设所有的人类——步入资本关系并为货币利润的生产作出贡献的所有人们——在其中，资本控制和拥有他们的人身（奴隶）、劳动力（雇佣工人）、生产和生存资料（外包合同劳工）、劳动产品（无酬和低工资工人）、或再生产空间（再生产劳动者）——是被剥削阶级的组成部分。资本具有最大化利润的固有属性。要做到这一点，就必须采取一切必要的措施。因为，如果由于投资成本高、竞争激烈、生产力不足等原因，单个资本家便有破产的风险。正如前面所说的，雇佣关系是阶级斗争的一个关键因素。资本试图尽可能地减少工资总额，以实现利润最大化。因此，如果可能的话，资本将为劳动力提供低于其自身价值的劳动报酬，即低于生存所需的社会必要成本。价值转化为劳动力价格和两者之间的差异，正如克利弗（2000）和比岱（2009）所强调的那样，是阶级斗争的结果。劳工立法和有组织的劳工运动可以争取比劳动力价值更高的工资。然而，如果劳动者薄弱（例如由于法西斯镇压），资本可能会利用任何机会尽可能减少工资，以增加利润。新自由主义是一种增加利润的治理形式，这种治理通过削减国家福利、保健和教育支出以降低工资总和。这方面的措施还有：私有化这些服务；创造不安全和低工资的暂时的不稳定的工资关系；弱化劳动组织权；相对或绝对地减少或不增加工资；外包低薪或无薪的生产形式；胁迫失业者免费或低薪工作，等等。

　　这是一种政治形式，旨在帮助资本尽可能降低劳动力的价格，如果可能的话，甚至低于人类生存所需的最低价值。创造多种不稳定和无报酬工作形式是资本为降低劳动力成本而进行的阶级斗争的表现。其结果是劳动力的价值和价格脱节。劳动力价格和价值之间的脱节伴随着商品价值和价格的脱节：经济的金融化建立了股票和衍生产品的虚拟价格，这些股票和衍生品是基于对未来高额利润和红利的期望，但与实际劳动价值和商品价格脱节的。当代资本主义是脱节的经济，在这个经济中，价值、利润和价格往往是脱节的，因此危机的倾向性很高。数字媒体学者、企业家、管理人员、顾问和政界人士常常庆祝"社交媒体"如"脸书"（facebook）、"推特"（twitter）等的崛起，以此作为民主和参与性经济的兴起，在这种经济中，用户控制传播和智力生产手段，消费者可以积极地、创造性地塑造经济。从动态劳动价值理论的观点来看，企业社会媒体与无酬劳动的剥削形成对比：用户耗费这些平台上的所有时间是可以记录和分析的，并创造了包含个人数据和使用数据的数据商品。数据商品出售给广告客户，后者向用户提供定向广告。用户劳动力的价格为零：他们是无酬的。通过尽可能低于其价值劳动力的价格使得资本利润最大化。全球工人多元世界不是由不同类型的工作和生产关系组成的，而是形成一个相互依存的生产关系整体。因此，尼克·迪尔－维斯福特（2002，2010）谈到了全球价值主体的产生，该主体形成了一个全球价值链，价值链由跨国公司以全球工厂的形式组织起来。他强调，知识工作和全球工人的产生并不意味着价值规律的终结，而是剥削和价值规律从"传统的工作场所"工厂（2002，8）扩展到"工厂星球"（2010，485）。商业互联网平台对用户劳动的剥削像"脸书"（facebook）和谷歌，是资本主义阶段性的标示，在这个阶段，我们发现了无处不在的工厂，那是一个剥削劳动的地方。社交媒体和移动互联网让受众商品无处不在，工厂不仅仅局限于人们的客厅和人们被雇佣的工作场所——工厂和工作场所监视是在所有的空间。今天，整个星球都是资本主义的工厂。对互联网用户或产消者的剥削不是孤立的，它是这个价值链上一个更大的组成部分，采掘矿物质的非洲奴隶工人、发展中国家（以及西方国家）的低薪装配硬件的工人、发展中国家的低薪工人以及西方国家的高薪软件工程师和不稳定的服务工作工人（例如呼叫中心）支撑着这个价值链。所以，全球价值主体受价值规律的支配，价值规律构成世界市场逻辑并受其约束（Dyer-Witheford 2002，9）。但是，这一主体通过拒绝工作（抗议、罢工、占有、极端形式如富士康自杀）也具有推翻价值规律的潜力、拒绝消费（停止一定产品的使用、支持非商业产品的使用）以及创造超越货币价值以及非利润非商业特征的（例如，非专有软件或操作系统、非商业社会网络站点、自我管理替代 IT 公司，等等。）替代性的价值或生产形式。在如此背景下，格兰·博林（Göran Bolin，2011）强调，经济价值并不只是可以改变媒体的无形价值。尼克·库尔德里（Nick Couldry，2010）指出，新自由主义减少了表达声音的可能性，这些声音构成了一种替代经济逻辑的无形价值。用另一种方式来表达，资本主义的价值就是价值，它把人的地位降低到机器中一个无声的、被剥削的齿轮上，虽然认为自己是永久的说话者，但它大多有声音和力量，却没有真正的效果。我们需要实现的是对经济价值的否定，使（经济）价值不再是首要（无形）的价值。

价值规律并没有失去它的力量。它在世界上每个剥削发生的地方充分地发挥着其作用。它已经延伸到低工资和无酬劳动形式，企业媒体产消者就是其中之一。技术在生产力上的发展结果是商品价值趋于历史性地降低。同时，价值是资本主义资本、商品和利润的唯一来源。价值的矛盾导致了价值、利润和价格的脱节，这导致了实际或潜在的危机，这表明危机是资本主义固有的。这就使得用一种以公有制为基础的存在体系取代资本主义是可行的：在这种制度中，创造性、社会关系、自由时间和"玩"是价值的源泉，而不是价值。这样一个社会叫作共产主义社会，是对资本主义的否定。

第四节　结论

在企业社交媒体平台诸如"脸书"（facebook）、"推特"（twitter）和YouTube、谷歌上，用户不只是信息的消费者，而是产消者——生产性消费者，他们生产文档、内容、联系、社会关系、作为使用价值的网络和社区。他们是具有创造性、积极性、网络化的数字工人。此外，所有关于这些活动的数据被生产了出来，并出售给了定向广告商，广告商获得了访问用户的优先权并用货币交换数据，发放定向广告给用户。社交媒体使用价值以这种方式异化于用户自身，导致了对活动、数据、经验、平台和产生的货币利润控制的异化，其结果是剥削了创造剩余价值和货币利润的数字劳工。"社交媒体"上的数字劳动类似于家务劳动，因为这种劳动没有工资，主要是在业余时间进行，没有工会代表，很难被认为是劳动。社交媒体上家务工人、奴隶和数字工人有着共同的特征，那就是：他们没有工资，受高度剥削，这意味着他们的全部或大部分工作日都创造了剩余价值。他们经历了不同的压迫方式，情感、身体和社会性质的。刚果民主共和国的奴隶工人挖掘矿产，这是信息和通信技术（ICT）的物质基础，如果他们拒绝这种使用身体的艰辛的采掘工作，他们很可能就会被杀掉；如果他们拒绝邮寄、联系、浏览、评论、阅读、观看等有趣的工作，那么"脸书"（facebook）的用户很可能会更加孤立。第一种类型的劳动极其无聊，严重致命和血腥的；第二种类型的劳动好玩，几乎感觉不到像劳动。除了这些不同之外，两者共同的是：它们是在 IDDL 中实施的劳动，对于资本积累是极为必要的，而且几乎没有货币上的回报。第一种是体力劳动，第二种是信息工作的特殊形式——"玩"信息劳动。社交媒体上的数字玩工客观上异化于社交控制、平台控制、网络体验数据的控制和衍生货币收益的控制，他们的个人使用感觉结构也转化为一种或几种集体的使用感觉结构，这种感觉或多或少地被主观地异化了。

本章讨论的问题是，什么是社交媒体的数字工作和数字劳动？为了提供可能的答案，我们需要了解工作和劳动的理论概念。在此条件下，我们探讨了马克思理论的运用。马克思区分了人类学和历史性意义上的满足人类需求的集体的活动：工作和劳动。这种区分反映在资本主义社会中表现为商品的二重性，即商品同时具有使用价值 和（交换）价值。我们已经建构了一个黑格尔——马克思主义的理解工作过程的框架，将工作过程理解为人类主体（劳动力）的辩证关系——主体运用工具作用于劳动对象从而生产满足人类需求的产品。

资本主义社会中的异化，是工人与这种辩证法的所有两极，以及构成阶级关系和剥削的整个过程本身的异化。对早些时候提出的问题的回答，有时也会使（a）政治经济学和（b）社会媒体的文化研究方法的代表产生分歧——即使用商业社会媒体的结果是对数字劳动的剥削，还是一种创造性参与文化，这可以通过马克思将资本主义的工作描述为创造使用价值的具体劳动和创造商品价值的抽象劳动过程来处理这个问题。社交媒体用户是创造性、社会性和积极性的产消者，这些产消者从事分享、表现、联系和制造的文化活动，在这些工作活动中创造社交使用价值（内容、社会关系、协作）。在使用定向广告的企业社交媒体上，这种创造性是一种劳动形式，这种劳动形式是一个出售给广告商并产生利润的数据商品的价值源泉。2011 年，"脸书"（facebook）实现产值 37 亿（"脸书"（facebook）网注册声明形式 S—1）。2012 年，"脸书"（facebook）创始人马克·扎克伯格（Mark Zuckerberg）排名世界最富有的人第 35 位，他掌控着 175 亿美元的财富（2012 年福布斯世界亿万富翁列表 [11]）。2012 年"脸书"（facebook）预期收入 49 亿 9100 万美元 [12]；同时，2012 年期间，在 5 月份首次公开募股之后，"脸书"（facebook）股价下跌，当时每股价格为 38 美元。2012 年 9 月初，每股降到少于 20 美元，然后在 2013 年 1 月底升至略高于 30 美元（money.cnn.com，2013 年 1 月 27 日访问）。这意味着在"脸书"（facebook）股价和资本积累之间存在着一个差异。"脸书"（facebook）努力吸引投资者以提高其资本基础和运作。问题是，利润和股价是否会总体保持稳定，或者两者之间的差距是否将会持续存在。

　　本章提出的论点是，"脸书"（facebook）所有者的财富和公司的利润都是基于剥削用户的劳动，而这是无偿的，也是总体全球信息和通信技术（ICT）工人的一部分。数字劳动是异化的数字工作，数字劳动与劳动者自身、与劳动工具、劳动对象和劳动产品相异化。数字劳动是被剥削的，尽管这种剥削在社交媒体上并不会让人感觉像是剥削——因为数字劳动是一种玩劳动，它隐藏了在与其他用户联系和接触的乐趣背后的剥削的现实。"脸书"（facebook）上市引起的问题是，"脸书"（facebook）是否会吸引大量的资本投资，这些提高利润增长的投资的期望是否可以和实际的资本积累相匹配。作为一家上市公司，"脸书"（facebook）公开上市使"脸书"（facebook）更容易陷入危机，因此更倾向于扩展和加强对用户的剥削。之前，资本主义互联网面临着金融泡沫。自 2008 年房产泡沫破裂起，资本主义已经滑入大危机之中。社交媒体经济的金融化可能导致下一场大的泡沫。互联网危机和剥削经济的唯一选择是从数字劳动中退出，克服异化，用公有化逻辑取代资本逻辑，把数字劳动转化成为数字工作。

注释：

① 塞巴斯蒂安·赛维尼（Sebastian Sevignani）参与编写了本章的第三节第一部分和第三节第二部分。

②http://www.marxists.org/archive/marx/works/1844/epm/3rd.htm（2013 年 7 月 9 日访问）。

③https://www.facebook.com/fbsitegovernance/app_4949752878（2009 年 11 月 17 日访问）。

④https://www.facebook.com/full_data_use_policy，version from June 8，2012（2012 年 11 月 18 日访问）。

⑤https://www.facebook.com/legal/terms，2012 年 6 月 8 日版（2012 年 11 月 18 日访问）。

⑥https://www.couchsurfing.org/n/about（2013 年 1 月 18 日访问）。

⑦http://www .couchsurfing.org/bcorp（2013 年 1 月 18 日访问）。

⑧http://techcrunch.com/2011/08/24/couchsurfing-raises-7-6-m-will-users-cry-sell-out/（2013 年 1 月 18 日访问）。

⑨http://www.bcorporation.net/community/directory/couchsurfing（2013 年 1 月 18 日访问）。

⑩http://www.avaaz.org/en/petition/For_a_strong_Community_behind_CouchSurfing（2013 年 1 月 18 日访问）。

⑪http://www.forbes.com/billionaires/#p_1_s_a0_Technology％20％20％20％20％20％20％20％20％20％20％20％20％20％20％20％20％20％20％20％20_All％20countries_All％20states_（2012 年 11 月 18 日访问）。

⑫http://www.4-traders.com/facebook-INC-10547141/calendar/（2012 年 11 月 18 日访问）。

第三部分

结　　论

第十二章　数字劳动和为数字工作而战：占领运动是一种新工人阶级的运动吗？社交媒体是工人阶级的社交媒体吗？

"占领华尔街"是一项人民性（people-powered）运动，始于 2011 年 9 月 17 日曼哈顿金融区的自由广场，现已蔓延至美国一百多个城市，并在全球一千五百多个城市展开行动。"占领华尔街运动"是在民主进程中反击各大银行和跨国公司腐败的一次行动，以及反击华尔街在造成经济崩溃方面所扮演的角色，这场经济崩溃导致了几代人以来最严重的衰退。这场运动的灵感来自埃及和突尼斯的民众起义，其目的是反击 1% 最富有的人，"这些人正在制定不公平的全球经济规则，而这些规则正在扼杀我们的未来"。

"占领伦敦是全球社会运动的一部分，该运动聚集了来自世界各地的公民反对这种不公正现象，并为可持续的经济而斗争，这种经济把我们和我们生活的环境置于企业利润之先。"

2011 年在许多国家都出现了革命运动和新的抗议运动，占领运动就是其中之一。自我描述表明，这是一场关注劳动、不公正、经济危机、剥削、贫富差距和阶级关系等社会经济问题的运动，这种情况以此口号为总结："我们是 99%"，反对 1% 的拥有财富的富人和精英。

在这一章，我将对本书作一个全面的总结。企业数字媒体是基于一个多种形式的数字劳动受剥削的阶级系统，本章将提出如何抵制这些形式的剥削问题。占领运动是一种新的工人阶级的运动吗？它对数字媒体的使用是否构成工人阶级的信息和通信技术（ICT）产品？替代性社交媒体和数字工作的实施如何实现呢？

第一节　第二至第十一章结论

当你使用手机、iPad 或笔记本电脑进行谷歌搜索或者在"脸书"（facebook）上发布状态消息或评论时，整个过程你会感觉即时而简单，而且会高速进行。这种直接、简单和高速的网络信息和通信技术（ICT）产品的使用掩盖了这样一种情况：为了实现这一进程，必须进行复杂的全球分散但必然相互关联的劳动过程，即数字劳动国际分工（IDDL）。当代资本主义社会信息和通信技术（ICT）产品不仅发展了一种意识形态技术拜物教——乔迪·迪安（Jodi Dean）将其定义为互联网拜物教，其起源于管理理论和资产阶级，并提出了互联网和社交媒体自动创造一个更加美好和全新的世界的想法；而且还有一种内在于生产关系的互联网拜物教：信息和通信技术（ICT）生产的全球价值链非常复杂并分散全球，因此很难追踪到底是哪种形式的劳动和剥削对象化于设备，以及某一时刻发生的服务之中。

计算机各个部分的制造商、计算机的内容传播和产品生产以及企业所有者，这些元素被组织而且是独立和分散的，同时还通过数字劳动国际分工（IDDL）匿名相连接。它们从形式上看是独立的，但从劳动分工来看又是紧密联系的。"在资本主义商品经济中，人们之间的生产—工作关系必然获得一种物的价值形式，而且只能以物的形式表现出来"（Rubin，2008，62）。信息和通信技术（ICT）产品用户面临着如马克思所言的代表着"人们自身一定的社会关系"表现为"物与物的关系的虚幻形式"（Marx，1867c，165；译者注：《资本论》第 1 卷，人民出版社 2004 年版，第 90 页），这正是马克思所说的商品拜物教。价值"没有在额头上写明它是什么"（译者注：同上，第 91 页）：奴隶制关系、剥削、帝国主义、家庭主妇式工作和原始积累，它们是信息和通信技术（ICT）产业劳动关系的核心，从数字媒体人工物上看不出来，但却对象化于其中，因此对用户来说是看不见的，也是无法辨认的。价值"每个劳动产品转化为社会象形文字，后来人们竭力要猜出这种象形文字的含义，要了解他们自己的社会产品的秘密"（同上，167；译者注：同上，第 91 页）。数字商品的社会性（即剥削性）特征隐藏在其作为事物的直接外观形式中。

麦克斯韦尔和米勒（Maxwell and Miller，2012）认为，媒体技术是当代人的鸦片，"它被修饰成拥有人类的美丽、品味以及宁静等特色，媒体技术通过符号陶醉的'永久鸦片战争'弥补了日常资本主义所缺乏的这些品质"（同上，21）。"肮脏的工作隐藏在人们得以放松的机器玩具之中"（同上，89）。

在这种背景下基于马克思的商品拜物教理论，沃尔夫冈·弗里茨·豪格（HaugWolfgang Fritz Haug）提出了商品美学的概念：商品是以吸引人的方式来设计的，目的是为了把商品卖出去。也就是豪格所说的使用价值承诺："商品美学的基本法则不是使用价值，而是使用价值承诺扣动了购买交换行为的扳机"（Haug，1987）。

Apple MacBook、iPhone 或 iPad 不仅看上去很漂亮，而且象征着灵活、移动和成功的生活方式，也是专业知识人士群体、现代化和进步群体的组成部分。拥有苹果设备是很"酷"的，而这种酷掩盖了信息和通信技术

（ICT）产品生产的基本劳动条件。信息和通信技术（ICT）产品往往具有一种商品美学意识形态，其欺骗、隐藏和重新编码了实际的血腥与汗水，使其变成具有娱乐性、充满欲望、外观漂亮、吸引人的设计和生活方式的意识形态。信息和通信技术（ICT）产品的商品美学意识形态特征就是吉姆·麦吉根（Jim McGuigan，2009）所谓的"酷"资本主义意识形态和文森特·莫斯可（2004）所谓的数字崇高。

通过讨论各种各样的实证研究结果和这些结果的理论解释，我试图展示 IDDL 所涉及的各种形式的劳动、剥削和生产方式，它们以一种隐匿的方式通过网络彼此连接，所有这一切是数字媒体得以生产、使用和实施的必要元素。表 12.1 总结了第六至十一章中讨论的 IDDL 中所涉及的各种形式的劳动。请注意，提到的概念不一定只针对 IDDL 的一种特定形式。相反，这些章节其实只是案例研究，展示如何应用具体的马克思主义概念以形成数字劳动理论工具箱。资本主义的动态性导致了这样一种情况，即这种工具箱的一个类别通常可以应用于 IDDL 中的多个活动。

当用户在公共社交媒体上联系、写作、阅读和观看时，用户所面临的最直接的、虽然不一定最明显和最具意识的劳动形式就是互联网产－消合一劳动。这意味着用户使用现有的信息并创建信息、资料、社会关系、情感以及在此过程中创建交易数据，这些数据被诸如"脸书"（facebook）、谷歌和"推特"（twitter）之类的广告公司加以商品化，它们把这些数据作为商品出售给广告客户，而广告客户为用户发放定向广告。这种类型的劳动在第 11 章进行了讨论。

互联网产－消者劳动是"玩"劳动，作为一种社会工场的无酬业余活动其实施充满了乐趣。这是女性化和家庭主妇化的劳动，因为它类似于家务劳动，无报酬、非工会化和高度受剥削的劳动。同时它也不同于奴隶制和家务劳动，因为胁迫类型主要不是基于身体暴力或爱，而是基于一种特

表 12.1　数字媒体行业劳动分工中的生产力和生产关系方面

数字劳动国际分工维度	生产关系	生产力	劳动力（主体）	劳动对象	劳动工具	劳动产品	工作时间和玩时间的关系	典型的工作条件	压迫方式	典型案例
奴隶矿井工人	奴隶—奴隶主	农业生产	奴隶主的私有财产	自然	采矿设备	矿物：锡石（锡的基础物）、钨锰铁矿（钽的基础物）、黄金、钨	生活基本无乐趣，死亡威胁下的极度劳累，没有玩乐	奴隶工人是奴隶主的财产或兼职财产（在徭役劳动制度中），如果他们不遵守一系列劳动纪律就会被杀掉。这种奴隶工作被嵌入新帝国主义体系之中，通过开采矿物质、发展中国家的奴隶工作为西方数字媒体企业生产利润	身体暴力、对劳动力的军事控制：如果拒绝工作就要受到被杀的威胁	非洲奴隶采矿工人
泰勒制硬件装配工	工人—资本家	工业生产	商品	矿物质、半导体、ICT 组件	机器系统	半导体、电脑、外围设备	工作时间和娱乐时间的分离	泰勒制行业工作可以定义为：高标准、军事化、资本对劳动的形式吸纳；某种程度上工人处于死亡、重伤、中毒和自杀的高风险状态，农民被赶出土地成为雇佣工人的原始积累风险，工人、土壤、地球、空气、水、家庭（对自然和工人的伤害）受到污染，计件工资。这类工作往往主要或在很大程度上由妇女承担	双重自由雇佣劳动，监管、军事训练、监控、处罚	中国和硅谷的 ICT 装配和制造业
帝国主义剥削发展中国家的知识劳工	工人—资本家	信息生产	商品	数据	计算机、人脑	软件、对象化知识	休闲时间被工作时间吸收；管理人员试图把工作展现为玩乐	为了节省成本最大化利润，新帝国主义外包知识工作给发展中国家的受剥削的知识劳工，这倾向于实现绝对和强制性的时空流动（高科技游牧民、全球猎身、虚拟移民）	自由和参与式管理，无声的强迫，害怕失去工作的自律，较低程度的团结使得抵抗困难	印度软件工程师
不稳定服务工人	工人—资本家	工业化信息生产、信息生产	商品	文化	计算机、电话、人脑	消费者关系、公共关系、内容、软件	工作时间和娱乐时间的分离	泰勒制服务工作（灰领）往往趋于标准化、重复性和被高度监控（相对剩余价值生产的控制方法）。与知识工人贵族的专业工作相比，报酬相对低，往往是高水平的女工。不稳定的服务工作尤其具有性别差异，可以与家政工人的劳动进行多种方式的比较，因为这些工人往往是妇女。很少和根本没有工会代表，最长的工作时间却得到最低的报酬，从事极为单调的情感性活动（销售和服务是客户关怀性工作），进行组织消费的工作，并具有性内涵。另外，其他形式的数字劳动往往是家庭主妇式的，性别观念很强，但不稳定的服务工作往往是一种高度多维的家庭主妇式劳动	双重自由雇佣工作、绩效监管、泰勒制工作标准	呼叫中心工人
高薪知识工人	不稳定工人—高薪知识工人—资本家	信息生产	商品	文化	计算机、人脑	内容、软件	玩劳动：工作娱乐时间界限模糊，玩时间—自由时间转化为劳动时间，劳动时间以娱乐的形式展现和部分地体验	和数字劳动国家分工中的低工资相比，高工资的数字劳动贵族他们有追加工资，但代价是长时间的工作（绝对剩余价值生产）。他们是高薪和高压力劳工	自律、资本主义新精神、社会和同事压力、鼓励人们花费很多时间在工作上（餐厅、运动设施、社交活动等）	谷歌软件工程师
互联网产消者劳动	产消者—资本家	信息生产	非商品	文化	计算机、人脑	内容、软件、社交网络、用户生成内容、行为数据、简介数据、社交网络数据	玩劳动：玩时间是无报酬的劳动时间	这种形式的数字劳动和一些家务劳动的特征一样：无酬、完全无工会组织、无限的高度剥削，它创造了双重的使用价值（社会性和数据商品），并面临着一种逆向商品拜物教（商品特征隐藏在社交利益的背后）	自我约束、社会性强迫	企业社交网站和企业社交媒体用户（脸书、YouTube、谷歌、推特等）

定的社会胁迫形式，即可致使用户隔离并失去社会联系。但使用互联网，需要各种类型的应用程序和软件操作系统，这些是由软件工程师在各种工作条件下生产出来的。一方面，有一种高薪和高压力的软件工程师像谷歌的工程师们，他们是数字劳工贵族（第九章）的组成部分。他们边玩边工作，工作和娱乐相融合，工作时间和娱乐时间之间的边界区分非常模糊，所以绝对剩余价值的生产（长时间工作）、同僚的压力和自律性是日常所面对的现实问题，他们的工作使得互联网资本所有者和软件公司受益。在客观的阶级关系层面上，与其他信息和通信技术（ICT）工人相比，他们形成了享有追加工资的劳工贵族。另一方面，软件工程被外包给发展中国家或新兴经济体，特别是印度，那里的工资水平低于西方国家，这使得新帝国主义把价值从发展中国家转移到了西方公司，这些公司通过对亚洲和世界其他较贫穷地区工人的剥削以攫取高额利润（第八章）。这些国家的软件工程师在其国家内享有相对的特权，从而掩盖了如此情况，即对他们的剥削为西方公司带来了高额利润，因为通过外包工作节省了劳动力成本。

IDDL 中涉及的另一种类型的劳动是低收入、高度不稳定的服务工作，理论上表现为呼叫中心代理工作。呼叫中心的工作是高度泰勒式和福特式的标准化、重复性工作。这种工作不允许大量的创意，并受到高度监控和工作场所的监视。泰勒式呼叫中心的工作是一种以多维方式生产相对剩余价值的工作。呼叫中心工作是一种多层面的家庭主妇化和女性化的劳动形式，因为它涉及对客户的情感关怀、组织消费任务以及通过与女性呼叫中心代理人的交谈来投射客户的性欲，从而唤起色情电话服务。呼叫中心工作的家庭主妇化使这项工作工资待遇很低，这意味着这个过程是绝对剩余价值生产的一种形式。因为工作的高压力、工会化程度低和高强制导致他们对失业的担忧，迫使呼叫中心代理接受与高薪的信息和通信技术（ICT）工人（如谷歌员工）相比较低的工资。

为了使用电脑、手机、笔记本电脑或打印机，它们的零部件需要实际的生产和组装，这项劳动是由泰勒制硬件装配工在不同地方进行的（如硅谷或中国，第九章和第七章）。第七章讨论了富士康硬件装配案例，硅谷的信息和通信技术（ICT）制造业行业也有类似的工作条件（第九章）。那里的工作是基于高度性别和种族主义的政治经济，这种经济造就了有毒的工作和生活条件，即在某种意义上，工人、工作场所、空气、土壤、饮用水、家园和整个家庭都被有毒物质污染，这些都是信息和通信技术（ICT）生产和装配的副产品。

最后，IDDL 的基础是代表农业社会和奴隶生产方式的工作条件。身体上受到强迫的工人们实际上是隶属于奴隶主的私有财产，他们被迫在非洲（和其他）矿场开采"冲突矿产"（如锡石、钨锰铁矿、钶钽铁矿、金、钨），在那里他们受到被杀害、酷刑和惩罚的威胁。奴隶制的血腥历史并未结束，而是继续存在于 IDDL 和其他形式的劳动中。第六章讨论了这种类型的劳动。

IDDL 表明，资本主义各个阶段的各种形式的劳动特色和各种资本主义生产方式以及前资本主义生产方式相互作用，因此，不同形式的分离和受高度剥削的双重自由雇佣工人、无酬"自由"劳动者、临时工和家庭主妇化劳动以及奴隶劳动构成了一个全球被剥削的劳动网络，这一网络创造价值并形成资本主义信息和通信技术（ICT）行业中所涉及的各种企业的利润形式。全球数字劳动分工表明，资本主义发展阶段和历史性的生产方式（如父权制家务劳动、古典奴隶制、封建主义、一般资本主义）以及生产力的组织方式（如农业、工业化、信息化）并不仅仅是经济发展的连续阶段，其中一种新的模式取代旧的模式，但它们都是辩证地取代的。这里的辩证取代意味着黑格尔的扬弃（否定）概念：一个新的生产阶段或生产方式取代了以前的阶段或生产方式，这意味着新的模式出现了，但旧模式可以在新模式中保留，可以在新模式中继续存在，尽管其主导地位已经丧失。资本主义并没有摧毁奴隶制的可能性：一方面奴隶制以一种新形式的雇佣奴隶存在；另一方面古典和封建的奴隶制形式仍然可能存在，奴隶制在采矿业的例子显示，今天奴隶制的存在使西方信息和通信技术（ICT）公司得以受益。

最早的私有财产形式是在父权制家庭中形成的。父权制生产方式和家务劳动继续存在于信息和通信技术（ICT）价值链中——以谷歌、"脸书"（facebook）、YouTube、"推特"（twitter）和其他"自由"在线工人工作的临时化、家务化，以及高度受控制与剥削的呼叫中心代理工作和信息和通信技术（ICT）制造者工作的临时化和家务化继续存在于其中。在古典和封建的奴隶形式中，工人并非双重自由，而是奴隶主的财产，他们承受身体上的压迫乃至被无限剥削，他们坚持开采构成信息和通信技术（ICT）产品物质基础的冲突矿产。资本主义不仅以资本积累为基础，而且还建立在双重自由雇佣劳动的基础上，这意味着工人受到饥饿的威胁，被迫将自己的劳动力作为商品卖给资本家，从而使他们异化于资本主义生产过程和产品，使雇佣劳动成为一种剥削劳动的具体形式。在信息和通信技术（ICT）价值链中双重自由雇佣劳动呈现出几种具体形式。首先，雇佣工人在类似于早期工业资本主义的条件下工作，他们是制造业工人和装配工人，他们在工作中冒着健康和生命的风险，他们的工作一点也没有乐趣。他们受到高度的控制、工作场所的监视和标准化工作，这表明泰勒制和福特制工厂工作继续在信息社会的新条件下存在。此外，呼叫中心代理工作也正面临一种泰勒制情况，他们的劳动不同于信息和通信技术（ICT）制造和装配的方面在于，前者工作不是物质性的，而是信息性的，其主要活动是聊天、情感说服、打字、使用电话系统和访问数据库。IDDL还涉及相对新的雇佣劳动形式，这种类型的工作是高薪和高压力的玩工作，谷歌员工就是其中的代表。

　　本书并没有聚焦信息和通信技术（ICT）产品的处理问题，因为电子
废弃物对人类和社会的负面影响以及电子废弃物劳动的话题可以自己填满
整本书。所以在本书中不包含电子垃圾的主题并不意味着它不重要，而是
它太重要了，以至于需要整本书而不只是单独的一个章节专门研究它。一
项关于媒体技术的电子垃圾和环境方面的出色研究是理查德·麦克斯韦
（Richard Maxwell）和托比·米勒（Toby Miller，2012）的"绿色媒体"。
"除了生产，就是电子垃圾的问题，这是在缺乏全球执法的情况下不断蓬
勃发展的利润丰厚的打捞业的一个组成部分"（同上，159）。信息和通信
技术（ICT）产品的处理使其得以成功地使用，它是单个信息和通信技术
（ICT）设备的终端阶段。然而它也涉及劳动和生产的各个方面：运输工人
将这些要报废的设备运往废品处理地点，回收工人拆卸并部分地重新组装
它们。麦克斯韦和米勒（2012）指出，电子垃圾主要产生于富裕国家，并
被倾倒在贫穷国家，污染那里的土壤、水和空气，对当地居民的生活条件
产生负面影响。信息和通信技术（ICT）产品经常被分解，以便"收集剩
余的零件和贵重金属，如黄金、银、铜和稀土元素。这一过程对骨骼、大
脑、胃、肺和其他重要器官造成严重的健康风险，此外，还会导致儿童出
生缺陷和生物发育中断"（同上，3）。处理电子垃圾的劳动是 IDDL 的一
个方面，它可以组织废旧设备的处理。这是一桩损害人类和自然但却产生
利润的生意。

　　睡鲁·巴纳吉强调，马克思的生产方式理论表明，"资本主义生产关
系与各种各样的劳动方式相兼容，从奴役制、佃农、或临时劳动力市场控
制，到殖民政权特有的强迫性雇佣劳动以及'自由'雇佣劳动"（Banaji，
2011）。本书已表明，睡鲁的生产方式概念对于理解数字媒体经济非常重
要，因为在这种经济条件下，各种各样的生产方式和生产力组织形式（特

定生产方式内的多样性）是相互联系的，这包括矿物开采的奴隶制、硬件组装中的泰勒主义工业化的军事形式、资本主义生产力的信息组织与高薪知识劳工贵族的统一、不稳定的服务业工人、在发展中国家被帝国主义剥削的知识工作者、电子垃圾的工业循环和管理的高风险非正式的物质性电子垃圾劳动。

"信息经济"不是新的、后现代的或根本非连续性的，它具有高度复杂的结构：其中包括各种当代和历史上的劳动、剥削形式，不同的生产力组织形式和不同的生产方式，它们之间相互联系，并形成一种剥削的辩证法。当使用单一的信息和通信技术（ICT）设备如计算机、笔记本电脑、打印机或移动电话时，这种复杂性就变成简单、即时和高速的使用——剥削就隐藏在信息需求即时满足的背后。在许多情况下信息和通信技术（ICT）的使用有助于实现目标和获得快乐（除了那些不那么经常发生的情况，例如缺乏技术往往导致攻击行为，这是我们高度依赖信息和通信技术（ICT）产品来安排我们生活的特点），这种积极的使用价值隐藏了对于单个用户来说看不见的和难以追踪的剥削关系。IDDL 代表着剥削形式的历史和接合。阶级社会的历史就是一部剥削的历史，这种历史形成并对象化于资本主义信息和通信技术（ICT）产品生产、传播和消费组织的核心。

讨论结果表明，全球总体信息和通信技术（ICT）工人是由许多不同的工人组成的：无酬数字劳动者、高收入和高压力贵族知识工作者、发展中国家的知识工人、泰勒制呼叫中心雇佣工人、泰勒制硬件装配工和制造者、奴隶采矿工人和其他人员。这表明信息和通信技术（ICT）行业中的"双重自由"工人，就如马塞尔·范林登和海因茨·罗斯（2009）所认为的，"一般不再是全球工人阶级的战略和特权的组成部分，对于理论化资本主义，奴隶、合同工、（伪）自营职业者和其他人同样重要"（同上，24，译自德文）。

迄今为止，数字劳动主要被用作描述社交媒体用户所从事的无酬劳动的术语（详见 2013 年肖尔茨的论文），我们可以从这本书的讨论中得出结论：社交媒体产消只是一种形式的数字劳动，并与其他形式的数字劳动联网和相联系，一起构成使数字媒体得以存在的全球剥削生态。是时候拓展术语"数字劳动"的含义了，它包括了关于数字媒体的存在、生产、传播和使用所需的所有形式的有酬及无酬劳动。数字劳动体现了双重意义上的联系：这是一种劳动和资本之间的关系以及在数字劳动国际分工（IDDL）层面上的劳资关系，这种关系是由相互铰接的生产方式、生产力组织方式及占统治地位的资本主义生产方式的变化所形成的。

接下来的问题及本书剩余部分主要研究：替代信息和通信技术（ICT）价值链各种劳动形式的剥削是否可行及其如何实现的问题。第二节讨论数字工作和共享的关系，第三节和第四节分析了一种特定的社会运动，即占领运动以及占领运动的社交媒体使用问题。

第二节　数字工作和共享

互联网被资本主义企业所控制，如果你看看世界上访问频率最高的100 个网络平台（www.alexa.com/topsite）的清单，你就会发现只有几个例外：维基百科和 BBC 在线。维基百科是由非商业、非营利的维基基金会支持运营的（见 Firer-Blaess and Fuchs，2012）。维基百科的所有活动都是通过捐助而不是广告资助，也不销售商品。BBC 是英国公共服务媒介提供者，主要由许可证费用提供资助，但其国际广播和网络出口上也销售广告，为 BBC 在英国国内的运营联合筹资 ①。这意味着，大多数网络使用都是数字劳动，它创造了私人公司拥有的商品和利润，互联网在很大程度上以剥削数字劳动为主。现在产生的问题是如何对互联网进行去商品化。我们对公共服务媒体在广播领域的形象有自己的想法，在网络世界中，公共利益的概念实为罕见，因为后者很大程度上是立足于商业、企业价值观和控制权的。一个重要的分析性和政治性的问题是：用户是否对自己为"脸书"（facebook）和其他商业社交媒体所做的工作感到满意，并乐于接受个人数据商品化与免费进入企业平台之间的交易。这个问题不能从理论上决定，相反，它只能通过社会研究来回答。研究结果表明，用户对定向广告是极为批判的。在我配合的研究项目"监管社会的社交网站"（见 sns3.uti.at）的一项调查的实施中，82.1%的受访者表示他们不希望在他们访问的网站有定向广告（N = 3558）（见图 12.1）。

人们有时会听到的反对意见是：定向广告不是侵犯隐私权，因为它们只是汇总数据，不允许广告商直接访问个人数据。我们的研究还表明，59%的人说他们不希望在"脸书"（facebook）上有定向广告，即使数据未被广告客户（N = 3558）共享（见表 12.2）。94.7%的人说他们反对其他平台的定向广告，"脸书"（facebook）为广告客户提供个人数据（N =

问题：你是否想要网站在您访问时给您推送定向广告？（N=3558，以百分比为单位）

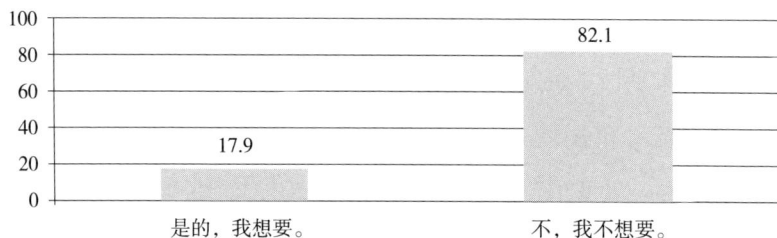

图12.1 在题为"监管社会社交网络站点"研究项目中用户对定向广告的态度
（http://sns3.uti.at）

3948）。

在一项全欧范围的调查中，54%的受访者表示他们对定向广告（特别是欧盟晴雨表 359：欧盟对数据保护和电子身份的态度）感到不舒服。

这样的数据表明，人们不能假设用户对数据商品化和"免费"访问之间的交易感到高兴，他们对这种折中模式相当不满，并且有必要讨论对定向广告和企业互联网平台的替代方案。

**表 12.2　在研究项目"监管社会中的社交网站"中用户对
定向广告的态度（http://sns3.uti.at）**

以你的"脸书"（facebook）个人数据为基础你愿意吗？			
	愿意	不愿意	不知道
"脸书"（facebook）网上的广告是针对你的个人兴趣，而不是"脸书"（facebook）向外部广告商提供这些数据	1235（31.3%）	2331（59.0%）	382（9.7%）
"脸书"（facebook）向外部广告商提供这些数据，其他网站上的广告是针对你的个人兴趣的	73（1.8%）	3738（94.7%）	137（3.5%）

互联网的人性化要求一个社会共享的以公有为基础的互联网。它需要一个不受资本逻辑和私人营利性控制的互联网；一个由所有用户控制、并惠及所有用户的互联网；一个基于信息礼品逻辑、消费永不枯竭的互联网；所有人访问互联网无须付费；互联网立足于对技术和知识的共享访问逻辑；共同生产、共同所有、共同控制、超越阶级的共同利益以及共同利益的互联网。然后，共享的逻辑变为社会公有的现实。迈克尔·哈特（Michael Hardt，2010，136）认为有两种类型的共享：自然共享（地球、土地、森林、水、空气、矿物等）和人工物共享（思想、语言、情感、信息、图像、知识、代码、社会关系）。齐泽克（2010a，212—213）区分了文化共享（语言、通信手段、教育、基础设施）、外部自然共享（自然环境）和

内部自然共享（人类）。对哈特而言，共享是对"财产边界的逃避"（Hardt，2010，136）。

哈特和齐泽克的共享定义给人的印象是，共享是基于特定商品内在的质，即它们不是由单个个体所创造的，在一定程度上抵制商品化。但是这些定义和论点的问题是——共享社会是以公有为基础的，而这在政治上意味着：在公有社会中，只有某些商品为集体所拥有和控制，即自然、文化、知识和一般基础设施。所以，其他物品的私有财产状况不会自动地受到质疑。

让我们以自行车的生产为例。自行车不同于新鲜空气和知识，因为只有有限数量的人可以在某一时间点上使用它，对自行车的消费具有排他性。尽管如此，人们还是认为自行车在一个公有的社会中应该成为一个共享产品：其生产过程应该由拥有劳动工具和劳动对象的生产者控制，生产结果——自行车——要么让所有的人公开使用，以便人们无论何时需要都可以使用自行车；要么每个人会免费得到他或她的自行车，因此，每个人都有车子。与自行车相比，知识的不同是，排除其他人的消费是很难的：知识没有损耗，原则上在同一时间点可以由无数个消费者使用，而且可以轻易、迅速地被复制。如果把知识变成商品，需要有国家机构执行的法律规则，并强制实施知识的商品地位和禁止非法复制这些都是必要的。尽管如此，许多商品——不仅仅是文化、信息、自然和基础设施——都可以变成共享物品（反之亦然）。

在"脸书"（facebook）和其他社交媒体上，所创建的内容被商品化，但这种商品化不会导致内容与生产者完全分离，而是导致用户与经济使用权以及利用这些权利获得的货币利润的分离。知识作为特殊的商品最显著的特点是，它不会被消耗殆尽，可以同时被许多人使用，并且可以被轻易地、无休止地复制，和自行车相比更容易转化为公共产品。但同时知识能够创造（逆向）意识形态拜物教，诸如"脸书"（facebook）这样的平台知识的商品化是没有问题的，因为人们仍然可以访问自己的知识，不会因为商品化而失去对它的访问。知识同时显示出公有社会的萌芽，以及针对这样一个社会的意识形态。共享不是特定的商品，而是任何商品都可以变成私有财产，就像它可以成为公共物品一样：

（1）主体：劳动力不是商品；相反生产率是如此之高，以至于存在着全面发展的个体。这样的个体不再面临稀缺性和必然性，他们是可以自由选择自己活动的全面的人。

（2）生产资料：劳动对象共同拥有和共同控制。

（3）生产资料：劳动工具共同拥有和共同控制。

（4）主体—客体：劳动产品共同控制以及社会中的所有人可免费得到劳动产品。

在一个共享的社会中，整个工作过程是集体控制的。图 12.2 显示了公有社会中共享品的维度。

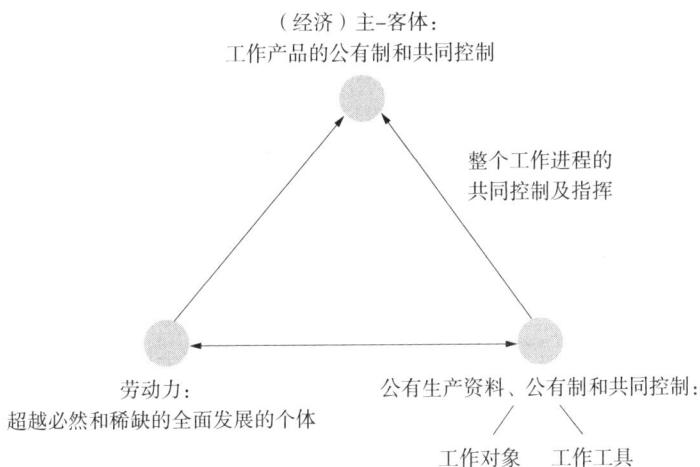

图12.2 共享维度

因此，基于公有的社交网络平台具有以下维度：

（1）主体：主体作用的发挥不具有工具特征，没有主体创造的商品，只有满足社会需求的使用价值。

（2）生产资料：经验被视为值得和其他人分享的东西，人们觉得没有必要把他们的经验和其他人分开，并将其作为一个私人秘密。隐瞒他人的观念和私有观念不是那么重要的，隐私概念和隐私现实没有消失，而是扮演着不同的角色。公共传播观念成为社会的一个关键要素。

（3）生产资料：基于公有的社交媒体是一种非商业、非营利的组织，由其所有用户控制和拥有。

（4）主体—客体：在线工作的产品不具有商品特征，它们满足纯粹的社会需求：人们相互告知、交流与合作。

在一个共享导向的社会中（公有社会），数字劳动变成了数字工作。创造的使用价值是信息性的：数字工作创造了共享认知、交往（社会关系）以及合作（社区、协作工作）。信息的商品特点被废除，它成为一个真正的共享品。图 12.3 显示了公有社会中以共享为基础的互联网平台。在一定意义上讲，只有以共享为基础的互联网才是一种真正和完全的“社会媒介”，即工作的主体、客体和工作的主—客体都由整个社会控制，不再为积累资本的私人所拥有。继而社交媒体就变成了共享媒体，一个由人们共同操作和控制的“公共网络”。

试图建立非商业性的替代物以替代“脸书”（facebook）的存在。我们以社交网站 Diaspora（Sevignani，2012）、Occupii 和 N-1 为例。

Diaspora 将自己描述为“社区运行的分布式社交网络”[②]。Occupii 是由占领运动创建的、为网络活动家服务的一个非商业性 SNS。N-1 是非商业的 SNS，它自称是“人民创造的为人民服务的社交网络”，并以“主人的工具永远不会拆除主人的房子”来解释它的存在[③]。使用这些平台

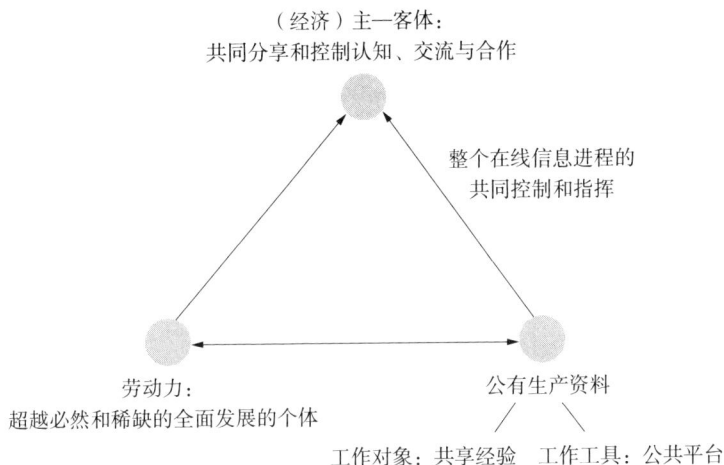

图12.3 基于互联网的共享维度

不是数字劳动而是数字工作：在线活动创造了使用价值（交流、社会关系、宣传），但不是商品。这些平台是由公有的逻辑而不是由资本和商品的逻辑所塑造，它们以公共网络为基础。基于共享的互联网其特点是所有人共同访问和共同拥有，其是传播的公共空间，为生产和共享知识提供共同的生产能力，是一个共同创造共享含义（合作或协助）的共同空间，一个政治辩论的共同空间，是共同形成集体价值观和身份的共同空间以及为反对共享殖民化而斗争的公共空间（Fuchs，2011a，chapter 9）。

然而，替代性的社交媒体目前存在于资本主义社会之内，这意味着对一定商品的操控（特别是服务器、域名和带宽）必须以商品的形式购买，使用的软件是共同研发的免费软件。但在资本主义社会中，免费软件开发需要时间且时间是一种稀缺资源。因此，许多免费软件开发人员一天的工作是为了赚取生活费，并在业余时间自愿并无偿地投身于软件开发。相反，"脸书"（facebook）和其他商业平台具有来自互联网产－消者商品化的收入流，这允许他们雇用软件工程师和其他操作人员，购买运营所必需的服务器和其他商品、并通过广告和宣传"脸书"（facebook）的使用来参与公共关系。像"脸书"（facebook）和谷歌这样的平台也具有声誉权和政治影响，因为它们是控制大型全球用户社区访问的庞大组织。

相反，替代平台（另类平台）依赖于捐赠和志愿工作。货币是资本主义占统治地位的媒介，作为交换的一般等价物———一般商品——它可以用于获取绝大多数的其他商品，这是资本主义生产的结果。因此，那些控制和积累货币权力的人拥有一种使他们置于战略优势地位的资源。这意味着资本主义的替代在线平台面临着权力的不平等问题，这些不平等源自资本主义固有的货币和其他资源的不对称分配。实际上这意味着替代平台比"脸书"（facebook）拥有更少的资金和更少的用户。与之形成鲜明对比的是，2012 年 11 月，"脸书"（facebook）拥有大约十亿用户 ④，Diaspora⑤同时约有 9 万用户，Occupi 有 5303 名成员，N-1 有 44414 名。这种情况表明，"脸书"（facebook）控制着资金、声誉和使用权力，这使得替代玩家处于不利地位，使他们很难挑战"脸书"（facebook）在社交网站领域实际上的垄断地位。使用社交网站主要和很大程度上是异化的社会劳动而不是社会工作，社会工作侧重于纯粹的社会逻辑，而超越了资本积累的私人逻辑。使用诸如 Diaspora 、Occupii 和 N-1 是数字工作，但这一工作被嵌入到由资本主义塑造的不平等的互联网政治经济之中。

如何加强替代方法？何以建立公共媒介？一种观点认为，"脸书"（facebook）的使用应该得到报酬，社交媒体工会应该建立起来，并且需要为在线工资而斗争。数字劳动创造价值，但在很大程度上数字劳动力并不是商品。它是无酬且不作为商品出售的。一直以来，社会民主的失败在于它长期以来没有同商品形式和废除劳动作斗争，而只是为了增加工资而斗争，可这并不是对劳动力商品化本身提出质疑。劳动力可以通过创建不遵循利润逻辑的自我管理或上市公司而去商品化。只要货币逻辑存在，这类工作是可以获得报酬的，但这些公司却不创造利润，因为这些公司都是遵循公共利益或共享逻辑的。一旦建立了工资关系，争取增加工资比建立替代形式的组织工作就更容易。

　　我反对向"脸书"（facebook）、谷歌和其他平台用户支付工资且剥削无酬数字劳动的想法；相反，我主张通过用户支持、捐款和公共资金来建立与培育现有的替代互联网平台。Occupii 和 N-1 是更具有政治性的活动家平台，而 Diaspora 已经开始成为"脸书"（facebook）的替代物。我们认为，数字工人阶级的阶级斗争联合政治战略需要在广度和深度上加以探索：一方面，它应该致力于提供一个非商业、基于公共资源的"脸书"（facebook）替代品来吸引大量用户，最终致使"脸书"（facebook）用户的集体外流并且作为一个联合行动将所有用户转移到替代平台上；另一方面，这一战略要求社会活动家建立网络并将其作为一种挑战阶级关系的社会运动。占领运动是一场质疑资本力量的阶级斗争运动，它还利用社交媒体并创建了自己的社交媒体（例如 Occupii 和全球广场）。"脸书"（facebook）和其他企业社交媒体是 1% 的组成部分，它们是被 99% 的数字劳动所滋养的。占领互联网需要共享运动，将互联网政治化并利用其自己的网络活动家平台和现有的商业平台为接触用户服务，并作为阶级斗争战略准备离开企业平台。其总体目标是否定在线异化，即数字劳动者的自我决定以及在线平台、在线体验和在线互动的共同控制。我们需要将数字劳动转化为数字工作，我们需要一场真正的社交媒体革命。

　　杰克·邱认为，中国工人阶级使用和选择了廉价的信息和通信技术（ICT）产品，他称之为"工人阶级的信息和通信技术（ICT）产品"（Qiu，2009，2010c），这包括销售二手电话、翻新计算机、盗版 DVD，盗版软件和再填充打印机墨盒以及使用预付费手机、网吧、小智能无线电话、博客、电脑游戏、点对点网络和 QQ 互联网信息（如今，人们可能会添加社交网站、人人网和微博）。他们使用这些信息和通信技术（ICT）产品用于网络生存、娱乐、（建立）社会关系、教育、相互支持和进行政治活动。邱的（2009）书是一个有趣的、具有实证声音的研究成果，阐明了中国信息和通信技术（ICT）行业劳动的作用。对于邱而言，这个词意味着一个非正规的信息和通信技术（ICT）生产经济，以及新工人阶级使用相对便宜的信息和通信技术（ICT）产品和在线工人阶级文化。工人阶级的特点是非资本：它不拥有和控制资本，因此经济上很贫穷。劳动是"非价值"、"非资本"、"非原材料"、"非劳动工具"、"非原产品"（Marx，1857/1858b，295；译者注：《马克思恩格斯全集》第30卷，人民出版社1995年版，第253页）：它是"绝对的贫困"，这意味着"完全被排除在对象的财富之外"（同上，第296页；译者注：同上，第253页），同时将劳动构成视为"价值的活的源泉"和"财富的一般可能性"（同上；译者注：同上，第253—254页）。鉴于劳动是非资本，与资本处于阶级对立的状态，工人阶级的信息和通信技术（ICT）产品就可以被视为其生产和产出是由工人阶级控制与拥有的（例如，自我管理的信息和通信技术（ICT）企业）。从某种程度上讲，中国工人创造了一个生产信息和通信技术（ICT）产品（例如，盗版的DVDs）的非正规经济，人们就可以说"信息中下阶层"（information have-less；译者注：邱林川以信息资源占有状况来讨论阶级身份，使用"信息中下阶层""泛指在信息社会分层结构里介于信息拥有者和信息缺乏者人群之间的各种人群"邱林川：《信息时代的世界工厂——新工人阶级的网络社会》，广西师范大学出版社2013年版，第123页）。试图找到控制信息和通信技术（ICT）生产的办法。从理论上讲工人阶级信息和通信技术（ICT）产品范畴是很有趣的，而且可能会是富有成效的。问题是，这一概念是否应该包括资本家企业销售给工人的廉价的信息和通信技术（ICT）产品的使用，资本的基本逻辑就是：尽管这些工人贫穷，事实

是数以百万计的他们创造了细分的有利可图的市场。然而，这些公司不是
工人控制的，事实上是通过剥削工人还有剥削用户而存在的（如果定向广
告被用作资本积累模式，后者就是这种情况）。工人阶级是普遍存在的，
他们的解放不只是资本的终结，而是所有阶级的消灭。因此，工人阶级
的信息和通信技术（ICT）产品在概念上最好可以定义为试图打破阶级
特征的信息和通信技术（ICT）产品，即由直接生产者和产消者集体拥
有、控制、操作和使用的信息和通信技术（ICT）产品。这样的定义类
似于说这些信息和通信技术（ICT）产品是共享或数字媒体公有的一个
组成部分。马克思主义关于"工人阶级的信息和通信技术（ICT）产品"
术语的定义也包含着阶级斗争：就剩余如何控制的方法在公有信息和通
信技术（ICT）产品和资本主义信息和通信技术（ICT）产品之间进行的
斗争。

　　工人阶级信息和通信技术（ICT）概念的使用需要反映自在阶级和自
为阶级两者之间的差异：工人阶级在任何形式的主体生产关系中所处地位
和一个有政治意识的工人阶级从事的政治斗争之间的差异。我们可以用
"无产阶级"和"工人阶级"这两个术语来区分主体阶级和客体阶级维度，
这意味着基于这种区分，工人阶级是具有政治意识、且政治上自我组织的
斗争着的无产阶级、自在和自为的以及一个自我构成的总体政治力量。无
产阶级成为工人阶级处于社会斗争中正在发生的一个政治进程之中。《共
产党宣言》的结束语是"全世界无产者，联合起来！"（Marx and Engels，
1848，493；译者注：《马克思恩格斯选集》第 1 卷，人民出版社 2012 版，
第 435 页），这表明，马克思和恩格斯把自在的工人阶级视为无产阶级。
无产阶级是一个在政治上尚未有组织、尚未团结和有意识的阶级，无产阶
级把自身组织成为工人阶级，并为废除自身并因此废除所有阶级和阶级社
会而斗争。卡尔·凯因茨·罗斯（Karl Heinz Roth）和马塞尔·德尔·林

登（Marcel van der Linden，2009，592；译自德语）把全球无产阶级定义为"被剥削的多元社会"，即那些处于"征用、训练、外化且异化以及他们劳动力增值"状况的那些人，还有抵抗剥削和他们的劳动价值化的全球工人阶级（Weltarbeiterklasse）。如果我们在理论上区分无产阶级和工人阶级，那么"无产阶级的信息和通信技术（ICT）产品"和"工人阶级的信息和通信技术（ICT）产品"就可以区分开来。对于两者而言，我们发现不同的方面（a）生产、（b）分配和（c）为了经济、政治和文化目的使用信息和通信技术（ICT）。无产阶级为了各种目的使用信息和通信技术（ICT）产品，在无产阶级规模足够大的情况下，这就成为一种赚钱的行业、一种向无产阶级出售廉价信息和通信技术（ICT）产品的行业。同时，如果无产阶级信息和通信技术（ICT）产品通过资本和商品形式组织起来，那么剥削和深化阶级对抗就是无产阶级信息和通信技术（ICT）产品结构化的特征。作为工人阶级，无产阶级不会对被剥削感兴趣，因为剥削限制了他们的机会，还是造成不平等的结构性原因。所以，成为工人阶级的无产阶级需要特定的品质，即在工人阶级的斗争中使用信息和通信技术（ICT）产品。此外，如果工人阶级是全世界的阶级，他们想要克服对自身的剥削，并因此消除所有阶级的剥削，在信息和通信技术（ICT）产品领域他们还代表了不同质的所有权与信息和通信技术（ICT）产品的组织结构，即信息和通信技术（ICT）产品不再是商品，而是由工人阶级控制和拥有的（例如，自我管理的信息和通信技术（ICT）产品、或公有的信息和通信技术（ICT）产品）。工人阶级信息和通信技术（ICT）产品的概念也会成为共享的信息和通信技术（ICT）（商品）。共享是所有人生成和创建的结构，因此，交往也是共享。交往是人类生存的一种社会手段，因此，商品化与交往本质相矛盾。商品化与交往工作或者为了生存我们所进行的交流相冲突。当今大部分的互联网基于商品逻辑和资本积累，因此今天的一个政治任务是为了共享互联网或工人阶级互联网而斗争。

韦伯主义者和马克思主义者关于阶级概念的区别在于：前者的阶级是由相似生活条件和机会的个体构成；然而，在马克思主义的阶级定义中，两个阶级之间存在着一种逆向的相互依赖的福利。一个阶级被排除在财富所有权之外，统治阶级占有劳动成果（Wright，1997，10；Wright，2005，23）。这意味着对马克思来说，阶级是统治阶级和被统治阶级之间的一种剥削关系，那些控制和拥有资本的人具有占用剩余时间与工人创造产品的权力（即这些产品成为他们的财产，而这意味着一种销售权）。因为，为了生存，工人们被迫在资本的控制之下工作。马克思主义的方法和阶级是极为相关联的（Gubbay，1997）——阶级是生产结构中所处对立地位的一种辩证关系，每一阶级都要求其他阶级存在于资本主义社会中，他们具有和剩余价值应该如何被分配相关的矛盾的利益（资本对全部或部分剩余价值的所有权意味着劳动的非所有权）。

在韦伯的方法中，"信息中下阶层"（information have-less）是一个独立的阶级（如"中产阶级"或"上层阶级"），因为他们有着相似的生活条件，其特征是岌岌可危并为生存而奋斗。而马克思主义的方法中，"信息中下阶层"是这样一个集团：属于一个总体阶级——工人阶级。他们与刚果奴隶工人、美国汽车工人、印度软件工人等有一些共同点：即他们都是受资本剥削的，并在这种剥削中联合起来。他们有着共同的利益，就是要使自己摆脱剥削获得解放。因此，马克思主义方法中的"信息中下阶层"并没有形成一个单独分离的阶级，而是在工人阶级内部组成一个派别或次级组织。马克思主义的阶级观是以剥削和斗争为中心的关系观。

马克思主义关于知识工人阶级的概念具有它的优势，这种优势在于它是一种关系性概念，因此可以强调，工人阶级面临的状况归因于与公司的剥削关系，以及信息和通信技术（ICT）价值链上的全球劳动分工所致。

解决这些敌对状况就得通过阶级斗争并建立一个不同质的信息和通信技术（ICT）经济。韦伯的方法更多地关注群体内部的相似性和特征，而不是群体之间的关系。

社会科学的后现代主义转向已经脱离了阶级，故意不讨论或分析阶级。因此，当今把阶级作为一个分析范畴的任何转向都是重要的。但一个多元的阶级概念并不一定更复杂，它可以是一个简单的不易组合在一起的多维假设。马克思和韦伯的方法都关注社会经济的不平等，它们在理论和政治上的差异是：马克思的方法允许人们分析对立的剥削关系，并呼吁废除剥削的根源。韦伯方法强调阶级地位和状况，它们不一定看到阶级对立，因为它们在政治上倾向于提倡阶级妥协。阶级地位和情况在经济上被定义为由于生活机会的分布而致。个人被视为阶级的一部分，因为他们有相当数量的收入、财富和家庭消费模式、可比较的生活方式、职业、社会地位、社会保障、社会流动性、技能，等等。约翰·戈德索普（John Goldthorpe，2000）和安东尼·吉登斯（Anthony Giddens，1980）提出了两种著名的当代韦伯主义阶级方法。如何定义阶级具有相当重要的理论和政治意义。鉴于一个以多种剥削关系为基础的日益扩大的不平等现象，马克思主义对全球社会的分析是最为恰当的方法。

韦伯主义和马克思主义阶级概念之间的差异对于理论化工人阶级信息和通信技术（ICT）产品概念产生了深刻的影响。在韦伯的工人阶级信息和通信技术（ICT）产品概念中，这些媒介的定义是通过用户类似的生活机会来定义的，例如，信息和通信技术（ICT）使用的程度。然后，谈到工人阶级的信息和通信技术（ICT）产品，是否工薪阶层对某一信息和通信技术（ICT）产品具有有意义的访问并充分利用它们。由此产生的核心的政治问题是工人对某些信息和通信技术（ICT）产品没有使用权，问题一旦解决就可以了。在马克思主义工人阶级信息和通信技术（ICT）产品

概念中，所有权具有至关重要的作用——信息和通信技术（ICT）产品的
生产过程、生产手段和生产结果由工人集体拥有。相反，如果某些信息和
通信技术（ICT）产品是以资本主义方式生产的，那么这种生产意味着对
工人的剥削。所以这些信息和通信技术（ICT）产品与工人的客观利益相
矛盾，因此不能被定义为工人阶级的信息和通信技术（ICT）产品。相应
的政治问题是反对资本主义特征的信息和通信技术（ICT）产品与社会的
斗争。韦伯的方法关注访问和使用，马克思的方法关注剩余产品的所有权
和控制权。

　　无产阶级的数字媒介和工人阶级的数字媒介之间存在着差异。无产阶
级的数字媒体往往以资本主义所有制结构为特征，尽管它们也可以是非营
利和非商业性的。工人阶级数字媒体是工人在自我管理过程中所控制的斗
争媒介。一个努力的真正工人阶级的斗争是通过建立经济民主来消灭阶级
的。就像工人阶级斗争是为了争取一个公有的社会一样，工人阶级的媒介
是为了争取媒介的共享。工人的自我管理不局限于知识工作和互联网，它
可以适用于任何形式的生产，正如采矿合作社的例子所示：政策讨论涉及
禁止从刚果民主共和国进口冲突矿产的建议（美国多德－弗兰克法案）。
但是，鉴于许多工人唯一的收入机会是采矿，这种措施最终会对该国的社
会经济状况造成负面影响，从而可能进一步加剧暴力和贫穷，成为形成
奴隶制根源的条件（Finnwatch and Swedwatch，2010）。一个切实可行的
替代办法是支持建立由工人控制和工人拥有的采矿合作社。例如，在比
西（Bisie）矿所在的瓦利卡莱（Walikale）有一个矿物购买合作社 Vin de
Minier M'Pama du Bisie（Eichstaedt, 2011, 114）。吉尔伯·卡林达（Gilber
Kalinda）作为瓦利卡莱的地方议会成员说道，合作社是武装民兵控制矿
场的可行替代办法，"可以减少民兵利用矿物进行战争的可能性"（同上，
133）。马西西采矿合作社主任乔瑟姆·维梅耶（Jotham Vwemeye）说，"合

作社是改善当地人民生活的一种手段"（同上，147）。

问题是今天工人阶级的斗争状况是怎样的，他们有什么相关性和问题，媒体和传播在其中扮演着什么角色。本书不能对当代工人阶级斗争进行彻底的讨论；相反，它只能局限于一个例子，即欧洲和美国的占领运动。资本主义是全球性的，世界许多地区都在进行着斗争。正如"阿拉伯之春"所显示的那样，重大变革可以在任何地方发生。选择占领运动的动机是由于作者具备分析这一运动的语言技能而不能分析其他许多运动。分析如"阿拉伯之春"、拉丁美洲的民众运动等至关重要，应该得到推进和支持。第三节将讨论占领是什么类型的运动，在此分析的基础上，第四节分析了占领运动社交媒体的使用，并将这一讨论与工人阶级媒体的概念联系起来。

第三节　占领运动：一种新工人阶级的运动？

2008 年，全球经济危机的一个阶段开始了。大卫·格雷伯（David Graeber，2011）认为，新自由主义打破了生产力和工资之间的联系，以至于不断提高的生产力没有让工资增加，后者反倒有点停滞甚或减少。资本主义"成为几乎所有事物的组织原则"（同上，376）。公民变成了被迫以信用卡和债务为生的人，他们被鼓励抵押或转抵押自己的房屋。这场大危机的发生，是因为"事实证明，世界上的每个人都不可能真正变成微型企业，也不可能实现信贷民主化"（同上，381）。作为危机的答案，各国政府"被迫决定谁真正能从一无所有中赚到钱：金融家，还是普通公民……金融家'用纳税人的钱纾困'"（同上）。

发生在美国和欧洲的占领运动，就像"阿拉伯之春"一样，是处于这场危机背景下的社会运动。这一节提出的问题是，占领运动是什么样的运动？为了回答这一问题，第十二章第三节的"一"部分首先简要概述了如何从理论上将社会运动概念化。第三节"二"部分中，我讨论了一些主要的政治理论家是如何在最近的著作中对占领运动进行理论化的，并将他们的见解与新的社会运动理论进行比较。第十二章第三节"三"部分中，我从理论概念化的层面转移到主体性层面。通过分析"占领运动"的主要文档，我想展示这个运动是如何概念化的。最后，在第三节"四"部分中得出一些结论。

一、社会运动理论

社会运动在下列文献中被描述为：非正式的、以冲突为导向的集体（Diani，2003，della Porta and Diani，2006）；希望建立共同的约束性目标的集体（Offe，1985，Touraine，1985）；以社会变革为导向（Mc Carthy，1996，145；Mc Carthy and Zald，1977）；具有政治性（Kriesi，1996）；包括直接参与；抗议政治；是松散、分权、基层和参与式民主的表达（Della Porta and Diani，2006，145—150；Rucht，1996）；并参与多议题的直接激进主义的永久性运动（Bennett，2005）。非政府组织（NGO）就像社会运动一样，被认为是政治组织（Kriesi，1996）；希望建立具有集体约束力的目标（Offe，1985，Touraine，1985）。然而，它们被看作是更正式的（Rucht，1996）；更关注游说，而不是社会变革和抗议（Roth and Rucht，2008，18）；涉及等级制度、领导权和代表制（Della Porta and Diani，2006，145—150）；更加集中地关注单一问题和政策改革（Bennett，2005）。社会运动和非政府组织都被视为公民社会政治公共领域的一部分。黛拉·波尔

403

塔（Della Porta）和迪亚尼（Diani，2006，20ff）认为，（政治或文化）冲突、反对者、非正式网络和集体身份是社会运动的特征。

抗议运动是对社会问题的反应，是对社会现状的恐惧和不满的表现，是要求变革和解决问题的呼吁（Fuchs，2006）。抗议运动是公民社会对现代社会的生态、经济、政治、社会和文化问题的政治应答。社会对立结构所产生的问题是抗议活动产生的条件，抗议活动是在政治制度的公民社会子系统内组织起来的。每一场抗议运动都是被动的，因为它是对某些社会结构的存在的压力和抗议作出反应，但就意义而言，每一场运动都是积极的，因为它想要改变社会，并持有一定的价值观和目标来指导这些转变进程。抗议运动的出现预先假定以社会问题为其物质基础（同上）。抗议运动是对造成摩擦和问题的现有结构的否定，是一场旨在改变社会某些方面或整个社会的政治斗争。无论是问题的加剧、新的政治机会的结构性开放或是抗议运动的资源增加都不会自动导致抗议（同上）。只有当社会问题被认为是问题，并且如果这种观念指导实践抗议运动才会产生。客体结构和主体价值以及实践之间的差异是抗议运动的一个重要方面。抗议以社会问题为前提条件，感知这些问题为问题是由人类活动家所洞察的，他们评价这些问题是无法忍受且义愤填膺的，从而激活和调动实践。一个问题被认为是应该解决的问题，并不会自动导致抗议运动的产生，但可能会导致组织抗议的企图。只有找到和调动抗议的可能性及资源，这种企图才能成功。抗议是对替代性意义和价值观的集体探索及创建。每个抗议团体都有一定的身份、对手和目标。

阿兰·图海纳（Alain Touraine）指出，现代社会的每种类型（商业、工业、后工业）都是建立在核心冲突和推动这些斗争的单一社会运动的基础之上的。工业社会本来是建立在阶级斗争的基础上的，而后工业社会的基础则是为生产符号性的商品（信息、图像、文化；Touraine，1985，

774）而斗争。在后工业社会中，斗争更多地是以生物实体和自然实体
为基础，如环境、性别、青年和年龄，这些斗争都是为了争取幸福（To-
uraine，1988，111）。于尔根·哈贝马斯（Jürgen Habermas）认为，新的社
会运动并不侧重于分配方面的冲突，而是"文化再生产、社会整合以及社
会化领域的新冲突的产生。简而言之，新的冲突不是由分配问题引起的，
而是由与生命形式语法有关的问题引起的"（Habermas，1987，392）。拉
克劳（Laclau）和墨菲（Mouffe，1985）认为，社会运动的新颖性是因为
他们质疑新的从属形式，这种从属形式不是由阶级界定的，而是由性、性
别、族裔和自然等因素定义的。今天，社会将建立在多元对立的基础上，
其表现为单独的斗争、斗争领域的自治，且开启一个激进的、多元化民主
可能性的多个主题。对于奥菲（Offe）来说（1985），新的社会运动（NSMs）
不是作为群体的社会经济团体，而是代表集体行事，它们关心的不是纯粹
的经济问题，自治和身份是它们的核心价值观，它们具有高度的非正式性
和自发性，以及横向和纵向差异很小。埃德尔（Eder，1993）认为，自然
界是阶级斗争的一个新的领域。新社会运动将会为了控制制造身份的手段
和文化表达的手段而斗争；它们将抗议把其排除在身份建设之外、并为了
控制身份成为一个符号和无形的商品以及替代价值（美好生活、社区）而
战斗。

　　这些方法都认为新的社会运动并不是主要针对阶级斗争、分配正义和
社会经济问题，而是着眼于身份政治和斗争，即与文化和人类的内外属性
相关联的斗争。全球正义运动的出现对这些假设提出了挑战，这是一场全
球性的社会运动，即反对新自由主义的全球化和呼吁社会正义和参与式民
主的运动（Della Porta，2007a）。

　　全球正义运动"对市场自由化的影响作出反应，将其定性为新自由主
义议程主导的政治决策的后果"（同上，22），以及"福利国家的紧缩和日

益加剧的不平等"（Della Porta，2007b，236）。它不是一个单一问题的新社会运动，其特点是"社会问题的死灰复燃，尽管与'新的社会运动'问题相结合"（同上）。该运动特别关注经济全球化，以及全球正义运动中"社会问题的再度出现"（同上，242），对"以前的一些假设（例如后现代主义和新社会运动理论）提出了质疑，例如阶级分裂的稳步下降"（同上，250）。尼克·克罗斯利（Nick Crossley，2003）分析了另一种基于哈贝马斯的另类全球化运动（altermondialiste），这将是对市场和资本殖民的"生活世界"的反应，哈贝马斯强调经济和官僚机构的殖民化，而当代殖民则主要是以市场为基础的。

20世纪70年代和80年代，政治斗争的重点是承认边缘化身份(妇女、同性恋、变性人等)，承认自然为价值（生态运动），但由于社会经济不平等现象的加剧，这些具体的斗争在一定程度上必须与阶级问题的重新出现相统一。全球正义运动形成了运动之运动，其目的在于收回日益被资本主义私有化和商品化的公地（Klein，2004）。这场运动统一了特殊的斗争，并通过质疑公司统治而重新关注阶级问题。

二、当代政治理论中的占领运动

哈特和奈格里（2012，"Opening"）认为，虽然民主全球化运动是游牧式的（跟随全球机构参加他们的会议），但占领运动是久坐不动的：他们"拒绝离开"被占领的空间。他们是"为公有而战，那么在这个意义上讲，他们对新自由主义的不公正以及最终对私有财产的统治提出了质疑"（同上）。对于哈特和奈格里来说，当代暴动有四个原因：金融资本主义创造的负债累累、IT创造的中介化、证券化的安全机制的产物以及腐败现象的产物（同上，chapter 1）。因此，哈特和奈格里看到了占领运动的三个原因和维度：阶级、媒体和政治（监管和证券化、腐败与民主的缺乏）。

　　这是一种相当二元的分析，假设有多种原因和目标，但没有讨论这些维度是否和如何相关，以及某些因素是否比其他因素更重要。媒体和政治的层面并不独立于资本主义：社交媒体例如"推特"（twitter）、谷歌和"脸书"（facebook）都是由资本主义公司经营的，这些公司使用定向广告作为他们的商业模式。在2000年的互联网危机之后，互联网行业正在寻找吸引金融投资的新方法，这一现象尤其受欢迎。在"9·11"和随后的全球战争阶段，加强和扩大了社会监督（Bigo，2010；Gandy，2009；Lyon，2003；Mattelart，2010）。社会既有内部的军事化，也有外部的军事化。"9·11"之后，美国试图通过军事手段和在阿富汗、伊拉克的象征性战争来确保其全球霸权地位，这些战争也确保了西方将石油作为一种战略经济资源而有权使用。新帝国主义既有全球资本积累，又有全球霸权地位（Fuchs，2010 a；Hardt and Negri，2000；Harvey，2005；Panitch and Gindin，2004；Wood，2003）。占领并不像哈特和奈格里所设想的那种运动，处于独立的经济变革（负债者的崛起）、媒体（调停者的出现）和政治（被证券化者和被代表者的崛起）的背景下，它处于全球资本主义（金融化、新自由主义、新帝国主义和军事化资本主义、危机、资本积累的新领域和新模式）相互依存的变化之中。

　　斯拉沃伊·齐泽克（Slavoj Žižek，2012，10）认为，管理人员是领工资的工人，他们的报酬"远远高于无产阶级的'最低工资'……而决定他们地位的正是与普通无产阶级的这种区别"。在这样的背景下他谈到了追加工资（surplus wage）。占领运动与当代学生抗议不是无产阶级的抗议，而是"有工作有保障的特权工人（主要是公务员：警察和其他执法人员、教师、公共运输工人等）的抗议"（同上，12）——由于害怕失去他们的追加工资，"工薪中产阶级"起来进行抗议。学生抗议活动是学生"担心高等教育将不再保障他们以后生活的追加工资"（同上）。

齐泽克分析的问题是，他把部分面临不稳定工作和失业的人与那些经常有高工资和奖金的经理进行比较。学生、公共服务人员和许多知识工作者，一般来说，工资并不高，但却面临着不稳定的局面。想想低收入的呼叫中心代理人，以及希腊和西班牙等国的许多年轻人虽然已经完成了高等教育，却没有工作。齐泽克高估了中产阶级范畴，低估了知识工作无产阶级化的程度。

在同一本书的第七章中，他将占领运动归类为工薪中产阶级的反抗，他在"导言"中所作的分析与他在占领华尔街的演讲中所表达的团结相矛盾（Žižek，2011）。他警告说，不应该爱上运动本身，不要听那些想把它变成或解释为无害的道德抗议的人——"不含咖啡因的抗议"，但要记住"问题是制度"，要问的问题是，"什么样的社会组织可以取代资本主义?"（同上，68）。齐泽克（2012）认为，新的社会运动废除了"阶级斗争本质主义"，强调"反种族主义、女权主义和其他斗争的多元化"，而占领运动则将"资本主义"视为"名义的问题"（同上，77）。社会活动家会"关心受到制度威胁的公地——自然共享和知识共享"（同上，83），占领运动将是对"资本主义作为一种制度"的不满，以及对民主减少为代表权的不满（同上，87）。

所以，齐泽克的立场是矛盾的。他一方面把占领说成是工薪中产阶级的运动，另一方面，他强调其反资本主义的潜力。相反，阿兰·巴迪欧（Alain Badiou，2012）认为，"占领运动"和其他当代运动（如埃及和西班牙大革命"阿拉伯之春"运动）是共产主义运动，因为它们呼吁实现所有人的共同利益（共产主义思想），并超越其内部组织中的阶级结构——"占领运动"是一种"运动的共产主义"，代表"共同创造集体命运"（同上，111）。

　　乔迪·迪恩（Jodi Dean，2012，85）认为，今天的阶级冲突是"富人和我们其他人"之间的冲突。占领运动将推动"共同和公地的新主张"（同上，178），并将是"资本主义与人民之间一种不相容的政治形式"（214），以及"有组织地集体反对资本主义剥夺我们的生活和未来"（223）。其口号是"我们是99%人"，这将表达富人和我们其他人之间的阶级关系——"那些拥有和控制共同财富的人与那些没有和不控制共同财富的人"（同上，201）。虽然"占领运动"会强调共识和基层决策，但它会是共产党的一种新形式，因为它不是但却代表了99%（同上，229页）——可以这么说，它是99%的党。

　　对于诺姆·乔姆斯基而言（Noam Chomsky，2012），占领是对"财富的高度集中"的不满，这也产生了"政治权力的集中，而政治权力的集中引起了增加和加速立法的周期"（同上，第28—29段）。问题是无产者和富人经济学之间的矛盾（同上，第34页）。

　　大卫·哈维认为，住房市场的金融化和不平等现象的加剧已在城市空间中表现为一场"城市危机"（Harvey，2012，51）。一个面临着"无保障、往往兼职和无组织的低收入劳动"的无产阶级的产生（同上，XIV），城市空间的私有化和金融化将会导致城市社会运动的产生，这种运动声称收回"他们对城市的权力——他们有权改变世界、改变生活，按照他们心中的愿望重塑城市"（25），以及集体劳动创造的城市公地权（78）。哈维认为占领运动（以及其他运动，如"阿拉伯之春"革命）是一场城市运动，其反对的是华尔街党及其纯粹的货币权力（同上，161页）。

　　哈特和奈格里认为占领运动的出现有三个独立的维度和原因（资本主义、媒体、政治）；与此相反，齐泽克、巴迪欧、迪恩、乔姆斯基和哈维在他们对占领运动的分析中强调了社会经济维度和资本主义的重要性。而齐泽克给了一种有点矛盾的和内在相互矛盾的分析（占领运动是一种工薪中产阶级的改革派运动，他们想捍卫其特权以反对"真正的"工人阶级、还是一个反资本主义的新的工人阶级运动？）。在挑战资本主义的阶级斗争的各个方面的问题上，巴迪欧、迪恩、乔姆斯基和哈维总体上提出了一致的分析。阿兰·巴迪欧指出，占领运动是一场为捍卫共同利益、共同控制社会和共同财产而斗争的运动。它将为公众创造一个共同的事业，并努力实现共产主义的理念。与巴迪欧的分析相吻合，朱迪·迪恩指出，"占领"是一场新的共产主义运动。诺姆·乔姆斯基预言了这场运动的阶级斗争维度，而大卫·哈维则补充说，这种阶级斗争是在城市背景下进行的，占领运动是一场城市运动，它想要收回城市公共空间。

这些分析和 20 世纪 80 年代新社会运动的分析之间有着明显的区别，这似乎表明了社会运动的政治变化。齐泽克、海纳、哈贝马斯、奥菲、拉克劳和墨菲与其他人一样，他们认为新的社会运动是新的，因为他们专注于非阶级问题：文化、自然、性别、青年、年龄、幸福、信息、种族、身份。与此相反，齐泽克、巴迪欧、迪恩，乔姆斯基和哈维突出的地方在于，他们认为占领运动的核心问题是阶级和资本主义。着眼于阶级政治，而不是身份政治，这标志着政治从注重自由和多元化民主转向公正和参与性民主。从而突显了经济民主的必要性，并强调了经济在现代社会中至关重要的作用。随着 1999 年"西雅图之战"而产生的全球正义运动，是阶级政治回归的早期迹象。与"占领"相比主要不同的是社会背景：没有全球经济危机。始于 2008 年的危机标志着一场巨大的破裂：它通过经济现实明显可见，即资本主义是一个危机四伏的体制，新自由主义助长了大量的社会经济不平等。全球正义运动不断警告金融化和新自由主义的后果，但这些警告更容易被当权者忽视或淡化。2008 年，当代资本主义的矛盾在全球危机中爆发。如今，这些警告在意识形态上再也不能被忽视或淡化，而是变成了经济现实，表现在破产、债务、失业、拆迁、粮食危机、痛苦、紧缩——和抗议中。

　　无论是语境还是战略，都要将"占领"与"全球正义运动"区别开来。后者主要采取的策略是试图阻止全球政治经济精英开会并作出影响人民生活的全球性决策，再加上组织反峰会例如世界社会论坛（World Social Forum）或欧洲社会论坛（European Social Forum）。占领运动在空间上不具有灵活性，而是占据和扎营于一些地方。全球正义运动的占领（occupations）是临时性的(有计划的开始和结束)，在某些有权势的人聚集的地方采取示威游行的形式，因此以时间有限的方式和空间灵活的方式占用空间，这取决于权力机构开会的地方。相比之下，占领运动战略——不仅在美国和欧洲，而且在"阿拉伯之春"——是将具有战略意义的城市场所(例如开罗解放广场、雅典的宪法广场、马德里的太阳门、巴塞罗那的加泰罗尼亚广场，或纽约的祖科蒂公园)作为该运动的共同财产，在那里抗议活动会持续一段不确定的时间。而全球正义运动是一个无位置和动态的全球空间，占领是一个以地方为基础的运动。大卫·哈维（2012）指出，通过定义占领为城市运动而指出这种情况。大批人聚集在广场上，把这些广场组织成由积极分子控制的政治场所，对当权者构成威胁，让人们在中心空间中表现出不满情绪。对城市空间的普遍要求也反映了人们对资本主义关于住房、社会保障、通信、文化、自然、教育、医疗保健和人类生存等公共资源的剥削和破坏的不满。收回空间同时也是政治诉求的象征，它要求将整个社会从资本的控制中收回。但是，控制空间和把某些城市空间作为人民的共同财产不仅是一种抵抗战略；对时间的控制也是对当权者的一种威胁：虽然示威或运动计划在有限的时间内进行，但营地和占领并不计划时间限制，而是提出政治主张的地方，即空间已经解放，解放已经开始，而且永远不会停止。当然，这种城市叛乱也有不同的时间结果："占领华尔街"被警察暴力所解散，这为占领提供了一个人为的时间终点；而埃及和突尼斯的斗争演变成了另一种意义上的占用时间的成功革命：它们终结了旧政权，为新的政治机会开辟了空间和时间。而曼纽尔·卡斯特尔（1996）把当代社会描述为从场所空间的逻辑转向流动空间的逻辑，后者被定义为无限时间和无限空间，从而使当代运动成为永恒和无处不在的运动（Castells，1997）。占领运动明确指出，流动空间主要是资本空间，公共空间的逻辑是全球性和网络化的抵抗逻辑。占领运动受阻于空间，因此它不是无所不在的，但它把运用空间作为权力的一种形式。它把永恒理解为不主要是在全球化进程中克服时间上的距离，而是认为革命或叛乱已经开始，而且在当权者下台和新的经济、政治时代能够开始之前不会停止。"占领"是在革命过程中试图开放时间、使时间具有历史意义的一种尝试。与新社会运动的改良主义特征相反，占领运动是一场革命运动，这意味着它要为一个新社会创造新的空间和新的时代。

三、占领运动的自我理解

占领运动是什么样的运动？占领华尔街运动始于 2011 年 9 月 17 日，当时积极分子占领了纽约的祖科蒂公园。11 月 15 日，警察逼他们离开公园。《广告克星》杂志的两位制作者（Kalle Lasn and Micah White）有了占领的想法，他们建立了一个网站 OccupyWallstreet.org，并通过该杂志、邮件列表和博客向其订阅者传播占领理念。声明写道："9 月 17 日，我们希望看到 2 万人涌入曼哈顿下城，搭建帐篷、厨房、和平路障，并占领华尔街几个月。一旦到了那里，我们将不断地以多种声音重复一个简单的要求。……我们要求巴拉克·奥巴马任命一个总统委员会，其任务是负责终结金钱对我们在华盛顿代表的影响。现在是民主的而不是公司统治的法人主义的时候了，没有民主我们注定要失败。……从一个简单的要求开

始——一个将金钱与政治分开的总统委员会——我们开始为一个新的美
国制定议程。"（Adbusterers，2012）

最初呼吁的基本要求是，政府应限制资本对政治的影响，重点不在于
不平等和阶级，而更多的是关注企业权力与国家之间的关系，依据需求应
将两者分开，然而重点是拓宽实际的政治运动。

"占领运动"在其网站 OccupyWallst.org 上发表了一篇自我理解的文
章，称自己是"再也不能容忍 1%人贪婪和腐败的 99%人"（OccupyWallst.
org）。

在美国，2011 年收入最高的 20%的家庭控制着收入的 50%，然
而，最贫穷的 20%的家庭只占 3.4%的份额（本段中的所有美国数据来
源：2012 年美国人口普查局，表 A—3）。收入最高的 5%控制着总收入
的 22.1%，20%以上的家庭总收入份额在历史上不断增加：2000 年为
48.6%、1990 年为 45.1%、1980 年为 41.9%、1970 年为 41.5%。相比之
下，家庭总收入较低的 20%所占份额有所下降：2011 年为 3.4%、2000 年
为 4.1%、1990 年为 4.4%、1980 年为 5.2%、1970 年为 5.7%。衡量收入
不平等的美国基尼系数 2011 年为 0.463、2000 年为 0.442、1990 年为 0.406、
1980 年为 0.367、1970 年为 0.357。这些数据表明，过去几十年来阶级不
平等一直在加剧，穷人的收入份额一直在下降，这正是因为最富有者的收
入急剧增加。在欧盟 15 国(2004 年 5 月 1 日以前是欧盟 15 个成员国）中，
2011 年收入最高的 20%的家庭控制了总收入的 38.2%，2000 年控制着
37%（本段中所有的欧盟数据来源：欧盟统计局）。相比之下，在 2011 年
收入较低的 20%的只占收入份额的 9%、2000 年仅占 7.1%，基尼系数从
2003 年的 0.3 增加到 2010 年的 0.305。这些数据表明，欧洲的阶级差距不
如美国那么深，但它们仍然存在且意义重大。占领运动对这些数据所表明
的社会经济不平等的现象作出了反应。

大卫·哈维界定了定义新自由主义资本主义特征的四个具体机制：金融化、蓄意制造危机、私有化和商品化，牺牲劳动而支持资本的政府再分配（Harvey，2007，160—165；Harvey，2006，44—50）。第一和第二种机制使个人和国家成为债务人，第三和第四种机制直接减少劳动人民的收入。所有这些机制把工人阶级口袋里的钱重新分配给公司和富人。占领运动处于新自由主义资本主义的背景之下，并形成了其客观基础。

占领华尔街运动把自身定位为反对1%的阶级斗争："正在反击主要银行和跨国公司在民主进程中的腐蚀性力量，以及华尔街在造成经济崩溃方面的作用，这场经济崩溃造成了几代人以来最严重的衰退。这场运动的灵感来自埃及和突尼斯的民众起义，其目的是反击那些正在制定不公平的全球经济规则的最富有的1%人，这些人正在扼杀我们的未来"（Occupy-Wallst.org/about/）。

《占领纽约市宣言》（www.nycga.net/resources/ documents/declaration）公开反对"将利润凌驾于人民之上、利己主义凌驾于正义之上、压迫凌驾于平等之上的公司"。该运动在这份宣言中说，它批评企业对住房、救助、工作场所不平等和歧视、粮食供应、动物权利、工会组织、高等教育、工人保健和工资、隐私保护、新闻自由、自然、能源供应、医药、媒体和国际关系的负面影响。这表明占领运动强调资本主义利益如何与社会、文化、政治、生态和技术领域相互作用，并对这些领域产生负面影响。

"占领伦敦"运动把自己描述为一场"反对这种不公正现象的运动，为一种把人和环境置于企业利润之前的可持续经济而奋斗"（Occupylon-don.org.uk/about）。"占领伦敦"运动在2011年10月26日通过的初步声明中强调，现行制度不可持续、不民主和不公正，对公民、民主、保健服务、福利、教育、就业、和平和地球产生负面影响（同上）。

占领华尔街和占领伦敦网站上提出的分析和要求，比《广告克星》最

初的文本更进一步。他们强调更多的阶级和不平等问题，以及资本主义对
多个领域产生了负面影响。与全球正义运动一样，"占领运动"通过各种
新的社会运动把传统上涉及的需求和主题汇集在一起，如学生运动、生态
运动、反种族主义运动、和平运动、第三世界团结运动以及其他运动。它
是一种运动的运动和网络运动，其具体内容在于强调资本主义和阶级是一
个统一的主题和维度。占领运动强调当代社会问题发生在资本主义的背景
下，公司利益对社会的多重领域产生负面影响，需求受到挑战。因此，大
量的议题和要求不是孤立的，而是被资本主义和阶级的经济层面所统一和
联系起来的。占领不是一个支离破碎的运动的运动，而是一个统一的总体
运动。安吉拉·戴维斯（Angela Davis，2011）指出，在这种情况下，许
多新的社会运动"吸引了特定的社区"，建立联盟是困难的，占领运动有
着"惊人的不同"，因为它"从一开始就把自己想象成为最广泛的可能的
抵抗团体——99%的人反对1%的人"。阶级会是这个超越多样性的运动
的统一主题。保罗·格博多（Paolo Gerbaudo，2012，120）认为，占领"代
表绝大多数的意图"——正如大卫·格雷伯（David Graeber）创造的"我
们是99%"的口号中所表达的那样——也就是说，这是"多数人的夙愿"，
"恰恰构成了占领运动与反全球化运动之间的区别"。

卡斯特（2012，194）谨慎地认为，"占领"是一场阶级斗争运动："相
对来说，新的、有意义的是，有迹象表明，'占领华尔街'塑造了美国人
对我敢称之为阶级斗争的现实的认识。"但他立即限制了这一思想的含义，
称该运动不是反资本主义的，而是要改革资本主义："批评的重点是金融
资本主义及其对政府的影响，而不是资本主义本身。这场运动不包括过去
的意识形态，它的目标是消灭当前的邪恶，同时为未来重新创造社区。它
的基本成就是重新燃起另一种生活的希望"（同上，197）。他似乎将这一
论点建立在2011年10月福克斯新闻（Fox News）民意调查的结果之上，

在调查中，46％的受访者表示，他们并不认为"占领华尔街"运动是反资本主义的（同上，290）。然而，这存在一个应用逻辑的缺陷：从普通民众中选出的大多数样本都是这样回答的，并不意味着"占领运动"积极分子不认为自己是反资本主义的。只有在积极分子中进行的调查才能使情况更清楚。卡斯特正在得出过早的结论，这些结论更多地反映了他自己的政治意识形态而不是现实。因此，虽然他曾经提到阶级斗争是"占领运动"的一个方面，但他总体上却忽略了当代运动的经济层面，将其沦为争取民主改革的政治斗争，忽略了反对资本主义斗争维度。因此，作为他书中的结论，卡斯特渴望"社会激进主义与政治改革派之间的爱情"（同上，237）。对于他来说，这些运动很适合西方的自由民主框架，这个框架只谈论政治上的民主，但从不质疑资本主义经济中实际存在着的独裁。他说，他们想"改造国家"（同上，227），是具有新价值观的文化运动（231—232），是真正民主的运动（124）。"真正的民主"指的是政治体制改革，而不是经济转型。他没有看到政治和经济的纠缠，因此不同意马克思和恩格斯（1848 年）的观点，即共产主义是"争取民主的斗争"。

一场社会运动可以是工人阶级的，其根据为（a）社会运动的社会结构，和（b）它的目标。一些关于占据运动的社会结构数据来自："占领运动"研究概览（Http:// occupyresearch.wikispaces.com/ N = 5074），调查主要是在美国进行的。在受访者中，39％称自己为工人阶级或下层中产阶级，29.3％称自己为中产阶层，10.9％人称自己为中上层阶级。这意味着相对多数人认为自己的社会地位相对较低。此外，17.6％的受访者是学生、31.6％的是全职雇员、14.4％的是兼职雇员、14.8％的是个体户、3.4％的是全职家务工人、1.2％的是季节性工人、7.6％的是未充分就业人士、8.6％的是失业人士及 5.3％的是伤残人士。在调查中，非正规就业人员（兼职工人、家庭工人、季节性工人、就业不足、失业和残疾人的就业比例为

40.5%）的比例高于全职雇员（31.6%）。他们形成了相对多数的运动。齐泽克的（2012）的假设是，"占领运动"是由工薪中产阶级构成的是没有经验依据的。据统计，中产阶层的定义是拥有中等收入的人群。2011 年，美国中等家庭收入是 50054 美元（美国人口普查局，2012），最低收入是20263 美元或以下，次之收入介于 20263 美元和 38520 美元之间（同上）。在占领调查中，25.7%的人收入低于 2 万美元，23.9%的人收入在 2 万美元和 39999 美元之间，9.7%的收入在 4 万美元和 49999 美元之间。这意味着 59.3%的受访者（N = 3341）的家庭收入低于中等收入，也就是说，调查显示，美国占领运动中近三分之二的人不是中产阶级，而是属于低收入群体。中产阶级的自我认知往往比实际收入分配要大，因为后者对许多公民来说是看不见的，这对于占领运动来说似乎也是如此。70.9%的受访者拥有大学学位。数据显示，美国占领运动积极分子是受过高等教育的，主要是不稳定的工人，家庭收入相对较低，因此可以说他们是不稳定和无产阶级化的知识工作者。

当参与者被问及促使他们参与"占领"运动的最高关注点是什么时，与资本主义有关的问题最为突出：（收入）不平等（1、2；按提及频率排名），公司（7），公司人格（8），不公正（9），社会公正（10），企业贪婪（11），反资本主义（12），失业（14），平等（16），贫困（19）。这就意味着，对于参与"占领运动"的主要动机，这些问题的答案往往是与社会经济阶级关系的批判有关的；而传统的左翼自由主义主题，如（政府）腐败（4、18）、民主（21）和自由（23）则不那么突出。这表明，"占领运动"更多的是一种由社会主义利益驱动、与阶级结构有关的运动，而不是一场以个人自由为动机的自由主义运动。

数据表明，占领运动无论从社会结构还是社会目标上来看都是工人阶级运动，这种新工人阶级运动的占领运动地位也可以从理论上加以解释。

马克思在《大纲》中的一段认为，劳动是共同劳动或结合劳动（Marx，1857/1858b，470；译者注：《马克思恩格斯全集》第 30 卷，人民出版社 1995 年版，第 464 页），和总体劳动者一样（Gesamtarbeiter）。这个想法也占据了《资本论》第一卷，在那里他把总体工人定义为"总体工人即结合劳动人员"（Marx，1867c，644；译者注：《资本论》第 1 卷，人民出版社 2004 年版，第 582 页），并认为如果劳动是结合劳动力的一部分，劳动就是生产性的（原著出处）："为了从事生产劳动，现在不一定要亲自动手；只要成为总体工人的一个器官，完成他所属的某一职能就够了。"（同上；译者注：同上，第 582 页）。总体工人是一个"总**劳动者**"，他们的"**结合起来的活动**就直接实现为同时就是商品总量的**全部**产品"（同上，1040；译者注：[德] 马克思：《马克思：直接生产过程的结果》，田光译，人民出版社 1964 年版，第 106 页），这种"总劳动能力的活动"是"剩余价值的直接生产，从而由剩余价值到**资本的直接转化**"（同上；译者注：[德] 马克思：《马克思：直接生产过程的结果》，田光译，人民出版社 1964 年版，第 107 页）。这意味着，在资本主义社会中，总体工人是创造价值、剩余价值和资本的生产性的工人。总体工人的概念允许对马克思的解释不是以雇佣劳动为核心，因为总体工人作为结合劳动力还包括所有那些活动：其活动是无偿的，但直接或间接地服务于资本的需求。

在马克思的启发下，安东尼奥·奈格里使用了术语"社会工人"一词，认为无产阶级正在扩大———一个"新工人阶级"，"现在扩展到整个生产和再生产领域"（Negri，1982/1988，209）。他在这里提出了马克思的总体工人的思想，这种总体工人形成了一个集合的、结合在一起的劳动力，是异质性的，形成了创造利润所必需的全部奇点。奈格里（1971/1988）在阅读马克思《大纲》"机器论片段"中首次发展了这一理论。他认为，资本主义的主要矛盾是货币是价值的具体尺度，劳动随着生产力的发展而具有越来越强的社会性，因而对价值提出了质疑。劳动社会化会导致"大规模和社会化工人阶级的出现"（同上，104）。社会化工人阶级的概念后来发展成为社会工人的概念（Negri，1982/1988），而社会工人是通过资本主义的重组产生的，这种重组使得以泰勒主义、福特主义、凯恩斯主义和国家计划为特征的大规模工人解体（同上，205）。社会工人意味着："越来越认识到生产劳动与再生产劳动之间的相互联系"（同上，209），并产生了"分散劳动"（＝外包劳动，214）和流动劳动（＝劳动的灵活性，218）。

哈特和奈格里（2005 年）把社会工人的概念转化成为大众，而大众是被资本剥削的生产自然和文化共享品的人们。因此，今天的剥削就是对"公共财产的剥削"（同上，150）。今天的大众或无产阶级是"所有在资本统治下劳动和生产的人"（同上，106），"所有劳动都直接或间接被剥削以及从属于资本主义生产和再生产规范"（Hardt and Negri，2000，52）。

除资本外，整个社会形成一个为了生存需要而生产公共物品的有机体。一些公共品是自然赋予的（环境、人体），另一些则是由合作的人类活动所创造的（知识、沟通、社会关系、教育、医疗保健、电子文化）。在新自由主义资本主义社会中所发生的事情是，公共品已经被商品化、私有化，并转化为货币利润。社会总体工人的工作日益受到经济剥削，其结果是大规模的社会经济不平等。占领是一种质疑这种现实的运动，它是总体工人阶级的运动，一个质疑公共品商品化的总体工人阶级的运动，其生产并要求收回公共品。占领是一场新工人阶级的运动，因为它要求集体控制社会总体工作的成果。尝试让使用价值成为共同财产恰恰是一个公有社会的宗旨。

四、什么是占领运动？

后马克思主义把普遍性视为一个极权主义的专题研究（Laclau and

Mouffe，1985，188），并主张多个政治主体的优先地位，而这些政治主体充其量只能是松散的联系。拉克劳和墨菲（1985）在这样的背景下说道，"多元的、经常相互矛盾的立场"（84），"去中心的主体立场"（87），"多元化的政治空间"（137），"拒绝破裂的特权和将斗争汇合为一个统一的政治空间"（152），或者"每一对立的多重特征"（170）。拉克劳和墨菲庆祝多元新社会运动的兴起，这些运动克服了工人阶级所特有的阶级政治的统一性。

在这一部分中，我认为"占领运动"标志着社会运动的发展进入了一个新的阶段，这是对社会运动的一种黑格尔式的扬弃。从某种意义上说，这是对政治的回归，其关注的是阶级、资本主义和阶级斗争。阶级被视为一种团结的动机，让99%的人反对占统治地位1%的人。就其政治主题而言，占领运动是一种新的工人阶级运动。就其结构而言，相对多数的社会活动家都是不稳定的和无产阶级化的知识工作者。工作也是共享背景下的一个问题：所有人作为总体工人创造了自然、福利、再生产和文化的公共品。新自由主义资本主义一直是公共品商品化以及公共品被抢夺的资本主义，是对社会总体工人剥削的事业。占领运动对这种情况作出反应，要求收回公共品。因此，这是一场总体工人阶级的运动。但是新社会运动的特点诸如种族主义、性别、战争、自然、身份和人体等，并没有被占领运动所消除，而是被统一和提升到一个新的层次。它们继续存在于这场运动中，而不是在不同的运动中被分离，即新社会运动的多元和支离破碎的政治典型。而是这样的一场运动，它看到了不同层面的分层和斗争是如何通过与阶级和资本主义的联系而相互依存和统一。新的社会运动和占领运动之间的一个主要区别是，后者是一场革命运动，旨在创造一个新的社会，开辟新的空间和新的时代。以营地的形式占领城市空间意味着收回公共品的政治诉求。

　　在我看来，齐泽克正确地指出，后现代主义和后马克思主义假设了"不可简化的多元阶级斗争"而接受了"资本主义是'城里唯一的游戏'"，并声明放弃"任何真正克服现存资本主义自由制度的企图"（Butler，Laclau and Žižek，2000，95）。让阶级范畴从属于或同等于其他对立的范畴（性别、种族、年龄、能力等），这样会造成埋葬这一事业和诉求的危险：建立参与式替代物以取代整个资本主义。占领运动表明，所有的非阶级对立都是与阶级相互联系的，而并非所有的非阶级对立彼此之间相互联系，这就意味着当代社会的一切对立都具有阶级的一面，并受阶级的制约。阶级是把其他一切对立联系在一起的对抗；它预示着条件的允许和限制，并对其他对立的可能性施压。与此同时，非阶级对抗也会影响阶级对抗，从而呈现出复杂的动态关系。如果阶级是资本主义超级对抗，这并不决定或过分决定除了其他对立之外的条件，那么给予这种范畴特别关注是非常重要的。

　　在哈特和奈格里称之为帝国的全球资本主义体系中，资本剥削大众创造的公共品。虽然哈特和奈格里认为黑格尔的辩证法是决定论和目的论的（同上，51），并因此将他们的方法明确地奠基在斯宾诺莎内在性思想上，而不是黑格尔的辩证法之上，黑格尔的辩证法在背后塑造了哈特和奈格里他们自己的著作。齐泽克在另一种情况下也观察到了"wild……被奈格里使用的黑格尔范畴""公然违背了他宣称的反黑格尔主义"（Žižek，2008，353）。哈特和奈格里的《大众》（Hardt and Negri，2005）、《帝国》（Hardt and Negri，2000）和《共同体》（Hardt and Negri，2009）在逻辑上可以组成一个辩证的三角：（1）大众通过非物质劳动生产公共品。公共品被资本剥削，并组织成（2）一个全球帝国。大众和资本形成一对矛盾：资本支配和剥削大众。它们处于一种消极的关系之中。资本需要大众，因为大众生产公共品同时被排斥在公共品之外。大众不是简单地与资本相联系，不幸的是哈特和奈格里给人的印象就是大众总是并自动地与资本作斗争。因此对他们来说，大众对帝国的影响并不仅仅是一种潜力，而是一种确定性的必然。以及（3）共同体，以非物质劳动创造的共同财富为基础的一种新的自我管理的社会形态，是对资本与帝国消极关系的否定视角。

"占领运动"坐落于资本主义、总体工人和共同体的辩正三角之中：人类作为总体工人创造社会的公共品，他们形成了当代的工人阶级，包括所有创造和再创造公共品的人（即所有的人）。公共品日益被商品化，总体工人被资本剥削。资本主义与总体工人之间存在着矛盾。占领标志着客体矛盾的主观化：它是工人阶级对其剥削的总体洞察和反应，是一种质疑基本阶级关系的政治组织形式，并且为人类共同控制经济和社会的这样一种社会而斗争。他们因共有权并为公有权而战。

"占领运动"的重要性在于，它展示了资本主义、剥削和阶级的主题性，并将讨论以公有为基础的社会作为资本主义的替代方案的必要性提上了议事日程。

第四节　占领、数字工作和工人阶级的社交媒体

本节讨论的研究问题是，此次占领运动使用了哪些社交媒体？这就要求了解媒体在社会运动中的作用以及社会化的社交媒体是什么。首先在"一"中，对于互联网和社交媒体在社会运动中的作用的分析和概念化进行了一个简要的介绍。其次，文献综述显示了理论家如何概念化社交媒体在"占领运动"中的作用（第四节"二"部分）。"三"部分概述了"占领运动"使用社交媒体的理论分类。

一、社会运动、互联网和社交媒体

媒体是政治信息的来源，也是政治传播的工具。它们是民间团体寻求适当的政治需求以及参与政治的一种途径，也就是提出政治要求的机制。如今，政治已经得到了很大程度的调解（Bennett and Entman，2001）。虽然互联网对社会运动的影响程度受到质疑，但人们普遍认为，互联网具有帮助协调抗议活动的潜力（Della Porta and Diani，2006，132—133，155—156）。为分析社会运动将互联网用于政治动员和抗议中的信息、传播和协调，创造了诸如"网络抗议"（Donk，2004）和"网络行动主义"（Mc-Caughey and Ayers，2003）这样的术语。贝内特（Bennett，2003，2005）指出，互联网是一种社会技术，它能建立起线上、线下的人际关系网，能使社会运动全球化以及能将各个层次的、分散而又灵活的抗议活动联合起来。鲁赫特（Rucht，2004）强调，互联网具有支持反公共领域的潜质，但它不可能取代社会积极分子的个人联系。

例如，对社会运动和社会媒体的研究侧重于在环境运动（Castells，2009）、全球正义运动（同上，Kavada，2012）、反战激进主义与战争宣传（Christensen，2008；Gillan，Pickerill and Webster，2008）、女权主义（Hartcourt，2011）、博客政治活动（Dean，2010；Kahn and Kellner，2004）、YouTube 激进主义（Thorsonet，2010；Zoonen，Vis and Mihelj，2010）中使用社交媒体。"阿拉伯之春"运动中"推特"（twitter）和"脸书"（facebook）所起的作用（Aouragh，2012；Aouragh and Alexander，2011；Bratich，2011；Lotan，2011；Mansour，2012；Nanabhay and Farman-farmaian，2011；Sayed，2011；Khamis and Vaughn，2011）、占领运动（Juris，2012）以及为政治活动而打造的私人空间和虚拟空间 2.0 的出现（Papacharissi，2009，2010）。

一些关于社交媒体在"占领运动"中所起作用的实证研究已经出版，可举例如下。因篇幅的限制，讨论必定会不完整。萨沙·科斯坦兹-乔克（Sasha Costanza-Chock，2012，379）报道了"占领运动研究概况"的一些结果，其中77.3%的积极分子报告说他们在社交媒体（"脸书"（facebook）、"推特"（twitter）或其他）上发布了关于"占领运动"的信息，75.7%的人说他们曾经面对面讨论过"占领运动"，19.1%的人说他们写了一篇关于占领的博客文章，8.2%的人回答说他们制作了一段关于"占领运动"的视频（N=4877）。加比和卡伦（Gaby and Caren，2012，372）分析了100个帖子，这些帖子吸引许多新用户加入了"脸书"（facebook）网的占领团体。这些帖子中有许多是以个人叙事为特色的，大约60%的帖子采用"图片和视频叙述"。基于对"占领费城"运动中参与者的考察，爱丽丝·马东尼（Alice Mattoni，2012）认为，社交媒体在此次占领运动中成为这场精彩的抗议传播节目的一个组成部分。

保罗·杰尔包多(Paolo Gerbaudo,2012)采访了美国、埃及、西班牙、英国、突尼斯和希腊的80名积极分子，介绍了他们在抗议中使用社交媒体的情况。他发现，尽管当代社会运动以及分析人士（Manuel Castells、Jeffrey Juris、Michael Hardt and Antonio Negri）声称他们是没有领导的网络，但也有一些柔性领导人，他们利用社交媒体策划抗议和"构建**集会的编排**"（同上，139）："少数人控制了大部分通信流程"（135）。集会的策划意味着"利用社交媒体引导人们参与具体的抗议活动，向参与者提供关于如何行动的建议和指导，以及构建情感叙事，以维持他们在公共空间的团结"（同上，12）。

这场运动的自发性得到了"精心的策划，这是因为自发性能极大地调控运动"（同上，164）。伦理道德问题不是这场运动的编排，而是否认领导者的存在，因而这将会导致无责任感。"脸书"（facebook）"被用作一个类似于招聘和培训的场所，以促进大量的非政治化的中产阶级青年情感凝聚和达成共识。相比之下，'推特'（twitter）作为一种工具，主要用于'活跃'积极分子精英的内部协调。除此之外，'推特'（twitter）在很大程度上还有许多'外部'用途，包括作为市民记者记录警察暴行的手段"（同上，135）。"'脸书'（facebook）被运动领袖使用，或者用一个更中立的词'组织者'或'积极分子'来动员局外人参与，而'推特'（twitter）对于内部组织的目的很重要"（同上，145）。在全球正义运动中，Indymedia 所担任的就是今天"脸书"（facebook）网在占领运动中所担任的角色（外部动员），并列出"推特"（twitter）今天的作用（内部组织和协调）（同上，150）。基于他的采访，杰尔包多进一步说明，在占领华尔街运动中"推特"（twitter）是一种战略工具，"关键的'推特'（twitter）战略方案由一个大约 20 人组成的运动组织者核心小组管理。这些人还往往高度参与地面业务、动员大会和不同委员会的工作。在祖科蒂公园被占领期间，这一核心小组使用了纽约教师工会提供的办公空间"作为总部（同上，129）。杰尔包多对哈特和奈格里（Hardt and Negri，2012，chapter 2）的假设提出了挑战，即社交媒体有助于"分散大众奇点……因为他们与其组织形式相对应。"哈特和奈格里（Hardt and Negri，2012；"下一步：平民事件"）提出反驳，认为当代运动"不管是否有领袖都很强大。作为大众他们是横向组织的，他们在各个层次上坚持民主，这不仅仅是一种美德，而是他们权力的关键"。他们的力量就是烧毁"左翼教堂"。

　　2011 年的占领、抗议和革命引起了公众的广泛关注。因此，政治理论家也试图了解这些集体政治行动的原因，并就这一问题发表了文章。出现的一个问题是，关于社交媒体在"占领运动"中所扮演的角色，我们能看到什么样的理论立场。

二、占领运动和社交媒体

从社交媒体在占领运动中所起的作用来看，常见的立场有四种。这四种不同的立场代表着科技和社会之间的四种不同的逻辑可能性（科技是决定因素、社会是决定因素、两者是独立因素以及两者是对立统一的关系）。

（一）立场1——技术决定论：占领运动（和其他反叛）是互联网反叛

曼纽尔·卡斯特（Manuel Castells，2012，2）认为，我们生活在网络社会中，因此，"在一个由无线互联网联网的世界中运动通过蔓延而展开"。革命与经济、政治、军事、意识形态以及权力的文化冲突有着千丝万缕的联系（同上，79；另见第12页）。但只有当存在希望和愤怒的情绪，并将这些情绪大规模传递给他人时，革命才能形成（同上，14）。"个体经验连接和形成运动的条件是传播事件和与之相连的情感的交流过程的存在。……在我们这个时代，多模式横向传播数字网络是有史以来最快且自动化程度最高、互动最便捷以及可重复编程和自我拓展的一种交往方式。……数字时代的网络社会运动代表着一种新的社会运动方式"（同上，15）。卡斯特的观点在某种程度上是正确的。他强调，一场反抗运动或者革命的爆发需要客观条件（社会问题）以及对这些条件的主观看法——大多数人表示无法容忍这些客观条件，社会因此需要由他们来改变，这需要他们采取集体政治行动（Fuchs，2006）。这恰恰也是马克思所强调的，革命需要物质基础（形成对立社会的经济、政治、意识形态和自然的矛盾）但是，只有当现实的矛盾变成主观的洞察力以激发实践时，革命的想法才能实现："革命需要被动因素，需要物质基础。理论在一个国家的实现程度，决定于理论满足这个国家的需要的程度。……理论要求是否能够直接成为实践要求呢？光是思想竭力体现为现实是不够的，现实本身应当力求

趋向思想"（Marx，1843；译者注：《马克思恩格斯全集》第 1 卷，人民出
版社 1956 年版，第 462 页）。因此，革命总是社会的变革，也是人类自身
的改变："环境的改变和人的活动或自我改变的一致，只能被看作是并合
理地理解为革命的实践"（Marx，1845；译者注：《马克思恩格斯全集》第
3 卷，人民出版社 1960 年版，第 7 页）。

　　互联网和社交媒体在传播愤怒和希望中扮演的角色是什么，这更多是
一个经验性的问题。互联网中存在一种潜在的感染效应，能够传播并强
化不满情绪和集体行动的欲望，但互联网肯定不是传递抗议需要的唯一
手段。卡斯特认为，占领运动"诞生于互联网，通过互联网传播，并在
互联网上维持着其存在"，其"物质存在形式是占领公共空间"（Castells，
2012，168）。"互联网上的社交网络使经验得以传播和扩大，以至于将整
个世界都卷入了运动之中。"（同上，169）

　　卡斯特非常强调互联网的动员功能。他的论点意味着，在所研究的案
例中，互联网传播引发了街头抗议，这意味着如果没有互联网，就不会有
街头抗议。在结论一章中，卡斯特总结了所有分析过的运动，他说："我
们这个时代的网络社会运动主要是以互联网为基础的，这是他们集体行动
的一个必要但不够充分的组成部分。基于互联网和无线平台的数字社交网
络是动员、组织、优化、协调和决策的决定性工具"。（同上，229）

　　杰佛里·朱瑞斯（Jeffrey Juris，2012）是卡斯特的前博士生，他对占
领波士顿运动实施了参与式的观察方法。他说，虽然全球正义运动主要使
用邮件列表，并基于网络逻辑，但占领运动是基于聚集逻辑的（logic of
aggregation），在这种逻辑中，社交媒体导致"信息的病毒流动以及随后
在具体的物理空间内大量个人的聚集"（同上，266）。个人会"井喷大量
信息"，利用"以自我为中心的网络"，因为使用"推特"（twitter）和"脸书"
（facebook）……往往会产生"成群的个体"（同上，267）。就像卡斯特一

样，朱瑞斯认为社交媒体"引发"了抗议。他声称，"'脸书'（facebook）、YouTube 和'推特'（twitter）等社交媒体成为占领运动中的主要沟通手段"（同上，266），但没有从实证上证实这一说法。

诸如互联网导致运动的出现、运动是在互联网上产生或运动是基于互联网的种种构想，传达了一种基于公开的技术决定论的逻辑：技术被认为是导致某些具有社会特征的现象的行动者。运动不是由互联网造成的，而是来自社会的对立的经济、政治和意识形态结构。互联网是一个技术社会系统，由利用全球计算机网络的社会网络组成。互联网植根于当代社会的对立之中，因此没有内在的或决定性的影响。利用互联网采取的集体社会行动可以产生相对较小的影响，或抑制或加剧现有趋势。实际影响取决于社会背景、权力关系、动员能力、战略和战术以及斗争的复杂性和不确定性的结果。卡斯特的模式很简单：社交媒体导致了革命和叛乱。他赞同关于"'推特'（twitter）革命"和"'脸书'（facebook）叛乱"的广泛的意识形态讨论。这一讨论最初受到保守派博客作者安德鲁·沙利文（Andrew Sullivan）的欢迎，他声称，在 2009 年伊朗抗议活动背景下，"革命会'推特'（twitter）化"："你不能再阻止别人，你不能再控制他们，他们可以绕过你现有的媒体，他们可以互相广播，他们可以前所未有地组织起来。越来越清楚的是，在过去几周内，爱哈卖迪·内甲德（Ahmadinejad）和保守派毛拉（Mullahs）被这项技术搞得措手不及，还有它是如何帮助激发反对派运动的。"（Sullivan，2009）。

卡斯特认为，"运动越能通过通信网络传递信息，公民意识越强，且公共交流领域就越成为一个有争议的领域"（Castells,2012,237）。在这里，他假定政治信息的技术可用性、集体意识的变化和以间接成比例方式兴起的政治抗议之间存在着线性关系。但是，社会现实比这种简单的行为主义模式要复杂得多（互联网是刺激因素、批判意识和政治行动的反映）。信

息可以在线而不涉及许多公民，例如，因为他们不知道信息的存在，因为
信息在结构上是看不见的，因为他们对它不感兴趣，或认为它没有意义。
互联网和媒体一般也可能被关闭或审查，那些管理他们的人会被监禁、遭
受酷刑或被杀害，这些都不是各州为了遏制抗议运动而采取的罕见做法。
卡斯特还低估了意识形态在异质社会中可能发挥的实际或潜在作用：如果
权力组织设法说服大众，社会问题与它们的实际原因不同，那么批判意识
的崛起就会受阻。从历史上看，意识形态主要是通过建造替罪羊来实现这
一目标的，比如犹太人、黑人、移民、社会主义者或共产主义者，他们会
被指责为社会问题的罪魁祸首。即使在媒体网络上可以获得挑战意识形态
的替代信息，也不能保证意识形态在很大程度上受到公民的挑战。如果斗
争不仅以物质形式呈现，而且也为替代思想而斗争，那么就有可能打破意
识形态中普遍存在的信念。

（二）立场2——社会建构主义：我们一直在目睹社会反叛和社会革
命，哪里的社交媒体不那么重要？社交媒体在叛乱中是不相关因素吗？

斯拉沃热·齐泽克（2012）在他的书《危险的梦想之年》中描述了
2011年爆发的革命和社会运动。齐泽克更侧重于描述当代运动与资本主
义之间的关系。他将占领运动视为"工薪中产阶级"的反叛（同上，12），
是对"资本主义制度"的不满，是对把民主降低为代表权表示不满（同上，
87）。阿兰·巴迪欧（Alain Badiou，2012）认为，占领运动和当代其他
运动（如埃及和西班牙的"阿拉伯之春"运动）属于共享运动（the com-
mons）。诺姆·乔姆斯基（Noam Chomsky，2012）认为，占领是对"财富
巨大集中"的反应，这也产生了"政治权力集中"（同上，28–29）。大卫·哈
维（2012）认为"占领"是一场想要收回城市公共空间的城市运动。

在齐泽克（Žižek，2012）、巴迪欧（Badio，2012）、乔姆斯基（Chomsky，

2012）和哈维（2012）看来，占领和其他的当代反叛都是街头抗议运动。因此，他们并没有讨论或提及"社交媒体"如"脸书"（facebook）、"推特"（twitter）或占领运动所创造并使用过的多种平台和工具（例如：全球广场（The Global Square）、Occupii and Riseup 等）。齐泽克（Žižek，2012）根本没有提及媒体，而巴迪欧（Badiou,2012,23）对此只说过一句话，他说，暴乱和革命总是利用媒体和通信设备："而且鼓声、火光、煽动性宣传单、跑遍大街小巷、轮流轰炸的文字、铃声长鸣——几个世纪以来，他们用这些方式以达到让人们瞬间聚集在某个地方的目的，就像今天的电子羊一般温顺听话。"乔姆斯基（2012,46）认为，动员公众的唯一途径是"走出去，到人们所在的地方去——教堂、俱乐部和工会"。他并不认为，相当大的一部分人会将白天的大部分时间花在互联网上，而不去讨论是否积极或消极的网络社交对行动主义有影响。大卫·哈维（2012，162）认为，"阿拉伯之春"革命和占领运动表明，"真正重要的是街头和广场上的尸体，而不是'推特'（twitter）或'脸书'（facebook）上的喋喋不休，那真的很重要。"

乔迪·迪安（2012）更加关注社交媒体的作用。她认为，在交往资本主义中，社交媒体本应该取代政治活动并创造点击式政治活动的虚幻世界，而事实上，它们是后政治的一种形式，这种后政治以"无传染性的传播"为基础（同上，127）。相反，占领运动将是"在街头上采取行动并支持某种行动"（同上，216），进而造成一些不便。因此，它将逆转社交媒体的后政治意识形态，并用真正的政治来替代它。占领本应"用支持占领运动的要求和旷日持久的实践来取代移动式的'点击主义'"（同上，233）。乔迪·迪安认为，当代叛乱属于社会反叛，而非特定方向的社交媒体叛乱：她认为社交媒体是意识形态的组成部分，她视社交媒体的使用为政治活动，但实际上它只是无害的伪政治。如今，占领运动解构了这种意识形态并以真正的街头政治取而代之。

（三）立场 3——二元主义：社交媒体一直是占领运动的重要工具，这一运动有着技术和社会原因

记者保罗·梅森（Paul Mason）谈道，新的叛乱包括占领运动"导致资本主义自由市场近乎崩溃，而这伴随着技术创新提高、个人自由欲望高涨以及人类关于自由含义的意识发生变化"（Mason，2012，3）。占领伦敦与英国反消减抗议有关，他们反对大学费用的增加，反对教育维护津贴的削减以及其他如住房补贴、残疾津贴和儿童保育津贴的削减。据梅森所说，这场运动涉及学生、处于贫困和不稳定状况下的青年以及工会。"临时合作"将会从"'脸书'（facebook）团体和维基百科……扩展到主要城市的公共广场"（同上，144）。

山姆·哈尔沃森（Sam Halvorsen，2012，431）提到，占领"以适当的位置为基础"，并运用"网络技术"以促进"分散通信"。

如前所述，哈特和奈格里（2012，"开放"）认为，当代起义有四个方面的原因：金融资本主义负债累累的杰作、信息技术媒介化的产物、安全机制证券化的产物以及政府腐败的体现（同上，第一章）。他们认为社交媒体是"占领运动"和其他当代叛乱活动出现的四个独立原因之一，同时，他们还认为不仅网络媒体和面对面交流在占领运动中发挥着重要的作用，且后者更为重要："'脸书'（facebook）、'推特'（twitter）、互联网和其他类型的通信工具确有帮助，但没有什么能够代取代人们聚集在一起的状况并进行实际的交流，这是总体政治智慧和行动的基础。在所有的占领运动中……参与者都体会了通过团结在一起的方式而产生新的政治影响的力量"（同上）。积极分子通过"真正的交流"会成为"非中介"，这种交流所需要的"营地"被理解为占领运动中的总体自我学习经验，而这些经验通过"讨论、争执、达成共识"最终创造出新的真理（同上，chapter 2）。

哈特和内格里（2012，chapter 3）认为，必须抵制对社交网络的管制和私有化以及对用户的刑事定罪。他们认为，"解放后的网络实际上是西班牙营地的主要组织工具，就像他们早些时候在地中海南部海岸的国家、以及在英国骚乱和占领运动的后期一样……因此，公众权力的组成部分与采用新媒体（蜂窝技术、'推特'（twitter）、'脸书'（facebook）和更一般的互联网）的组成权力的主题紧密联系在一起，都是民主和多元治理的实验工具。"

由于能够传播的网络化特征，哈特和奈格里似乎认为移动电话网络和在线社交媒体自身固有民主性和公众性。但他们忘了一点，移动电话网络、"推特"（twitter）、"脸书"（facebook）网并不是共同控制、运营和管理的，而是属于1%的公司的私有财产，其主要目的在于积累货币资本。如果这些网络技术是私有的，而不是共同的财产，就很难说是"解放的网络"。这种情况也将积极分子至于危险的境地：有各种各样的传闻说，在由西方公司制造和销售的监视技术的帮助下，巴林王国、埃及、伊朗、利比亚或者叙利亚积极分子的手机和网络通信受到监控（Fuchs，2012c）。因此，国家当局审讯、拷打、虐待和杀害积极分子。资本主义通信公司并不是为公众而战运动的天然盟友，因为它们把传播公地视为一种工具性的方式，其导向是利润责任和特殊的货币利益。想让传播成为一个真正的公众领域，就必须由人民控制，而不是由公司来协调。哈特和奈格里（2012，chapter 3）对当代运动使用的"表达和决策技巧"印象深刻，"如隔空握手或'推特'（twitter）握手"。他们忘了这种技术不仅服务于内部群体，而且服务于"推特"（twitter）的资本利益以及警察对监控什么运动有兴趣。公共空间的自治建设也需要建构超越媒体和互联网资本主义维度的传播共享空间。

（四）立场4——社交媒体和矛盾：一个辩证视角

我提出的一个理论模型是：作为忽略媒体和技术的社会整体主义、忽

视社会的技术还原论以及无视因果关系的二元论的替代物，认为反叛与
（社会）媒体之间的关系是辩证的：以矛盾的形式存在着。图 12.4 显示了
叛乱和媒体之间的辩证模型。

　　抗议的客观基础根植于社会矛盾，即产生经济、政治和文化性质问题
的统治形式。社会问题如果暂时持续下去且难以克服的话，就会产生（经
济、政治、文化或意识形态）危机 ⑥。危机不会自动地引发抗议，虽然抗
议的条件不充分，但危机却是客观和必不可少的。如果危机规模集中，且
互相影响，那么就形成了我们所说的社会危机。抗议的兴起需要大多数人
意识到社会问题的存在，意识到这些问题是无法容忍的丑闻，并且意识到
必须要做一些改变。实际的抗议和运动往往是被某些事件所触发并不断加
剧的。例如，美国民权运动中罗莎·帕克斯（Rosa Parks）被捕、2011 年
突尼斯革命中德穆罕默德·布瓦吉吉（Mohamed Bouazizi）被警察所杀、

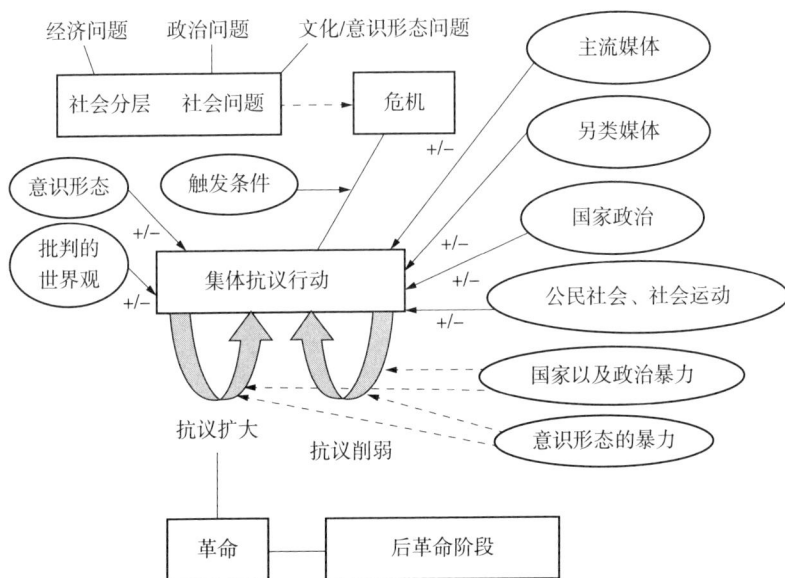

图12.4　抗议和革命以及危机、媒体、意识形态和政治作用的模型

纽约市警察局安东尼·博洛尼亚（Anthony Bologna）警官对积极分子使用胡椒喷雾以及在占领华尔街运动中大多数占领布鲁克林大桥的积极分子被捕。

更确切地说，卡斯特尔（Castells，2012）关注愤怒和希望情绪所起的作用——从危机到抗议的潜在过渡中发挥的作用。然而，主观看法和情绪不是唯一的因素，因为它们受政治、媒体和文化或意识形态的制约与影响。一方面是国家的政治、主流媒体和意识形态，另一方面是敌对政治或社会运动、另类媒体和另类世界观，这些都与人类主体联系在一起影响着抗议的条件。它们既可以扩大对抗议的影响也可以削弱对抗议的影响。例如，种族主义媒体报道可能助长种族歧视，且或媒体和当代社会本身就属于种族主义者的观点。我们生活在一个矛盾的社会中，所有媒体——社交媒体、互联网和所有其他的媒体——都是矛盾的。因此，它们的影响实际上是矛盾的：它们可能抑制或阻止抗议，或者扩大或助长抗议，或者根本没有多大影响。

另外，不同的媒体（如另类媒体和商业媒体）处于一种矛盾的关系之中，并彼此进行着权力斗争。而这些媒体不是影响抗议条件的唯一因素——它们与政治、意识形态或文化之间存在矛盾的关系，这种关系也影响着抗议的状况。因此，抗议是否发生是由多种因素决定的。这些因素太复杂，以至于无法计算或预测抗议是否会因某种危机而产生。一旦抗议发生，媒体、政治和文化会对其产生永久性的矛盾影响，而这些因素对抗议的影响是否相当中性、放大或减弱，尚不得而知。敌对社会的抗议要求警察采取行动，而且国家以其有组织的暴力形式对社会运动作出反应。国家对抗议的暴力和针对运动的意识形态暴力（以媒体、政治家和其他人非法攻击的形式）可能再次对抗议产生放大、抑制或微不足道的影响。

若是螺旋式上升的抗议，其范围可能越来越大，最终可能但未必爆发革命——经济、政治和世界观的崩溃以及根本的重建或复兴是由一场颠覆社会的社会运动所致。这场运动将革命的力量置于主要的经济、政治和道德结构权力和控制之下（见 Goodwin，2001，9）。每一次革命都会经历后革命阶段，在这一阶段社会的重建和复兴开始，但冲突和旧社会遗留的问题也会带来挑战。

在一个矛盾的社会中（由阶级冲突和占主统治地位的群体之间的其他冲突构成），社交媒体可能具有矛盾的性质：它们未必自动地支持或强化、或削弱或限制叛乱；相反，却存在着与国家、意识形态和资本主义的影响相矛盾的矛盾潜力。

三、占领运动中社交媒体使用的理论分类学

在"占领运动研究概览"（http://www.occupyresearch.wikspaces.com/）中显示，74.3％的调查对象表示，他们在"脸书"（facebook）、"推特"（twitter）或者其他社交媒体上发表了关于占领的帖子；18.3％的人表示，他们写了关于占领的博客日志，其中有 7.9％的人为其制作了视频；72.7％的人进行了关于占领问题的面对面交流。

表12.3　在一个月期间被调查的受访者使用各种形式媒介获取占领消息所占的份额

媒体	使用
口口相传	76.1％
"脸书"（facebook）	73.2％
占领运动网站	71.2％
电子邮件	66.6％
YouTube	62.1％

续表

媒体	使用
国内或国际报刊	58/7%
地方报刊	55.3%
博客	55.2%
直播视频网站	53.6%
占领营地讨论	46.9%
国家或国际电视	46.3%
国家或国际电台	45.1%
地方电台	43.2%
地方电视	38.9%
"推特"（twitter）	35.8%
Tumblr	19.1%
聊天室、互联网中继聊天（IRC）	15.7%

资料来源：占领运动研究概览

上表为一个月之内，受访者为了获得占领运动的消息至少使用过一次特定的消息渠道的程度。结果显示，占领运动以各种各样的形式进行交流：面对面交流、互联网和传统大众媒体。口口相传是获得占领运动消息最常用的方式。与报纸、电视和广播相比，社交媒体和互联网对于占领积极分子而言是更为流行的消息来源。相比独立的社会运动媒体（占领运动网站、直播流媒体），商业平台（尤其是"脸书"（facebook）和美国视频网站）更多地被用作新闻来源。

一个重要的理论问题是如何对社会运动的媒体使用进行最佳分类。要做到这一点，就需要一种信息理论可以区分三个基本的社会性概念，如涂尔干的社会事实、韦伯的社会行动或社会关系、马克思和费迪南德·特尼尔斯（Ferdinand Tönnies）的合作观念等，这些概念可以纳入人类社会活动的模式并应用于"社交媒体"（Fuchs，2010d）。假设知识是一个由认知、交流和合作构成的三重动态过程（Hofkirchner，2010；Fuchs and

Hofkirchner，2005）：认知是交流的必要前提，也是合作得以产生的前提
条件。或者换句话说：为了合作你需要交流，为了交流你需要认知。你需
要认知，认知涉及单个个体知识积累的过程。这些过程在涂尔干社会事实
意义上具有社会性，因为人类存在于社会中，因此社会关系塑造了人类
的知识（Fuchs，2010d）。人类只有通过与其他人建立社会关系才能生存，
他们在这些关系中交换符号——他们相互交流。这与韦伯的社会关系理念
相对应（同上）。人在每一种社会关系中都将其知识的一部分外化。因此，
这种知识影响到其他人，这些人改变了他们的部分知识结构，并将他们自
己的部分知识外化，从而导致了第一个人知识的分化。一定数量的交流不
仅仅是零星的，而且是在时空中持续进行的。在这种情况下，交流有可能
导致合作，产生新的品质、新的社会制度或新的社区，共同拥有归属感。
这是合作劳动和社区层面，其以马克思的总体劳动概念和特尼尔斯（Tön-
nies）的社区概念为基础的（同上）。

　　信息（认知）、交流与合作是三种嵌套的、完整的社会性模式。每一
种媒介都可以在一种或多种意义上具有社会性。所有的媒介都是为人类提
供信息的信息技术。这些信息作为一种塑造思维的社会事实步入人类的知
识领域。信息媒介有书、报纸、期刊、海报、传单、电影、电视、广播、
CDs 和 DVDs 等。有些媒体也是传播媒介——它们能在人类的社会关系
间进行循环的信息交换，例如恋爱关系中的信件、电报和电话。

　　网络计算机技术是一种能够实现认知、交流与合作的技术。这种媒介
的经典概念仅限于认知和交流的社会活动，而传统的技术概念则局限于机
器（如传送带）辅助下的劳动和生产领域。计算机技术和计算机网络（如
互联网）的兴起使媒体和机器得以融合——计算机支撑认知、交流与合作
劳动（生产）；计算机是一种经典媒介，同时也是一种经典机器。它集信
息生产、分配（传播）和消耗于一体——你只需使用一种计算机网络工具

就能实现这三个过程。与其他媒体（如新闻、广播、电报、电话）相比，计算机网络不仅是信息和通信的媒介，而且也是信息的合作生产工具。社会运动媒体可以根据他们使用的信息水平进行分类，这样就可以区分认知、交流与合作的"网络抗议"（Fuchs，2008，Seefion 8.5）。

表 12.4 占领运动社交媒体使用的分类学

	商业平台	非商业平台
认知	社会新闻服务红迪网上的占领华尔街页面（http://www.reddit.com/r/occupywallstreet/）；Tumblr博客我们是 99%（http://weare-the99percent.tumblr.com/）	实时视频流（http://occupystreams.org）；http://occupywallst.org：基于新闻、抗议地图以及如何占领指南的博客；http://occupylondon.org.uk：基于新闻、实时视频流和播客（占领电台）的博客；报纸（例如，《占领时报》；《被占领的华尔街报》）；新闻服务（例如，占领新闻网，occupy.com，占领故事）；事件日历；http://occupii.org/ 上的实时视频流；http://www.occupy.net/ 上基于占领指南、事件地图、占领分类以及占领运动目录的地图
交流	"推特"（twitter）（例如，@OccupyWallSt，@OccupyLondon，#OccupyWallstreet，#OWS，#OccupyLSX，#OccupyLondon，#olsx）	聊天（http://occupystreams.Org）；聊天和讨论论坛（http://occupywallst.org/），Riseup（http://www.riseup.net；聊天、电邮和邮件列表）；相互占领远程电信会议（http://interoccupy.net）；占领谈话语言聊天（www.occupytalk.org）
合作	"脸书"（facebook）（例如，一起占领：(https://www.facebook.com/)，占领华尔街、占领伦敦证券交易所：(www.facebook.com/Occupylondon))；"脸书"（facebook）应用程序占领网络（http://www.occupynetwork.com/），一起占领聚会网（http://www.meetup.com/occupytogether/）	SNS 全球广场、SNS 占领（http://occupii.org/）；SNS N-1（https://n-1.Cc）；SNS 离散的犹太人 *（https://joindiaspora.com/）；占领维基（http://wiki.occupy.Net）；占领 Pad（http://notes.occupy.net/）

占领运动充分利用网络抗议所有的三个方面。它既利用了现有的商业媒体（"红迪"、"推特"（twitter）、"脸书"（facebook）、"聚会"网站），还利用了另类的、非商业、非营利媒体(例如全球广场、占领网、起义网、离散的犹太人、N-1)。表12.4给出了占领华尔街和占领伦敦的在线媒体在其网站上的总体分类，并综述了与占领华尔街和占领伦敦有关的网站的网络媒体分类。

占领华尔街网站为 occupywallst.org，该网站以博客形式发布新闻，并可以进行评论；来自不同国家和地区（占领流）的实时视频流（occupys-treams. org）的集合，每一种视频流都伴随着一次实时聊天；一张与正在进行的占领运动链接的地图；运动媒体、社交媒体工具、文件、纪录片和其他资源；"如何占领"指南以多种语言解释不同的运动策略和做法；讨论论坛；聊天；定位正在进行的占领的全球地图；链接到该运动的"推特"（twitter）账号 @OccupyWallSt（2012年10月2日有大约17.3万名追随者），这个账号建议采用两个标签，分别为 #OccupyWallstreet 和 #OWS；链接到社交新闻服务红迪网站上的"占领华尔街"网页；还有一个链接到"脸书"（facebook）网上的一起占领网页（www. facebook.com/OccupyWallSt，2012年12月2日有41.2万条赞）。

占领伦敦网站为 occupylondon.org.uk，包括一个链接到占领伦敦的"推特"（twitter）账号 @ OccupyLondon（2012年10月2日有大约3.65万名追随者）；还有一个链接到"脸书"（facebook）网页的占领伦敦证券交易所（www.facebook.com/occupylondon，2012年10月2日大约有4.5万名追随者）；一个有可能主张新活动以及有可能提交提案和提出问题供大会讨论的事件日历；一个可以发表评论的博客；一个可以相互联系的注册用户目录；几个直播视频流的链接；"占领电台"的播客；《被占领时报》（这是该运动的月报，可以在线提交稿件）；链接到占领运动新闻网、图片和视频，以及各种工作组的目录（如网站开发、财务、经济、内部沟通、公司、出版社、占领时代等）。

一般来说，诸如占领华尔街、占领伦敦和社会运动网络媒体使用网站都有三个维度。**首先**，占领运动社交媒体使用的**认知维度**。例如，这包括在线新闻、博客、消息、图像、视频、视频直播流、广播流和播客、占领地图、指南、"脸书"（facebook）网页、红迪新闻、活动日历和报纸《占领时报》。相互占领（interoccupy.net）是一个安排和组织电话会议的平台，它允许积极分子讨论和规划抗议活动及运动。占领网站（www.occupy.net/）提供了一张基于占领指南的地图、一张事件策划图、占领分类表、占领运动目录以及链接到合作工具的占领维基网（wiki.occupy.net）和占领笔记网（notes.occupy.net）。占领媒体的认知维度层面还包括在线报纸（例如《占领时报》，http://theoccupiedtimes.org/，以及《被占领的华尔街报》），还有新闻服务，例如占领新闻网、占领故事和占领网（Occupy.com）。

占领新闻网（occupynewsnetwork.co.uk）以文本新闻、在线文章提交和一定程度上伴随着在线聊天的四大视频直播流（ONN、OccupyLSX、全球革命节目和Timcast）为特点。它将自身描述为"全球占领运动的信息、新闻和评论的宝库，以及'印度政要'、'匿名者'和'阿拉伯之春'等世界革命的同人……ONN让你了解全球革命的最新发展，在这里你可以看到'占领运动'抗议的现场直播，或者查看之前行动的档案录像。我们设立了一个刑事调查股，以揭露警察的暴行和滥用法律；请你上传警察暴行的录像并送交你的证人证词；我们的媒体是我们反对政治压迫的最有力的辩护者。我们发表有关'占领'和全球革命的文章和评论，并致力于通过揭露谎言和偏见来追究主流媒体的责任"（占领新闻网，co.uk/onn/About-us-2）。

占领故事（occupiedstories.com）是另一个占领新闻服务网站。它把自己描述成一个"分享故事的平台，认为主流媒体声称的公平和客观既是虚假的，也是不现实的——没有一个故事是客观的，而仅仅是一个观点而已……我们的使命是鼓励对盲目接受进行批判性的反思，并放大占领运动前线的声音"（occupiedstories.com/about）。占领网站（Occupy.com）也是一家新闻服务公司：它是"可以放大占领声音的新媒体通道。我们利用媒体呼唤社会、经济和环境的公平正义。我们鼓励反抗、交战和创建一个我们设想的新世界"。它也是"对各种类型的创造者的公开邀请：记者、音乐家、摄影师、画家、电影制作人、诗人、游戏开发者、漫画家、播客——各种题材、形式和风格。我们正在努力成为一个开放的平台，每个人都可以在这里发帖子，每个人都能当家作主"（www.occupy.com/about）。

"占领新闻网""占领故事"和"占领网站"都具有作为公民媒体的特征，它们允许公开提交内容、质疑主流媒体、偏袒被压迫者以及具有非商业性和非营利性质，这是另类媒体的典型特征（Atton，2002；Fuchs，2011 a，chapter 8；Sandoval and Fuchs，2010）。

在占领环境下，网络抗议具有**交流维度**。例如，它以博客评论、讨论论坛、聊天、"推特"（twitter）配置文件和标签、"脸书"（facebook）网页和红迪新闻评论为特色。起义网（www.riseup.net）"为致力于自由社会变革的人们和团体提供网络交流工具"（聊天、电子邮件、邮件列表），起义网是由捐款资助的，通信是加密的，不存储 IP 地址，因为起义网反对"监视社会兴起"（help.riseup.net/de/security），并认为"运动组织控制而非企业或政府控制基础通信设施是至关重要的"（help.riseup.net/de/about-us）。这个项目致力于通过"反对资本主义、反对其他形式压迫而进行斗争的联盟提供通信和计算机资源"，它希望"帮助建立一个自由的社会，一个免于匮乏和言论自由的世界，一个没有压迫或等级平等分享权力的世界"（同上）。占领对话（www.occupytalk.org）使用开源语音通信软件

MABLEM，以便占领积极分子能使用语音聊天达到组织的目的。

第三，占领运动的网络抗议具有**协作或合作维度**。合作包括协作工作（马克思）和社区（特尼尔斯）。在占领运动中这两个维度通过维基百科（协作式工作）和社交网络站点（社区）得以体现。

Tumblr 是一个商业摄影博客平台。其口号是"我们就是那 99％"（wearethe99percent.tumblr.com），这是一个以占领运动的图片为特色的博客群，在这里，它们展现了各自原创的标志，解释了为什么它们是 99％的一员。"让我们知道你是谁。你手里拿着一张描写自己处境的标牌照张照片——例如，'我是一个欠债 2.5 万美元的学生'，或者'我需要手术，而且如果我好了，我首先要考虑的不是我如何才能负担得起手术费'。在这些话的下面写上'我就是那 99％'，再下来就写'occupywallst.org'"（wearethe99percent.tumblr.com/submit）。

Wiki.occupy.net 是一个协作编辑的维基百科，它提供了与占领运动有关的事件、计划、运动和知识。而且，每个人都可以对其进行编辑。

"一起占领聚会"（www.meetup.com/occupytogether）是聚会平台上的一个域名，积极分子可以通过这个网站安排日程并参加当地的占领集会。"脸书"（facebook）网应用软件（APP）占领网（www.occupynetwork.com）旨在"帮助将'脸书'（facebook）上所有本地组织活动联系在一起并发展壮大"。它展示了与占领运动有关的"脸书"（facebook）网页、群组织、用户、讨论组以及推文。它代表了"占领运动"社会媒体使用的商业社区层面，但也有一些与占领相关的非商业平台。

全球广场（The Globol Square）是一个捐助的非商业非营利的社交网络站点。它"尊重个人隐私、尊重公共组织和行动的透明度。作为一种社交环境，我们在提倡开放性交流的同时，保障个人享有高度的隐私权。我们支持个人享有集会权、联谊与合作权以及选择做事方式的权利"。"全球

广场的目的在于保持和弘扬占领运动的创造与合作精神，并在全球范围内
以及每一个地方层面上将这种精神转化为社会组织的永恒形式"。对占领
运动来说，"脸书"（facebook）和"推特"（twitter）太过局限："'脸书'
（facebook）和'推特'（twitter）在传播基本信息和帮助大规模动员方面
非常有益，但它们并没有为我们提供工具，使我们的参与性决策模式超越
大会的直接集会的范围，以至延伸到全球。它们也没有为我们的工作组提
供项目管理工具"。但该网站被视为线下会议的补充性工具："在这方面，
这个平台的目的与其说是替代线下会议倒不如说是为地方和（跨国的）国
家之间的组织与合作提供网络工具。"政府的一个基本目标就是"没有审
查的新闻"。

占领网（http://occupii.org/）是一个非商业性的、非营利的社交网站
和视频直播平台，其资金来源是与占领运动有关的捐款。2012 年 10 月
24 日已有 5294 名成员。该项目建立在主流媒体操纵和审查公共领域的信
念之上："独自一人不可能希望与'主流媒体'这类庞然大物相抗衡。但
是，我们可以一起使那些愿意并且能够成为网络社区的眼睛和耳朵的人这
样做。……我们已经看到通过各种手段包括使用严厉的立法对抗议者进行
镇压，特别是在今年建立了一个警察国家。**我们知道主流媒体腐败不堪。**
这种情况在 2012 年间更为普遍。我们不能依靠 MSM 提供任何可靠、公
正的报道。……我们希望组建一个由两个部分组成的专门的直播团队：第
一，一个由 4 人组成的'现场'团队，3 个独立的实时流媒体背包，可以
从许多事件和相同事件的各个不同角度进行连续拍摄，也可以创建事件与
网络社区之间的关系。第二，组建一个包括制片人、编辑、美术设计员与
作者在内的'线上'队伍和一个'后勤'队伍以便为'地面'队员提供帮
助。……这 3 款背包的总成本约为 1700 英镑（2740 美元）"（occupii.org/
page/donate）。服务期限相对较短（2012 年 10 月 24 日，1004 字），也不

包含任何关于广告数据使用的条款。

社交媒体在社会运动中所扮演的角色也需要进行实证研究。我曾进行过一项调查，约有 400 名"占领运动"积极分子分享了他们对社交媒体在该运动中所扮演角色的看法和评价，并提供他们在抗议活动中使用媒体的信息，调查结果已发表在《占领媒体！危机四伏的资本主义世界中的占领运动和社交媒体》一书中（Fuchs，2013）。这本书的基本思想是，在革命和抗议中有很多关于社交媒体的说法，但如果不系统地询问和研究他们的经验、观点，我们就无法找出社交媒体的真正作用。这种实证研究需要建立在社交媒体理论、政治学和数字劳动理论的基础之上。

第五节　结论

大卫·格莱博（David Graeber，2012）从一开始就参与了"占领华尔街"运动，并帮助打造了"我们是 99%"的口号，描述了"占领华尔街"的起源和发展。他从《广告克星》那里援引了一封由弥迦书·怀特（Micah White）写的电子邮件，邮件上怀特写道，《广告克星》认为自己是在传播占领的想法，而不是组织者，因为当地需要当地人民的组织者（同上，33）。格莱博说，当地组织工作始于 2011 年 8 月 2 日在鲍林格林公园举行的一次积极分子会议(同上，25—32)。这表明，尽管《广告克星》通过视觉、文字和网络媒体传达了一种想法，但当地的组织是实现"占领华尔街"的关键一步。因此，这场运动不能算是网络组织下的运动。格莱博（2012，32，34）描述了工作组是如何成立的，其中包括一个建立电子邮件列表的通信小组和一个公共关系小组。格莱博对"占领华尔街"运动的描述表明，

组织抗议需要进行积极分子面对面的会议和联系。抗议不是由网络创造的
而是通过积极分子彼此相互联系与交流的社交关系而形成的。在这个过
程中，他们尤其用到了电子邮件列表作为保持联系的通信工具。在 2011
年 9 月 17 日抗议事件的报道中，发现实时流媒体和微博尤为常用（同上，
43—50）。

　　格莱博的解释似乎代表了本书中所提出的理论立场：人们应该避免过
度强调和低估媒体技术在当代社会运动中的作用，革命和叛乱不等于"'推
特'（twitter）革命"或"'脸书'（facebook）叛乱"。集体政治行动需要沟通。
统计和观察表明，面对面的交流、商业和非商业的在线社交媒体和主流媒
体在占领运动中发挥了一定的作用。

　　我建议人们从社会运动角度以矛盾范畴来思考媒体：媒体对社会运动
没有单一的、明确的影响，而是可以产生相互矛盾的多重效应。媒体对社
会运动的影响与其说是模糊不清的、多维度的，倒不如说是互相矛盾的多
方效应。既有商业媒体还有另类媒体，我们需要考虑这些媒体之间存在着
什么样的关系。

　　格莱博（2012，55—58）认为，媒体在"占领华尔街"的报道中有
两个特定的角色：(a) 直播视频流、移动电话摄像头。YouTube、"脸书"
（facebook）和"推特"（twitter）被用来传播关于警察暴力的图像和视频，
如纽约警察局（NYDD）的安东尼·博洛尼亚（Anthony Bologna）警官用
胡椒喷雾对待两名女性积极分子的视频或者约翰·派克（John Pike）中尉
将胡椒喷雾对准坐在戴维斯加利福尼亚大学校园的非暴力积极分子。(b)
国际大众传媒，尤其是半岛电视台（AI Jazeera）和《英国卫报》（*Guar-
diam*），以相对同情的方式报道了"占领华尔街"运动。例如，半岛电视
台播送了关于警察暴力事件的视频。与此同时，主流媒体尤其是福克斯
（FOX）电视台试图将"占领华尔街"描绘成混乱、暴力、犯罪和对公众

构成威胁的行为。虽然网络媒体在记录警察暴力事件方面起着重要的作用，但在为运动创建一个相对积极的公共形象方面还远远不够。因此，为达到广泛的公众效应，需要主流媒体的大力支持。在占领运动中，右翼大众媒体（FOX）与许多先进的主流媒体（"《英国卫报》"、半岛电视台）之间矛盾重重。

因此有迹象表明，网络媒体一方面与某些主流媒体（半岛电视台、《英国卫报》）保持着友好的关系，后者从社交媒体获取图片和视频，并将其传播给更广泛的受众，另一方面是一种相互冲突的关系。

例如：2011 年 9 月 19 日，另类新闻服务："今日民主！"（Democracy Now！）报道了"占领华尔街"⑦。这些报道以积极分子为中心，并为玛丽·埃伦·马里诺（Mary Ellen Marino）这样的活动家提供发声的机会，她在接受采访时说："我来是因为对华尔街的救助无助于任何持有抵押贷款的人。所有的钱都流向了华尔街，而没有一笔钱流向普通民众。"演播室的嘉宾是大卫·格莱博和内森·施耐德（Nathan Schneider）（"发动非暴力运动"博客的编辑）。2012 年 10 月 18 日，一位名叫约翰·派克（John Pike）的警察将胡椒喷雾对准静坐在戴维斯加利福尼亚大学校园的非暴力抗议学生群体。这件事被拍成视频并上传至 YouTube 网站上⑧。匿名黑客组织找到了约翰·派克的私人信息，并将这些信息连同视频一起上传到 YouTube 上。一段时间后，YouTube 删除了这段视频，并声明"由于托马斯·福勒（ThomasFowler）的版权要求，这段视频已不再可用"。FOX 还报道了 10 月 21 日胡椒粉喷雾袭击攻击事件。比尔·奥莱利（Bill O'Reilly）和梅根·凯莉（Megyn Kelly）讨论道："首先：胡椒喷雾剂……本质上来说，它是一种加工过的食品 …… 警察只想让学生离开那个地方，停止阻塞他们正在阻塞的东西……你知道的，他们摆出静坐抗议的姿势，学生抗议的姿态，这是一种犯罪行为…… 似乎学生未能得到驱

散……警察局已被安排行政休假，对吗？为了秩序，那样不好吗？"⑨从
积极分子的采访中摘录信息，将这些信息与从电影和尤其关注一名曾呼吁
大麻应该合法化的积极分子身上摘录的信息缠绕在一起，并对信息进行高
度的编辑，就得到福克斯新闻频道上的一篇报道，该报道称占领者是一群
傻瓜。⑩

　　这个例子向我们展示了以下几个观点：不同的媒体以其独特的方式与
社会运动发生着联系。而如"今日民主！"这样的另类媒体倾向于分享积
极分子的处境并给予他们表达自我的空间。相比之下，如福克斯新闻频道
这样的右翼主流媒体试图展现社会运动的另外一面，通常把运动描绘成愚
蠢、暴力和无计划无策略的行为，而对警察的暴力行为表示同情。在这个
平台上，积极分子很少有表达他们观点的机会；该平台以允许嘲笑讥讽这
些运动的方式来操控和编辑采访内容。在占领这种情况下，"今日民主！"
和福克斯以矛盾的方式与这些运动发生联系。冲突与矛盾不仅存在于不同
类型的媒体之间，还存在于具体的媒体组织之间。这些关系是由权力塑造
成型的：然而，"今日民主！"网站访问量排名世界第 17369 位，而福克斯
新闻（FOX NEWS）的访问量排名第 156 位（alexa.com，2012 年 10 月 2 日）。
互联网的知名度和受众的影响力是沟通能力的重要方面，与媒体的预算和
声誉有关。以广告为基础的商业媒体具有优势，而依赖捐赠和基金会的
非商业媒体则面临着沟通上的不公平。2011 年 11 月 18 日⑪这段上传到
YouTube 上的视频截至 2012 年 12 月 2 日（09：05 GMT；= a period of
380 days），访问量达 1787720 次，平均每天的访问量为 4704 次。与此相
比，FOX NEWS 在黄金时期每天的访问量多达 190 万次⑫。这就意味着，
与一位市民记者一年内上传至 YouTube 网站的剪辑相比，FOX NEWS 一
天内能接触更多的观众。实际结果是 FOX NEWS 所播放的右翼评论以及
被操纵的视频与以积极分子为导向的"今日民主！"的报道以及 YouTube

网站上未加评论的拍摄镜头相比，FOX 关于占领运动的收视率更高。这种情况表明，媒体与社会运动的关系是由嵌入在权力结构和权力不对称中的矛盾所决定的。替代媒体和另类观点在资本主义中媒体景观结构中处于不利的地位，并且面临结构性的传播不平等。

占领运动媒体使用分类的发展表明，这一运动使用各种类型的在线社交媒体（认知，交流和合作的网络抗议媒体）。它们要么具有公司性质，要么具有非商业性质。例如，占领运动使用的已建立的主流平台为"脸书"（facebook）、"推特"（twitter）、"红迪"、微博客以及集会。这些平台的共同之处在于，它们为积累资本而运用定向广告，将用户数据商品化并剥削数字劳动。占领运动所使用的另类网络平台包括占领新闻网络、国际占领网、占领对话、全球广场、占领网、N-1 以及 Diaspora。从某种意义上说，这些平台是以非商业和非营利为导向的，这意味着它们不会受到资本积累的压力。**它们是工人阶级的社交媒体，因为它们是由直接用户集体拥有和控制的。这些媒体上的活动不是数字劳动（这是被剥削的），而是数字工作。占领运动既使用企业性质的社交媒体又使用工人阶级的社交媒体。**占领中的工人阶级社交媒体与占领运动有着最直接的联系，它们掌控在积极分子的手中。它们将自己与占支配地位的企业媒体区分开来，并与其有冲突。例如，占领故事将自己描述成一个"故事分享平台，认为主流媒体声称公平和客观既是虚假的，也是不现实的"（occupiedstories.com/about）；占领新闻网络（Occupy News Network）表示其工作是"通过揭露谎言和偏见来追究主流媒体的责任"（OcyNewsnetwork.co.uk/onn/About-us-2）。

对保罗·格尔鲍多（Paolo Gerbaudo，2012 年）进行的访谈表明，"脸书"（facebook）主要用于接触更广泛的公众，而"推特"（twitter）则是一种内部协调和沟通的工具。第一种策略是在"脸书"（facebook）拥有超过 10 亿用户的情况下，占领运动积极分子似乎觉得这很有吸引力，因

为"脸书"（facebook）上可能会有大量的潜在公众。在内部沟通和协调
方面，没有明显的理由说明为什么"推特"（twitter）会被如此强烈地使用，
且不是一个非商业性的替代工具。

使用商业互联网平台进行内部和外部交流的社会运动存在一定的风
险。2012 年 9 月，"推特"（twitter）遵循一项法院命令，交出了有关马尔
柯姆·哈里斯（Malcom Harris）使用"推特"（twitter）的数据（电子邮
件地址、帖子等）。马尔柯姆·哈里斯因扰乱社会治安行为遭到控告，并
于 2011 年在布鲁克林大桥占领抗议中被捕。"检方表示，哈里斯通过'推
特'（twitter）账号 @destructuremal 发布信息，可以显示被告是否知道自
己正在违反与示威有关的警察命令"（卫报在线报道，"'推特'（twitter）
遵从检察官命令交出占领运动积极分子的推文"，2012 年 9 月 14 日）。

御用律师约翰·库珀（Cooper John）在这方面警告说，警方正致力
于监控积极分子使用社交媒体的情况："警方已经意识到并越来越意识到
有权力强迫和迫使平台披露匿名网站……积极分子将自己置于更大的危险
境地。警方会跟踪重要的'推特'（twitter）网点，不仅有积极分子的网
点，还有其他有趣人物的网点。他们知道怎样使用'推特'（twitter）和
暴乱分子保持联系，也知道怎样找到同伙……就像他们一时来兴试图监
控手机一样，他们对'推特'（twitter）和'脸书'（facebook）也采取了
同样的做法。那些活跃在社交媒体上的人会发现，他们正在做的与'推
特'（twitter）以及'脸书'（facebook）所做的一样"（《独立报在线》，积
极分子警告人们，注意他们所说的"社交监控成为执法中的下一个重大事
件"，2012 年 10 月 1 日）。"检察官表示，那些无法再从网络获得的推文
可以证明，哈里斯（Harris）知道警方已经告诫过抗议者不要在街上逗留"
（《赫芬顿邮报》："'推特'（twitter）一定创作了占领运动抗议者哈里斯的
推文，否则会被蔑视。"2011 年 11 月 9 日）。数据交给警方监管既是"推

特"（twitter）也是"脸书"（facebook）的使用规定。在"推特"（twitter）和"脸书"（facebook）的使用方面规定，有权将用户数据上交给警方："如果我们认为遵守法律、法规或法律要求是合理必要的，那么我们就会保存或透露你的信息"（"推特"（twitter）隐私政策，2012 年 5 月 17 日版本）。"如果我们有足够理由相信法律要求我们这么做，我们便应法律要求(搜查证、法院的指令或传讯)，访问、保存并共享你的信息。……当我们拥有足够的理由时，我们会访问、保存并共享你的信息，这么做是为了侦查、阻止和处理欺诈分子与其他违法活动；为了保护我、保护你以及保护包括部分调查对象在内的其他人；为了避免死亡或即将发生的身体伤害"（"脸书"（facebook）数据用户政策，2012 年 6 月 8 日版本）。激进分子控制的平台犯罪风险较低，因为他们与"脸书"（facebook）和"推特"（twitter）创建者的激进主义没有距离。任何人都不能假设，"推特"（twitter）或"脸书"（facebook）从未视占领为危险的行为，也不能假设，它拒绝让警察使用用户数据。

马克·扎克伯格（Mark Zuckerberg）是世界上第 35 位最富有的人（175 亿美元；《福布斯》2000，2012 年），2011 年"脸书"（facebook）网实现了超过 10 亿美元的利润（"脸书"（facebook），表格 S-1，注册声明）。依据占领逻辑，很明显扎克伯格就是那"1%"的人。但是，一个人为什么要相信一个自我定义的敌人呢？企业社交媒体将定向广告作为它们的资本积累模型；他们把用户生成的个人数据（简历）、用户的社交网络、兴趣和浏览习性都视为商品（Fuchs，2010d）。这种商品化过程与内容无关："脸书"（facebook）网、YouTube 或"推特"（twitter）上的用户可以一方面讨论世界革命，另一方面讨论流行音乐、电影和新发型，这对其本身来说并不重要。所有这些信息都是用于向广告客户出售定向广告空间的工具。这场革命不可能是"推特"（twitter）革命，但革命肯定被商品化了。通过使用"推特"（twitter）、"脸书"（facebook）网、YouTube 和其他企业社交媒体，积极分子帮助企业积累资本；他们提高了 1% 人的利润，却违背了拿走 1% 人财富的目标。在社会经济平等的背景下，非商业平台显然为占领运动积极分子带来了好处。

在埃及革命的最前线，"脸书"（facebook）网群"我的名字叫哈立德·穆罕默德·赛义德（Khaled Mohamed Said）"被"脸书"（facebook）网以侵犯版权为由拦截（Ghonim，2012，113）。另外，由社交媒体积极分子韦尔·戈尼姆（Wael Ghonim）所管理的"脸书"（facebook）网群"我叫哈立德·萨义德"也被屏蔽（同上，117）。在管理员调查之后，"脸书"（facebook）网回应说，管理这个群的账号是伪造的（同上，118）。由于公众和媒体的压力，24 小时之后该群再次被建立。在这个例子中，"脸书"（facebook）网持有的观点是——在一个反对派遭受酷刑和杀害的国家，参与组织抗议活动的"脸书"（facebook）政治团体——不应由假账户操作，而只能由实名制账户操作——这是特别引人注目和奇怪的，因为它完全忽视了积极分子的恐惧。他们冒着生命危险，可能被发现、折磨甚至被杀害，并因此需要保持匿名。

只有依靠使用另类媒体才有政治和道德上的好处，但同时也有不利之处：为了接触更广泛的公众，就需要跳出积极分子的社区和媒体，这样能让大量的用户或观众浏览到内容。在互联网上，基于广告的企业社交媒体比非商业媒体更有能力投资于推广平台使用和开发新功能。因此，另类在线社交媒体面临着固有的知名度不平等："脸书"（facebook）网是世界上访问量排名第 2 的网站、You-Tube 第 3、"推特"（twitter）第 10，而占领网站排名第 795476、N-1 排名第 358909、犹太人大流散网排名第 51279。商业媒体的主要收入来源为广告或者文化销售，而非商业媒体依靠的是志愿工作或捐赠。我们现在处于资本主义社会，另类媒体在战略上处于劣势。对于"占领运动"来说，这意味着它的媒体使用受到难以驾驭和管理的多重矛盾的影响。

社交媒体在"占领运动"中的作用是极为矛盾的：自由派和保守型大众媒体的报道之间存在对立；面对面沟通、在线媒体和传统大众媒体之间存在的对立；另类非商业性、非利润性社交媒体与采用定向广告的商业、利润导向媒体之间存在的对立。

数字劳动被嵌入到全球价值链的创造之中，这根链条上涉及多种形式的劳动：奴隶采矿劳动、高度剥削的硬件装配劳动、高压力的软件工程劳动、泰勒式和家庭主妇式的服务劳动以及无偿产消劳动。这些劳动形式是信息和通信技术（ICT）用户所看不见的。因为商品将自己作为物呈现给消费者，并隐藏和匿名根本的社会劳动关系。数字媒体是由全球商品拜物教和各种形式的数字劳动剥削形成的。打破数字媒体的商品地位和商品拜物教意味着构建基于数字工作所创造的公有逻辑的工人阶级数字或社交媒体。

互联网正处在一个十字路口：它可以发展成一个更加商业化和商品化的系统，嵌入到资本主义的对抗之中，并推进各种形式的剥削和由此产生的不平等；也可以发展成一个由日常用户共同创造和控制的工人阶级的互联网。创造这样一个互联网只在斗争中才能实现，它需要一个新的工人阶级。基于公有的互联网将是一种真正的社会媒介，它不同于企业互联网是由社会生产和私人拥有的，前者是共同生产、再生产和共同控制的。

注释：

①"国际用户会在 BBC 提供的在线服务上看到广告。这些广告由英国广播公司全球有限公司商业部门提供和提供。"（BBC 在线服务用户使用条款，http://www.bbc.co.uk/terms/personal.shtml，2013 年 8 月 8 日访问）

② https://www.joindiaspora.com/（2012 年 11 月 18 日访问）。

③ https://n-1.cc/（2012 年 11 月 18 日访问）。

④ 三个月的使用访问量：43.284％的互联网用户（alexa.com，2012 年 11 月 18 日访问）。全世界互联网用户量：2405518376（http://www.internetworldstats.com/stats.htm，2012 年 11 月 18 日访问）。

⑤ 三个月的使用访问量：0.00376％的互联网用户（alexa.com，2012 年 11 月 18 日访问）。

⑥ 当然，也存在可能威胁人类生存的生态危机，就社会理论而言，问题在于自然如何与社会联系在一起。为了生存，人类必须进入与自然的循环。他们必须对自然的各个部分进行适当的调整，以产生满足社会需要的使用价值，这意味着自然与社会直接相互作用的过程是在经济中产生的。因此，我们不单独区分生态危机，而是把它们看作是经济危机的一个具体亚形式。

⑦http://www.democracynow.org/2011/9/19/occupy_wall_street_thousands_march_in（2013 年 7 月 9 日访问）。

⑧Original URL:http://www.youtube.com/watch?v=BjnR7xET7Uo（已经下线）。

⑨http://tpmdc.talkingpointsmemo.com/2011/11/fox-news-on-uc-davis-pepper-spraying-its-a-food-product-essentially.php?ref=fpnewsfeed（2013 年 7 月 9 日访问）。

⑩http://www.youtube.com/watch?v=Zd8o_yqqo9o（2013 年 7 月 9 日访问）。

⑪http://www.youtube.com/watch?v=6AdDLhPwpp4（2013 年 7 月 9 日访问）。

⑫http://stateofthemedia.org/2012/cable-cnn-ends-its-ratings-slide-fox-falls-again/（2013 年 7 月 9 日访问）。

第十三章　数字劳动关键词

绝对剩余价值的生产：绝对剩余价值生产是资本家用来赚取更多利润的一种策略，即雇员为一定薪水履职工作时间的延长。马克思把这种策略也叫作资本对劳动的形式吸纳。

抽象和具体劳动：劳动具有两重性：抽象劳动和具体劳动。抽象劳动创造**商品的价值**，具体劳动创造商品的**使用价值**。具体劳动创造商品作为一个有用物品的特征，而抽象劳动创造商品的**价值**维度，使其成为可以实现货币利润的经济交换对象。**资本主义**的价值和抽象劳动是劳动和商品的主要方面：资本主义是一种制度，力求把一切变为商品（商品化），使之成为抽象劳动的对象，并能与**货币**交换以产生利润。在资本主义社会如果没有**交换价值**，就很难获得使用价值。有一些非商品化的使用价值（如与许多朋友的人际关系），但资本主义努力将使用价值转化为价值和交换价值（例如，以营利在线交友平台的形式组织新朋友和新伙伴的发现）。在抽象劳动的概念中，涉及几个具体的抽象：(a) 对商品物理性质（使用价值）的抽象；(b) 对单一产品的抽象，以便在交换中建立商品之间的社会关系；(c) 从简单劳动活动抽象到更为复杂的任务；和 (d) 特定劳动过程发生条件下(例如恶劣的工作条件、低工资，等等)的一个特定质的抽象，使商品的共同属性通过价值概念显现出来。

积累：详见**资本**。

异化：路易·阿尔都塞认为，异化是马克思青年时期所使用的一个不科学和深奥的概念。然而，对马克思著作的分析表明，他终其一生都在使用这一术语，包括其后来的著作，例如《大纲》和《资本论》术语。异化意味着人类无法控制自己生活的基本方面。在经济领域中，异化可以指**劳动力**、**劳动**对象、劳动工具和劳动产品的非控制。如果这些形式的异化结合在一起，那么它们就构成了剥削和阶级关系。马克思认为，异化不仅是不可控制的，而且也是人类与其自身的异化、与他人关系的异化、与整个工作过程的异化以及与经济、社会的异化。这意味着在一个阶级社会中，统治阶级控制着人类的思想、身体、社会关系、工作过程、经济和整个的社会。

受众劳动、受众商品：马克思主义政治经济学家达拉斯·史迈兹认为，商业广告资助之媒体的受众是创造**价值**并作为**商品**出售给广告客户的工人。看商业电视、听商业广播、阅读商业报纸是实现商业媒体**利润**所必需的**劳动**。在**数字劳动**辩论中，达拉斯·史迈兹的作品在理解社交媒体的**资本积累**模式的运作方面显得尤为重要。达拉斯·史迈兹就像自治主义的马克思主义思想家例如马里奥·特龙蒂和安东尼奥·奈格里一样，强调资本主义社会中的**价值**创造不仅包括雇佣劳动还包括无酬劳动。史迈兹"受众劳动"的概念与奈格里**社会工人**的概念是一样的，尽管两者的想法在20世纪70年代都是各自独立发展的。

资本、资本主义：资本是通过再投资、剥削**劳动**、新的**商品**生产和更多的销售以提高**利润**来永久增加的**货币**。积累是资本固有的特征：如果资本不能稳步增长，那么公司就有破产的可能性。如果资本积累停滞不前、不能以足够大的比率快速增加，就有可能导致经济危机。资本主义是一种以资本积累逻辑为基础的经济**生产方式**，其需要阶级关系、剥削劳动力和商品生产、销售和消费。资本积累的逻辑并不局限于经济，还影响现代社会的其他系统，如政治（我们发现了决策权的积累逻辑）和文化（我们发现了声誉和阐释权的积累逻辑）。资本主义因此也成为一种社会形式。

阶级社会：阶级社会是这样一种社会，在其中，一个集团工作、生产的商品和其他结果（例如**货币**）却被另一个集团占有。这种**劳动**在一定程度上得到报酬或未得到报酬。阶级社会是以剥削劳动为基础的，也可能完全不付报酬。阶级体系的案例是家庭中的父权式工作组织形式、古代**奴隶制度**、封建主义和**资本主义**。资本主义的两个基本阶级是形成无产阶级的工人和剥削无产阶级的资本家。阶级概念与**剩余价值**概念紧密相连。

总体工人：马克思强调总体工人的概念，即大多数商品不是由单个个人生产的，而是通过合作工作和许多人的工作的结合而完成的。因此他认为，如果一个人是总体工作人员的一分子，而总体工作人员在一起包含创造公司**利润**所必需的许多工作行为，那么他就是被剥削阶级的一部分，因此也是工人阶级的一员。

商品：商品是指在市场上出售的物品，与另一种商品有一定的数量关系：x 量的商品 A= y 量的商品 B（例如 1 台计算机 =1000 英镑）。马克思（1867c）在《资本论》第 1 卷一开始就说，资本主义表现为"庞大的商品积累"，商品是**资本主义**的"基本形式"。整个《资本论》第 1 章都是对商品的论述。

商品拜物教：拜物教是一种把社会关系误认为是事物的意识形态逻辑。它假定某些社会现象是事物，这意味着其认为它们是理所当然的，不怀疑它们是从哪里来的，也不知道它们有开始和结束的（历史）、它们是可以改变的。一个典型的拜物教论点是 X（如统治、竞争、**资本主义**、利己主义、种族主义、战争、暴力等）必须存在且将永远存在，因为它一直都是这样，是典型的人性，等等。因此人们认为，替代今天的情况是不可能的。商品拜物教是资本主义的内在逻辑：资本主义的基本要素（**商品、货币、市场**等）是特定社会关系的产物，在具体的物上是不可见的（如电脑、打印机、钞票，等等）。因此，这些要素往往会给人留下这样的印象：它们是社会和所有社会的自然特征。如果人们接受了拜物教逻辑，往往会受到欺骗，并认为没有什么世界可以超越资本主义及其统治。

共产主义：共产主义是一个人民统治的社会和一个人民的社会：单个个体或阶层并不控制社会、经济、政治和文化，但所有受影响的个人一起控制社会、拥有经济、进行经济决策并界定什么是重要的、好的、有意义的文化。马克思所理解的共产主义是一种参与性民主，在这种民主中，人类共同控制着社会。

具体劳动：详见**抽象和具体劳动**。

不变资本：不变资本是没有创造**新价值**的**资本**。它分为固定不变资本（机器、建筑物、设备）和流动不变资本（原材料和辅助材料、经营供应物品、半成品）。

徭役奴隶制：徭役奴隶制是**奴隶制**的一种形式，在这种形式中，奴隶每周必须为奴隶主工作一定量的时间，奴隶主拥有这期间生产的产品，而奴隶们自己拥有自身其余工作时间的产出。

辩证法：辩证法是黑格尔哲学中国最重要的原理之一。它假定世界以矛盾的形式发展：一种现象从来不孤立地存在，而只能通过与另一种现象的联系而存在。这意味着世界是联系着的。事物有个体的品质，而这些品质只有通过与其他事物的联系才能存在。个体的存在只有通过与其他事物联系的存在才能实现。这些关系不是静态的，而是动态的、生产性的，它们往往会从这些关系中产生新的结果。从矛盾中产生的新事物本身并不是单一的、孤立的，而是再次站在与其他事物的联系之中。事物的辩证法意味着它们是相互联系和动态的：世界是一个不断变化的世界，它在不同的组织层次上不断发展。马克思用黑格尔的辩证逻辑来描述整个社会是如何作为人类主体和社会结构的辩证法而发展的、作为剥削阶级和被剥削阶级之间辩证矛盾的阶级社会是如何发展的、资本主义由于内部存在的经济和社会的矛盾是如何导致危机的。黑格尔和黑格尔式的马克思主义批判家认为，辩证法是一个封闭的体系，在其中变化是预先确定的，没有自发性和人类机构的发展空间。马克思的批评者提出了这样的观点，他把历史进程看作是辩证的自然规律，认为**共产主义**是从**资本主义**中自动产生的。辩证思维有不同的形式。像斯大林这样庸俗的辩证思想家认为，社会的辩证法是一种自然规律，社会主义和共产主义是历史的自然结果和必然结果。人文主义马克思主义者如赫伯特·马尔库塞或欧内斯特·布洛赫相比之下对马克思辩证法的理解给予了更为正确的解释：他们认为资本主义客观的内在矛盾导会致危机，但并不会自动导致资本主义的崩溃。社会的主观辩证法是由人类的活动和社会斗争所构成的。一个社会只有在危机导致变革的斗争中才能崩溃，并产生一个新的社会。会有一个客观辩证法和主观辩证法的辩证法，但没有一个自动或决定性的历史发展。这种对辩证法的解释是马克思强调资本主义（客观辩证法）和作为历史动力的社会斗争（主观辩证法）的矛盾的统一。另见**否定或扬弃**。

数字劳动：数字劳动是异化的**数字工作**，数字劳动与自身相异化、与劳动工具和劳动对象以及**劳动**产品相异化。**异化**是主体与自身的异化（劳动力被**资本**使用和控制）、与客体（劳动对象和劳动工具）的异化、与主客体（劳动产品）的异化。**数字工作**和数字劳动是广义的范畴，涉及数字媒体技术生产和内容生产中的所有活动。这意味着，在资本主义媒体行业可能会遇到不同形式的异化和剥削。例如，进行矿物提取的奴隶工人、泰勒主义硬件装配工、软件工程师、专业在线内容创造者（如网络记者）、呼叫中心代理和社交媒体产消者。在企业社交媒体上履行的劳动，用户客观地被异化。因为（a）就与主体的关系而言，如果他们离开垄断资本平台（如"脸书"（facebook）），他们就会被隔离和受社会弊端胁迫；（b）与劳动对象的关系而言，他们的人类经验受到资本的控制；（c）与劳动工具的关系而言，平台不属于用户而属于私人公司，其把用户数据商品化；和（d）与劳动产品的关系而言，货币利润由平台所有者单独控制的。这四种异化形式共同构成了资本对数字劳动的剥削。数字劳动的异化问题涉及**劳动力**、劳动对象、劳动工具以及所创造的产品。另见：**数字工作**。

数字工作：数字工作是一种具体的工作形式，它利用身体、思想或机器，或者将所有或部分要素结合起来，作为工作的工具，以便组织自然、从自然中提取资源、文化或人类经验，并以这种方式生产和使用数字媒体。数字工作的产品取决于工作的不同类型：矿物、组件、数字媒体工具或数字媒介符号表示法、社会关系、手工艺品、社会制度和社区。数字工作包括所有创造使用价值的活动，这些使用价值对象化于数字媒体技术、应用数字媒体所产生的内容和产品之中。另见：**数字劳动**。

劳动分工：在劳动分工中，各种工作流程形成一个特定的整体（如一个特定商品或服务的生产、一个组织、一个经济部门、社会的一部分、社会或经济整体）。它们是由特定的个人或团体进行分割的部分。劳动分工往往植根于阶级关系、不对称的权力结构和不平等之中，这样强权者以剥削和压迫工人为代价而获得利益。劳动分工的案例如：男人和女人之间的劳动分工、家务工人和雇佣工人的劳动分工、城镇和乡村的劳动分工、不同地区不同国家的劳动分工、脑力和体力劳动分工、政治家和公民的劳动分工、立法和执法的劳动分工、农业和工业的劳动分工、发展中国家和发达国家的劳动分工（全球或国际分工）。马克思认为废除劳动分工是参与性社会的一个重要因素，并在这一背景下提出了人的全面发展概念：鉴于废除阶级和劳动分工以及高水平的生产力，每个人都有可能成为一名创造性文化工作者。另见：**数字劳动国际分工**。

双重自由劳动：马克思所说的双重自由劳动，是指现代社会雇佣劳动的一个特点：(a) 工人是其**劳动力**的"自由"拥有者，但他们必须在市场上出售才能生存；(b) 工人不拥有他们的劳动产品，产品对于他们而言是自由的。马克思用这一概念指明了资本主义和启蒙运动孕育了新形式的自由的情况，这些自由是封建制度下贵族的特权，但这些自由变成了新的不自由，因此资本主义本身就是一个不自由的**阶级社会**，尽管它宣称自由和促进自由。

交换价值：交换价值是商品之间进行的一定数量的交换关系：它们中：x 量的商品 A = y 量的商品 B。如果有人花 100 元买一张桌子，那么这张桌子就是用这一**笔钱**交换的。两种商品（桌子和货币）在交换过程中变换了主人。

剥削：详见**剩余价值**、**阶级社会**。

拜物教：详见**商品拜物教**。

资本对劳动的实质吸纳：详见**绝对剩余价值的生产**。

一般智力：一般智力是马克思在《大纲》中所使用的一个范畴。他认为，技术是通过人手所执行的、人类大脑工作的成果，它们是客体化的知识。一般智力是随着技术（固定不变**资本**）在生产中日益重要而发展起来的一般社会知识。马克思描述了一般智力成为直接生产力的情况，这是信息社会出现的另一种构想。马克思是早期的信息社会思想家，他认为信息技术与资本主义的发展和生产力的发展有着密切的联系。

家庭主妇化：家庭主妇化和女性化工作概念相比而言，并不仅仅意味着更多的女性在特定的经济领域工作。家庭主妇化意味着工作缺乏安全感和不稳定的特征，这正是传统意义上家务的特点。比勒费尔德女权主义学派（Claudia von Werlhof，Maria Mies and Veronika Bennholdt—Thomsen）
介绍了这一术语。这个学派认为，家务工作是**资本主义**的一种内在殖民和
不断发展的**原始积累**形式，这种无酬劳动有助于产生资本主义的**利润**，它
以性别分工为基础。在新自由主义的资本主义社会中，越来越多的人生活
和工作在传统上具有父权关系特征的不稳定条件下。在这种条件下工作的
人，就像家庭主妇一样，是不受控制和无限剥削的来源。家庭主妇化是一
个范畴，特别适合分析无酬和受高度剥削的**数字劳动**形式。另见：**再生产
劳动**。

　　数字劳动国际分工：数字劳动国际分工（IDDL）是一种劳动分工，
这种分工涉及在世界不同地区组织的各种形式的劳动、剥削和生产方式，
这种分工在一定程度上是相互匿名的网络连接，而且是数字媒体生产、使
用和应用的必要元素。数字劳动国际分工（IDDL）可以涉及农业、工业
和信息形式的劳动，代表各种生产关系的劳动，如父权制、奴隶制、封建
主义和资本主义，以及代表资本主义的特定组织模式的劳动。它常常结合
各种形式的劳动，其代表不同的生产方式、不同的阶级关系、不同的胁迫
方式和不同层次的生产力组织——所有这些都是在资本规则下进行的。这
种情况表明，生产方式、阶级关系、强制模式和生产力模式并没有按照一
个线性的方式发展，即以一种形式替代另一种形式、而是以一种辩证的方
式发展，从而使一种新的组织方式融合和改变了早期的组织模式。另见：
劳动分工、生产方式、生产力、生产关系。

　　互联网产消者劳动、互联网产消者商品化：为了分析企业社交媒体
（例如，"脸书"（facebook）、"推特"（twitter）、谷歌等）如何通过用户在
线活动的商品化而积累**资本**，基于达拉斯·史迈兹**受众劳动**和**受众商品
化**的观点，我发展了这些概念。受众劳动和产消者**劳动**之间的区别在于：
"脸书"（facebook）、"推特"（twitter）和谷歌的用户永久地创建了被监控

和商品化的内容及数据，致使在线行为实时总监视能够产生一个数据商品，从而依据用户兴趣和活动发送定向广告。

劳动：雷蒙德·威廉斯（1983，176—179）认为，"劳动"这个词来自法语单词 labor 和拉丁词语 laborem，大约在 1300 年第一次出现在英语语言中。它与努力、痛苦和麻烦相关。在 18 世纪，这一词获得了资本主义条件下工作的含义，代表着一个与**资本**之间的阶级关系。术语"雇佣劳动"与"劳动"一词的常见用法有关。在这本书中，劳动是指不受从事劳动的人类主体控制的工作。劳动是异化的工作，其中一种或几种形式的异化在起作用：人类不控制自己的**劳动力**、劳动对象和劳动工具。另见：**工作**。

工人贵族：恩格斯用这个词来描述工人阶级中的一个派别，他们的工资较高，这使他们的生活相对舒适。列宁使用这一术语特指资产阶级化的工人。这一概念与马克思的追加工资（surplus wages）的概念有关。今天这个词可以用来指特权化的知识工作者（如管理人员及高薪软件工程师）。

劳动力：劳动力是指**工作**的能力和性能，是劳动者的主体性，它包含劳动者的身体、知识、技能、能力等。劳动力通过教育和技能得以发展，还通过再生产和再创造的工作能力活动例如睡眠、休息、娱乐、保健、爱、性、身体保健与交流而得以发展。在性别**阶级社会**，劳动力的再生产是以家庭经济的形式来进行的，这种经济的特征是性别分工，其中，创造工作能力的再生产劳动是家长制社会中分配给特定个体即女性的任务。劳动力的**价值**体现在再生产劳动力所需要的平均小时数上。劳动力**价格**是资本家为了控制劳动力而支付的工资。

价值规律：**价值**规律表示，生产率越高，**商品**的**价值**就越低（即生产商品所需的平均小时数）。**商品**的**价值**与对象化于商品中的**劳动**成正比，与生产率的水平成反比。马克思认为，**资本主义**社会的生产率在历史性地提高，这意味着商品的价值就会降低。一个桌子，今天使用先进的生产机械三分钟内就可以做成，在19世纪则需要好几个小时。马克思说，价值规律导致了资本主义的矛盾：生产商品所需的时间在减少，但与此同时，劳动是价值的唯一来源。而每个商品价值趋向于减少，价值又是积累和**利润**的唯一来源。这一矛盾导致失业和资本主义的危机倾向。马克思设想了一个高生产力的社会，其中价值规律停止运作，财富的来源不是劳动，而是自由时间。他认为，这只有在**共产主义**社会中才有可能，在这个社会里，基于**交换价值**的生产已经崩溃。**在数字劳动**争论中，一些人认为价值规律不能应用到像"脸书"（facebook）等现象中。在这种现象中，社会关系、声誉和影响将创造价值。然而这意味着互联网经济不以时间为基础。社会关系、用户生成内容和声誉不存在于时间之外，它们是在时间中创造的。一个人更多的时间是可用的，就越有可能创建比其他人更多的关系、更多的内容和更高的地位及声誉。数字劳动价值论强调了基于时间的经济理论对于理解资本主义数字媒体的重要性。

　　生产方式：生产方式是**生产力**与**生产关系**如何组织统一的一种历史形式。马克思谈到父权制、古代**奴隶制度**、封建主义、**资本主义**和**共产主义**的生产方式。一些观察家声称，马克思认为一种生产方式必然会产生一种新的生产方式，共产主义是资本主义的必然产物。批评家认为，马克思对历史有一种宿命的理解。仔细阅读马克思的著作可以看出，有一种生产方式的**辩证法**：每一种新的生产方式都具有新的性质，但同时也包含着旧的生产方式的特定组织形式。举个例子，在资本主义社会就有父权制、**奴隶制**和封建主义等多个生产方式。对马克思来说，历史是阶级斗争的产物。由于社会斗争是人类行为的复杂方面，其产生和结果无法确定。因此，这种对历史的理解使马克思对历史具有确定性理解的解释失效，这种说法往往是为了证明马克思以及对资本主义的批判已经过时。参见：**生产力、生**

产关系。

货币：货币是**价值和交换价值**的一般形式，是**资本主义**的通用**商品**。它之所以一般和通用，是因为它是唯一的可以直接与其他商品进行交换的商品。如果你有很多鸡蛋并想要拥有一台电脑，那么你首先要卖出很多鸡蛋以便购买一台电脑。鉴于资本主义的组织形式，你不能用鸡蛋买电脑，因为它们不是通用商品。如果你有很多货币，那么相比之下你可以同时直接购买鸡蛋和电脑，这就表明货币在商品的经济交换中扮演着特殊的角色。货币拜物教是**商品拜物**教的一种特定形式，在资本主义社会经常可以见到。

必要和剩余劳动时间：（社会）必要劳动时间是一个社会为了生存而需要花费的全部劳动时间。**商品**的必要劳动时间是社会上生产一件商品所需要的平均时间。剩余劳动时间是指超过必要劳动时间的劳动时间的量。商品的剩余劳动时间是指超出商品生产所需的必要劳动时间的劳动时间。必要和剩余劳动力时间可以以秒、分、小时、天、周、月等来计算。

新帝国主义："新帝国主义"是大卫·哈维和其他马克思主义学者提出的一个术语，用于定义**资本主义**的转型，其重温了19世纪旧的帝国主义，那就是立足于对非西方国家的资源掠夺。新帝国主义的基础是以剥夺方式而进行积累：公共资产和机构、社会福利、知识、自然、文化形态、历史和智力创造力（圈地共享）的私有化与商品化；允许以投机、欺诈、掠夺和偷窃方式赶上资产的金融化；危机的制造、管理和操纵，例如，制造债务危机，使国际货币基金组织（IMF）能够对结构调整方案进行干预，从而产生新的投资机会、放松管制、自由化和私有化；以及以牺牲劳动力为代价而有利于**资本**的国家再分配。另外，还涉及全球分工，在这种分工中，资本主义重新安排生产，使其能够高度剥削劳动，以实现**利润**最大化。

玩、劳动（"玩"劳动）：传统上，玩和**劳动**是两个分开的活动领域，前者发生于私人业余时间和公共空间，后者发生于工作期间的工厂和办公室。"玩"劳动意味着玩和劳动之间的界限趋于模糊：劳动呈现为玩，而玩则成了一种**价值生成**形式。玩是一种新的管理理念，例如，在"谷歌"（google）办公室工作看起来像在游乐场工作，但却是高压力的工作空间与长期的加班工作。公司社交媒体的使用（"脸书"（facebook）、"谷歌"（google）、"推特"（twitter）等）很有趣，在"玩"中使用这些平台就隐藏了这一情况：这些平台是由公司经营的以便赚取很多**利润**并剥削用户的劳动。

价格：价格是**资本主义价值**的货币表现形式。人们不能直接观察到一种**商品**的价值，如电脑，但可以看到它的市场价格。人们可以观察到价格并面对市场的买家或卖家。黑格尔对这一现象的表述是：在资本主义社会，价值以价格的形式表现出来。商品的价值和价格并不相等。如果一个人知道某一商品的价值（即平均生产该商品所需的小时数），却不能就此计算出商品的价格。马克思明白价值和价格是不一致的。这种现象在马克思主义理论中被称为转型问题。尽管商品价值和价格不一致，但它们也不是任意的。一个电脑鼠标比一台整机电脑便宜并不是偶然的：生产计算机及其组件比生产电脑鼠标需要更长的时间。**价值规律**决定了这两种商品的生产。

原始积累：原始积累是土地、人力、知识、公共服务和其他不受**资本**积累逻辑支配的商品被剥夺并受资本力量支配的过程。它们都被商品化了。原始积累往往涉及身体或其他形式的暴力。马克思认为，原始积累是**资本主义**发展的第一个阶段。罗莎·卢森堡、大卫·哈维和其他人，包括女权主义的政治经济学家认为，原始积累是资本创造新的积累和剥削栖身所的一个恒久性过程。

生产力：生产力是推动经济生产的现象。**劳动力**是主体的生产力，客体生产力是自然、时空、资源、基础设施和技术。它们构成工作对象和工具（例如建筑物、机器）。马克思认为生产力和**生产关系**之间的对立是资本主义的一个具体特征，也是资本主义危机的原因之一。另见：**生产关系、生产方式**。

利润：企业在一定时期内（例如一年）的利润，按销售总额减去投资成本计算。

利润率：利润率是利润和投资成本之间的数学关系。投资成本越低，利润率就越高。

剩余价值率、剥削率：剥削率是用利润除以工资得来的：利润越高，工资越低，**劳动力**受的剥削越多。如果工资最小化，利润就可以达到最大化。如果不支付工资，利润就最高，这意味着劳动力受到最大程度的剥削。

资本对劳动的实质吸纳：另见**相对剩余价值的生产**。

生产关系：生产关系是组织生产、分配和消费的特定社会关系。例如，**资本主义**是建立在私有财产、市场和民族国家之间的社会关系以及资本家和工人之间的**阶级**关系之上的。马克思认为，资本主义是建立在生产关系和**生产力**矛盾的基础上的：技术进步是积累更多**资本**的必要条件，它以新的合作形式提高了生产的社会性质。这些生产的社会形式与私人的所有权形式是不相容的，从而导致资本主义经济危机倾向和共产主义社会的萌芽形式，其社会财富的生产和控制是公有的。这些生产的社会形式是由资本主义生产所创造的。另见：**生产力、生产方式**。

相对剩余价值生产：相对剩余价值生产是资本家通过提高**劳动**生产率，在更短的时间内生产出更多的**商品**和更多的**价值**来获取更多**利润**的一种战略。相对剩余价值生产的一个常见方式是使用节省劳动力的技术，以增加每小时的劳动产出。马克思把相对剩余价值的生产称为资本对劳动的实质吸纳。

再生产劳动：再生产劳动是再创造人类思想和身体的工作，以便工人可以日复一日地从事经济活动，它包括诸如关爱、爱情、性生活、教育、抚养孩子、打扫卫生、做饭、洗衣服等活动。在父权社会中再生产劳动通常是以性别**劳动**分工为基础的，妇女被分配到家务劳动和生殖劳动领域。这一任务在父权制意识形态中是合法化的。在父权制度下，女性被赋予社会的、关爱的、感性的、弱者的性格特点，而男性被赋予了个人主义的、劳动的、理性的、身体强壮的个性特点。马克思主义和社会主义女权主义者强调再生产劳动对**资本主义**的存在至关重要。再生产劳动有助于价值的生产，再生产工人受剥削，且是工人阶级的组成部分。再生产劳动是基于劳动的性别分工的家务工作经济之基础。另见：**家庭主妇化**。

资本主义矛盾的二重性：詹姆斯·奥康纳认为，**资本主义**是建立在**生产力**和**生产关系**之间的矛盾基础之上的，也是建立在资本主义生产关系和对自然的剥夺形式之间的矛盾基础上的。第二个矛盾将导致环境退化和自然枯竭，并要求建立一个以社会和生态意识为基础的"红绿社会主义"。

奴隶制：奴隶制是一种**生产方式**，在其中，奴隶是奴隶主的私有财产。由于奴隶主拥有奴隶，无论奴隶是否愿意奴隶主可以自由地处置他或她，这包括可能杀死和折磨奴隶。因此奴隶不断面临着被奴隶主杀死的威胁，从而产生了高度剥削劳动的形式。对于马克思和恩格斯而言，父权制是最古老的奴隶制形式，其中，妻子和孩子们是丈夫的奴隶。马克思把一种古代形式的奴隶制和封建主义描述为一种特殊的奴隶制形式，其是建立在农奴劳动基础上的。

社会工人、社会工厂：这两个概念是自治主义的马克思主义所提出的。马里奥·特隆蒂提出了社会工厂的概念，安东尼奥·奈格里提出了社会工人的概念。这两个概念都指**劳动**和剥削超越了有组织和被剥削的雇佣劳动的工厂的围墙。他们强调：剥削劳动包括诸如家务工作的无酬劳动形式，以及远多于雇佣工人阶级的工人阶级的无酬劳动形式。工厂和工人阶级倾向于扩展到社会。奈格里和哈特进一步把社会工人的概念发展为大众的概念。大众是一种主要使用不同形式的知识工作的结合劳动力，哈特和奈格里不恰当地定义其为"非物质劳动"，且是生产社会公共品的劳动。在**数字劳动**前提下，社会工人和社会工厂尤为重要，因为提供免费访问和使用定向广告的企业互联网平台（例如"脸书"（facebook）、"谷歌"（goolge）、"推特"（twitter））是基于作为社会工人一部分的用户无偿劳动的，并将计算机和互联网的使用变成了社会工厂。

社会必要劳动时间：详见**必要和剩余劳动时间**。

物种：物种是马克思在《1844年经济学哲学手稿》中所使用的一个术语，目的是为了论证创造性和社会性是人类的基本特征。在**阶级社会**中，创造力和社会性将会受到统治阶级规则的削弱和限制，这种统治规则剥削人类的创造力和社会性，并以牺牲被剥削阶级为代价，为了自己的利益而利用创造力和社会性。

主客体：对于黑格尔来说，主观概念是人类思维所固有的。相比之下客观是人类个体之外的某些东西——与人类主体交互作用的客观世界。这种相互作用会产生黑格尔所说的主体——客体即一个产品、或主—客体观念。世界可以被描述为主体和客体的**辩证法**：为了生存，主体与它的外部环境相互作用。世界从根本上说是联系的，与其他事物没有联系的事物是不存在的。这些关系可能是生产性的，这样，一个主客体——这个世界上新的东西就产生了，又是一个相对于客体的新的主体。卡尔·马克思把主体或客体的概念应用到经济领域，人类主体与经济客体（工作的工具、工作对象）相互作用，于是工作的产品就诞生了。主体或客体的概念允许将工作过程描述为动态的生产过程。在社会中，主客体的辩证法不仅限于经济领域，而且是一个能够理解各种形式社会系统动力学的概念。

扬弃或否定：扬弃是一个德国术语 Aufhebung 的英译，黑格尔将其作为**辩证法**的核心原则来使用。在德语中名词 Aufhebung 和动词 aufheben 有三个含义：废除、保留和超越或提高。对于黑格尔来说，辩证发展意味着在这个术语的三重意义上的扬弃过程：如果这个世界上的一个新质产生于矛盾，旧的质态被废除，旧事物中的精华被保留在新的事物中，这个世界的新质态就产生了。这样的特定组织系统转型将被提高到一个新的水平上。马克思用 Aufhebung 和 aufheben 的概念来描述社会是如何以矛盾的形式发展的，用来描述阶级斗争和阶级矛盾的统一如何导致产生新社会的革命，并分析**资本主义**危机。另见：**辩证法**。

剩余劳动时间：见**必要和剩余劳动时间**。

剩余价值：**资本主义**的工作日分为两个部分：有酬部分和无酬部分。剩余价值是在工作日的无酬部分所创造的价值。它是指某一个特定时间单位（如一天、一周或一个月）的特定时数，它是没有报酬的，也有完全无报酬的工作形式。剩余价值的表现形式是货币**利润**。剩余价值是**阶级社会**的一个基本特征，它的核心概念是阶级和剥削，也是马克思最重要的批判范畴。

追加工资："追加工资"是马克思所使用的一个术语，用来描述一群工人（例如经理）如何获得比其他人更高的工资，"追加工资"是以**剩余价值**或利润的特定份额来支付的。其目的是让这些工人认可资本主义制度，并支持他们实施剥削和统治。这一概念与恩格斯和列宁的工人贵族概念有关。

使用价值：使用价值是满足人类需要的人类工作的结果。使用价值拥有物理性和非物理性的特性。一辆汽车具有物理性使用价值，而其所具有的社会关系和知识则是一种非物理性的使用价值。

价值、经济价值：马克思主义方法中的价值（马克思的劳动价值理论）是指生产某种商品所需的劳动时数。每一种单个商品都有个别价值，但对某一公司或行业的**利润**起决定性作用的是某一特定类型商品的平均价值（即单位平均生产时间）。特定商品类型拥有平均生产时间，马克思称之为社会**必要劳动时间**。**价值**的大小以生产某一特定商品所需的社会必要劳动时间来衡量。人类劳动是**价值实质**：它是所有商品的共性，也就是说，所有商品都是人类**劳动**的产物，是人类劳动的对象化。**交换价值**是资本主义经济中**价值**的表现形式。货币是资本主义价值表现的常见形式。这意味着价值不容易被观察到，它是一个相当抽象的现象。计算机的价值不可能通过看它或使用它而被观察到。然而，在下面的情况下就变得明显了：如果一个人支付一定数额的**货币**购买它，那才能拥有这台电脑。

价值形式：在《资本论》第1卷中，马克思解释了经济价值的不同形式：

（a）简单的或偶然的价值形式

x 商品 A=y 商品 B

（b）总的或扩大的价值形式

z 商品 A=u 商品 B=v 商品 C=w 商品 D=x 商品 E，等等。

（c）一般的价值形式

u 商品 B=z 商品 A，v 商品 C=z 商品 A，

w 商品 D=z 商品 A，x 商品 E=z 商品 A，等等。

（d）货币形式

一盎司的黄金 =z 商品 A，一盎司的黄金 =u 商品 B，

一盎司的黄金 =v 商品 C，一盎司的黄金 =w 商品 D，

一盎司的黄金 =x 商品 E，等等。

可变资本、工资：可变资本是创造了新**价值**的资本。它是**劳动力**的货

币价值（即工资）。**劳动**是生产中的决定性因素：它把**不变资本**的价值转移到新商品上，并为商品增加新价值。因此，资本主义生产的商品大于各组成部分的总和（不变资本和可变资本）：它包含**剩余价值**和剩余产品，和投资品相比，商品中包含着更多的价值，其拥有新的物理和或象征性的品质。

全面个体或全面发展：对于全面个体概念，马克思想要表达的是，在**共产主义**社会中，人类成为一个全面发展的个体，然而，在**资本主义**社会中，他们是跛足的阶级个体：在阶级社会中，人的活动局限于某些活动，重要活动由精英控制，技能分配不均，从而导致分工。在一个没有阶级的社会中，人类拥有从事广泛活动的技能和可能性，克服了人类的劳苦，智力和创造性工作对所有人都至关重要，劳动分工被废除或限制。

工作："work"一词源自古老的英语单词 weorc，是"做一些事情的最通用的表达词"（Williams 1983, 334）。在工作中，人类利用自己的身体和大脑，使用改变自然（自然资源）和 / 或文化（经验）的工具，从而产生满足人类各种需要的新事物。如果新产品具有物理特性，那么我们就可以说是体力劳动；如果是非物理产品，那么人们倾向于谈论知识或信息工作。所有工作都需要人类脑力和体力的结合，因此工作总是体力和知识的工作。然而，每一项具体工作都有不同程度的体力和心理力量的支出。诸如毛里西奥·拉扎拉托、保罗·维尔诺、托尼·奈格里和迈克尔·哈特所使用的"非物质劳动"范畴，是不精确的知识工作的范畴。它是不精确的，因为它意味着知识是非物质的。唯物主义哲学认为整个世界都是物质的，它是由那些在创造新奇事物的关系中与环境互动的主体创造的。物质是一个动态的生产过程，这个过程创造和再创造整个世界。德语是马克思写作中主要运用的语言，有两个术语：Arbeit 和 Werktatigkeit。第一个是一个模棱两可的术语，马克思用它表示工作和劳动。第二个是更为普遍的术语，意思是创造性工作的活动，最好被翻译为"工作"。术语"工作"和"劳动"不能清楚地分开，因为它们辩证地交织在一起。如果工作是一个适应于所有社会的通用术语的话，那么劳动也是一种形式的工作，尽管它必然要被异化。这意味着一个人可以废除**劳动**，但不能废除工作。废除劳动意味着废除了一种工作形式，从而使历史上占主导地位的工作形式经历**扬弃**，并转变成一种不同的工作形式。另见：**劳动**。

参考文献

Adorno, Theodor W. 1968/2003. Late capitalism or industrial society? The fundamental question of the present structure of society. In Can one live after Auschwitz?, ed. Rolf Tiedemann, 111–125. Stanford, CA: Stanford University Press.

Adorno, Theodor W. 1977. Kulturkritik und Gesellschaft II. Frankfurt am Main: Suhrkamp.

Adorno, Theodor W. 1996. Chaplin times two. Yale Journal of Criticism 9 (1): 57–61.

Adorno, Theodor W. 2000. Introduction to sociology. Cambridge, UK: Polity.

Adorno, Theodor W. 2005. Prologue to television. In Critical models, 49–57. New York: Columbia University Press.

Adorno, Theodor W., Else Frenkel-Brunswik, Daniel Levinson and Nevitt Sanford. 1950. The authoritarian personality. New York: Harper & Row.

Althusser, Louis. 1969. For Marx. London: Verso.

Althusser, Louis, and Étienne Balibar. 1970. Reading Capital. London: NLB.

Anderson, Chris. 2009. Free. How today's smartest businesses profit by giving something for nothing. London: Random House.

Anderson, Kevin B. 2010. Marx at the margins: On nationalism, ethnicity, and non-Western societies. Chicago: University of Chicago Press.

Andrejevic, Mark. 2002. The work of being watched: Interactive media and the exploitation of self-disclosure. Critical Studies in Media Communication 19 (2): 230–248.

Andrejevic, Mark. 2004. Reality TV: The work of being watched. Lanham, MD: Rowman &Littlefield.

Andrejevic, Mark. 2009. iSpy: Surveillance and power in the interactive era. Lawrence: University Press of Kansas.

Andrejevic, Mark. 2011. Social network exploitation. In A networked self, ed. Zizi Papacharissi, 82–101. New York: Routledge.

Andrejevic, Mark. 2012. Exploitation in the data mine. In Internet and surveillance: The challenges of Web 2.0 and social media, ed. Christian Fuchs, Kees Boersma, Anders Albrechtslund and Marisol Sandoval, 71–88. New York: Routledge.

Andrejevic, Mark. 2013. Estranged free labor. In Digital labor: The Internet as playground and factory, ed.Trebor Scholz, 149–164. New York: Routledge.

Aneesh, A. 2006. Virtual migration: The programming of globalization. Durham, NC: Duke University Press.

Aouragh, Miriyam. 2012. Social media, mediation and the Arab revolutions. tripleC: Communication, Capitalism & Critique (www.triple-c.at) Journal for a Global Sustainable Information Society 10 (2): 518–536.

Aouragh, Miriyam, and Anne Alexander. 2011. The Egyptian experience: Sense and nonsense of the Internet revolution. International Journal of Communication 5: 1344–1358.

Arora, Ashish, V.S. Arunachalam, Jai Asundi and Ronald Fernandes. 1999. The Indian software industry. Paper presented at the R&D Management Conference in New Delhi. http://www.heinz.cmu.edu/project/india/pubs/rndmgmt.pdf.

Arora, Ashish, V.S. Arunachalam, Jai Asundi and Ronald Fernandes. 2001. The Indian software services industry. Research Policy 30 (8): 1267–1287.

Arora, Ashish, Alfonso Gambardella and Salvatore Torrisi. 2001. In the footsteps of Silicon Valley?

Indian and Irish software in the international division of labour. Stanford Institute for Economic Policy Research Discussion Paper No. 00–41. Stanford, CA: Stanford University.

Arthur, Christopher J. 2004. The new dialectic and Marx's Capital. Leiden: Brill.

Artz, Lee. 2008. Media relations and media product: Audience commodity. Democratic Communiqué 22 (1): 60–74.

Arvidsson, Adam. 2005. Brands: A critical perspective. Journal of Consumer Culture 5 (2): 235–258.

Arvidsson, Adam. 2011. Ethics and value in customer co-production. Marketing Theory 11 (3): 261–278.

Arvidsson, Adam, and Elanor Colleoni. 2012.Value in informational capitalism and on the Internet. The Information Society 28 (3): 135–150.

Atton, Chris. 2002. Alternative media. London: Sage.

Babe, Robert E. 2000. Canadian communication thought: Ten foundational writers. Toronto: University of Toronto Press.

Babe, Robert E. 2009. Cultural studies and political economy: Toward a new integration. Lanham, MD: Lexington Books.

Backhaus, Hans-Georg. 2011. Dialektik der Wertform: Untersuchungen zur Marxschen Ökonomiekritik. 2nd ed. Freiburg, Germany: Ça Ira.

Backhaus, Hans-Georg, and Helmut Reichelt. 1995.Wie ist der Wertbegriff in der Ökonomie zu konzipieren? Beiträge zur Marx-Engels-Forschung Neue Folge 1995: 60–94.

Badiou, Alain. 2012. The rebirth of history: Times of riots and uprisings. London: Verso.

Bakardjieva, Maria. 2005. The Internet society: The Internet in everyday life. London: Sage.

Banaji, Jairus. 2011. Theory as history: Essays on modes of production and exploitation. Chicago: Haymarket Books.

Barbrook, Richard, and Andy Cameron. 2001. Californian ideology. In Crypto anarchy, cyberstates and pirate utopias, ed. Peter Ludlow, 363–387. Cambridge, MA: MIT Press.

Beck, Ulrich, Anthony Giddens and Scott Lash. 1994. Reflexive modernization. Cambridge, UK: Polity.

Beecher, Jonathan F. 1990. Charles Fourier: The visionary and his world. Berkeley: University of California Press.

Bell, Daniel. 1974. The coming of post-industrial society. London: Heinemann.

Benjamin, Walter. 1934. Der Autor als Produzent. In Medienästhetische Schriften, 231–247. Frankfurt am Main: Suhrkamp.

Benjamin, Walter. 1936/1939. The work of art in the age of mechanical reproduction. In Media and cultural studies: KeyWorks, ed. Meenakshi Gigi Durham and Douglas M. Kellner, 18–40. Malden, MA: Blackwell.

Benner, Chris. 2002. Work in the new economy: Flexible labor markets in Silicon Valley. Malden, MA: Blackwell.

Bennett, W. Lance. 2003. Communicating global activism. Information,

Communication & Society 6 (2): 143–168.

Bennett, W. Lance. 2005. Social movement beyond borders. In Transnational protest & global activism, ed. Donatella della Porta and Sidney Tarrow, 203–226. Boulder, CO: Paradigm.

Bennett, W. Lance, and Robert M. Entman, eds. 2001. Mediated politics. Cambridge: Cambridge University Press.

Berardi, Franco "Bifo". 2009a. Precarious rhapsody. London: Minor Compositions.

Berardi, Franco "Bifo". 2009b. The soul at work. Los Angeles, CA: Semiotext (e).

Bermejo, Fernando. 2009. Audience manufacture in historical perspective: From broadcasting to Google. New Media & Society 11 (1–2): 133–154.

Bertin, Imogen, Ursula Huws, Tamás Koltai, Markus Promberger, Nicola Tickner, Peter van der Hallen and Roel Verlinden. 2004. Opening the black box: Classification and coding of sectors and occupations in the eEconomy. Leuven: STILE Project.

Bhaskar, Roy. 1993. Dialectic: The pulse of freedom. London: Verso.

Biao, Xiang. 2007. Global body shopping: An Indian labor system in the information technology industry. Princeton, NJ: Princeton University Press.

Bidet, Jacques. 2007. A reconstruction project of the Marxian theory: From Exploring Marx's Capital (1985) to Altermarxisme (2007), via Théorie Générale (1999) and Explication et reconstruction du Capital (2004). http://jacques.bidet.pagesperso-orange.fr/londongla.htm.

Bidet, Jacques. 2009. Exploring Marx's Capital: Philosophical, economic, and political dimensions. Chicago: Haymarket Books.

Bigo, Didier. 2010. Delivering liberty and security? The reframing of freedom when associated with security. In Europe's 21st century challenge: Delivering liberty, ed. Didier Bigo, Sergio Carrera, Elspeth Guild and R.B.J.Walker, 263–287. Farnham, UK: Ashgate.

Biltereyst, Daniel, and Philippe Meers. 2011. The political economy of audiences. In The handbook of political economy of communications, ed. Janet Wasko, Graham Murdock and Helena Sousa, 415–435. Malden, MA: Wiley-Blackwell.

Bolin, Göran. 2005. Notes from inside the factory: The production and consumption of signs and sign value in media industries. Social Semiotics 15 (3): 289–306.

Bolin, Göran. 2009. Symbolic production and value in media industries. Journal of Cultural Economy 2 (3): 345–361.

Bolin, Göran. 2011. Value and the media: Cultural production and consumption in digital markets. Farnham, UK: Ashgate.

Boltanski, Luc, and Éve Chiapello. 2007. The new spirit of capitalism. London: Verso.

Bourdieu, Pierre. 1986a. Distinction: A social critique of the judgement of taste. London: Routledge.

Bourdieu, Pierre. 1986b. The (three) forms of capital. In Handbook of theory and research in the sociology of education, ed. John G. Richardson, 241–258. New York: Greenwood Press.

Brady, Robert A. 1937. The spirit and structure of German fascism. New York: Viking.

Bratich, Jack. 2011. User-generated discontent convergence, polemology and dissent. Cultural Studies 25 (4–5): 621–640.

Brecht, Bertolt. 1932/2000. The radio as a communications apparatus. In Bertolt Brecht on film & radio, ed. Marc Silberman, 41–46. London: Methuen.

Breen, Marcus. 2011. Do the math: Cultural studies into public policy needs a new equation. In The renewal of cultural studies, ed. Paul Smith, 207–218. Philadelphia, PA: Temple University Press.

Bruns, Axel. 2008. Blogs, Wikipedia, Second Life, and beyond: From production to produsage. New York: Peter Lang.

Bühl, Achim. 2000. Die virtuelle Gesellschaft des 21: Jahrhunderts. Opladen, Germany: Westdeutscher Verlag.

Burston, Jonathan, Nick Dyer-Witheford and Alison Hearn, eds. 2010. Digital labour: Workers, authors, citizens. Special issue. Ephemera 10 (3–4): 214–539.

Butler, Judith, Ernesto Laclau and Slavoj Žižek. 2000. Contingency, hegemony, universality. London: Verso.

Caraway, Brett. 2011. Audience labor in the new media environment: A Marxian revisiting of the audience commodity. Media, Culture & Society 33 (5): 693–708.

Carnoy, Martin, Manuel Castells and Chris Benner. 1997. Labour markets and employment practices in the age of flexibility: A case study of Silicon Valley. International Labour Review 136 (1): 27–48.

Castells, Manuel. 1996. The rise of the network society. Volume 1 of The information age: economy, society and culture. 2nd ed. Malden, MA: Blackwell.

Castells, Manuel. 1997. The power of identity. Volume 2 of The information age:

economy, society and culture. 2nd ed. Malden, MA: Blackwell.

Castells, Manuel. 2000a. End of millennium. Volume 3 of The information age: economy, society and culture. 2nd ed. Malden: Blackwell.

Castells, Manuel. 2000b. Materials for an exploratory theory of the network society. British Journal of Sociology 51 (1): 5–24.

Castells, Manuel. 2009. Communication power. Oxford: Oxford University Press.

Castells, Manuel. 2012. Networks of outrage and hope: Social movements in the Internet age. Cambridge, UK: Polity.

Chakravartty, Paula. 2004. Telecom, national development and the Indian state: A postcolonial critique. Media, Culture & Society 26 (2): 227–249.

Chakravartty, Paula. 2006.White-collar nationalism. Social Semiotics 16 (1): 39–55.

Charusheela, S. 2011. Where is the "economy"? Cultural studies and narratives of capitalism.In The renewal of cultural studies, ed. Paul Smith, 177–187. Philadelphia, PA: Temple University Press.

Chen, Chih-hsien. 2003. Is the audience really commodity? An overdetermined Marxist perspective of the television economy. Papers of the International Communication Association Conference 2003. http://citation.allacademic.com/meta/p_mla_apa_research_citation/1/1/2/0/8/pages112086/p112086-1.php.

Chomsky, Noam. 2012. Occupy. London: Penguin.

Christensen, Christian. 2008. Uploading dissonance: YouTube and the US occupation of Iraq.Media, War & Conflict 1 (2): 155–175.

Cleaver, Harry. 1992.The inversion of class perspective in Marxian Theory: From valorisation to self-valorisation. In Open Marxism, Vol. 2, ed. Werner Bonefeld, Richard Gunn and Kosmos Psychopedis, 106–144. London: Pluto.

Cleaver, Harry. 2000. Reading Capital politically. Leeds: Anti/Theses.

Cohen, Nicole. 2008. The valorization of surveillance: Towards a political economy of Facebook. Democratic Communiqué 22 (1): 5–22.

Cohen, Robert B. 1981. The new international division of labor, multinational corporations and urban hierarchy. In Urbanization and urban planning in capitalist society, ed. M. Michael J. Dear and Allen John Scott, 287–317. London: Methuen.

Cohen, Robin. 1987. The new helots: Migrants in the international division of labour. London: Avebury.

Commander, Simon, Rupa Chanda, Mari Kangasniemi and L. Alan Winters. 2008. The consequences of globalisation: India's software industry and cross-border labour mobility. The World Economy 31 (2): 187–211.

Costanza-Chock, Sasha. 2012. Mic check！ Media cultures and the Occupy movement. Social Movement Studies: Journal of Social, Cultural and Political Protest 11 (3–4): 375–385.

Coté, Mark, and Jennifer Pybus. 2010. Learning to immaterial labour 2.0: MySpace and social networks. Ephemera 7 (1): 88–106.

Couldry, Nick. 2010. Why voice matters: Culture and politics after neoliberalism. London: SAGE.

Couldry, Nick. 2011. The project of cultural studies: Heretical doubts, new horizons. In The renewal of cultural studies, ed. Paul Smith, 9–16. Philadelphia, PA: Temple University Press.

Couvering, Elizabeth. 2004. New media? The political economy of Internet search engines.IAMCR 2004 Paper.http://citeseerx.ist.psu.edu/viewdoc/summary?doi= 10.1.1.129.1900.

Couvering, Elizabeth. 2011. Navigational media: The political economy of online traffic. In The political economies of media: The transformation of the global media industries, ed. Dwayne Winseck and Dal Yong Jin, 183–200. London: Bloomsbury.

Crossley, Nick. 2003. Even newer social movements? Anti-corporate protests, capitalist crises and the remoralization of society. Organization 10 (2): 287–305.

Curran, James, Natalie Fenton and Des Freedman. 2012. Misunderstanding the Internet. New York: Routledge.

Davis, Angela. 2011.The 99 % : A community of resistance. The Guardian Online, November 15, 2011.

D'Costa, Anthony. 2002. Uneven and combined development: Understanding India's software exports. World Development 31 (1): 211–226.

D'Cruz, Premilla, and Ernesto Noronha. 2009. Experiencing depersonalised bullying: A study of Indian call-centre agents. Work, Organisation, Labour & Globalisation 3 (1): 26–46.

D'Mello, Marisa, and Sundeep Sahay. 2007. "I am a kind of nomad where I have to go places and places"... Understanding mobility, place and identity in global software work from India. Information and Organization 17 (3): 162–192.

Dawson, Michael, and John Bellamy Foster. 1998.Virtual capitalism. In Capitalism and the information age, ed. Robert W. McChesney, Eileen Meiksins Wood and John Bellamy Foster, 51–67. New York: Monthly Review Press.

Dean, Jodi. 2005. Communicative capitalism: Circulation and the foreclosure of politics.Cultural Politics 1 (1): 51–74.

Dean, Jodi. 2010. Blog theory. Cambridge, UK: Polity.

Dean, Jodi. 2012. The communist horizon. London: Verso.

Deleuze, Gilles. 1995. Postscript on the societies of control. In Negotiations, 177–182. New York: Columbia University Press.

della Porta, Donatella. 2007a. The global justice movement: An introduction. In The global justice movement: Cross-national and transnational perspectives, ed. Donatella della Porta, 1–28. Boulder, CO: Paradigm.

della Porta, Donatella. 2007b. The global justice movement in context. In The global justice movement: Cross-national and transnational perspectives, ed. Donatella della Porta, 232–251.Boulder, CO: Paradigm.

della Porta, Donatella, and Mario Diani. 2006. Social movements: An introduction. Malden, MA: Blackwell.

Deuze, Mark. 2007. Media work. Cambridge, UK: Polity.

Diani, Mario. 2003. Networks and social movements: A research programme. In Social movements and networks, ed. Mario Diani and Doug McAdam, 298–319. Oxford: Oxford University Press.

Dimitrov, Georgi. 1935. The fascist offensive and the tasks of the Communist International in the struggle of the working class against fascism. http://www.marxists.org/reference/archive/dimitrov/works/1935/08_02.htm.

Donk, Wim van de, et al., eds. 2004. Cyberprotest. London: Routledge.

Doogan, Kevin. 2009. New capitalism? The transformation of work. Cambridge, UK: Polity.

Dossani, Rafiq, and Martin Kenney. 2007.The next wave of globalization. Relocating service provision to India. World Development 35 (5): 772–791.

Drucker, Peter. 1969/1992. The age of discontinuity. New Brunswick, NJ: Transaction.

Drucker, Peter. 2001. The essential Drucker. New York: HarperCollins.

Dussel, Enrique. 2008.The discovery of the category of surplus value. In Karl Marx's Grundrisse: Foundations of the critique of the political economy 150 years later, ed. Marcello Musto, 67–78. New York: Routledge.

Dyer-Witheford, Nick. 1999. Cyber-Marx: Cycles and circuits of struggle in high-technology capitalism. Urbana: University of Illinois Press.

Dyer-Witheford, Nick. 2002. Global body, global brain/global factory, global war: Revolt of the value-subjects. The Commoner 3.

Dyer-Witheford, Nick. 2010. Digital labour, species being and the global worker. Ephemera 10 (3–4): 484–503.

Eagleton, Terry. 2011. Why Marx was right. London: Yale University Press.

Eatwell, John, Murray Milgate and Peter Newman. 1987. The new Palgrave: A dictionary of economics, vol. 3, K to P. London: Macmillan Press.

Eder, Klaus. 1993. New politics of class: Social movements and cultural dynamics in advanced societies. London: Sage.

Eichstaedt, Peter. 2011. Consuming the Congo: War and conflict minerals in the world's deadliest place. Chicago: Lawrence Hill Books.

Eisenstein, Zillah. 1979. Developing a theory of capitalist patriarchy. In Capitalist patriarchy and the case for socialist feminism, ed. Zillah Eisenstein, 5–40. New York: Monthly Review Press.

Ekman, Mattias. 2012. Understanding accumulation: The relevance of Marx's theory of primitive accumulation in media and communication studies. tripleC: Communication, Capitalism & Critique (www.triple-c.at)-Journal for a Global Sustainable Information Society 10 (2): 156–170.

Engels, Friedrich. 1847. The principles of communism. http://www.marxists.org/archive/ marx/works/1847/11/prin-com.htm.

Engels, Friedrich. 1884. The origin of the family, private property and the state. http://www.marxists.org/archive/marx/works/1884/origin-family/index.htm.

Engels, Friedrich. 1892. Preface to the English edition of "The condition of the working class in England". http://www.marxists.org/archive/marx/works/1892/01/11.htm.

Engels, Friedrich. 1895/1896. The part played by labour in the transition from ape to man.http://www.marxists.org/archive/marx/works/1876/part-played-labour/index.htm.

Enzensberger, Hans Magnus. 1970. Baukasten zu einer Theorie der Medien. In

Kursbuch Medienkultur, ed. Lorenz Engell, Oliver Fahle, Britta Neitzel, Josef Vogel and Claus Pias, 264–278. Stuttgart: DVA.

Enzensberger, Hans Magnus. 1974. The consciousness industry. New York: Seabury Press.

Erdogan, ørfan. 2012. Missing Marx: The place of Marx in current communication research and the place of communication in Marx's work. tripleC: Communication, Capitalism & Critique (www.triple-c.at)-Journal for a Global Sustainable Information Society 10 (2): 349–391.

Ernst, Dieter. 1980. The new international division of labour, technology and underdevelopment: Consequences for the Third World. Frankfurt: Campus.

Feagin, Joe R., and Michael P. Smith. 1987. Cities and the new international division of labor: An overview. In The capitalist city: Global restructuring and community politics, ed. Joe R. Feagin and Michael P. Smith, 3–34. Oxford: Basil Blackwell.

Ferguson, Marjorie, and Peter Golding. 1997. Cultural studies and changing times: An introduction. In Cultural studies in question, ed. Marjorie Ferguson and Peter Golding, xiii–xxvii. London: Sage.

Firer-Blaess, Sylvain, and Christian Fuchs. 2012.Wikipedia: An info-communist manifesto.Television & New Media, doi: 10.1177/1527476412450193.

Fisher, Eran. 2010. Media and new capitalism in the digital age: The spirit of networks. New York: Palgrave Macmillan.

Fisher, Eran. 2012. How less alienation creates more exploitation? Audience labour on social network sites. tripleC: Communication, Capitalism & Critique (www.triple-c.at)-Communication, Capitalism & Critique (www.triple-c.at)-Journal for a Global Sustainable Information Society 10 (2): 171–183.

Fitzpatrick, Tony. 2002. Critical theory, information society and surveillance technologies.Information, Communication and Society 5 (3): 357–378.

Flew, Terry. 2007. Understanding global media. Basingstoke, UK: Palgrave Macmillan.

Folke, Steen, Niels Fold and Thyge Enevoldsen. 1993. South-south trade and development: Manufacturers in the new international division of labour. New York: St. Martin's Press.

Fortunati, Leopoldina. 1995. The arcane of reproduction. New York: Autonomedia.

Freud, Sigmund. 1961. Beyond the pleasure principle. New York: Norton.

Friedmann, Georges. 1959. Grenzen der Arbeitsteilung. Volume 7, Frankfurter Beiträge zur Soziologie. Frankfurt am Main: Europäische Verlagsanstalt.

Friedman, Jonathan. 2002. Modernity and other traditions. In Critically modern, ed. Bruce M. Knauft, 287–313. Bloomington: Indiana University Press.

Fröbel, Folker, Jürgen Heinrichs and Otto Kreye. 1981. The new international division of labour. Cambridge: Cambridge University Press.

Fuchs, Christian. 2003. Globalization and self-organization in the knowledge-based society. tripleC: Communication, Capitalism & Critique (www.triple-c.at)-Communication, Capitalism & Critique (www.triple-c.at)-Journal for a Global Sustainable Information Society 1 (2): 105–169.

Fuchs, Christian. 2006.The self-organization of social movements. Systemic Practice and Action Research 19 (1): 101–137.

Fuchs, Christian. 2008. Internet and society: Social theory in the information age. New York: Routledge.

Fuchs, Christian. 2009. Information and communication technologies and society: A contribution to the critique of the political economy of the Internet. European Journal of Communication 24 (1): 69–87.

Fuchs, Christian. 2010a. Critical globalization studies: An empirical and theoretical analysis of the new imperialism. Science & Society 74 (2): 215–247.

Fuchs, Christian. 2010b. Labor in informational capitalism and on the Internet. The Information Society 26 (3): 179–196.

Fuchs, Christian. 2010c. New imperialism: Information and media imperialism? Global Media and Communication 6 (1): 33–60.

Fuchs, Christian. 2010d. Social software and Web 2.0: their sociological foundations and implications. In Handbook of research on Web 2.0, 3.0, and X.0: Technologies, business, and social applications, vol. 2, ed. San Murugesan, 764–789. Hershey, PA: IGI-Global.

Fuchs, Christian. 2011a. Foundations of critical media and information studies. Abingdon: Routledge.

Fuchs, Christian. 2011b.The contemporary world wide web: Social medium or new space of accumulation? In The political economies of media: The transformation of the global media industries, ed. Dwayne Winseck and Dal Yong Jin, 201–220. London: Bloomsbury.

Fuchs, Christian. 2012a. Conference Report: The 4th ICTs and Society Conference: Critique, Democracy and Philosophy in 21st Century Information Society. Nordicom Information 34 (3–4): 89–99.

Fuchs, Christian. 2012b. Critique of the political economy of Web 2.0 surveillance. In Internet and surveillance: The challenges of Web 2.0 and social media, ed. Christian Fuchs, Kees Boersma, Anders Albrechtslund and Marisol Sandoval, 31–70. New York: Routledge.

Fuchs, Christian. 2012c. Implications of Deep Packet Inspection (DPI) Internet surveillance for society. The Privacy & Security Research Paper Series #1. ISSN 2279–7467. http://www.projectpact.eu/documents-1/ ％231_Privacy_and_Security_Research_Paper_Series.pdf.

Fuchs, Christian. 2012d. New Marxian Times! Reflections on the 4th ICTs and Society Conference "Critique, Democracy and Philosophy in 21st Century Information Society. Towards Critical Theories of Social Media". tripleC: Communication, Capitalism & Critique (www.triple-c.at)-Journal for a Global Sustainable Information Society 10 (1): 114–121.

Fuchs, Christian. 2012e. With or without Marx? With or without capitalism? A rejoinder to Adam Arvidsson and Elanor Colleoni. tripleC: Communication, Capitalism & Critique (www.triple-c.at)-Open Access Journal for a Global Sustainable Information Society 10 (2): 633–645.

Fuchs, Christian. 2013. OccupyMedia！ The Occupy movement and social media in crisis capitalism. Ropley: Zero Books.

Fuchs, Christian. 2014. Social media: A critical introduction. London: Sage.

Fuchs, Christian, and Nick Dyer-Witheford. 2013. Karl Marx @ Internet Studies. New Media & Society, 15 (5): 782–796.

Fuchs, Christian, and Wolfgang Hofkirchner. 2005. Self-organization, knowledge, and responsibility. Kybernetes 34 (1–2): 241–260.

Fuchs, Christian, Wolfgang Hofkirchner, Matthias Schafranek, Celina Raffl, Marisol Sandoval and Robert Bichler. 2010. Theoretical foundations of the web: Cognition, communication, and co-operation: Towards an understanding of Web 1.0, 2.0, 3.0. Future Internet 2 (1): 41–59.

Fuchs, Christian, and Vincent Mosco, eds. 2012. Marx is back—The importance of Marxist theory and research for critical communication studies today. tripleC:

Communication, Capitalism & Critique (www.triple-c.at)-Journal for a Global Sustainable Information Society 10 (2): 127–632.

Fuchs, Christian, and Marisol Sandoval, eds. Forthcoming 2014. Critique, social media and the information society. New York: Routledge.Gaby, Sarah, and Neal Caren. 2012. Occupy online: How cute old men and Malcolm X recruited 400 000 US users to OWS on Facebook. Social Movement Studies: Journal of Social, Cultural and Political Protest 11 (3–4): 367–374.

Gamsey, Elizabeth, and Liba Paukert. 1987. Industrial change and women's employment: Trends in the new international division of labour. Geneva: International Institute for Labour Studies.

Gandy, Oscar H. 1993. The panoptic sort: A political economy of personal information. Boulder, CO: Westview Press.

Gandy, Oscar H. 2009. Coming to terms with chance: Engaging rational discrimination and cumulative disadvantage. Farnham, UK: Ashgate.

Gandy, Oscar H. 2011.The political economy of personal information. In The handbook of political economy of communications, ed. Janet Wasko, Graham Murdock and Helena Sousa, 436–457. Malden, MA: Wiley-Blackwell.

Garnham, Nicholas. 1990. Capitalism and communication. London: Sage.

Garnham, Nicholas. 1995a. Political Economy and cultural studies: Reconciliation or divorce? Critical Studies in Mass Communication 12 (1): 62–71.

Garnham, Nicholas. 1995b. Reply to Grossberg and Carey. Critical Studies in Mass Communication 12 (1): 95–100.

Garnham, Nicholas. 1998/2004. Information society theory as ideology. In The information society reader, ed. Frank Webster, 165–183. New York: Routledge.

Garnham, Nicholas. 2000a. Emancipation, the media, and modernity. Oxford: Oxford University Press.

Garnham, Nicholas. 2000b. "Information society" as theory or ideology. Information, Communication & Society 3 (2): 139–152.

Garnham, Nicholas. 2004. Class analysis and the information society as mode of production. Javnost 11 (3): 93–104.

Gauntlett, David. 2011. Making is connecting: The social meaning of creativity, from DIY and knitting to YouTube and Web 2.0. Cambridge, UK: Polity.

Gerbaudo, Paolo. 2012. Tweets and the streets: Social media and contemporary activism. London: Pluto Press.

Ghonim, Wael. 2012. Revolution 2.0. London: Fourth Estate.

Giddens, Anthony. 1980. The class structure of the advanced societies. 2nd ed. London: Hutchinson.

Giddens, Anthony. 1984. The constitution of society: Outline of the theory of structuration. Cambridge, UK: Polity.

Giddens, Anthony. 1990. The consequences of modernity. Stanford, CA: Stanford University Press.

Gill, Rosalind. 2002. Cool, creative and egalitarian? Exploring gender in project-based new media work in Euro. Information, Communication & Society 5 (1): 70–89.

Gill, Rosalind. 2006. Technobohemians or the new cybertariat? Amsterdam: Institute of Network Cultures.

Gill, Rosalind, and Andy Pratt. 2008. In the social factory? Immaterial labour, precariousness and cultural work. Theory, Culture & Society 25 (7–8): 1–30.

Gillan, Kevin, Jenny Pickerill and Frank Webster. 2008. Anti-war activism. New media and protest in the information age. Basingstoke: Palgrave Macmillan.

Glotz, Peter. 1999. Die beschleunigte Gesellschaft: Kulturkämpfe im digitalen Kapitalismus. Munich: Kindler.

Göhler, Gerhard. 1980. Die Reduktion der Dialektik durch Marx: Strukturveränderungen der dialektischen Entwicklung in der Kritik der politischen Ökonomie. Stuttgart: Klett-Cotta.

Golding, Peter. 2000. Forthcoming features: Information and communications technologies and the sociology of the future. Sociology 34 (1): 165–184.

Golding, Peter, and Graham Murdock. 1978. Theories of communication and theories of society. Communication Research 5 (3): 339–356.

Goldthorpe, John H. 2000. On sociology. Oxford: Oxford University Press.

Goodwin, Jeff. 2001. No other way out: States and revolutionary movements, 1945–1991.

Cambridge: Cambridge University Press.

Graeber, David. 2011. Debt: The first 5,000 years. New York: Melville House.

Graeber, David. 2012. Inside Occupy. Frankfurt: Campus.

Gregg, Melissa. 2011. Work's intimacy. Cambridge, UK: Polity.

Grossberg, Lawrence. 1995. Cultural studies vs. Political Economy: Is anybody else bored with this debate? Critical Studies in Mass Communication 12 (1): 72–81.

Grossberg, Lawrence. 2010. Cultural studies in the future tense. Durham, NC: Duke University Press.

Grossman, Rachel. 1980. Women's place in the integrated circuit. Radical America 14 (1): 29–50.

Grossmann, Henryk. 1929. Das Akkumulations-und Zusammenbruchsgesetz des kapitalistischen Systems. Leipzig: C.L. Hirschfeld.

Gubbay, Jon. 1997. A Marxist critique of Weberian class analysis. Sociology 31 (1): 73–89.

Gulias, Max. 2011. A Marxist methodology for cultural studies. In The renewal of cultural studies, ed. Paul Smith, 143–151. Philadelphia, PA: Temple University Press.

Habermas, Jürgen. 1984. The theory of communicative action. Vol. 1. Boston: Beacon Press.

Habermas, Jürgen. 1987. The theory of communicative action. Vol. 2. Boston: Beacon Press.

Hafez, Kai. 2007. The myth of media globalization. Cambridge: Polity.

Hall, Stuart. 1981/1988. Notes on deconstructing the popular. In Cultural theory and popular culture: A reader, ed. John Storey, 442–453. Hemel Hempstead, UK: Prentice Hall.

Hall, Stuart. 1986.The problem of ideology—Marxism without guarantees. Journal of Communication Inquiry 10 (2): 28–44.

Hall, Stuart. 1988. The toad in the garden: Thatcherism among the theorists. In Marxism and the interpretation of culture, ed. Cary Nelson and Lawrence Grossberg, 35–73. Urbana: University of Illinois Press.

Hall, Stuart. 1992/1996. Cultural studies and its theoretical legacies. In Stuart Hall: Critical dialogues in cultural studies, ed. David Morley and Kuan-Hsing Chen, 262–275. London: Routledge.

Hall, Stuart, et al. 1978. Policing the crisis. Basingstoke, UK: Palgrave Macmillan.

Halvorsen, Sam. 2012. Beyond the network? Occupy London and the global movement. Social Movement Studies: Journal of Social, Cultural and Political Protest 11 (3–4): 427–433.

Hardt, Michael. 2010. The common in communism. In The idea of communism, ed. Costas Douzinas and Slavoj Žižek, 131–144. London: Verso.

Hardt, Michael, and Antonio Negri. 2000. Empire. Cambridge, MA: Harvard University Press.

Hardt, Michael, and Antonio Negri. 2005. Multitude. London: Penguin.

Hardt, Michael, and Antonio Negri. 2009. Commonwealth. Cambridge, MA: Harvard University Press.

Hardt, Michael, and Antonio Negri. 2012. Declaration. Kindle edition.

Hartcourt, Wendy. 2011. Using the master's tools. Media Development 1 (2011): 19–22.

Hartley, John, ed. 2005. Creative industries. Oxford: Blackwell.

Hartley, John. 2012. Digital futures for cultural and media studies. Chichester, UK: Wiley-Blackwell.

Harvey, David.1989. The condition of postmodernity. London: Blackwell.

Harvey, David. 2005. The new imperialism. Oxford: Oxford University Press.

Harvey, David. 2006. Spaces of global capitalism: Towards a theory of uneven geographical development.London: Verso.

Harvey, David. 2007. A brief history of neoliberalism. Oxford: Oxford University Press.

Harvey, David. 2012. Rebel cities: From the right to the city to the urban revolution. London: Verso.

Harvey, David, Michael Hardt and Antonio Negri. 2009. Commonwealth: An exchange. Artforum. http://www.thefreelibrar y.com/Commonwealth% 3a+an+exchange.-a0211807984.

Haug, Wolfgang Fritz. 1987. Commodity aesthetics, ideology, and culture. New York: International General.

Haug, Wolfgang Fritz. 2003a. High-Tech-Kapitalismus. Hamburg: Argument. Haug, Wolfgang Fritz. 2003b. Wachsende Zweifel an der monetären Werttheorie: Antwort auf Heinrich. Das Argument 251: 424–437.

Haug, Wolfgang Fritz. 2007. Die "Neue-Kapital-Lektüre" der monetären Werttheorie. Das Argument 272: 560–574.

Hebblewhite, William Henning James. 2012. "Means of communication as means of production" revisited. tripleC: Communication, Capitalism & Critique (www.triple-c.at)-

Journal for a Global Sustainable Information Society 10（2）: 203–213.

Hegel, Georg Wilhelm Friedrich. 1830. Encyclopaedia of the philosophical sciences. Part 1: The Logic. http://www.marxists.org/reference/archive/hegel/works/sl/slconten.htm.

Hegel, Georg Wilhelm Friedrich. 1991. The encyclopaedia logic. Indianapolis, IN: Hackett.

Heinrich, Michael. 1999. Die Wissenschaft vom Wert: Die Marxsche Kritik der politischen Ökonomie zwischen wissenschaftlicher Revolution und klassischer Tradition. 2nd ed. Münster, Germany: Westfälisches Dampfboot.

Heinrich, Michael. 2012. An introduction to the three volumes of Karl Marx's Capital. New York: Monthly Review Press.

Henderson, Jeff. 1986. The new international division of labour and American semiconductor production in South-East Asia. In Multinational companies and the Third World, ed. Chris J. Dixon, David Drakakis-Smith and H. Doug Watts, 91–117. Boulder, CO: Westview Press.

Hesmondhalgh, David. 2010. User-generated content, free labour and the cultural industries. Ephemera 10（3–4）: 267–284.

Hesmondhalgh, David, and Sarah Baker. 2011. Creative labour: Media work in three cultural industries. London: Routledge.

Hirst, Paul, and Graham Thompson. 1999. Globalization in question. Cambridge, UK: Polity.

Hobsbawm, Eric. 2011. How to change the world: Marx and Marxism 1840–2011. London: Little, Brown.

Hofkirchner, Wolfgang. 2002. Projekt Eine Welt: Kognition—Kommunikation—Kooperation. Münster, Germany: LIT.

Hofkirchner, Wolfgang. 2010. Twenty questions about a Unified Theory of Information. Litchfield Park, AZ: ISCE Publishing.

Holman, David, Rosemary Batt and Ursula Holtgrewe. 2007. The global call centre report: International perspectives on management and employment. HYPERLINK "http://www.ilr.cornell." http://www.ilr.cornell. edu/globalcallcenter/upload/GCC-Intl-Rept-UK-Version.pdf, accessed January 5, 2013.

Holtgrewe, Ursula, Jessica Longen, Hannelore Mottweiler and Annika Schönauer. 2009.Global or embedded service work? Work, Organisation, Labour & Globalisation 3（1）:

9–25.

Holzer, Horst. 1973. Kommunikationssoziologie. Reinbek, Germany: Rowohlt.

Holzer, Horst. 1994. Medienkommunikation. Opladen, Germany: Westdeutscher Verlag.

Hong, Yu. 2011. Labor, class formation, and China's informationized policy and economic development. Lanham, MD: Rowman & Littlefield.

Horkheimer, Max. 1931. The state of contemporary social philosophy and the tasks of an Institute for Social Research. In Critical theory and society: A reader, ed. Stephen E. Bronner and Douglas Kellner, 25–36. New York: Routledge.

Horkheimer, Max. 1947. Eclipse of reason. New York: Continuum.

Horkheimer, Max. 2002. Critical theory. New York: Continuum.

Horkheimer, Max, and Theodor W. Adorno. 2002. Dialectic of enlightenment. Stanford, CA: Stanford University Press.

Howe, Jeff. 2006. Crowdsourcing: A definition.   HYPERLINK "http://crowdsourcing. typepad.com/cs/2006/"   http://crowdsourcing.typepad.com/cs/2006/ 06/crowdsourcing_ a.html.

Howe, Jeff. 2008. Crowdsourcing: Why the power of the crowd is driving the future of business. New York: Three Rivers Press.

Hund, Wulf D. 1976. Ware Nachricht und Informationsfetisch: Zur Theorie der gesellschaftlichen Kommunikation. Darmstadt, Germany: Luchterhand.

Hund, Wulf D., and Bärbel Kirchhoff-Hund. 1980. Soziologie der Kommunikation: Arbeitsbuch zu Struktur und Funktion der Medien: Grundbegriffe und exemplarische Analysen. Hamburg: Rowohlt.

Huws, Ursula. 1999. Material world: The myth of the weightless economy. Socialist Register 35: 29–55.

Huws, Ursula. 2003. The making of a cybertariat: Virtual work in a real world. New York: Monthly Review Press.

Huws, Ursula. 2009. Working at the interface: Call-centre labour in a global economy. Work, Organisation, Labour & Globalisation 3 (1): 1–8.

Huws, Ursula, ed. 2011. Passing the buck: Corporate restructuring and the casualisation of employment. Work, Organisation, Labour & Globalisation 5 (1).

Huws, Ursula. 2012. The reproduction of difference: Gender and the division of labour.

Work Organisation, Labour & Globalisation 6 (1): 1–10.

Huws, Ursula, Anneke van Luijken, Swasti Mitter and Annie Phizacklea. 1983. International division of labour and multi-national strategies. London: War on Wants.

Ilavarasan, Vigneswara. 2007. Is Indian software workforce a case of uneven and combined development? Equal Opportunities International 26 (8): 802–822.

Ilavarasan, Vigneswara. 2008. Software work in India: A labour process view. In In an outpost of the global economy: Work and workers in India's information technology industry, ed. Carol Upadhya and A.R.Vasavi, 162–189. New Delhi: Routledge.

James, Al, and Bhaskar Vira. 2010. "Unionising" the new spaces of the new economy? Alternative labour organising in India's IT Enabled Services–Business Process Outsourcing industry. Geoforum 41: 364–376.

Jameson, Frederic. 2011. Representing Capital. London: Verso.

Jenkins, Henry. 2008. Convergence culture. New York: New York University Press.

Jhally, Sut. 1987. The codes of advertising. New York: Routledge.

Jhally, Sut, and Bill Livant. 1986/2006. Watching as working: The valorization of audience consciousness. In The spectacle of accumulation: Essays in culture, media, & politics, Sut Jhally, 24–43. New York: Peter Lang.

Jones, Steven G., ed. 1998. CyberSociety 2.0. London: Sage.

Juris, Jeffrey S. 2012. Reflections on #occupy everywhere: Social media, public space, and emerging logics of aggregation. American Ethnologist 39 (2): 259–279.

Kahn, Richard, and Douglas Kellner. 2004. New media and Internet activism: From the "battle of Seattle" to blogging. New Media & Society 6 (1): 87–95.

Kang, Hyunjin, and Matthew P. McAllister. 2011. Selling you and your clicks: Examining the audience commodification of Google. tripleC: Communication, Capitalism & Critique (www.triple-c.at)-Journal for a Global Sustainable Information Society 9 (2): 141–153.

Kavada, Anastasia. 2012. Engagement, bonding and identity across multiple platforms: Avaaz on Facebook, YouTube, and MySpace. MedieKultur 28 (52): 28–48.

Khamis, Sahar, and Katherine Vaughn. 2011. "We are all Khaled Said": The potentials and limitations of cyberactivism in triggering public mobilization and promoting political change. Journal of Arab & Muslim Media Research 4 (2–3): 145–163.

Klein, Naomi. 2004. Reclaiming the commons. In A movement of movements: Is another world really possible?, ed.Tom Mertes, 219–229. London: Verso.

Knoche, Manfred. 2005. Kommunikationswissenschaftliche Medienökonomie als Kritik der Politischen Ökonomie der Medien. In Internationale partizipatorische Kommunikationspolitik, ed. Petra Ahrweiler and Barbara Thomaß, 101–109. Münster, Germany: LIT.

Kolakowski, Leszek. 2005. Main currents of Marxism: The founders, the golden age, the breakdown.New York: W.W. Norton.

Kriesi, Hanspeter. 1996. The organizational structure of social movements in a political context. In Comparative perspectives on social movements, ed. Doug McAdam, John D.McCarthy and Mayer N. Zald, 152–184. Cambridge: Cambridge University Press.

Kücklich, Julian. 2005. Precarious playbour. Fibreculture Journal 5, HYPERLINK "http://five.fibreculture" http://five.fibreculture journal.org/fcj-025-precarious-playbour-modders-and-the-digital-games-industry/ (accessed May 29, 2011).

Kurz, Robert. 2012. Geld ohne Wert: Grundrisse zu einer Transformation der Kritik der politischen Ökonomie. Berlin: Horlemann.

Laclau, Ernesto, and Chantal Mouffe. 1985. Hegemony and socialist strategy: Towards a radical and democratic politics. London.Verso.

Lakha, Salim. 1994. The new international division of labour and the Indian computer software industry. Modern Asian Studies 28 (2): 381–408.

Lauer, Josh. 2008. Alienation in the information economy: Toward a Marxist critique of consumer surveillance. In Participation and media production, ed. Nico Carpentier and Benjamin De Cleen, 41–56. Newcastle, UK: Cambridge Scholars.

Lazzarato, Maurizio. 1996. Immaterial labour. In Radical thought in Italy, ed. PaoloVirno and Michael Hardt, 133–146. Minneapolis: University of Minnesota Press.

Lebowitz, Michael A. 1986.Too many blindspots on the media. Studies in Political Economy 21: 165–173.

Lee, Micky. 2011. Google ads and the blindspot debate. Media, Culture & Society 33 (3): 433–447.

Lenin, Vladimir Ilyich. 1917. Imperialism, the highest stage of capitalism. In Essential works of Lenin, ed. Henry M. Christman, 177–270. New York: Dover.

Lenin, Vladimir Ilyich. 1920. Preface to the French and German editions of "Imperialism, the highest stage of capitalism". http://www.marxists.org/archive/lenin/

works/1916/imphsc/pref02.htm#fwV22E081 (accessed on July 10, 2013).

Lent, John A., ed. 1995. A different road taken: Profiles in critical communication. Boulder, CO: Westview Press.

Livant, Bill. 1979.The audience commodity: On the "blindspot" debate. Canadian Journal of Political and Social Theory 3 (1): 91–106.

Lotan, Gilad, Erhardt Graeff, Mike Ananny, Devin Gaffney, Ian Pearce and danah boyd. 2011. The Arab Spring: The revolutions were tweeted: Information flows during the 2011 Tunisian and Egyptian revolutions. International Journal of Communication 5: 1375–1405.

Lukács, Georg. 1923/1972. History and class consciousness. Cambridge, MA: MIT Press.

Luxemburg, Rosa. 1913/2003. The accumulation of capital. New York: Routledge.

Lyon, David. 2003. Surveillance after September 11. Cambridge, UK: Polity.

Lyotard, Jean-François. 1979. The postmodern condition. Manchester: Manchester University Press.

Machlup, Fritz. 1962. The production and distribution of knowledge in the United States. Princeton, NJ: Princeton University Press.

Mansell, Robin. 1995. Against the flow: The peculiar opportunity of social scientists. In A different road taken: Profiles in critical communication, ed. John A. Lent, 43–66. Boulder, CO: Westview Press.

Mansour, Essam. 2012.The role of social networking sites (SNS) in the January 25th revolution in Egypt. Library Review 61 (2): 128–159.

Manzerolle, Vincent. 2010. Mobilizing the audience commodity: Digital labour in a wireless world. Ephemera 10 (3–4): 455–469.

Marcuse, Herbert. 1933. On the philosophical foundations of the concept of labor in economics. In Heideggerian Marxism, ed. Richard Wolin and John Abromeit, 122–150. Lincoln: University of Nebraska Press.

Marcuse, Herbert. 1941. Reason and revolution: Hegel and the rise of social theory. 2nd ed.London: Routledge.

Marcuse, Herbert. 1955. Eros and civilization. Boston: Beacon Press.

Marcuse, Herbert. 1964. One-dimensional man. Boston: Beacon Press.

Martin, Randy. 2011. Marxism after cultural studies. In The renewal of cultural studies, ed.

Paul Smith, 152–159. Philadelphia, PA: Temple University Press.

Marx, Karl. 1843. Critique of Hegel's philosophy of right. http://www.marxists.org/archive/marx/works/1843/critique-hpr/index.htm.

Marx, Karl. 1844. Economic and philosophic manuscripts of 1844. In Economic and philosophic manuscripts of 1844 and the Communist Manifesto, 13–168. Amherst, NY: Prometheus.

Marx, Karl. 1845. Theses on Feuerbach. http://www.marxists.org/archive/marx/works/1845/theses/index.htm.

Marx, Karl. 1849. Wage labour and capital. http://www.marxists.org/archive/marx/works/1847/wage-labour/index.htm.

Marx, Karl. 1853a. The British rule in India. http://www.marxists.org/archive/marx/works/1853/06/25.htm.

Marx, Karl. 1853b. The future results of British rule in India. http://www.marxists.org/archive/marx/works/1853/07/22.htm.

Marx, Karl. 1857/1858a. Grundrisse der Kritik der politischen Ökonomie: MEW, Band 42. Berlin: Dietz.

Marx, Karl. 1857/1858b. Grundrisse. London: Penguin.

Marx, Karl. 1858. Fragment des Urtextes von "Zur Kritik der politischen Ökonomie". http://www.marxists.org/deutsch/archiv/marx-engels/1858/urtext/index.htm.

Marx, Karl. 1859. A contribution to the critique of political economy. http://www.marxists.org/archive/marx/works/1859/critique-pol-economy/index.htm.

Marx, Karl. 1861–1863. Economic manuscripts of 1861–1863. http://www.marxists.org/archive/marx/works/1861/economic/index.htm.

Marx, Karl. 1865. Value, price, and profit. http://www.marxists.org/archive/marx/works/1865/value-price-profit/index.htm.

Marx, Karl. 1867a. Das Kapital: Band 1. MEW 23. Berlin: Dietz.

Marx, Karl. 1867b. Das Kapital: Band 1: Urfassung von 1867. Hildesheim, Germany: Gerstenberg.

Marx, Karl. 1867c. Capital, Volume 1. London: Penguin.

Marx, Karl. 1872. Das Kapital: Band 1. 2. Auflage [2nd edition]. MEGA II/6. Berlin: Dietz.

Marx, Karl. 1875. Critique of the Gotha Programme. http://www.marxists.org/archive/marx/works/1875/gotha/index.htm.

Marx, Karl. 1885. Capital: Volume 2. London: Penguin.

Marx, Karl. 1894. Capital: Volume 3. London: Penguin.

Marx, Karl, and Friedrich Engels. 1845/1846. The German ideology. Amherst, NY: Prometheus Books.

Marx, Karl, and Friedrich Engels. 1848. Manifest der kommunistischen Partei. In MEW, Band 3, 459–493. Berlin: Dietz.

Marx, Karl, and Friedrich Engels. 1848/2004. The Communist Manifesto. Peterborough: Broadview.

Marx, Karl, and Friedrich Engels. 1968ff. Marx Engels Werke [hereafter MEW] . 43 vols.Berlin: Dietz.

Mason, Paul. 2012. Why it's kicking off everywhere: The new global revolutions. London: Verso.

Mathew, Jossy, Emmanuel Ogbonna and Lloyd C. Harris. 2012. Culture, employee work outcomes and performance. An empirical analysis of Indian software firms. Journal of World Business 47 (2): 194–203.

Mattelart, Armand. 2010. The globalization of surveillance. Cambridge, UK: Polity.

Mattoni, Alice. 2012. Beyond celebration: Toward a more nuanced assessment of Facebook's role in Occupy Wall Street. Cultural Anthropology. http://www.culanth.org/?q=node/643.

Maxwell, Richard. 1991.The image is gold: Value, the audience commodity, and fetishism.Journal of Film and Video 43 (1–2): 29–45.

Maxwell, Richard, ed. 2001a. Culture works: The political economy of culture. Minneapolis: University of Minnesota Press.

Maxwell, Richard. 2001b. Why culture works. In Culture works: The political economy of culture, ed. Richard Maxwell, 1–21. Minneapolis: University of Minnesota Press.

Maxwell, Richard, and Toby Miller, eds. 2005/2006. Cultural labor. Special issue. Social Semiotics 15 (3) and 16 (1).

Maxwell, Richard, and Toby Miller. 2012. Greening the media. Oxford: Oxford University Press.

Mayer, Vicki, Miranda J. Banks and John T. Caldwell. 2009. Introduction: Production studies: Roots and routes. In Production studies: Cultural studies of media industries, ed. Vicki

Mayer, Miranda J. Banks and John Thornton Caldwell, 1–12. New York: Routledge.

McCarthy, John D. 1996. Constraints and opportunities in adopting, adapting, and inventing.In Comparative perspectives on social movements, eds. Doug McAdam, John D.

McCarthy and Mayer N. Zald, 141–151. Cambridge: Cambridge University Press.

McCarthy, John D. and Mayer N. Zald. 1977. Resource mobilization and social movements.American Journal of Sociology 82 (6): 1212–1241.

McCaughey, Martha, and Michael D. Ayers, eds. 2003. Cyberactivism. New York: Routledge.

McGuigan, Jim. 2006. Review of John Hartley's "Creative industries". Global Media and Communication 2 (3): 372–374.

McGuigan, Jim. 2009. Cool capitalism. London: Pluto Press.

McGuigan, Lee. 2012. Consumers: The commodity product of interactive commercial television, or, is Dallas Smythe's thesis more germane than ever? Journal of Communication Inquiry (September 17). doi: 10.1177/0196859912459756.

McKercher, Catherine, and Vincent Mosco, eds. 2006. The labouring of communication.Special issue. Canadian Journal of Communication 31 (3).

McKercher, Catherine, and Vincent Mosco, eds. 2007. Knowledge workers in the information economy. Lanham, MD: Lexington Books.

McLuhan, Marshall. 2001. Understanding media. New York: Routledge.

McStay, Andrew. 2011. Profiling phorm: An autopoietic approach to the audienceas-commodity. Surveillance & Society 8 (3): 310–322.

Meehan, Eileen. 1984. Ratings and the institutional approach: A third answer to the commodity question. Critical Studies in Mass Communication 1 (2): 216–225.

Meehan, Eileen. 1993. Commodity audience, actual audience: The blindspot debate. In Illuminating the blindspots: Essays honouring Dallas W. Smythe, ed. Janet Wasko, Vincent

Mosco and Manjunath Pendakur, 378–397. Norwood, NJ: Ablex.

Meehan, Eileen. 2002. Gendering the commodity audience: Critical media research, feminism, and political economy. In Sex & money: Feminism and political economy in the media, ed. Eileen Meehan and Ellen Riordan, 209–222. Minneapolis: University of Minnesota Press.

Meehan, Eileen. 2007. Understanding how the popular becomes popular: The role of political economy in the study of popular communication. Popular Communication 5 (3): 161–170.

Meehan, Eileen, and Ellen Riordan, ed. 2002. Sex & money: Feminism and political economy in the media. Minneapolis: University of Minnesota Press.

Mies, Maria. 1986. Patriarchy & accumulation on a world scale: Women in the international division of labour. London: Zed Books.

Mies, Maria, Veronika Bennholdt-Thomsen and Claudia von Werlhof. 1988. Women: The last colony. London: Zed Books.

Miller, Toby. 2010. Culture + labour = precariat. Communication and Critical/Cultural Studies 7 (1): 96–99.

Miller, Toby. 2011. Cultural studies in an indicative mode. Communication and Critical/Cultural Studies 8 (3): 319–322.

Miller, Toby, Nitin Govil, John McMurria, Richard Maxwell and Ting Wang. 2004. Global Hollywood 2. London: British Film Institute.

Mosco, Vincent. 2004. The digital sublime. Cambridge, MA: MIT Press. Mosco, Vincent. 2009. The political economy of communication. 2nd ed. London: Sage. Mosco, Vincent. 2011.Communication and cultural labour. In The renewal of cultural studies, ed. Paul Smith, 230–237. Philadelphia, PA: Temple University Press.

Mosco, Vincent, and Catherine McKercher. 2008. The labouring of communication: Will knowledge workers of the world unite? Lanham, MD: Lexington Books.

Mosco, Vincent, Catherine McKercher and Ursula Huws, eds. 2010. Getting the message: Communications workers and global value chains. Work Organisation, Labour & Globalisation 4 (2).

Mukherjee, Sanjukta. 2008. Producing the knowledge professional: Gendered geographies of alienation in India's new high-tech workplace. In In an outpost of the global economy: Work and workers in India's information technology industry, ed. Carol Upadhya and A.R.Vasavi, 50–75. New Delhi: Routledge.

Murdock, Graham. 1978. Blindspots about Western Marxism: A reply to Dallas Smythe. In The political economy of the media, volume 1, ed. Peter Golding and Graham Murdock, 465–474. Cheltenham, UK: Edward Elgar.

Murdock, Graham. 2011. Political economies as moral economies: Commodities, gifts, and public goods. In The handbook of political economy of communications, ed. Janet Wasko, Graham Murdock and Helena Sousa, 13–40. Malden, MA: Wiley-Blackwell.

Murdock, Graham, and Peter Golding. 1974. For a political economy of mass communications.In The political economy of the media I, ed. Peter Golding and Graham Murdock, 3–32. Cheltenham, UK: Edward Elgar.

Murdock, Graham, and Peter Golding. 2005. Culture, communications and political economy.In Mass media and society, ed. James Curran and Michael Gurevitch, 60–83. London: Hodder.

Nanabhay, Mohamed, and Roxane Farmanfarmaian. 2011. From spectacle to spectacular: How physical space, social media and mainstream broadcast amplified the public sphere in Egypt's "revolution". Journal of North African Studies 16 (4): 573–603.

Napoli, Philip M. 2010. Revisiting "mass communication" and the "work" of the audience in the new media environment. Media, Culture & Society 32 (3): 505–516.

Negri, Antonio. 1971/1988. Crisis of the planner-state: Communism and revolutionary organisation. In Revolution retrieved: Selected writings on Marx, Keynes, capitalist crisis & new social subjects 1967–83, 91–148. London: Red Notes.

Negri, Antonio. 1979/1988. Marx beyond Marx: Working notebooks on the "Grundrisse". In Revolution retrieved: Selected writings on Marx, Keynes, capitalist crisis & new social subjects 1967–83, 149–176. London: Red Notes.

Negri, Antonio. 1982/1988. Archaeology and project: The mass worker and the social worker. In Revolution retrieved: Selected writings on Marx, Keynes, capitalist crisis & new social subjects 1967–83, 199–228. London: Red Notes.

Negri, Antonio. 1991. Marx beyond Marx. London: Pluto.

Negri, Antonio. 2008. Reflections on empire. Cambridge, UK: Polity.

Nest, Michael. 2011. Coltan. Cambridge, UK: Polity.

Neubauer, Robert. 2011. Neoliberalism in the information age, or vice versa? Global citizenship, technology, and hegemonic ideology. tripleC: Communication, Capitalism & Critique (www.triple-c.at)-Journal for a Global Sustainable Information Society 9 (2): 195–230.

Neumann, Franz. 1942. Behemoth: The structure and practice of National Socialism. London: Gollancz.

Nixon, Brice. 2012. Dialectical method and the critical political economy of culture.

tripleC: Communication, Capitalism & Critique（www.triple-c.at）-Journal for a Global Sustainable Information Society 10（2）: 439–456.

O' Connor, James. 1998. Natural causes: Essays in ecological Marxism. New York: Guilford Press.

O' Reilly, Tim. 2005. What is Web 2.0? http://www.oreilly.de/artikel/web20.html.

O' Reilly, Tim, and John Battelle. 2009. Web squared: Web 2.0 five years on: Special report. http://assets.en.oreilly.com/1/event/28/web2009_websquared-whitepaper.pdf.

Offe, Claus. 1985. New social movements: Challenging the boundaries of institutional politics. Social Research 52（4）: 817–867.

Panitch, Leo, and Sam Gindin. 2004. Global capitalism and American empire. Socialist Register 2004: 1–42.

Papacharissi, Zizi. 2009.The virtual sphere 2.0. In Routledge Handbook of Internet Politics, ed.Andrew Chadwick and Philip N. Howard, 230–245. New York: Routledge.

Papacharissi, Zizi. 2010. A private sphere. Cambridge, UK: Polity.

Pasquinelli, Matteo. 2009. Google's PageRank algorithm: A diagram of cognitive capitalism and the rentier of the common intellect. In Deep Search, ed. Konrad Becker and Felix Stalder, 152–162. London: Transaction Publishers.

Pasquinelli, Matteo. 2010. The ideology of free culture and the grammar of sabotage. In Education in the creative economy: Knowledge and learning in the age of innovation, ed. Daniel Araya and Michael Peters. New York: Peter Lang.

Paul, Jane, and Ursula Huws. 2002. How can we help? Good practice in call-centre employment. Brussels: European Union Trade Union Confederation.

Pellow, David N., and Lisa Sun-Hee Park. 2002. The SiliconValley of dreams: Environmental injustice, immigrant workers, and the high-tech global economy. NewYork: NewYork University Press.

Pollock, Friedrich. 1956. Automation: Materialien zur Beurteilung der ökonomischen und sozialen Folgen. Vol. 5 of Frankfurter Beiträge zur Soziologie. Frankfurt am Main: Europäische Verlagsanstalt.

Porat, Marc Uri. 1977. The information economy: Definition and measurement. Washington, DC: Office of Telecommunications.

Porter, Michael. 1985. Competitive advantage: Creating and sustaining superior performance. New York: Free Press.

Postone, Moishe. 1993. Time, labor, and social domination: A reinterpretation of Marx's critical theory. Cambridge: Cambridge University Press.

Pratt, Andy. 2000. New media, the new economy and new spaces. Geoforum 31 (4): 425–436.

Prey, Robert. 2012. The network's blindspot: Exclusion, exploitation and Marx's processrelational ontology. tripleC: Communication, Capitalism & Critique (www.triple-c.at)-Journal for a Global Sustainable Information Society 10 (2): 253–273.

Prodnik, Jernej. 2012. A note on the ongoing processes of commodification: From the audience commodity to the social factory. tripleC: Communication, Capitalism & Critique (www.triple-c.at)-Journal for a Global Sustainable Information Society 10 (2): 274–301.

Qiu, Jack L. 2009. Working-class network society: Communication technology and the information have-less in urban China. Cambridge, MA: MIT Press.

Qiu, Jack L. 2010a. Class, communication, China: A thought piece. International Journal of Communication 4: 531–536.

Qiu, Jack L. 2010c. Network labour and non-elite knowledge workers in China. Work, Organisation, Labour & Globalisation 4 (2): 83–95.

Ramesh, Bapu P. 2008. Work organisation, control and "empowerment" : Managing the contradictions of call centre work. In In an outpost of the global economy: Work and workers in India's information technology industry, ed. Carol Upadhya and A.R. Vasavi, 235–262. New Delhi: Routledge.

Reichelt, Helmut. 2001. Zur logischen Struktur des Kapitalbegriffs bei Karl Marx. Freiburg, Germany: Ça Ira.

Reichelt, Helmut. 2008. Neue Marx-Lektüre: Zur Kritik sozialwissenschaftlicher Logik. Hamburg: VSA.

Rey, PJ. 2012. Alienation, exploitation, and social media. American Behavioral Scientist 56 (4): 399–420.

Riethof, Marieke. 2005. Casualization of work. In Encyclopedia of international development, ed.Tim Forsyth, 64–65. Oxon: Routledge.

Ritzer, George, and Zeynep Atalay, eds. 2010. Readings in globalization: Key concepts and major debates. Malden, MA: Wiley-Blackwell.

Ritzer, George, and Nathan Jurgenson. 2010. Production, consumption, prosumption. Journal of Consumer Culture 10 (1): 13–36.

Ross, Andrew. 2001. No-collar labour in America's "new economy". Socialist Register 37: 77–87.

Ross, Andrew. 2003. No-collar: The humane workplace and its hidden costs. Philadelphia, PA: Temple University Press.

Ross, Andrew. 2008. The new geography of work: Power to the precar ious? Theory, Cul-ture & Society 25 (7–8): 31–49.

Ross, Andrew. 2009. Nice work if you can get it: Life and labour in precarious times. New York: New York University Press.

Ross, Andrew, and Paul Smith. 2011. Cultural studies: A conversation. In The renewal of cultural studies, ed. Paul Smith, 245–258. Philadelphia, PA: Temple University Press.

Roth, Karl Heinz. 2005. Der Zustand der Welt: Gegen-Perspektiven. Hamburg: VSA.

Roth, Karl Heinz, and Marcel van der Linden. 2009. Ergebnisse und Perspektiven. In Über Marx hinaus: Arbeitsgeschichte und Arbeitsbegriff in der Konfrontation mit den globalen Arbeitsverhältissen des 21: Jahrhunderts, ed. Marcel van der Linden and Karl Heinz Roth, 557–600. Berlin: Assoziation A.

Roth, Roland, and Dieter Rucht, ed. 2008. Die sozialen Bewegungen in Deutschland seit 1945. Frankfurt/Main: Campus.

Roy, Arundhati. 2003. Confronting empire. World Social Forum, Porto Alegre, Brazil, on January 27, 2003. http://www.sustecweb.co.uk/past/sustec11-4/following_speech_by_arundhati_ro.htm (accessed January 4, 2013).

Roy, Arundhati. 2012. Capitalism: A ghost story. Outlook India, March 26, 2012. http://www.outlookindia.com/article.aspx?280234 (accessed January 4, 2013).

Rubin, Isaak Illich. 2008. Essays on Marx's theory of value. Delhi: Aakar.

Rucht, Dieter. 1996. The impact of national context on social movement structures. In Comparative perspectives on social movements, ed. Doug McAdam, John D. McCarthy and Mayer N. Zald, 185–204. Cambridge: Cambridge University Press.

Rucht, Dieter. 2004. The quadruple "A". Media strategies of protest movements since the 1960s. In Cyberprotest, ed.Wim van de Donk et al., 29–56. London: Routledge.

Runciman, Walter G. 1993. Has British capitalism changed since the First World War? British Journal of Sociology 44 (1): 53–67.

Saad-Filho, Alfredo, and Deborah Johnston, ed. 2005. Neoliberalism: A critical reader. London: Pluto Press.

Said, Edward. 1978. Orientalism: Western conceptions of the Orient. New Delhi: Penguin.

Sandoval, Marisol. 2012. A critical empirical case study of consumer surveillance on Web 2.0. In Internet and surveillance: The challenges of Web 2.0 and social media, ed. Christian Fuchs, Kees Boersma, Anders Albrechtslund and Marisol Sandoval, 147–169. New York: Routledge.

Sandoval, Marisol. 2013. Monster media? Critical perspectives on corporate social responsibility in media and communication industries. PhD diss., University of Salzburg.

Sandoval, Marisol, and Christian Fuchs. 2010.Towards a critical theory of alternative media.Telematics and Informatics 27 (2): 141–150.

Sayed, Nermeen. 2011. Towards the Egyptian revolution: Activists' perceptions of social media for mobilization. Journal of Arab & Muslim Media Research 4 (2–3): 273–298.

Schiller, Dan. 1999. The legacy of Robert A Brady. Antifascist origins of the political economy of communications. Journal of Media Economics 12 (2): 89–101.

Schiller, Dan. 2000. Digital capitalism. Cambridge, MA: MIT Press.

Scholz, Trebor. 2011. Facebook as playground and factory. In Facebook and philosophy, ed. D.E.Wittkower, 241–252. Chicago: Open Court.

Scholz, Trebor, ed. 2013. Digital labor: The Internet as playground and factory. New York: Routledge.

Sennett, Richard. 2006. The culture of the new capitalism. New Haven, CT: Yale University Press.

Sevignani, Sebastian. 2012. The problem of privacy in capitalism and the alternative social networking site Diasporaa. tripleC: Communication, Capitalism & Critique (www. triple-c.at)-Open Access Journal for a Global Sustainable Information Society 10 (2): 600–617.

Shirky, Clay. 2008. Here comes everybody. London: Penguin.

Shirky, Clay. 2011. Cognitive surplus: How technology makes consumers into collaborators. London: Penguin.

Smith, Paul. 2006. Looking backwards and forwards at cultural studies. In A companion to cultural studies, ed.Toby Miller, 331–340. Malden, MA: Blackwell.

Smith, Paul. 2011a. Introduction. In The renewal of cultural studies, ed. Paul Smith, 1–8. Philadelphia, PA: Temple University Press.

Smith, Paul, ed. 2011b. The renewal of cultural studies. Philadelphia, PA: Temple University Press.

Smythe, Dallas W. 1951.The consumer's stake in radio and television. The Quarterly of Film, Radio and Television 6 (2): 109–128.

Smythe, Dallas W. 1960. On the political economy of communications. Journalism & Mass Communication Quarterly 37 (4): 563–572.

Smythe, Dallas W. 1977a. Communications: Blindspot of Western Marxism. Canadian Journal of Political and Social Theory 1 (3): 1–27.

Smythe, Dallas W. 1977b. Critique of the consciousness industry. Journal of Communication 27 (1): 198–202.

Smythe, Dallas W. 1981. Dependency road. Norwood, NJ: Ablex.

Smythe, Dallas W. 1984. New directions for critical communications research. Media, Culture & Society 6 (3): 205–217.

Smythe, Dallas W. 1994. Counterclockwise. Boulder, CO: Westview Press.

Smythe, Dallas W., and Tran Van Dinh. 1983. On critical and administrative research: A new critical analysis. Journal of Communication 33 (3): 117–127.

Sparks, Colin. 1996. Stuart Hall, cultural studies and Marxism. In Stuart Hall: Critical dialogues in cultural studies, ed. David Morely and Kuan-Hsing Chen, 71–101. London: Routledge.

Steeves, H. Leslie, and Janet Wasko. 2002. Feminist theory and political economy: Toward a friendly alliance. In Sex & money: Feminism and political economy in the media, ed. Eileen Meehan and Ellen Riordan, 16–29. Minneapolis: University of Minnesota Press.

Stehr, Nico. 1994. Knowledge societies. London: Sage.

Stevens, Andrew, and Vincent Mosco. 2010. Prospects for trade unions and labour organisations in India's IT and ITES industries. Work, Organisation, Labour & Globalisation 4 (2): 39–59.

Sullivan, Andrew. 2009. The revolution will be twittered. The Atlantic.   HYPERLINK "http://www.the"   http://www.the atlantic.com/daily-dish/archive/2009/06/the-revolution-will-be-twittered/200478/.

Tapscott, Don, and Anthony D. Williams. 2006. Wikinomics: How mass collaboration changes everything. New York: Penguin.

Terranova, Tiziana. 2000. Free labor: Producing culture for the digital economy. Social

Text 18 (2): 33–58.

Thompson, Edward P. 1957. Socialist humanism. The New Reasoner 1 (2): 105–143.

Thompson, Edward P. 1973. An open letter to Leszek Kolakowski. In The poverty of theory and other essays [published 1978], 303–402. New York: Monthly Review Press.

Thompson, Edward P. 1978a.The poverty of theory, or An orrery of errors. In The poverty of theory and other essays, 1–210. New York: Monthly Review Press.

Thompson, Edward P. 1978b. The poverty of theory and other essays. London: Merlin.

Thorson, Kjerstin, et al. 2010. YouTube and proposition 8. Information, Communication & Society 13 (3): 325–349.

Toffler, Alvin. 1980. The third wave. New York: Bantam.

Touraine, Alain. 1974. The post-industrial society: Tomorrow's social history: classes, conflicts and culture in the programmed society. London: Wildwood House.

Touraine, Alain. 1985. An introduction to the study of social movements. Social Research 52 (4): 749–787.

Touraine, Alain. 1988. Return of the actor. Minneapolis: University of Minnesota Press.

Tronti, Mario. 1962. Arbeiter und Kapital, Frankfurt: Verlag Neue Kritik.

Turner, Graeme. 2012. What's become of cultural studies? London: Sage.

Upadhya, Carol, and A.R. Vasavi. 2008. Outposts of the global information economy: Work and workers in India's outsourcing industry. In In an outpost of the global economy: Work and workers in India's information technology industry, ed. Carol Upadhya and A.R.

Vasavi, 9–49. New Delhi: Routledge.

Valenduc, Gérard. 2007. Occupational monograph: IT professional in software services. In How restructuring is changing occupations? Case study evidence from knowledge-intensive, manufacturing and service occupations: Final report of WP11, 71–97. EU FP6 WORKS Project—Work organisation and restructuring in the knowledge society. Leuven: HIVA.

Valk, Reimara, and Vasanthi Srinivasan. 2011. Work-family balance of Indian women software professionals: A qualitative study. IIMB Management Review 23 (1): 39–50.van der Linden, Marcel, and Karl Heinz Roth. 2009. Einleitung. In Über Marx hinaus: Arbeitsgeschichte und Arbeitsbegriff in der Konfrontation mit den globalen Arbeitsverhältissen des 21: Jahrhunderts, ed. Marcel van der Linden and Karl Heinz Roth, 7–28. Berlin: Assoziation A.

van Dijck, José. 2013. The culture of connectivity: A critical history of social media. Oxford: Oxford University Press.

van Dijk, Jan. 2006. The network society. 2nd ed. London: Sage.

van Dijk, Teun. 1998. Ideology: A multidisciplinary approach. London: Sage.

van Dijk, Teun. 2011. Discourse and ideology. In Discourse studies: A multidisciplinary introduction, ed.Teun van Dijk, 379–407. London: Sage.

Vercellone, Carlo. 2007. From formal subsumption to general intellect: Elements from a Marxist reading of the thesis of cognitive capitalism. Historical Materialism 15 (1): 13–36.

Vercellone, Carlo. 2010. The crisis of the law of value and the becoming-rent of profit. In Crisis in the global economy, ed. Andrea Fumagalli and Sandro Mezzadra, 85–118. Los Angeles, CA: Semiotext (e).

Virno, Paolo. 2004. A grammar of the multitude. Los Angeles, CA: Semiotext (e).

Wasko, Janet. 1993. Introduction. In Illuminating the blindspots: Essays honoring Dallas W.Smythe, ed. Janet Wasko, Vincent Mosco and Manjunath Pendakur, 1–11. Norwood, NJ: Ablex.

Wasko, Janet. 2004. The political economy of communications. In The SAGE handbook of media studies, ed. John D.H. Downing, 309–329.Thousand Oaks, CA: SAGE.

Wasko, Janet. 2005. Studying the political economy of media and information. Comunicação e Sociedade 7: 25–48.

Webster, Frank. 1995. Theories of the information society. London: Routledge.

Webster, Frank. 2002. The information society revisited. In Handbook of new media, ed.Sonia Livingstone and Leah Lievrouw, 22–33. London: Sage.

Werlhof, Claudia von. 1991. Was haben die Hühner mit dem Dollar zu tun? Frauen und Ökonomie. Munich: Frauenoffensive.

Williams, Raymond. 1958. Culture & society: 1780–1950. NewYork: Columbia University Press.

Williams, Raymond. 1961. The long revolution. London: Chatto & Windus.

Williams, Raymond. 1980. Culture and materialism. London: Verso.

Williams, Raymond. 1983. Keywords. New York: Oxford University Press.

Wolf, Dieter. 2002. Der dialektische Widerspruch im Kapital: Ein Beitrag zur Marxschen Werttheorie.

Hamburg: VSA.

Wolf, Dieter. 2004. Kritische Theorie und Kritik der Politischen Ökonomie. Wissenschaftliche Mitteilungen des Berliner Vereins zur Förderung der MEGA-Edition e.V. 3: 9–190.

Wolf, Dieter. 2008. Zur Methode in Marx' Kapital unter besonderer Berücksichtigung ihres logisch-systematischen Charakters: Zum "Methodenstreit" zwischen Wolfgang Fritz Haug und Michael Heinrich. Wissenschaftliche Mitteilungen des Berliner Vereins zur Förderung der MEGA-Edition e.V. 6: 7–186.

Wood, Ellen Meiksins. 2003. Empire of capital. London: Verso.

Woolgar, Steve, ed. 2002. Virtual society? Oxford: Oxford University Press.

Wright, Erik Olin. 1997. Class counts: Comparative studies in class analysis. Cambridge: Cambridge University Press.

Wright, Erik Olin. 2000. Class counts: Student edition. Cambridge: Cambridge University Press.

Wright, Erik Olin. 2005. Foundations of a neo-Marxist class analysis. In Approaches to class analysis, ed. Erik Olin Wright, 4–30. Cambridge: Cambridge University Press.

Wright, Erik Olin, and Perrone, Luia. 1977. Marxist class categories and income inequality.American Sociological Review 42 (1): 32–55.

Yao, Lin. 2010. Revisiting critical scholars' alternative: A case study of Dallas Smythe's praxis. Paper presented at the 2010 Annual Meeting of the International Communication Association. Singapore.

Zhao, Yuezhi. 2007a. After mobile phone, what? Re-embedding the social in China's "digital revolution". International Journal of Communication 1: 92–120.

Zhao, Yuezhi. 2007b. Short-circuited? The communication of labor struggles in China. In Knowledge workers in the information society, ed. Catherine McKercher and Vincent Mosco, 229–247. Lanham, MD: Lexington Books.

Zhao, Yuezhi. 2008. Communication in China. New York: Rowman & Littlefield.

Zhao, Yuezhi. 2010a. China's pursuit of indigenous innovations in information technology developments: Hopes, follies and uncertainties. Chinese Journal of Communication 3 (3): 266–289.

Zhao, Yuezhi. 2010b. Directions for research on communication on China: An introductory and overview essay. International Journal of Communication 4: 573–583.

Zhao, Yuezhi. 2011.The challenge of China: Contribution to a transcultural political economy of communication for the twenty-first century. In The handbook of political economy of communications, ed. Janet Wasko, Graham Murdock and Helena Sousa, 558–582. Malden, MA: Wiley-Blackwell.

Žižek, Slavoj. 2008. In defense of lost causes. London: Verso.

Žižek, Slavoj. 2010a. How to begin from the beginning. In The idea of communism, ed. Costas Douzinas and Slavoj Žižek, 209–226. London: Verso.

Žižek, Slavoj. 2010b. Living in the end times. London: Verso.

Žižek, Slavoj. 2011. Don't fall in love with yourselves. In Occupy！Scenes from occupied America, ed. Carla Blumenkranz, Keith Gessen, Mark Greif, Sarah Leonard, Sarah Resnick, Nikil Saval, Eli Schmitt and Astra Taylor., 66–69. London: Verso.

Žižek, Slavoj. 2012. The year of dreaming dangerously. London: Verso.

Zoonen, Liesbet van, Farida Vis and Sabina Mihelj. 2010. Performing citizenship on YouTube. Critical Discourse Studies 7（4）: 249–262.

新闻文章、纪录片和数据资源

Action contre l'Impunité pur les droits humains（ACIDH）. 2011. Unheard voices: Mining activities in the Katanga province and the impact on local communities. makeITfair Report: http://somo.nl/publications-en/Publication_3727.（2013 年 8 月 9 日访问）

Adbusters. 2012. #OCCUPYWALLSTREET.http://www.adbusters.org/blogs/adbustersblog/occupywallstreet.html.（2013 年 8 月 9 日访问）

Apple. 2011. Apple supplier responsibility: 2011 progress report. HYPERLINK "http://images.apple.com/" http://images.apple.com/supplierresponsibility/pdf/Apple_SR_2011_Progress_Report.pdf.（2013 年 8 月 9 日访问）

Apple. 2012. Apple supplier responsibility: 2012 progress report. http://images.apple.com/supplierresponsibility/pdf/Apple_SR_2012_Progress_Report.pdf.（2013 年 8 月 9 日访问）

Apple. 2013. Apple supplier responsibility: 2013 progress report. http://images.apple.com/supplierresponsibility/pdf/Apple_SR_2013_Progress_Report.pdf.（2013 年 8 月 9 日访问）

ARD. 2013. Ausgeliefert！Leiharbeiter bei Amazon（At mercy！Contract workers at Amazon） HYPERLINK "http://mediathek.daserste.de/sendungen_a-z/799280_reportage-dokument" http://mediathek.daserste.de/sendungen_a-z/799280_reportage-dokumentation/13402260_ausgeliefert-leiharbeiter-bei-amazon.（2013 年 8 月 9 日访问）

China Labor Watch. 2012a. Eye-witness testimony of worker involved [in] Foxconn's Taiyuan factory riot. http://www.chinalaborwatch.org/news/new-427.html. (2013 年 8 月 9 日访问)

China Labor Watch. 2012b. Update: 3000 to 4000 workers strike at Foxconn's China factory. http://www.chinalaborwatch.org/news/new-433.html. (2013 年 8 月 9 日访问)

CNN Global 500. 2012. Top companies: Biggest employers. HYPERLINK "http://money.cnn.com/" http://money.cnn.com/ magazines/fortune/global500/2012/performers/companies/biggest/ (2012 年 12 月 27 日访问)

Comscore. 2012. The power of Like2: How social marketing works. White Paper. http://www.comscore.com/ger/Press_Events/Presentations_Whitepapers/2012/The_Power_of_Like_2-How_Social_Marketing_Works (2012 年 6 月 27 日访问)

Fair Labor Association. 2012. Independent investigation of Apple supplier, Foxconn. http://www.fairlabor.org/sites/default/files/documents/reports/foxconn_investigation_report.pdf. (2013 年 8 月 9 日访问)

Finnwatch. 2007. Connecting components, dividing communities: Tin production for consumer electronics in the DR Congo and Indonesia. makeITfair Report: HYPERLINK "http://germanwatch.org/" http://germanwatch.org/corp/it-tin.pdf. (2013 年 8 月 9 日访问)

Finnwatch and Swedwatch. 2010. Voices from the inside: Local views on mining reform in Eastern DRC. makeITfair Report: http://somo.nl/publications-en/Publication_3586/at_download/fullfile. (2013 年 8 月 9 日访问)

Forbes. 2011. AOL-Huffpo suit seeks $105M: "This is about justice". Forbes Online, April 12, 2011. http://www.forbes.com/sites/jeffbercovici/2011/04/12/aol-huffposuit-seeks-105m-this-is-about-justice/. (2013 年 8 月 9 日访问)

Forbes 2000. 2008. The world's biggest companies 2008. http://www.forbes.com/2008/04/02/worlds-largest-companies-biz-2000global08-cx_sd_0402global_land.html (2013 年 8 月 9 日访问)

Forbes 2000. 2012. The world's biggest companies 2012. http://www.forbes.com/global2000/list/ (2012 年 12 月 27 日访问)

Forbes: The world's billionaires. 2012. http://www.forbes.com/billionaires/list/ (2012 年 12 月 28 日访问)

Forestier, Patrick. 2007. Blood coltan. Documentary film. Paris: Java Film. http://www.youtube.com/watch?v=vJ8ZCX4NGHY (2012 年 12 月 26 日访问)

Foxconn. 2010. 2010 CSER annual report: Corporate social & environmental responsibility.Shenzen: Foxconn Global SER Committee.

Foxconn. 2011. 2011 CSER annual report: Corporate social & environmental responsibility.Shenzen: Foxconn Global SER Committee.

Free the Slaves. 2011. The Congo report: Slavery in conflict minerals. http://www. freetheslaves.net/Document.Doc?id=243.

Gootnick, David. 2008. Testimony before the Congressional Human Rights Caucus: The Democratic Republic of Congo. March 6, 2008.Washington, DC: US Government Accountability Office.

Greenhouse, Steven. 2012. Early praise in inspection at Foxconn brings doubts. New York Times Online, February 16, 2012.

Indian Council of Social Science Research (ICSSR). 2012. Structural changes, industry and employment in the Indian economy. http://isid.org.in/pdf/WP1202.pdf（2012年12月30日访问）

International Business Times. 2012. Anonymous accused Traxys of "blood trading" in lead ore and coltan with DR Congo. International Business Times, June 12, 2012. HYPERLINK "http://www" http://www.ibtimes.co.uk/articles/351164/20120612/ anonymous-traxys-dr-congo-coltan-leadore.htm.（2013年8月9日访问）

International Labour Organization (ILO). 1930. Convention C030—Hours of work (commerce and offices) convention, 1930. http://www.ilo.org/dyn/normlex/en/f?p=1000: 12100: 0: : NO: : P12100_ILO_CODE: C030.（2013年8月9日访问）

International Labour Organization. 2008. Global Wage Report 2008/2009. Geneva: International Labour Office.

International Labour Organization. 2010. Global Wage Report 2010/2011. Geneva: International Labour Office.

International Standard Classification of Occupations (ISCO-08) ISCO-08 Group definitions—final draft. http://www.ilo.org/public/english/bureau/stat/isco/docs/gdstruct08. doc（2013年1月5日访问）

International Standard Industrial Classification of All Economic Activities (ISIC Rev. 4).2008. ISIC Revision 4. New York: United Nations.

ITRI (International Tin Research Institute). 2011. The top tin producers in 2011.https: //www.itr i.co.uk/index.php?option=com_zoo&task=item&item_id=2361&Itemid=143

（2012 年 12 月 25 日访问）

Jobs, Steve. 2010. Interview at the 2010 D8 conference. http://www.youtube.com/watch?v=KEQEV6r2l2c（2012 年 12 月 28 日访问）.

Lonmin. 2012. Statement on Marikana situation. http://www.lonminmarikanainfo.com/news_article.php?articleID=1324#.UNc-nBjSF7w（2012 年 12 月 23 日访问）.

Los Angeles Times. 2011.Arianna Huffington says Huff Po writer's lawsuit is "utterly without merit". Los Angeles Times, April 14, 2011.

Meikle, Graham and Sherman Young. 2012. Media convergence. Networked digital media in everyday life. Basingstoke: Palagrave Macmillan.

Ministry of Finance. 2011. Economic survey 2009–2010.　HYPERLINK "http://indiabudget.nic.in/es2009-"　http://indiabudget.nic.in/es2009-10/chapt2010/chapter.zip（2013 年 1 月 2 日访问）

MSNBC. 2008. Facebook asks users to translate for free. "Crowdsourcing" aids company'saggressive worldwide expansion.　HYPERLINK "http://www.msnbc.msn.com/id/24205912/ns/"　http://www.msnbc.msn.com/id/24205912/ns/technology_and_science-inter net/t/facebook-asks-users-translate-free/#.UP7-ChjSF7w（2013 年 1 月 22 日访问）

National Association of Software and Services Companies (NASSCOM). 2012. The ITBPO sector in India: Strategic review 2012: Executive summary.　HYPERLINK "http://www.nasscom.in/"　http://www.nasscom.in/sites/default/files/researchreports/SR_2012_Executive_Summary.pdf（2013 年 1 月 3 日访问）

National Bureau of Statistics of China. 2012. Statistical communiqué of the People's Republic of China on the 2011 national economic and social development. HYPERLINK "http://www.stats.gov.cn/english/"　http://www.stats.gov.cn/english/newsandcomingevents/t20120222_402786587.htm（2012 年 12 月 30 日访问）

National Sample Survey Office (NSSO). 2011. Key indicators of employment and unemployment in India, 2009–2010. NSS 66th round. New Delhi: National Statistical Organisation.

Poulsen, Frank. 2011. Blood in the mobile. DVD documentary. Berlin: good！movies.

Qiu, Jack L. 2010b. Deconstructing Foxconn. Documentary film. http://vimeo.com/17558439（2012 年 12 月 27 日访问）

Shedd, Kim B. 2012. Cobalt. In 2010 Minerals yearbook. Reston, VA: US Geological Survey.

SOMO (Centre for Research on Multinational Corporations). 2007. Capacitating electronics: The corrosive effects of platinum and palladium mining on labour rights and communities.makeITfair Report:　HYPERLINK "http://somo.nl/publications-nl/Publication_2545-nl/at_download/"　http://somo.nl/publications-nl/Publication_2545-nl/at_download/fullfile. (2013 年 8 月 9 日访问)

Special Eurobarometer 359. Attitudes on data protection and electronic identity in the European Union. http://ec.europa.eu/public_opinion/archives/ebs/ebs_359_en.pdf. (2013 年 8 月 9 日访问)

Statistical Yearbook of the Republic of China. 2010. Nantou, China: Directorate General of Budget, Accounting and Statistics.

Stross, Randall. 2008. Planet Google. New York: Free Press.

Students & Scholars against Corporate Misbehaviour (SACOM). 2010. Workers as machines: Military management in Foxconn. http://sacom.hk/wp-content/uploads/2010/11/reporton-foxconn-workers-as-machines_sacom.pdf. (2013 年 8 月 9 日访问)

Students & Scholars against Corporate Misbehaviour (SACOM). 2011a. Foxconn and Apple fail to fulfill promises: Predicaments of workers after suicides. http://sacom.hk/wp-content/uploads/2011/05/2011-05-06_foxconn-and-apple-fail-to-fulfill-promises1.pdf. (2013 年 8 月 9 日访问)

Students & Scholars against Corporate Misbehaviour (SACOM). 2011b. iSlave behind the iPhone: Foxconn workers in Central China. http://sacom.hk/wp-content/uploads/2011/09/20110924-islave-behind-the-iphone.pdf. (2013 年 8 月 9 日访问)

Students & Scholars against Corporate Misbehaviour (SACOM). 2012. New iPhone, old abuses: Have working conditions at Foxconn in China improved? http://www.scribd.com/doc/106445655. (2013 年 8 月 9 日访问)

Swedwatch. 2007. Powering the mobile world: Cobalt production for batteries in the DR Congo and Zambia. makeITfair Report: http://germanwatch.org/corp/it-cob.pdf. (2013 年 8 月 9 日访问)

UNHDR. 2009. Human development report 2009. Hampshire: Palgrave Macmillan.

UNHDR. 2011. United Nations Human Development Report 2011. New York: Palgrave Macmillan.

United Nations. 2002. Final report of the panel of experts on the illegal exploitation of natural resources and other forms of wealth of the Democratic Republic of the Congo.http://

www.un.org/news/dh/latest/drcongo.htm（2012 年 12 月 26 日访问）

United States District Court Southern District of New York. 2012. Opinion and order: Jonathan Tasini, Molly Secours, Tara Dublin, Richard Laermer and Billy Altman, individually and on behalf of all others similarly situated, Plaintiffs, —against—Aol, Inc., thehuffingtonpost.com, Inc., Arianna Huffington and Kenneth Lerer, defendants. Case 1: 11-cv-02472-JGK.

US Bureau of the Census. 2012. Income, poverty, and health insurance coverage in the United States: 2011. Current Population Reports P60–243.Washington, DC: US Government Printing Office.

US Geological Survey Statistics. 2012. Commodity Statistics and Information. http:// minerals.usgs.gov/minerals/pubs/commodity. （2013 年 8 月 9 日访问）

Vise, David A. 2005. The Google story. London: Macmillan.

Wallraff, Günter. 2009. Undercover. Die Zeit, July 2, 2009.

Webster, Juliet. 2011. Doing research, doing politics: ICT research as a form of activism. tripleC: Communication, Capitalism & Critique （www.triple-c.at）-Journal for a Global Sustain- able Information Society 9 （1）: 1–10.

WEED （World Economy, Ecology and Development） and SACOM （Students and Schol- ars against Corporate Misbehaviour）. 2008. The dark side of cyberspace: Inside the sweat- shops of China's hardware production. http://sacom.hk/wpcontent/uploads/2009/01/ cyberspace21.pdf. （2013 年 8 月 9 日访问）

World Investment Report. 2012. World investment report 2012. New York: United Nations. Yager, Thomas R. 2012. The mineral industry of Congo （Kinshasa）. In 2010 minerals yearbook.Reston, VA: US Geological Survey.

Zerdick, Axel, et al. 2000. E-conomics: Strategies for the digital marketplace. Berlin: Springer.

索　引

（页码均为原书页码）

A

absolute surplus-value 绝对剩余价值，98，197，198，241，348

abstract labour 抽象劳动，35–36，41，46–47，54，106–107，275，348

accumulation see capital accumulation；primitive accumulation action 积累，见资本积累、原始积累行为，253

Adbusters（magazine）广告克星（杂志），69，316

administrative ideology 行政思想，75

Adorno, Theodor W 奥多尔·W. 阿多尔诺，78–79，82–83，135，13，149–150

Advertising 广告，98–99；alienation and 异化和，255–256；audience commodity and 受众商品和，7–8；audience labour and 受众劳动和，91；on Huffington Post 赫芬顿邮报上，271–273；on Internet 互联网上，90；price for 关于价格，117；profit and 利润和，80；on social media 社交媒体上，101，116–117，11，264–265，276，287，298，312；statistics for 关于统计，115；surplus-value of ……的剩余价值，99

AdWords 广告词，117，118–119

Age of Discontinuity 非连续性时代，138

agricultural society, international division of digital labour（IDDL）and 农业社会、数字劳动国际分工（IDDL）和，294

D

I

O

P

X

Z

译后记

从惊喜地发现福克斯教授的马克思主义传播学专著 *Digital Labour and Karl Marx* 到决定着手翻译该书再到今天翻译工作即将落下帷幕，整整四年的时间过去了……凝视着英文原著碎掉的封面、翻卷的书角、各种色彩笔迹的画痕和标记，再翻看那一摞摞多遍翻译和校对的中译稿，内心五味杂陈久久无法平静，四年的翻译足迹在脑海中一幕幕重现：有翻译顺利时的喜悦，有困难时的惆怅；有问题解决了的快乐和放松，也有无计可施时的无奈和痛苦。尽管道路曲折，但前途光明，一路走过的收获可喜而厚重。

福克斯教授是一位学识渊博、跨学科、多产的马克思主义传播学者。因此，翻译他的著作不仅要求有传播学的理论功底、熟知传播政治经济学批判学派及其思想，还要懂得马克思的政治经济学、历史唯物主义、黑格尔的辩证法、西方马克思主义的相关流派及其思想，等等。由于我们能力有限，加之传播学功底较为薄弱，本书的翻译难免有不足乃至于缺陷，恳请各位同仁批评、指正。

本书共十三章内容，其中有十一章为周延云翻译，其他两章的译者为闫秀荣（第三章）、王佳亮（第十一章）。

最后，衷心感谢人民出版社曹歌编辑为本书的翻译出版所付出的辛勤劳动，感谢所有为本书的翻译工作提出过宝贵意见和给予我们精神鼓励的人们！

本书为西安交通大学马克思主义学院 2016 年马克思主义理论专项支持项目。

周延云

2019 年 4 月 8 号于西安

责任编辑：曹　歌
封面设计：王欢欢
版式设计：庞亚如

图书在版编目（CIP）数据

数字劳动与卡尔·马克思 /（英）克里斯蒂安·福克斯 （Christian Fuchs）著；
　周延云 译 . —北京：人民出版社，2020.11（2023.12 重印）
书名原文：Digital Labour and Karl Marx
ISBN 978－7－01－023011－5

I.①数⋯　II.①克⋯②周⋯　III.①马克思主义－劳动价值论－
　研究　IV.① A811.66

中国版本图书馆 CIP 数据核字（2020）第 255332 号

数字劳动与卡尔·马克思
SHUZI LAODONG YU KAER MAKESI

（英）克里斯蒂安·福克斯 著　周延云 译

人民出版社 出版发行
（100706　北京市东城区隆福寺街 99 号）

北京新华印刷有限公司印刷　　新华书店经销

2020 年 11 月第 1 版　2023 年 12 月北京第 3 次印刷
开本：710 毫米 ×1000 毫米 1/16　印张：36
字数：460 千字

ISBN 978－7－01－023011－5　定价：98.00 元

邮购地址 100706　北京市东城区隆福寺街 99 号
人民东方图书销售中心　电话（010）65250042　65289539

版权所有·侵权必究
凡购买本社图书，如有印制质量问题，我社负责调换。
服务电话：（010）65250042

Digital Labour and Karl Marx 1st Edition / by Christian Fuchs / ISBN:9780415716161

Copyright © 2014 by Taylor & Francis

Authorized translation from English language edition published by Routledge Press, part of Taylor & Francis Group LLC; All Rights Reserved.本书原版由Taylor & Francis出版集团旗下,Routledge出版公司出版，并经其授权翻译出版。版权所有，侵权必究。

People's Publishing House is authorized to publish and distribute exclusively the **Chinese (Simplified Characters)** language edition. This edition is authorized for sale throughout **Mainland of China**. No part of the publication may be reproduced or distributed by any means, or stored in a database or retrieval system, without the prior written permission of the publisher. 本书中文简体翻译版授权由人民出版社独家出版并仅限在中国大陆地区销售，未经出版者书面许可，不得以任何方式复制或发行本书的任何部分。

Copies of this book sold without a Taylor & Francis sticker on the cover are unauthorized and illegal. 本书贴有Taylor & Francis公司防伪标签，无标签者不得销售。